1+X 职业技术 · 职业资格培训教材

高级

汽车维修工

主　编　李丕毅

主　审　鲍贤俊　吕　坚

编　者　余　炜　吴　岳　王磊俊　缪巧军

中国劳动社会保障出版社

图书在版编目(CIP)数据

汽车维修工. 高级/上海市职业培训研究发展中心组织编写. —北京：中国劳动社会保障出版社，2012

1 + X 职业技术 · 职业资格培训教材

ISBN 978 - 7 - 5045 - 9498 - 3

Ⅰ. ①汽…　Ⅱ. ①上…　Ⅲ. ①汽车-车辆修理-技术培训-教材　Ⅳ. ①U472. 4

中国版本图书馆 CIP 数据核字(2012)第 056089 号

中国劳动社会保障出版社出版发行

（北京市惠新东街 1 号　邮政编码：100029）

出 版 人：张梦欣

*

三河市华骏印务包装有限公司印刷装订　新华书店经销

787 毫米×1092 毫米　16 开本　21.5 印张　404 千字

2012 年 4 月第 1 版　2023 年 6 月第 7 次印刷

定价：43.00 元

营销中心电话：400－606－6496

出版社网址：http: // www.class.com.cn

内容简介

本教材由人力资源和社会保障部教材办公室、中国就业培训技术指导中心上海分中心、上海市职业培训研究发展中心依据上海 1 + X 汽车维修工（三级）职业技能鉴定细目组织编写。教材从强化培养操作技能、掌握实用技术的角度出发，较好地体现了当前最新的实用知识与操作技术，对于提高从业人员基本素质，掌握初级汽车维修工的核心知识与技能有直接的帮助和指导作用。

本教材在编写中根据本职业的工作特点，以能力培养为根本出发点，采用模块化的编写方式。全书共分为 3 章，内容包括：汽车维修质量检验、电控发动机常见故障检测和诊断以及汽车底盘常见故障检测和诊断。每章分节，每节分学习单元，每学习单元分为知识要求和技能要求两部分。

本教材可作为汽车维修工（三级）职业技能培训与鉴定考核教材，也可供全国中、高等职业技术院校相关专业师生参考使用，以及本职业从业人员培训使用。

前　言

职业培训制度的积极推进，尤其是职业资格证书制度的推行，为广大劳动者系统地学习相关职业的知识和技能，提高就业能力、工作能力和职业转换能力提供了可能，同时也为企业选择适应生产需要的合格劳动者提供了依据。

随着我国科学技术的飞速发展和产业结构的不断调整，各种新兴职业应运而生，传统职业中也越来越多、越来越快地融进了各种新知识、新技术和新工艺。因此，加快培养合格的、适应现代化建设要求的高技能人才就显得尤为迫切。近年来，上海市在加快高技能人才建设方面进行了有益的探索，积累了丰富而宝贵的经验。为优化人力资源结构，加快高技能人才队伍建设，上海市人力资源和社会保障局在提升职业标准、完善技能鉴定方面做了积极的探索和尝试，推出了1+X培训与鉴定模式。1+X中的1代表国家职业标准，X是为适应上海市经济发展的需要，对职业的部分知识和技能要求进行的扩充和更新。随着经济发展和技术进步，X将不断被赋予新的内涵，不断得到深化和提升。

上海市1+X培训与鉴定模式，得到了国家人力资源和社会保障部的支持和肯定。为配合上海市开展的1+X培训与鉴定的需要，人力资源和社会保障部教材办公室、中国就业培训技术指导中心上海分中心、上海市职业培训研究发展中心联合组织有关方面的专家、技术人员共同编写了职业技术·职业资格培训系列教材。

职业技术·职业资格培训教材严格按照1+X鉴定考核细目进行编写，教材内容充分反映了当前从事职业活动所需要的核心知识与技能，较好地体现了适用性、先进性与前瞻性。聘请编写1+X鉴定考核细目的专家，以及相关行业的专家参与教材的编审工作，保证了教材内容的科学性及与鉴定考核细目以及题库的紧密衔接。

职业技术·职业资格培训教材突出了适应职业技能培训的特色，使读者通过学习与培训，不仅有助于通过鉴定考核，而且能够有针对性地进行系统学习，真正掌握本职业的核心技术与操作技能，从而实现从懂得了什么到会做什么的飞跃。

职业技术·职业资格培训教材立足于国家职业标准，也可为全国其他省市开展新职业、新技术职业培训和鉴定考核，以及高技能人才培养提供借鉴或参考。

新教材的编写是一项探索性工作，由于时间紧迫，不足之处在所难免，欢迎各使用单位及个人对教材提出宝贵意见和建议，以便教材修订时补充更正。

人力资源和社会保障部教材办公室
中国就业培训技术指导中心上海分中心
上海市职业培训研究发展中心

目 录

1

第 1 章

汽车维修质量检验

第 1 节　车身维修质量检验

学习单元 1　常见车身构造

学习目标

1. 了解车身结构的分类及特点。
2. 熟悉常见车身构造。

知识要求

车身属于汽车的各大总成之一。从车身的外形结构来看，车身壳体是由许多形状复杂且具有空间曲面的大型覆盖件经焊接、铆接或螺栓连接组合而成；对车身的整体结构来说，除了要求外形的协调性能给人以美感外，同时又要保证必要的流线型；对车身的具体结构来说，在车身的安全性、节能性、耐用性等方面应加以重视和体现。汽车车身可从结构及车种进行分类。

一、汽车车身按结构分类

汽车车身按结构可以分为非承载式车身（又称有车架式车身）、半承载式车身和承载式车身（又称无车架整体式车身）3 类。

1. 非承载式车身

非承载式车身是车身下面有独立的车架，主要由骨架、底架、车顶、前围、后围、表面覆盖件（大客车称为蒙皮）等组成。车身与车架用弹性组件相连接，载荷全部由车架承受，车身壳体不受或是只在很小程度上承受了由于车架弯曲或扭曲变形所引起的载荷。

非承载式车身的车架与车身都是由独立的整体装配而成。独立的车架能较好地吸收路面的振动和冲击，当发生碰撞事故时，冲击能量又大部分被车架吸收。所以，非承载式车身制造工艺简单、减振性能好、安全性好。但是，非承载式车身的车架为了能承受载荷，要有足够的强度和刚度，所以导致整车质量大、承载面高、材料投入多。在载货汽车与大、中型普通客车中，均普遍采用非承载式车身结构。非承载式车身结构如图 1—1 所示。

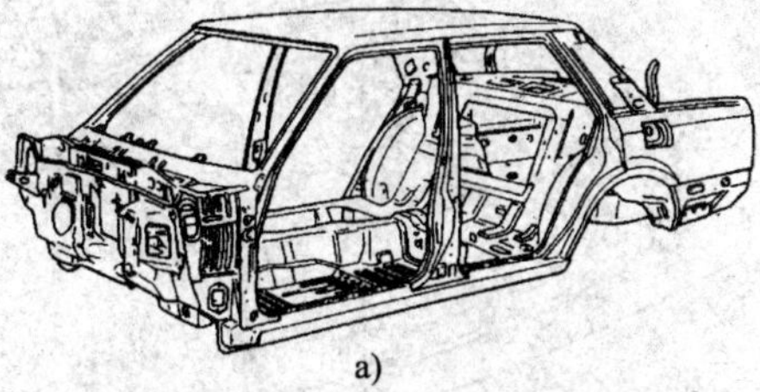

a)

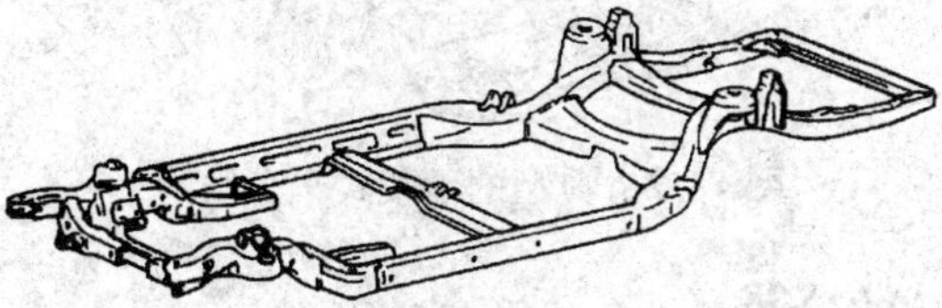

b)

图 1—1　非承载式车身结构

a）车身　b）车架

2. 半承载式车身

半承载式车身与承载式车身一样，也有一个独立的车架。所不同的是车身与车架用焊接法或螺栓成刚性连接，共同承受载荷。半承载式车身由于车身要承受部分载荷，车身骨架的强度较高。车身蒙皮一般采用铆接或焊接的方法与骨架连接在一起。采用这样的固定方式，车架的强度就可相应减弱，整车质量和承载面高度也都可以降低。在城市客车和长途客车上多采用半承载式车身结构。

3. 承载式车身

承载式车身没有独立的车架。车身主体与车身底板采用组合焊接等方式制成整体刚性框架，使车身形成一个刚性壳体，承受汽车的全部载荷。壳体在正常载荷下一般不会发生变形，而且这个由构件组成的刚性壳体在承受载荷时，使整个壳体在极限载荷内始终处于稳定平衡状态，这种壳体在力学上称为“应力壳体”。承载式车身当整体或局部受到载荷时，车身承受全部载荷。承载式车身由于取消了车架，将底盘各部件都直接装配在车身上，十分有利于减轻自身质量并使车身结构合理化。

承载式车身结构具有质量小、结构紧凑、安全性好等优点，如图 1—2 所示。但承载式车身容易受到汽车底盘振动的影响，噪声较大；底盘与车身的结合部在运动载荷的冲击下，极易发生疲劳损伤；受损后车身的整体变形较为复杂，修复困难，还会影响到汽车的行驶性能。

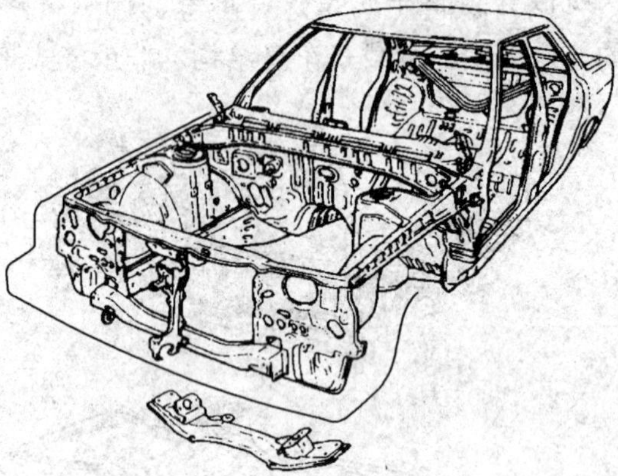

图 1—2　典型的承载式车身结构

二、汽车车身按车种分类

汽车车身按车种可以分为轿车、客车和载货汽车等。

1. 轿车

（1）轿车的分类。轿车的分类一般可按汽车的形状、车座布置、车门数等来进行。轿车按使用要求可分为普通轿车、华贵轿车、轻型轿车等；按功能可分为三厢式、两厢式和敞篷车等；按车门数可分为二门式、三门式、四门式及五门式等。

（2）轿车车身。目前轿车车身所采用的结构一般有传统的车架式车身和无车架整体式车身两种。

1）传统的车架式车身。传统的车架式车身结构属非承载式车身结构，车架是一个独立的部件，由于车身和所有主要零部件都固定在车架上，车架要承受全部的载荷，这就需要车架有足够的坚固度。早期轿车车身大都采用这种结构形式。

传统的车架式车身的车架大体上又可分为框式车架、中梁式车架、综合式车架。框式车架是使用比较普遍的一种车架，如图 1—3 所示。

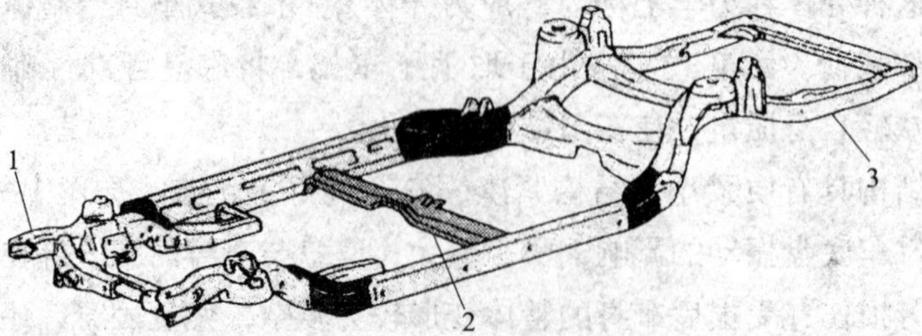

图 1—3　以中心梁为特色的框式车架（黑色部分为扭力箱结构）

1—前车架梁　2—中心车架梁　3—后车架梁

传统的车架式车身是安装在车架上的一个独立结构，车身通常由许多本体的结构件组成，包括骨架结构件与覆盖件。轿车的部分车身结构件如图 1—4 所示。

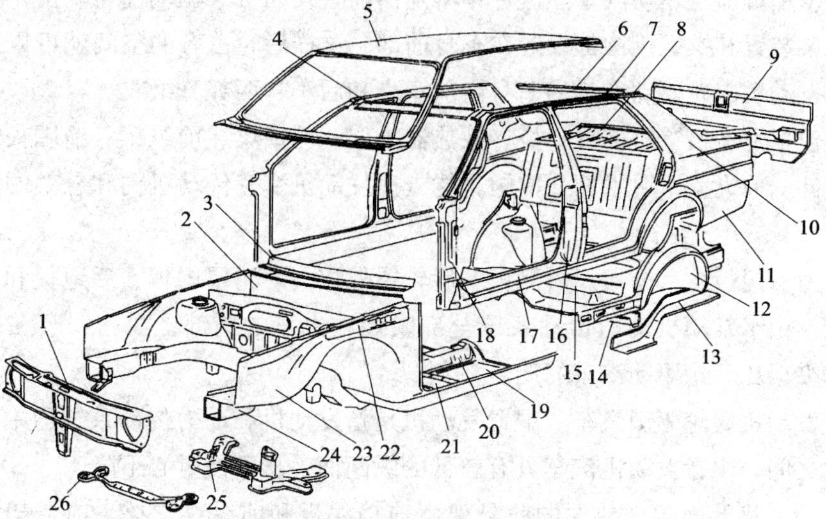

图 1—4　轿车的部分车身结构件

1—散热器框架　2—前围板　3—前风窗框下横梁　4—前风窗框上横梁　5—顶盖　6—后风窗框上横梁　7—上边梁　8—后窗台板　9—后围板　10—后立柱（C 柱）　11—后翼子板　12—后轮罩　13—后纵梁　14—地板后横梁　15—后地板　16—中立柱（B 柱）　17—门槛　18—前立柱（A 柱）　19—前地板　20—地板通道　21—前坐椅横梁　22—前挡泥板加强撑　23—前挡泥板　24—前纵梁　25—副车架　26—前横梁

车身壳体是车身的本体结构，由骨架和蒙皮组成。车身壳体有钢制壳体、合金壳体、塑料壳体等。壳体本身不直接承受道路对汽车的外加载荷，室内振动噪声小，组装方便。

底板把壳体构件连成一个完整的整体。平顺光滑的车身底板还可降低空气阻力值。底板由于上面要承受乘客和载货，下方又要承受冲击振动，因此底板在结构上具有足够的刚度和强度。

2）无车架整体式车身。无车架整体式车身的结构紧密，刚度和强度较大。无车架整体式车身有用于前置发动机后轮驱动（FR）汽车、前置发动机前轮驱动（FF）汽车和中置发动机后轮驱动（MR）汽车的三种基本结构。

①前置发动机后轮驱动汽车。这种车型将车身分成前车身、边车身和后车身三个主要部段。发动机、悬架和转向装置都安装在前车身延伸出来的前纵梁上。边车身连接前车身和车顶板形成乘客室（中间车身）。后车身可分为三厢式和两厢式两类，三厢式后车身结

构的乘客室和行李舱分隔开；两厢式后车身结构的乘客室和行李舱不分开，旅行车多采用这种结构。这种车型是将乘客室与后车身连在一起，没有明显的后车身。

②前置发动机前轮驱动汽车。这种车型是由前置发动机来驱动前轮。由于发动机、传动轴、前悬架装置和操纵机构都设置在车身前部，这样后轮占有的空间就可以用于加大乘客室。前置发动机前轮驱动汽车的车身由前车身和后车身两部分组成。

前车身包括发动机罩、前翼子板、散热器支架、前横梁、前纵梁、前围板、塑料保险杠等结构部件。前纵梁采取了加强措施，能支撑发动机变速传动机构和悬架的发动机安装座。

后车身由后门板、后围板、后侧板、后轮罩外板、后轮罩内板、后地板和后纵梁等结构部件组成。由于发动机动力传动系统全部安装在汽车的前部，油箱安装在中央地板下面，这样后纵梁比后轮驱动汽车的低。

③中置发动机后轮驱动汽车。中置发动机是指发动机和动力传动系统的中心位置在乘客室和后桥之间。中置发动机汽车具有较低的纵断面，从而使重心下降。

前车身的形状低而尖，独立的前悬架由前挡泥板和前纵梁支撑。前悬架、转向操纵系、散热器和冷凝器装在前车身，发动机和变速驱动桥向后车身置放，为后备箱留下了空间。

后车身包括后侧板、行李舱盖、发动机罩、车身下后板、后地板乘客室分隔板、后地板分隔板和后纵梁等。发动机和行李舱之间用后地板隔板分开。由于发动机安装在乘客室后边，在乘客室和发动机室之间有三层结构的隔板来隔离噪声、振动和热量。

2. 客车

客车是一种用于载客及装载行李的交通工具，一般都采用厢式车身，以提高其安全性。客车车身结构可分为基础性构件和非基础性构件两类。车身本体属于基础性构件，而其他的构件和设置则属非基础性构件。

客车车身按结构形式可分为有骨架式和无骨架式两种。有骨架式结构多用于大客车及较大车厢上。车身骨架通常都用优质异形钢管加工而成，是一个具有足够刚度与强度的框架结构，图 1—5 所示为大客车车身骨架结构。这种车身结构的内外蒙皮、风窗、车门及侧窗等都装配于骨架上，结构应力由底板、顶盖和侧围骨架承受。

无骨架式结构又称为“应力壳体”结构，多用于轿车和轻型客车。这种车身结构车身壳体无骨架而由蒙皮件构成，风窗、车门及侧窗等装配于蒙皮组成的车身壳体上，结构应力由蒙皮承受。

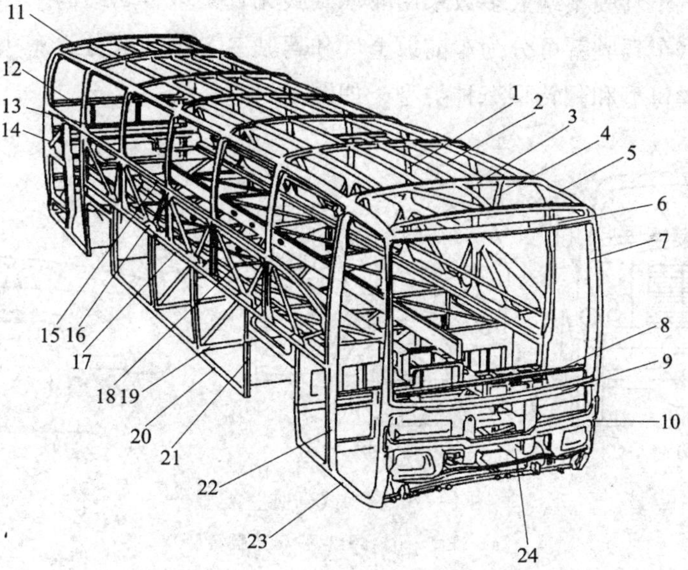

图 1—5　大客车车身骨架结构

1—侧窗立柱　2—顶盖纵梁　3—顶盖横梁　4—顶盖斜撑　5—上边梁　6—前风窗框上横梁　7—前风窗立柱　8—仪表板横梁　9—前风窗框下横梁　10—前围搁梁　11—后风窗框上横梁　12—后风窗框下横梁　13—后围加强横梁　14—后围立柱　15—腰梁　16—角板　17—侧围搁梁　18—斜撑　19—底架横格栅　20—侧围裙边梁　21—裙立柱　22—门立柱　23—门槛　24—底架纵格栅

3. 载货汽车

载货汽车（简称货车）车身主要由驾驶室和车厢（货厢）两大部分组成，如图 1—6 所示。

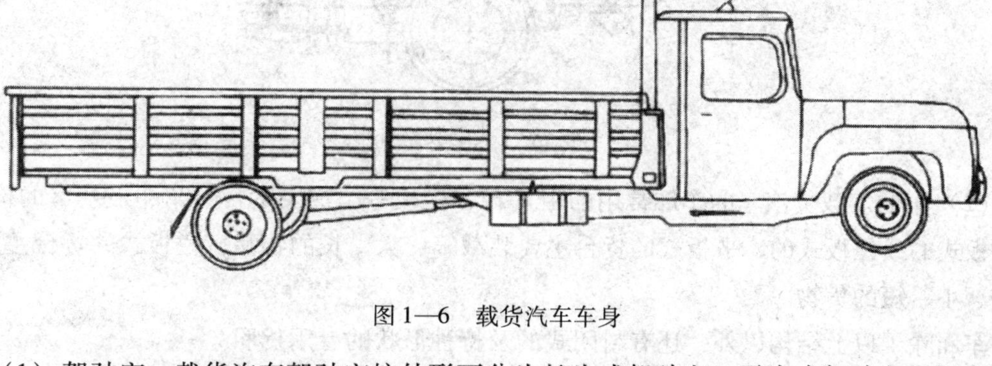

图 1—6　载货汽车车身

（1）驾驶室。载货汽车驾驶室按外形可分为长头式驾驶室、平头式驾驶室和短头式驾驶室；按内部座位可分为两座驾驶室、三座驾驶室、双排座驾驶室及设有一个卧铺的加长型驾驶室。载货汽车驾驶室绝大多数采用非承载式无骨架全金属结构。

长头式载货汽车驾驶室可分为车前钣金件和驾驶室主体两部分，车头按发动机罩的开启形式有蝶型、鳄口型和翻转型三种类型，如图 1—7 所示。

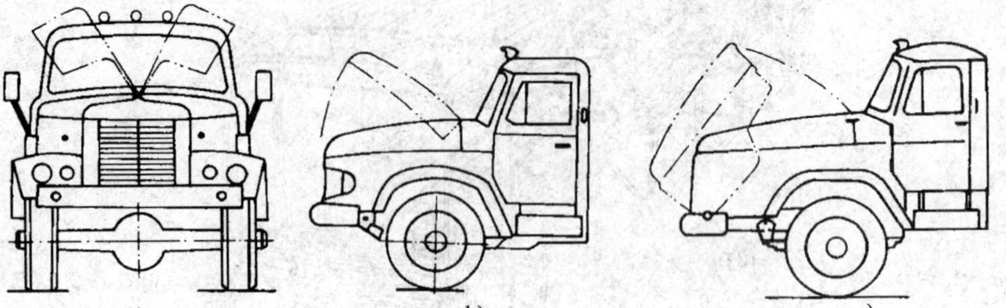

a)　b)　c)

图 1—7　长头式驾驶室类型

a）蝶型　b）鳄口型　c）翻转型

平头式载货汽车驾驶室以风窗立柱、门柱为基础，与前部板件、车顶、侧体呈刚性连接，平头式驾驶室外形如图 1—8 所示。大部分平头式驾驶室都具有翻转功能。

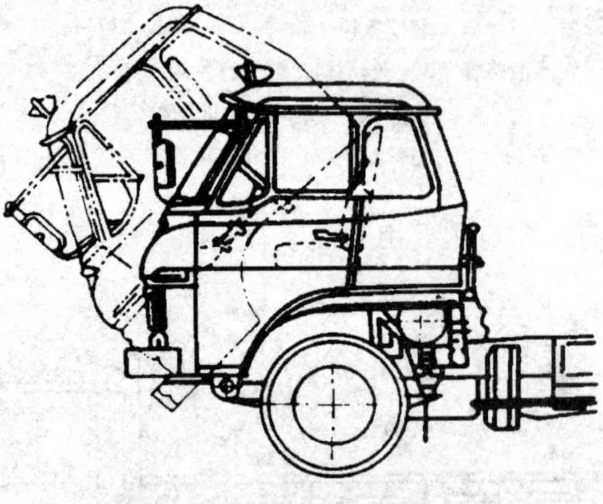

图 1—8　平头式驾驶室外形

（2）车厢。载货汽车的车厢常用的由货台、栏板等组成。货台是车厢最基本的构件，有平板式的或栏板式的，平板式的货台主要装载笨、大、长的物品，栏板式的货台主要装载轻、小、短的货物。

车厢除了以上结构以外，还有封闭式的及特种形状的专用货厢。

学习单元2 车身维修质量检验实务

学习目标

1. 掌握汽车车身维修质量检验的内容、标准和基本方法。
2. 掌握汽车车身维修的基础知识，并熟知车身维修的基本流程。
3. 能够对车身维修质量进行检验。

知识要求

一、车身维修方法

1. 车身常用材料

（1）常用金属材料。汽车上常用的金属材料有碳素结构钢、低合金钢、不锈钢、车身用特殊钢板、铝及铝合金等。碳素结构钢可分为普通碳素结构钢和优质碳素结构钢，其中优质碳素结构钢是最常用的黑色金属材料。

1）普通碳素结构钢。普通碳素结构钢对化学成分的要求不是很高，牌号根据GB/T 700—1988 国家标准，共分为五类 20 种。普通碳素结构钢在车身的应用范围很窄，薄板一般以热轧方式制作为多。

2）优质碳素结构钢。优质碳素结构钢要求钢材质地纯净、组织均匀、杂质少、具有中等抗拉强度。优质碳素结构钢既保证了钢材中的力学性能，又保证了化学成分。优质碳素结构钢根据钢中的含碳量可分为低碳钢（含 C＜0.25%）、中碳钢（含 C 在 0.25%～0.60%）、高碳钢（含 C＞0.60%）。低碳钢强度、硬度较低，塑性和韧性较高，适于制作各种钣金构件，在车身上应用较广。

3）普通低合金钢。普通低合金钢（也称低合金高强度钢）是在钢中加入了少量合金元素，提高了钢的强度，而且还具有耐腐蚀、耐磨损等性能。普通低合金钢除了要求强度高以外，还要求具有较好的韧性，防止脆性，特别是低温脆断。普通低合金钢还具有较好的焊接性能、冷热加工性能。普通低合金钢的发展对节约钢材、减轻结构质量有一定作用。

普通低合金钢含碳量很低，多数均小于 0.2%，并含有少量的 Si、Cu、Mn、Ti、V、

Nb、P 等合金元素（合金元素总含量一般 <5%），合金元素的加入使钢的屈服点提高 50% 以上。

4）不锈钢。不锈钢中有的含铬、有的含镍和铬、有的还含有钼和铜等元素，其中铬是抗腐蚀的基本元素。不锈钢具有较好的强度、抗腐蚀能力、耐久性和免维修性。当不锈钢含有大量铬和镍时，不仅提高了钢的抗腐蚀性能，还提高了钢的塑性、韧性、冷塑性变形的能力，改善了钢的焊接性能。汽车上使用的不锈钢要求具有良好的成型性能、抗高温氧化性、耐高温疲劳性和耐蚀性。不锈钢可分为铬不锈钢、铬镍不锈钢、铬锰氮不锈钢等。

5）车身用特种钢板。汽车工业的不断发展，给车身用材料也带来了新的要求。为了增加车身强度，车身用钢板除了要保证低碳钢应有的各种性能以外，还应增加材料的强度和各种抗腐蚀性能。汽车用钢板除了低碳的热轧钢板和冷轧钢板外，高强度钢板和镀覆钢板在汽车上的应用也越来越广泛。这些特殊功能钢板的应用，既减轻了车身的自重，又提高了车身的各种性能。

6）铝及铝合金。铝及铝合金在汽车车身上的应用比例逐步上升。纯铝的质量轻、抗蚀性强、具有较高的塑性和韧性；铝的塑性较好，但它的强度和硬度较低。纯铝一般不适宜直接作为车身材料，汽车上用的大部分是铝和其他金属的合金，铝合金强度高、具有较好的塑性和良好的抗腐蚀性能。

铝合金是在铝中加入一定的铜、镁、硅、锰等元素而构成的。铝合金一般可分为变形铝合金和铸造铝合金两大类。变形铝合金又可分为防锈铝合金、硬铝合金、超硬铝合金、锻铝合金等。变形铝合金可通过压力加工的方法制成各种车身钣金构件，但焊接工艺性较差。

（2）非金属材料。非金属材料在车身上使用的种类很多，主要的是塑料、玻璃钢、橡胶、玻璃等。

1）塑料。塑料用在汽车的许多部件上，从汽车的内外部件到发动机和变速器等。最初汽车零部件塑料化的主要目标是实现汽车内饰柔软化，使乘客有安全舒适感。塑料具有强度较高、质量较轻等优点。近年来，汽车车身材料越来越多地被塑料替代，这样，既可获得汽车的轻量化，还可提高汽车的防腐蚀、减振动、抗冲击、降噪声等性能。在现代汽车中，车前部的大部分零部件用塑料制作，如水箱面罩、前保险杠、挡泥板、仪表板等。甚至水箱、冷凝器等也用塑料替代，图 1—9 所示为现代汽车的外部塑料件，图 1—10 所示为现代汽车内部装备常用的塑料件。

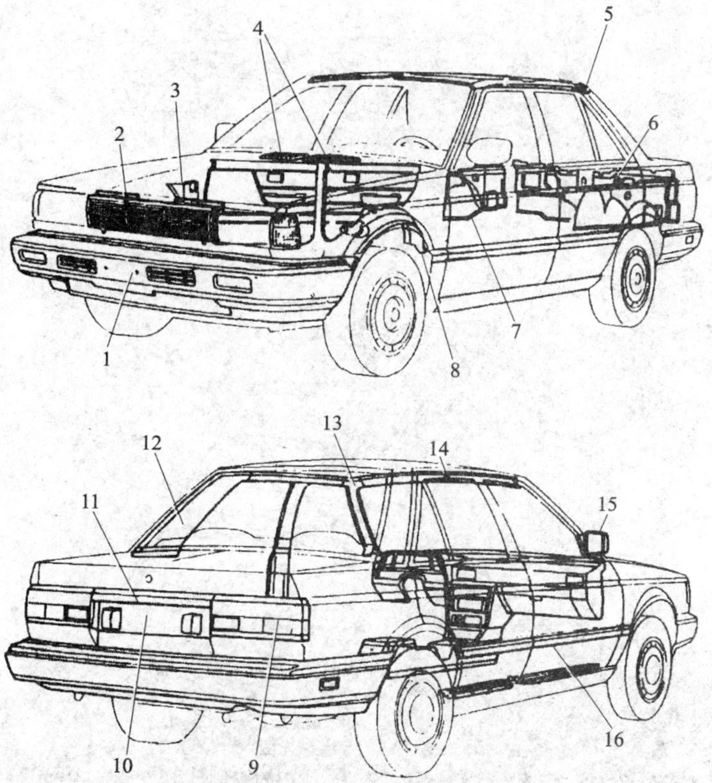

图 1—9　现代汽车外部塑料件

1—前保险杠外皮（PP 或 PUR）　2—散热器格栅（ABS）　3—前围侧板面层（PP）　4—前围上盖板格栅面层（AAS）
5—后窗贴边（PP）　6—行李舱面层（PP）　7—后车轮罩覆盖层（PP）　8—前翼子板防护层（PE）
9—后组合灯镜面（PMMA）　10—后板面层（ABS）　11—行李舱盖面层（ABS）
12—后立柱面层（PP）　13—风窗立柱覆盖层（PP）　14—上风窗贴边（PP）
15—后视镜（PP 或 ABS）　16—车门防护条（PVC）

塑料的种类很多，目前，应用在汽车上的主要是热固性塑料和热塑性塑料两大类。常用的塑料编写代号、化学名称、常用名称及设计用途见表 1—1。

2）玻璃钢。玻璃钢是用碳纤维、玻璃纤维等无机纤维增强的一种塑料复合材料，最有代表性的是环氧树脂玻璃钢和聚酯树脂玻璃钢。这种材料具有强度高、质量小、耐蚀、耐磨、隔热、弹性和刚度好、设计自由度大等优点。

用玻璃钢制造的车身，可达到低碳钢的抗拉强度，在断裂前吸收的能量比钢板大，具有减振作用。玻璃钢与漆料的相溶性也较好，喷涂前的表面处理简单，漆层附着牢固。但玻璃钢的抗弯曲强度较差，只相当于钢材的 1/30 ~ 1/7。而且玻璃钢的硬度比钢板低，不耐磨，容易被尖硬物刺穿。

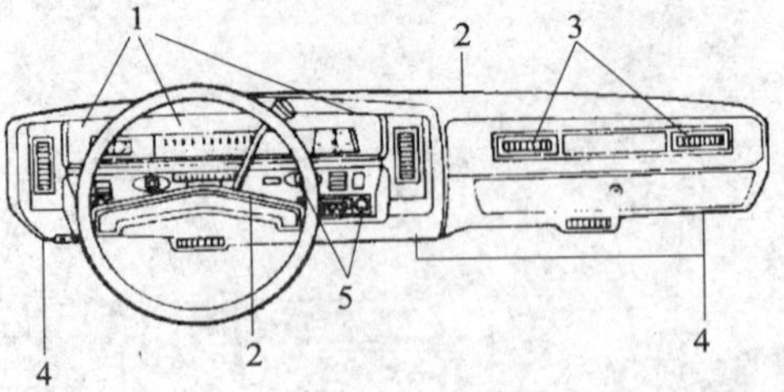

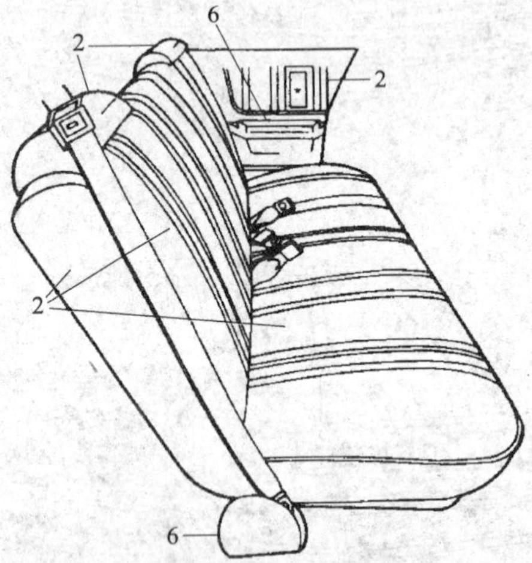

图 1—10　现代汽车内部装备常用塑料

1—ABS　2—乙烯树脂　3—ABS 或聚丙烯　4—聚丙烯或金属　5—镀铬 ABS　6—聚丙烯

表 1—1　　常用塑料的代号、化学名称及设计用途

代号	化学名称	设计用途	塑料种类
AAS	丙烯腈、丙烯酸橡胶、苯乙烯	外后视镜	热塑性塑料
ABS	丙烯腈、丁二烯苯乙烯	格栅、车体板	热塑性塑料
AES	丙烯腈、乙烯苯乙烯	车顶雨滴嵌条、侧饰嵌条	热塑性塑料
PA	聚酰胺	车外精加工装饰板	热固性塑料
PC	聚碳酸酯	大灯、格栅、仪表板	热塑性塑料
PE	聚乙烯	阻流板、内装饰板	热塑性塑料
PMMA	聚甲基丙烯酸甲酯有机玻璃	后组合灯	热塑性塑料
PP	聚丙烯	保险杠	热塑性塑料
PUR	热固性聚氨酯	保险杠	热固性塑料
PVC	聚氯乙烯	内装饰板、软垫板	热塑性塑料
SMN	苯乙烯、丙烯腈	内装饰板	热固性塑料
TSOPTPO	超级聚烯烃	保险杠	热塑性塑料
TPU	热塑性聚氨酯	大的侧保险嵌条，前翼子板、挡泥板	热塑性塑料

3）橡胶。为了使汽车具有较好的减振性能，防止水、灰尘侵入车厢，在必要部位的许多零件都使用了橡胶制品，如橡胶密封垫、橡胶密封条、风扇传动带、汽车轮胎等。橡胶是一种有机高分子材料，具有较高的弹性、良好的热可塑性等特点。

在汽车车身上常用的橡胶制品主要是密封条，如汽车车门和行李舱上的密封条，当受到挤压时可以有较大的变形，与门框紧密贴合，闭合良好，可防水、防灰尘，起到密封作用，卸载后即可恢复原来形状。

4）玻璃。为了能使驾驶员和其他乘员有广阔的视野，现代汽车采用了大量的玻璃。玻璃除了透明还具有隔音、保温的优点。这些玻璃大部分集中在前、后风窗及车门上。由于车辆在受到碰撞或飞石等意外事故时玻璃很容易破碎，因此在使用汽车玻璃上都有严格规定。目前，汽车上使用的都是安全玻璃，主要有钢化玻璃（强化玻璃）和层压玻璃两类，安全玻璃分类如下：

- 汽车用安全玻璃
  - 钢化玻璃
    - 全钢化玻璃
    - 部分钢化玻璃
  - 层压玻璃
    - HRP层压玻璃（中间膜厚0.76 mm）
    - 标准层压玻璃（中间膜厚0.38 mm）

（3）汽车涂料

1）汽车涂料的组成。汽车涂料主要由颜料和填料、树脂（成膜基料）和溶剂（分散介质）3 部分组成，某些表面层涂料还要加入适量的添加剂，以改善某方面的性能，如图 1—11 所示。

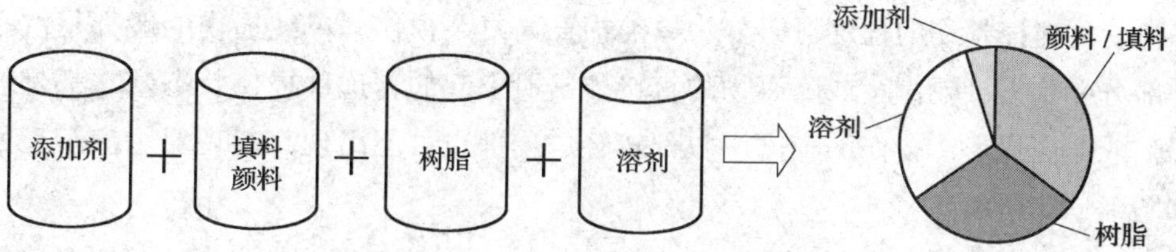

图 1—11　涂料的构成

2）汽车涂料中常用溶剂、添加剂的作用。溶剂是液态涂料中不可缺少的组成部分，它的质量和适应性对涂料的寿命起着决定性的作用，其性质也极大地影响着涂膜的完美性、外观和应用。除了在制造涂料时采用溶剂外，在涂装时为将涂料稀释到工作黏度，也要采用一定量的溶剂。

3）汽车涂料的作用。汽车涂料作为汽车的外衣，主要有保护、装饰、标志等方面的作用。

4）汽车涂料的种类。汽车涂料主要是指用于各种车辆涂装的涂料及相关辅助材料，如轿车、客车生产中使用的涂料和汽车修补用涂料，它包括底层涂料、中间层涂料、面层涂料等。

2. 车身钢板维修

（1）车身损伤的种类。汽车车身钢板受到碰撞以后的损伤一般有直接损伤、间接损伤和加工硬化等几种类型。直接损伤是当汽车受到碰撞以后，在车身的受撞部位直接发生变形、断裂、擦伤或划痕等损伤；间接损伤主要是指由撞击而引起的弯折和挤压拉伸等，这些损伤都发生在撞击区的周围或受冲击力波延的区域。图 1—12 所示为直接损伤和间接损伤的示例。

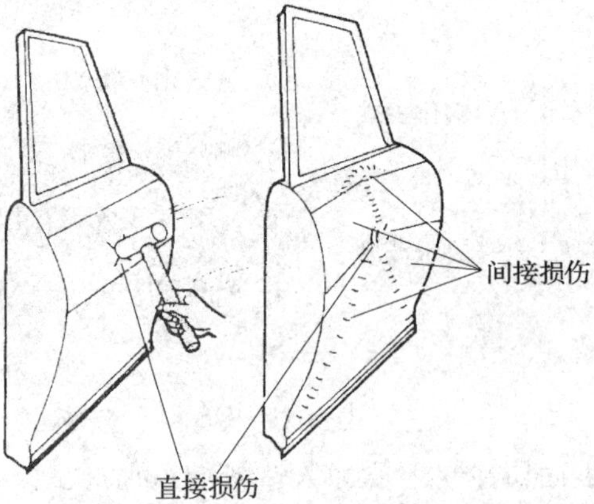

图 1—12 直接损伤和间接损伤

车身受到碰撞损伤的程度可以分为单纯损伤与复杂损伤。单纯损伤一般都是汽车车身的某一部分受到另一辆汽车或障碍物的直接撞击所引起的，这种损伤状态基本都是较为单一的凹陷或弯曲变形，损伤的程度一般都较轻，局部也可能出现凸起现象。汽车正面受撞情形如图 1—13 所示。

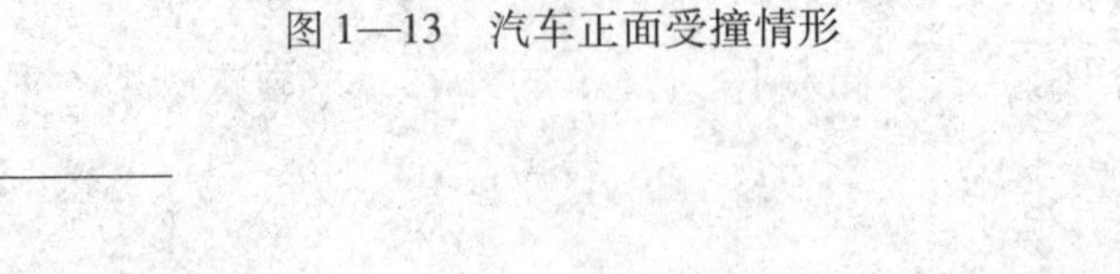

图 1—13 汽车正面受撞情形

复杂损伤车辆所受的撞击力一般都比较大，由于冲击力的波延，车辆往往受损较严重，会产生许多凹凸起伏的褶痕或弯曲变形；由于汽车的惯性还可能引起汽车后部向上翘起变形。汽车前端受撞变形如图1—14所示。

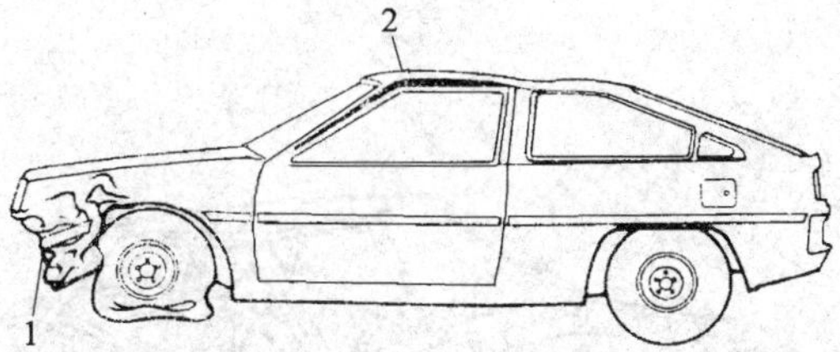

图1—14　前端受撞变形

1—碰撞点　2—裂口

（2）车身损伤的判别方法。对车辆损伤状况的判别包括确定损伤类型、损伤部位及损伤程度等。与车身损伤有关的因素很多，在对车身损伤进行判别时，必须对所有有关因素有足够的了解。在进行判别时应知道车辆的结构类型；观察、分析碰撞点的位置；观察确定碰撞力的方向及传递路线，确定可能被损伤的部位；确定损伤是仅局限于车身，还是涉及到其他总成部件或组件等。对碰撞损伤的确定步骤流程可用图1—15说明：

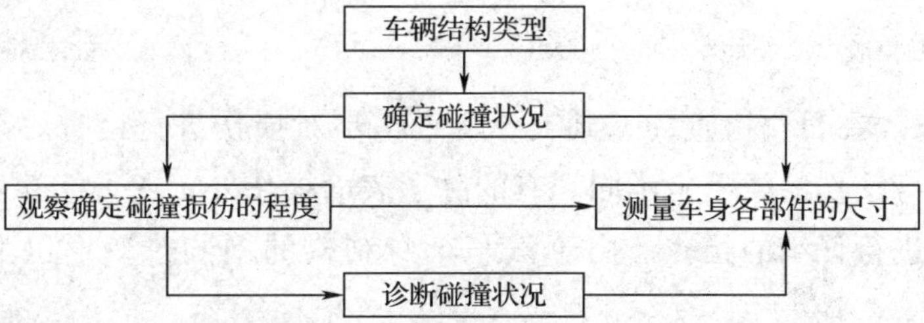

图1—15　车辆碰撞损伤状况诊断流程图

1）目测检查。在检查车辆受损情况时，先用目测的方法进行检查，检查判断车身的哪一部分最先受到冲击和哪一部分是最后形成凹凸痕迹的。一般最初遭受冲击的地方（最初损伤处）通常可以由油漆严重剥落或伤痕来判定，较严重时钣金件会被拉裂。在大多数情况下，碰撞部位能很明显地显示出损伤的迹象，这一步检查应确定碰撞点的位置、碰撞力的方向及碰撞力的传递路线。除了检查明显的损伤外，还应考虑潜在的损伤可能。进行目测检查时，先要后退离开汽车对其进行总体观察，从碰撞的位置估计汽车受撞面积的大小及方向，判断碰撞如何扩散并造成损伤。再从总体上检查汽车是否有扭转、弯曲及歪斜等变形，最后查看整个汽车，设法确定出损伤的位置及所有的损伤是否都是由同一碰撞引起的。

当汽车发生碰撞时，碰撞力能沿着车身扩散并使汽车的许多部件及某些部位发生变形或损伤。检查时，必须沿着碰撞力扩散的路径仔细检查，确认出变形情况。通过检查，有些部件的损伤是很容易识别的，容易识别出损伤的部位如图 1—16 所示。

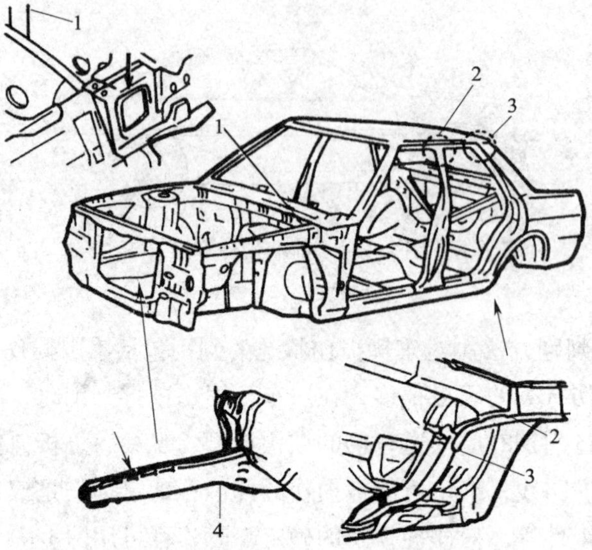

图 1—16　容易损伤的部位

1—零件截面突然变形　2—零部件之间的连接点　3—棱角和边缘　4—受到弯曲、扭转或断裂损伤的部件

2）详尽检查。在目测检查的基础上，应进一步对损伤进行检查。汽车碰撞位置及碰撞力不同，车身损伤的类型也不同。有的除了表面损伤外，还可能涉及其他部位，因此应对损伤区域进行仔细的检查。由于汽车车身结构的不同，变形也不同，其判断如下：

①车架式车身损伤的判断。车架式车身的结构是由车架及连接在其周围的可分解的部件组成的，因此在车架上有较多的活动部位缓冲来自前端或后端的碰撞冲击，其活动部位如图 1—17 所示。车辆受碰撞后，由于车架的变形也会引起车身这些活动部位的变形。

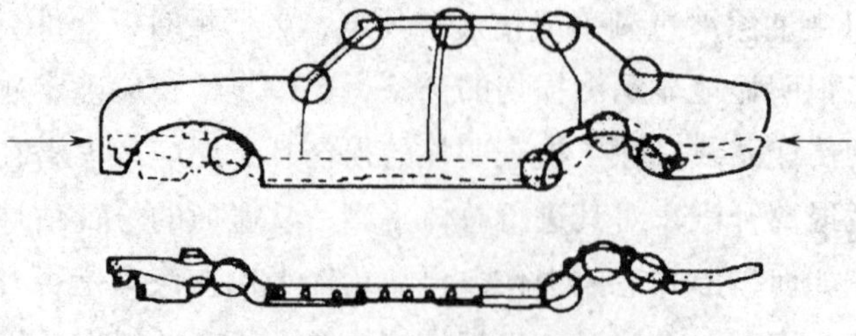

图 1—17　车架上的活动部位

②整体式车身损伤的判断。对于整体式车身在碰撞时可能发生损伤的部位，可以用如图1—18所示的圆锥图形法进行检查。用圆锥图形法进行检查时，可将车身的损伤部位的碰撞点视为圆锥形的顶点，锥形的中心线作为碰撞力的方向，锥形的高度和扩展范围则表示碰撞力穿过车身壳体扩散的传递范围。

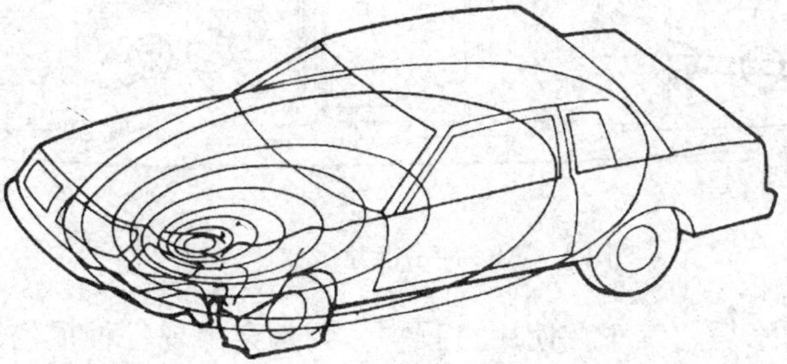

图1—18　运用圆锥图形法检查碰撞对整体车身的影响

整体式车身壳体是由薄板组件连接而成的，因此碰撞引起的冲击能量大部分被车身壳体所吸收，但由于受车身构件传递的碰撞冲击波的影响，又会引起新的损伤，所波及的损伤称为二次损伤，如图1—19所示，图中箭头示出碰撞能量沿着乘客舱穿过各部件而逐渐消散。

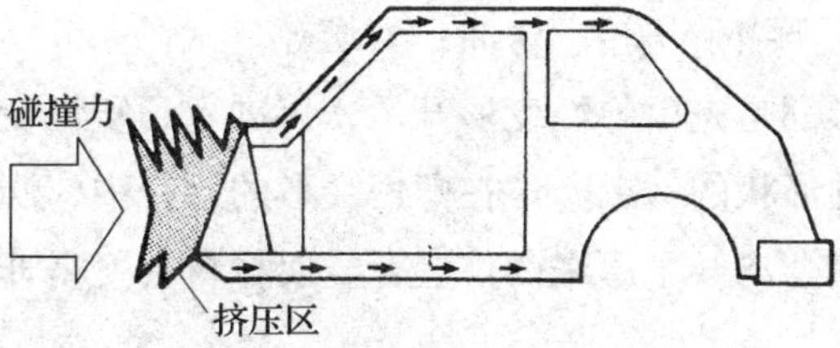

图1—19　二次损伤

为了防止和控制车身在碰撞损伤时的变形，使乘客舱的安全空间尽可能大，整体式车身在汽车的前端或后端设计了一定的冲击能量吸收段部位，称为吸能区域，如图1—20所示。

这些区域是车身设计时预留的损伤区，当汽车受到碰撞时，汽车前部的碰撞冲击能量由车身前部及其折叠区域吸收；汽车后部的冲击能量由车身后部吸收；而汽车侧向的碰撞冲击能量则由减振钢板、车顶侧梁、中间立柱和车门部件的变形来吸收。这种设计结构使车辆在受到碰撞时，通过这些区域产生折叠变形来吸收冲击能量，使冲击能量在传递到乘客舱时已被大大减小，甚至完全消除。

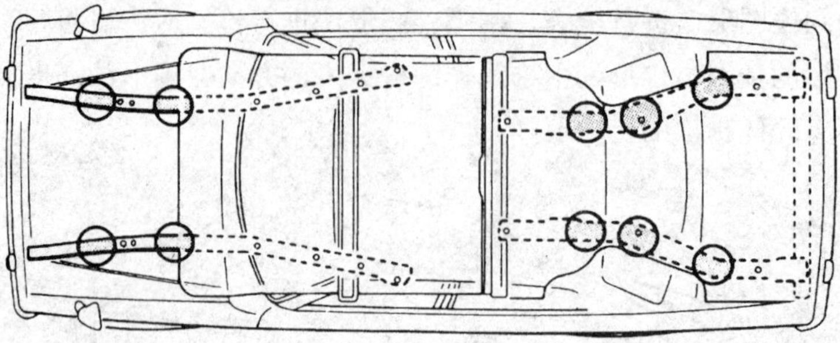

图 1—20　冲击能量吸收段部位

（3）车身损伤的修复。汽车在使用过程中，经常会出现各种损伤，在汽车维修作业中大量的工作就是对这些损伤进行矫正、修复。

1）车身损伤对钢板性能的影响。现代汽车绝大多数都采用整体式车身，由于整体式车身都具有一定的形状特征和使用要求，制造车身的钢材一般都是高强度钢板，这种材料都具有弹性、塑性、冷加工硬化和热影响等性能。钢材抵抗变化的能力可用弹性变形、塑性变形和加工硬化来表示。

金属材料在外力作用下发生变形的过程中会产生一定的应力与应变，应力与应变的形式很多，常见的有拉伸、压缩、扭转、弯曲、剪切等。

汽车钣金构件的变形都是先由弹性变形开始，再进入到塑性变形。汽车钣金件就是在塑性变形状态下形成各种形状的，钣金件在塑性变形的过程中，当塑性变形非常大并达到上限时，迫使晶体组织完全离开了原来的位置，金属材料会变得非常硬，钢材就出现了加工硬化。

当汽车在碰撞过程中受到损坏时，受撞部位的金属材料塑性更差，极易产生冷作硬化。当受损部位产生加工硬化后，可利用加热使可塑性增加的性质对变形部位加热，来提高金属材料的塑性和韧性，使强度和硬度降低。

2）钣金件轻微损伤的修复。车辆在受到碰撞损伤后的损伤程度并不是一样的，有的会出现严重的变形或断裂等损伤，而有的则可能只是很轻微的损伤。在维修过程中，应按损伤情形选择正确的修理方法，通常对车身的修理可以分为两类：一类是小损伤修理；另一类是大修理。小损伤修理一般都是对表面较小的凹陷或凸起进行整修，这种修理最常用的是采用延展或收缩的基本方法对损伤部位进行整形修复。对产生严重变形的损伤则需进行大修理，这种修理主要采用矫正整形的方法将变形部位进行整形修复，必要时还须进行构件切换。

3）钣金件严重损伤的修复。汽车受到严重损伤后，在修复前必须对损伤情况进行分析，并对受损车身进行检测测量，测出与原车标准数值的差值，然后再选择矫正方案进行修复。其具体修理步骤可参照图1—21 所示流程图。

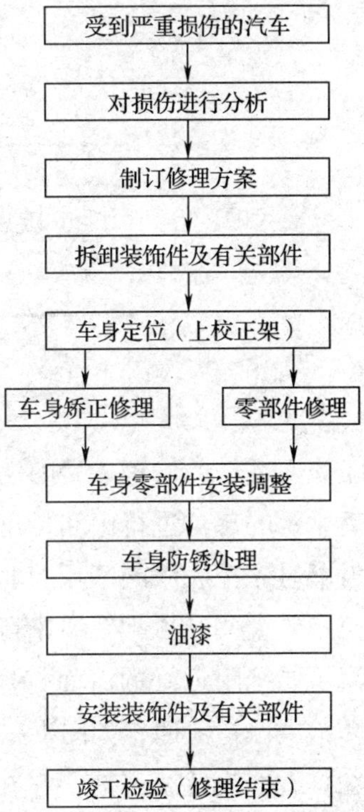

图 1—21　汽车严重损伤的主要修理步骤流程图

①车身前部严重损伤的修复。汽车车身损伤的修复一般可分为前部车身和后部车身两部分进行，从车门中柱往前的这一部分为前部车身；从车门中柱往后的这一部分为后部车身。在对车身前部严重损伤进行修复前，除了应仔细对损伤进行分析外，还应对损伤程度进行检测测量，检测的方法可以用参数法或对比法来进行，将测试所得的数据与标准数据进行对比，从中查出损伤部位及损伤程度。

前部车身损伤的修复工作首先应将受撞变形的部位牵拉到标准尺寸。在牵拉作业前先将受损汽车在牵引设备上夹紧定位，再按照牵拉程序进行牵拉。

②车身后部严重损伤的修复。由于车身后部的结构比前部结构更复杂，后部又由于行李舱的空间较大，其强度和刚性都较差，因此当车身受到碰撞后的损坏可能要比前部更厉害，对车身后部严重损伤的修复过程基本和前部车身的修理方法差不多。

③车身侧面损伤的修复。当汽车受到严重的侧面碰撞时，整个车身会像香蕉一样弯曲变形，车底板也会变形。这类损伤的变形使车身的一侧间隙变小，或造成起皱现象；而另一侧则间隙拉大，严重时还会引起板材的拉裂。对这类变形的牵拉先将受损汽车固定，牵拉时一般可以从三个方向施力，先将车身向前、后两端拉开，再将塌下去的车身侧面向外拉。

4）锈蚀损伤的修复。车身的损伤除了因碰撞而引起以外，在修理过程中经常会遇到金属板材因生锈而造成的腐蚀。汽车覆盖件表面虽有油漆层保护，但如果车身发生碰撞或使用时间过长油漆表面就会产生裂纹，水或空气等介质就会渗透到油漆层的下面并出现锈蚀，如图 1—22 所示。车身覆盖件锈蚀损坏的形式为表面生锈和锈蚀穿孔。

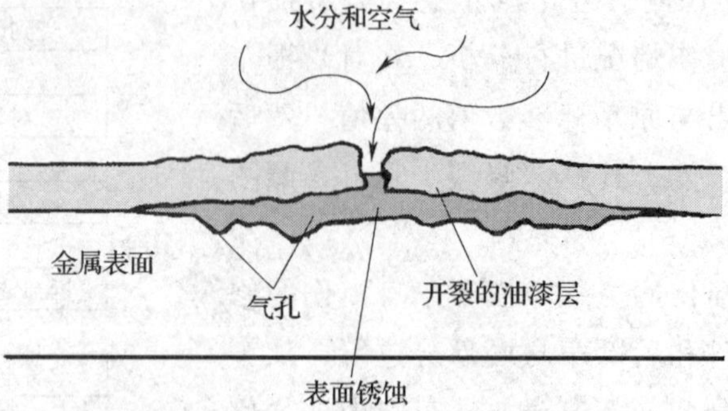

图 1—22　表面锈蚀举例

①表面锈蚀的修理。表面锈蚀修复的过程比较简单，只需打磨掉锈层，并使用金属调节剂对生锈的部位进行中和，再涂敷填充剂并打磨平整，最后进行油漆。

打磨时先把表面的漆层打掉，打磨的漆层应比锈蚀的范围要大些，再把锈斑清除干净。在打磨过程中要注意不要把附近好的漆面打掉，可在附近的表面上粘贴防护条保护漆面，如图 1—23 所示。

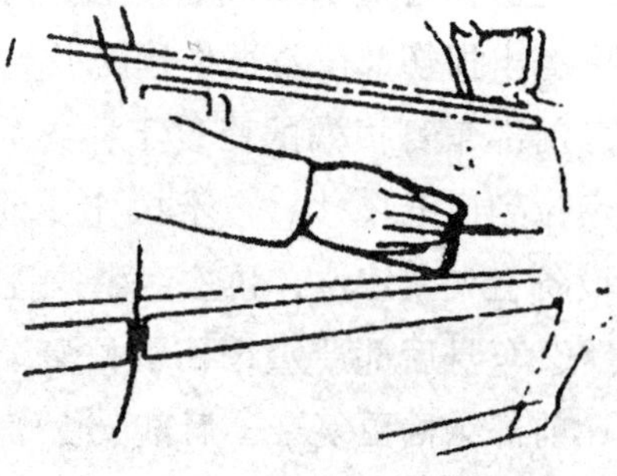

图 1—23　清洗板材表面

在打磨处涂敷填充剂，并在干燥后将边缘部位打磨平整，最后进行涂底漆、喷面漆的操作。

②锈穿的修理。锈蚀严重时板材被锈穿。板材锈穿后会暴露出小孔，严重时会出现大块的锈穿。一般可进行更换或挖补修理。

挖补修理是汽车维修钣金工较常用的修理方法，通过挖补修理不仅可以使钣金件恢复原状，还可加强钣金件的刚性与强度。挖补修理按如下工艺进行：

a. 在进行挖补修理前，首先应检查确定锈蚀损坏的部位及挖补的范围。

b. 根据确定的范围制作新的构件或选用新的成品。

c. 根据新的制件划出切割线，并切除锈烂部分。

d. 将替换件与切割口对合，并用 CO_2 气体保护焊进行间距约为 30 mm 的定位焊。

e. 整平焊缝并用 CO_2 气体保护焊焊接。

f. 焊后趁热敲击焊缝以消除焊接残余应力，进行打磨、整平。

3. 汽车涂装

汽车在长期的使用过程中，由于受到各种恶劣气候的影响和不同原因的碰撞、擦伤、划伤，造成表面涂层损坏，进而产生腐蚀，影响汽车的使用寿命。修补涂装的目的在于终止腐蚀的继续，恢复涂层的亮丽。其操作过程如图 1—24 所示。

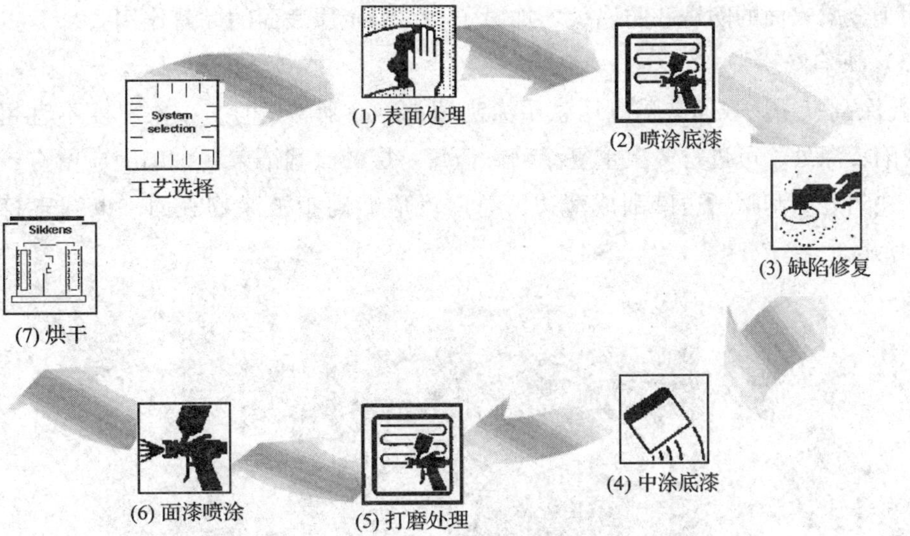

图 1—24　涂装工艺过程

在汽车涂装工艺选择后，汽车涂装的工艺过程大致如下：

（1）表面处理。汽车车身涂装前的表面处理主要包括清洗、清除旧涂层、除油、除锈、表面粗化等工序。

1）清洗。用中性洗涤剂清洗车顶、车身各面、车轮及挡泥板（重点是挡泥板）、大梁、底盘表面上的积灰和污泥，去除油污、灰尘等杂物，再用清水清洗并擦拭干净，干燥后再进行下面作业。

2）清除旧涂层。常用的方法有化学除漆、手工或机械方法清除旧涂层，可视现场情况，确定局部或整体清除旧涂层的面积，对于附着力强、表面完好的旧涂层可免清除。

3）除锈。铁锈是指金属的腐蚀，就是金属与氧气结合生成金属氧化物，即生锈。铁锈的形成主要原因有 3 种：漆膜损坏、碰撞损坏和修理加工损坏。

4）表面粗化。除油、除锈、清除旧涂层完工后，应用手工或机械打磨的方法，将车身表面仔细打磨一遍，局部清除部位的边缘接口处，要处理成斜坡状。作为全涂装作业，对于不需清除的旧涂层，必须进行彻底的打磨，以提高与新涂层的附着力。

5）清洁。用压缩空气将表面灰尘吹尽，用除油剂或脱脂剂将表面擦拭一遍，然后用干净棉布擦清表面。

6）遮盖。前、后窗的遮盖：用宽度合适的遮盖纸遮盖住车头车尾风窗玻璃，周边用黏胶带粘贴牢固。

（2）喷涂底漆。汽车车身经过涂装前表面处理后，一般可以直接喷涂头道底漆。头道底漆用于金属表面的防锈和防腐，增加腻子与车身金属表面的黏着作用。

（3）缺陷修复

1）涂刮腻子。表面缺陷应用腻子涂刮填补，涂刮腻子时，一次厚度不宜超过 5 mm。对于缺陷较深处，可进行多次重复涂刮，但每一层的涂刮结束后，层间应留有一定的干燥时间。缺陷处涂刮腻子边口刮成薄边，总厚度应略高于被涂物表面，以利于打磨，如图1—25 所示。

图 1—25　缺陷修复

2）打磨腻子。腻子的打磨，既可采用手工方法，也可采用机械打磨。可湿磨，也可干磨，建议使用无尘干磨的方法，具体可视实际情况而定。不管采用何种方法打磨，都应在打磨时不时用手触摸表面，检查腻子表面的平整与光滑程度，直至表面平滑、光润、细腻为止。

3）清洁。将车身外表面用压缩空气吹清尘灰，用除油剂或脱脂剂将表面擦拭清洁。

（4）中涂底漆。中涂漆的喷涂一次不宜太厚，否则会使溶剂滞留在涂膜内难以挥发，影响干燥速度，而应采用多次喷涂的方法，使涂膜达到一定的厚度，其干燥速度反而比一次厚喷要快得多。等干燥后准备打磨。

（5）打磨处理。中涂漆的打磨可采用手工打磨或机械打磨。可湿磨，也可干磨，具体可视实际情况而定。中涂漆的打磨方法与腻子的打磨基本相同，打磨时应不时用手触摸，检查中涂漆腻子表面的平整与光滑程度，直至表面平滑光润细腻为止。

（6）面漆喷涂。喷漆是一项技术性很强的工作，过去汽车喷涂以色漆（白、蓝、黑、红等单色以及相关复色等）为主，相对来讲对修补漆的喷涂要求不高。然而随着金属闪光漆以及珠光漆的广泛采用，且汽车漆档次的越来越豪华，汽车修补漆的性能不断提高，对喷漆工的要求也提高了。汽车面漆喷涂时，不仅要认真选择所有的材料、施工工具，而且对施工环境（温度、湿度）的控制、冬夏季节稀释剂的选择以及喷枪的调整等都必须认真对待，如果忽视任何一个环节都可能造成灾难性的后果。

（7）烘干。烘干前需整理修饰，清除所有遮盖纸、胶带，揭去专用遮盖罩，修补各门框侧边及整车杂漆，然后将汽车送入烘干设备烘干。

二、维修质量检验的内容

1. 漆面质量检验

（1）漆面光泽度的检查。目测漆面光泽，对局部修补的漆面，其光泽需与原车漆光泽尽量一致，全车喷漆后的光泽应达到技术标准，必要时可用光泽仪测试漆面表面光泽，如图 1—26 所示。

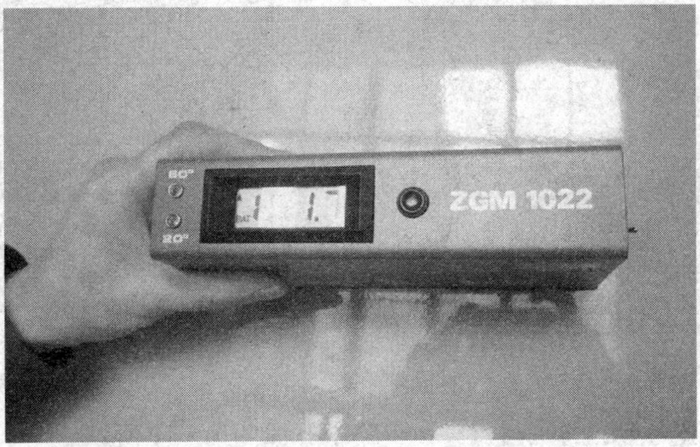

图 1—26　用光泽仪测试漆面表面

（2）色差检查。对局部补漆的竣工车辆，要注意观察新补上去的面漆与原车面漆的颜色差异，允许色差以肉眼观察不易察觉为宜。

（3）漆面缺陷检查。漆表面应无流痕、起泡、裂纹、皱皮、脱层、缺漆等现象。漆面喷涂工艺不当，会产生各种缺陷，竣工检验时应注意观察、识别。

1）涂层表面隆起细小的小起泡有时是大面积的，也有局部的，如图 1—27 所示。

2）涂层遮盖力差，色漆不能完全遮盖底层颜色，如图 1—28 所示。

3）涂层表面呈橘皮似的块状现象，如图 1—29 所示。

4）涂层呈现鱼眼、缩孔缺陷。涂层表面呈现的圆形小坑，有时呈分散状，有时呈聚集状，如图 1—30 所示。

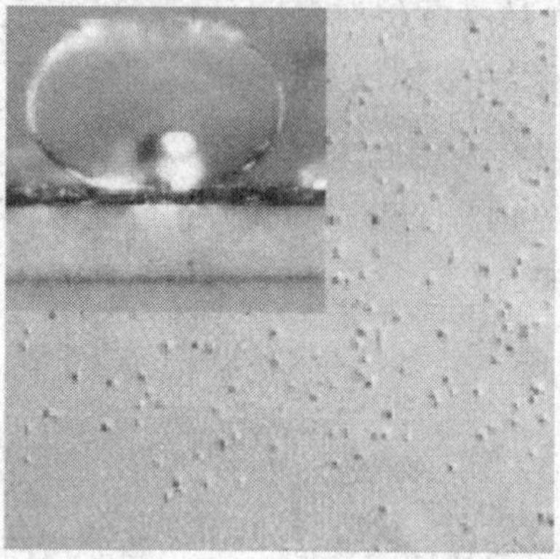

图 1—27　涂层表面起泡

图 1—28　涂层遮盖力差

图 1—29　涂层起橘皮

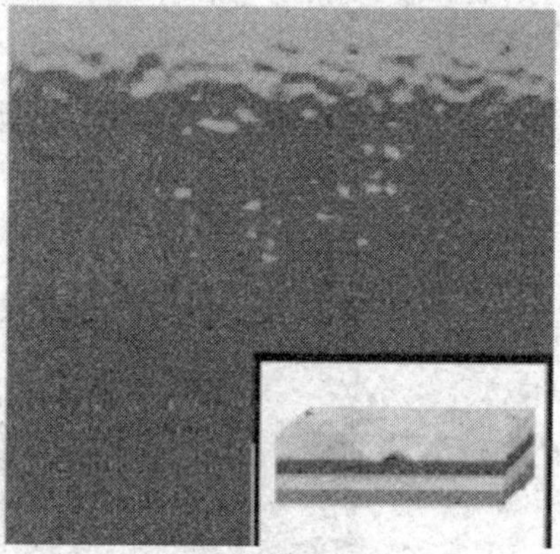

图 1—30　涂层呈现鱼眼、缩孔

5）颗粒，涂层内有脏的东西包裹在漆膜中，如图 1—31 所示。

6）涂层起皱，由于漆面膨胀而在部分区域形成的隆起状，如图 1—32 所示。

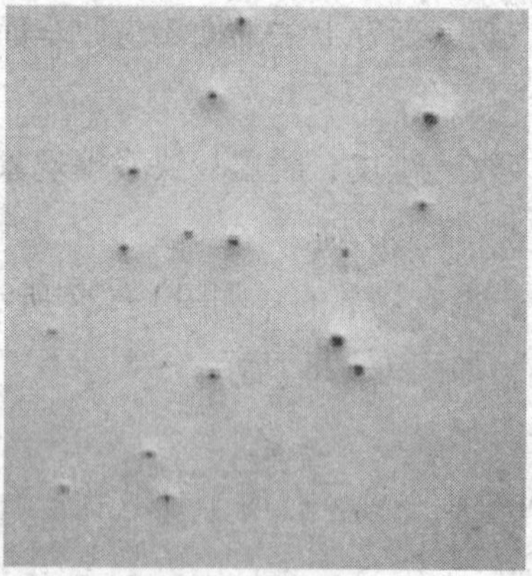

图 1—31　涂层颗粒

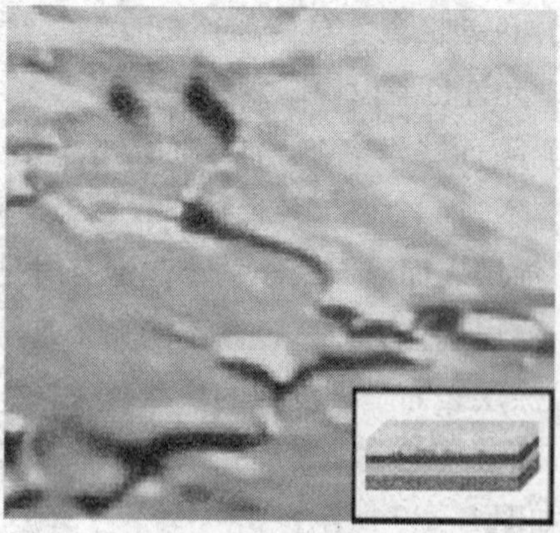

图 1—32　涂层起皱

7）涂层表面出现不规则的大面积开裂现象，如图 1—33 所示。

8）漆面修补过的区域下陷，形成像“湖泊”的外观，如图 1—34 所示。

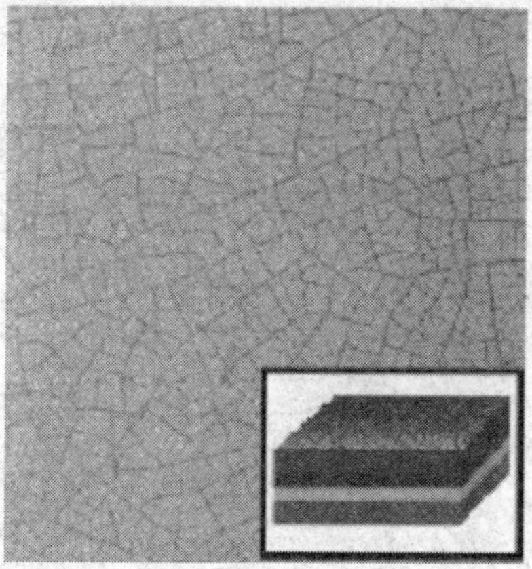

图 1—33　涂层开裂

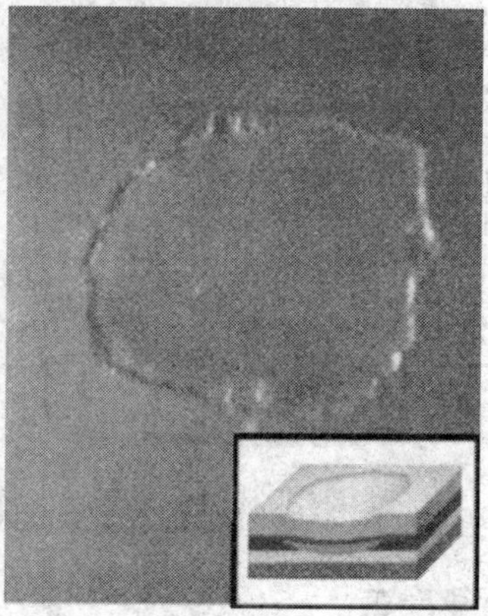

图 1—34　漆面修补过的区域下陷

2. 车身蒙皮及护板

（1）车身蒙皮应形状正确、平整、曲面圆顺、无松弛和裂损。

（2）车辆护板应平整、曲面圆顺、无凸凹变形和裂损。

3. 装饰件

（1）内外装饰件应齐全，外观应平顺贴合，无凹陷、凸起或弯曲，拐角圆顺，表面无划痕、锤击印。紧固件排列整齐，安装牢固。

（2）外装饰带分段接口处应平齐，接口间隙符合技术标准，并与窗下沿平行，其平行度误差在全长内应不大于 5 mm。

（3）电镀装饰件应光亮、无锈斑、脱层、划痕等现象。

4. 发动机盖及前翼子板

（1）发动机盖应无裂损、凹凸变形，盖合严密，边盖板平整，附件齐全有效，开启灵活，锁止可靠，同时要求发动机盖与前翼子板的左右、前后间隙一致，如图 1—35 所示。

（2）检查前翼子板与车门的间隙，要求上下、左右间隙一致，如图 1—36 所示。

5. 车门

经过修理后的车门必须门缝均匀，启闭轻便、止锁可靠，车门密封良好，行驶时不发出“咔嗒”声和不漏水、不漏灰尘。

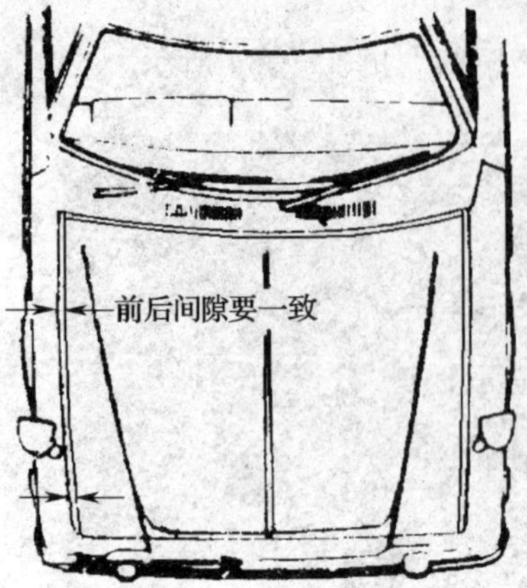

图 1—35　检查发动机盖与前翼子板间隙

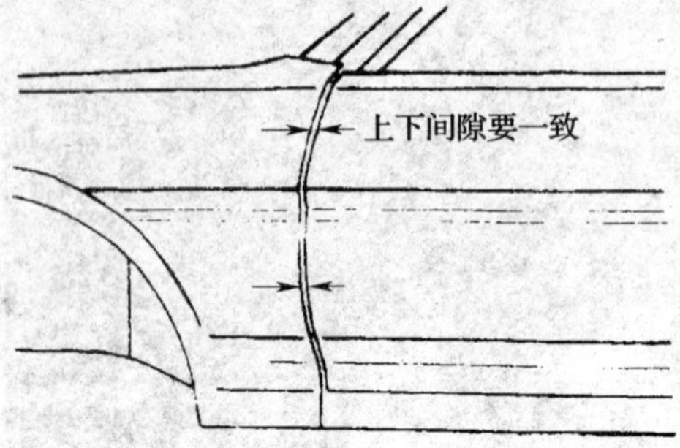

图 1—36　检查前翼子板与车门间隙

6. 行李舱盖

行李舱盖与发动机盖一样，要求无裂损、变形，开启灵活，盖合严密，边缝均匀，锁止可靠，支起牢固，并与左右后翼子板的间隙要均匀一致。

7. 车窗

（1）可开窗应启闭轻便，关闭严密，锁止可靠；摇窗机灵活有效。

（2）密封条应齐全，无老化、破损，粘接牢固、有效。

8. 玻璃

（1）前挡风玻璃应采用夹层玻璃。玻璃完好无裂痕，不炫目，如图 1—37 所示。后挡风玻璃可采用钢化玻璃。玻璃、橡胶条、窗口三者之间应贴合紧密，喷淋检查不漏水。

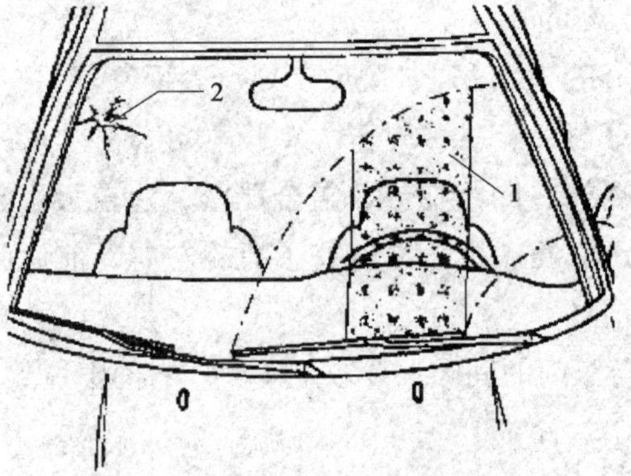

图 1—37　前挡风玻璃

1—炫目处　2—碎裂处

（2）车门玻璃采用钢化玻璃。玻璃完好，无碎裂等缺陷。玻璃升降时平顺轻便，闭合严密。

9. 后视镜

要求镜面成像清晰，角度调节灵活，支座无裂损、无锈蚀及漆面缺失，装置牢固。

三、车身修理质量检查评定标准

目前，适用的车身修理质量检查评定标准是国家标准 GB/T 15746.3—1995《汽车修理质量检查评定标准　车身大修》，该标准的主要内容见本书附录 1。

技能要求

车身维修质量检验

操作准备

1. 整车。
2. 清洁用具。
3. 工具车及配套工量具。

操作步骤

步骤 1　检查车身喷漆质量状况

（1）目测检视整车车身表面喷漆光亮状况（必要时用漆膜光泽测量仪检测）。

（2）目测检视面漆颜色差异状况。

（3）目测检视面漆异色边界分明、整齐状况。

（4）目测检视漆表面缺陷（如流痕、气泡、裂纹、皱皮、脱层、缺漆等）状况。

步骤 2　检查车身外部维修质量状况

（1）目视检查整车覆盖件表面，查看有无凹陷不平的缺陷及部件之间缝隙状况。

（2）检验表面覆盖件时，结合检查前后保险杠、外后视镜、挡风玻璃、外装饰件等车身外附件完好状况，必要时对易渗漏部位进行喷淋试验。

（3）启闭发动机舱盖及车门、窗等活动部件，检查开启和锁止的工作性能。

步骤 3　检查车内饰件维修质量状况

（1）打开车门，进入车厢内检查仪表台完好状况。

（2）检查车内装饰件完好状况。

（3）检查前、后坐椅完好状况。

（4）检查行李舱内装饰件完好状况。

步骤 4　填写检验与修复记录单

车身维修竣工验收表（小客车）（见表 1—2）。

表 1—2　　车身维修竣工验收表（小客车）

名称	检查项目	检查结果 好（√）；一般（△）；差（×）	备注 （缺陷部位）
喷漆质量状况	（1）面漆漆膜光泽度		
	（2）面漆颜色差异状况		
	（3）面漆异色边界整齐状况		
	（4）漆表面缺陷状况（流痕、气泡、裂纹、皱皮、脱层、缺漆等）		
车身维修质量状况	（1）车身表面覆盖件平整状况		
	（2）车身部件接合缝隙状况		
	（3）发动机舱盖启闭状况		
	（4）外后视镜完好状况		
	（5）车门锁启闭、密封状况		
	（6）车窗升降、密封状况		
	（7）行李舱盖启闭状况		
	（8）前、后挡风玻璃完好状况		
	（9）前、后保险杠完好状况		
	（10）车身外装饰件完好状况		
饰件质量	（1）仪表台完好状况		
	（2）车内顶装饰件完好状况		
	（3）车门内装饰板完好状况		
	（4）车门柱装饰件完好状况		
	（5）车门框装饰件完好状况		
	（6）前坐椅调节机构状况		
	（7）前坐椅完好状况		
	（8）前坐椅完好状况		
	（9）地毯完好状况		
	（10）行李舱内装饰件完好状况		
	（11）车内其他部件完好状况		

第 2 节　发动机维修质量检验

学习单元 1　发动机大修

学习目标

1. 熟悉发动机大修工艺流程。
2. 掌握汽车发动机大修的基本基础知识。
3. 能够按工艺流程对发动机进行大修。

知识要求

一、发动机大修基础

1. 大修的步骤

大修就是通过拆卸和（或）分解发动机、传动桥、差速器等，通过检测、修理或更换零部件以及调整等作业，诊断故障并进行修复。其过程如图 1—38 所示。

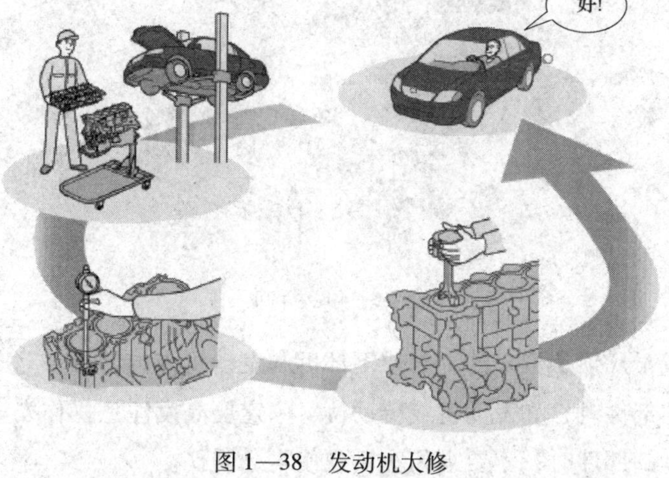

图 1—38　发动机大修

（1）确认问题和（或）故障，如图 1—39 所示。然后分析故障原因，决定是否需要大修。

图 1—39　确认问题和（或）故障

（2）拆卸和（或）分解

1）拆卸。把需要大修的总成从汽车上拆卸下来，以便分解检测，如图 1—40 所示。

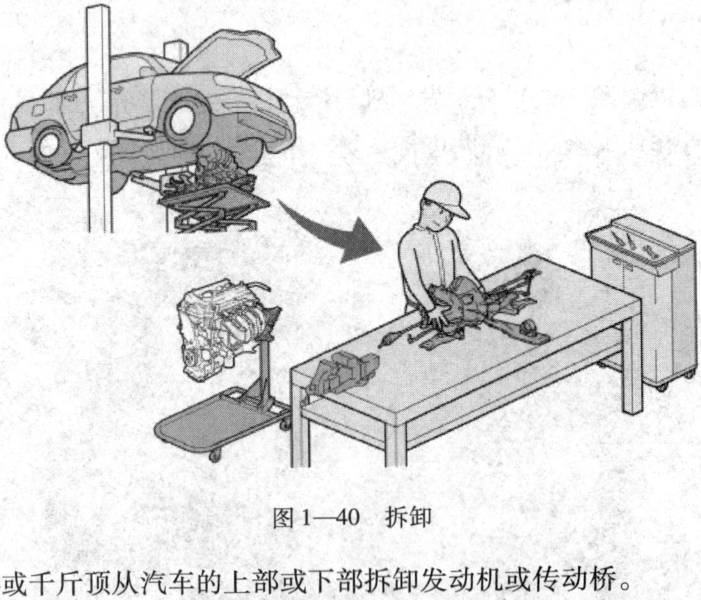

图 1—40　拆卸

①用举升器或千斤顶从汽车的上部或下部拆卸发动机或传动桥。

②拆卸较重的部件时，如发动机或传动桥，一定要高度注意操作安全。

③从汽车上拆卸部件时，不要划伤车辆或使自己受伤。

2）分解。分解总成，以便进行检查、修理和（或）调整。

①发动机分解为凸轮轴、汽缸盖或汽缸体、火花塞、曲轴等。

②传动桥分解为同步环、换挡拨叉、差速器等。

提示：拆卸时，目测检查每个零部件状况，如图 1—41 所示。

图 1—41　拆检目测

3）摆放。分解时，根据每个部件安装位置和（或）区域摆放，以便组装和（或）安装到原始位置。即使是相同的部件其磨损或损伤也不一样，所以要摆放好每一个零部件，避免装错，如图 1—42 所示。

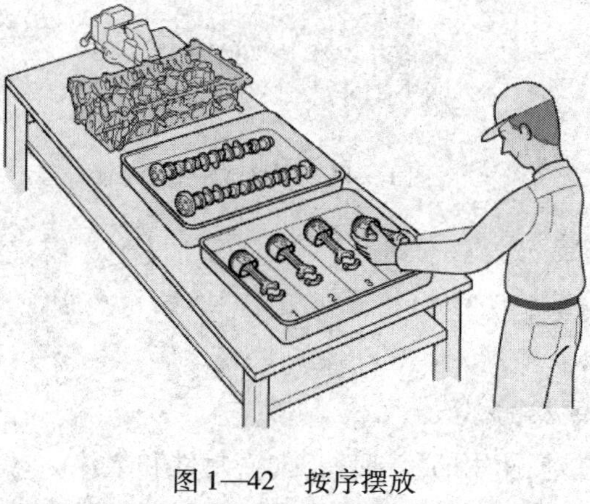

图 1—42　按序摆放

4）清洁及检查

①清洁。如图 1—43 所示，对已分解的零部件进行清洁是为了获得以下效果：提高测

量的精确度；容易发现故障；安装时可防止异物进入；除去积炭或油泥等沉积物，使部件恢复其性能。

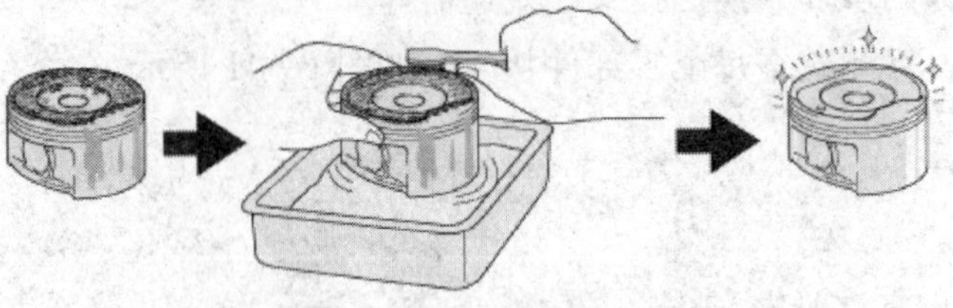

图 1—43　清洁

②检查。用合适的方法测量和（或）检查，如目视检查或用仪器测量，如图 1—44 所示。

③一致性检查。核实通过测量或检查发现的问题是否是故障的原因，如果不是，再次寻找故障原因。

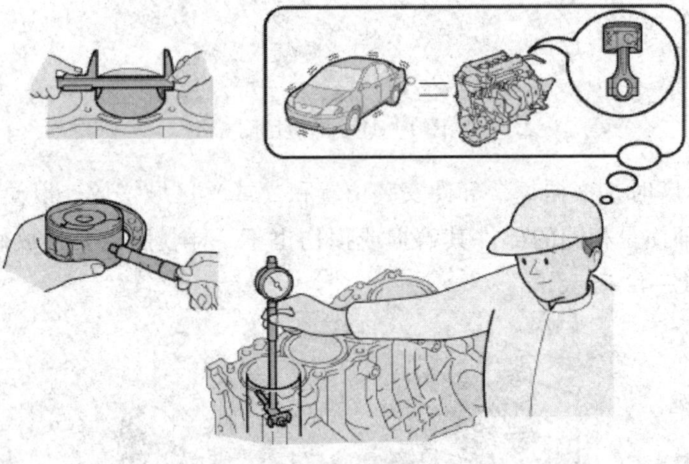

图 1—44　测量或检查

5）装配和（或）安装

①用正确的程序和（或）方法组装，如图 1—45 所示。必须参考修理手册，并注意以下事项：

a. 一定要遵循扭矩值及标称值。

b. 一定要更换不能重复使用的零部件，如密封件和垫片。

c. 组装前，在部件相对运动表面涂上修理手册上规定的机油或润滑油。

d. 在相同的位置和方向，照原样组装部件。

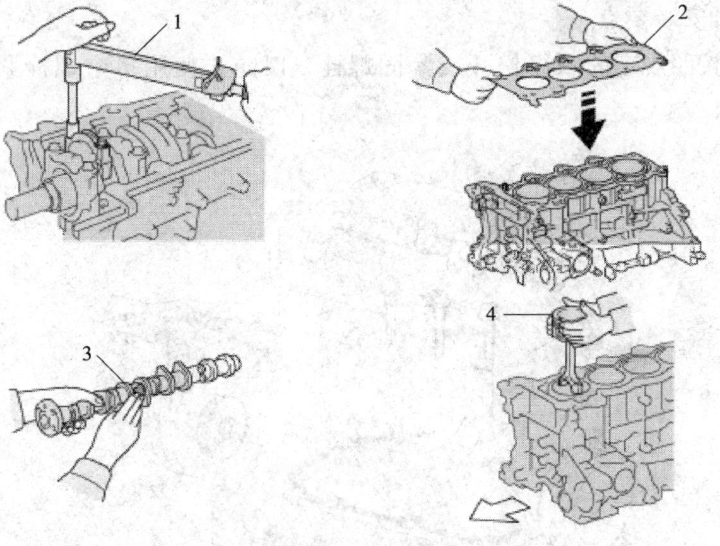

图 1—45　发动机大修中的组装程序

1—扭矩扳手　2—新垫片　3—涂抹机油　4—“向前”标记

②调整和（或）检查运行及组装后的检查，如图 1—46 所示。无论何时组装零部件，要依据维修标准来进行调整和运行检查。作业完成后再次检查，以确定原故障是否还存在。另外，还可检查该故障判断是否有误，各个总成是否都正常运转。

图 1—46　调整和（或）检查运行及组装后检查

2．基本技能

（1）拆卸和安装要点

1）螺栓。按照规定的顺序松开或紧固螺栓，以防止使用多个螺栓紧固的部件变形，如图 1—47 所示。

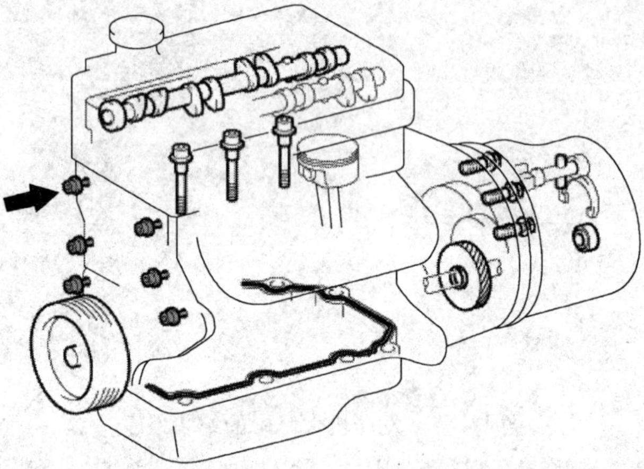

图 1—47　按规定顺序松开螺栓

2）塑性域螺栓及螺栓黏合剂。有一种特殊螺栓被旋紧至规定扭矩后，再应转动 90°或 180°，才能达到紧固要求，被称为塑性域螺栓。为防螺栓松动，一些螺栓可涂加锁止黏合剂，如图 1—48 所示。

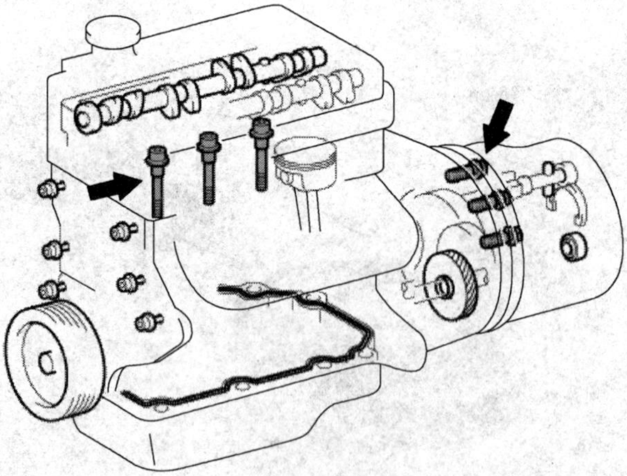

图 1—48　塑性域螺栓及螺栓黏合剂

3）传动带轮。拆卸和安装转动部件上的螺栓和螺母前，确保传动带轮转动部件的稳定，如图1—49所示。

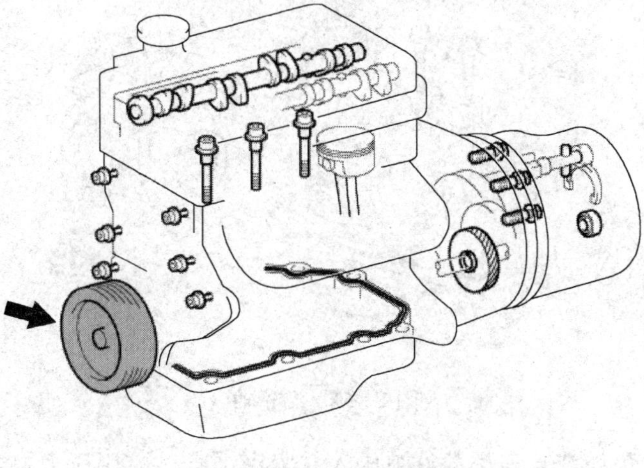

图1—49　传动带轮

4）密封填料、密封垫及油封。为防漏油，一些部件装有密封填料、密封垫和油封，如图1—50所示。

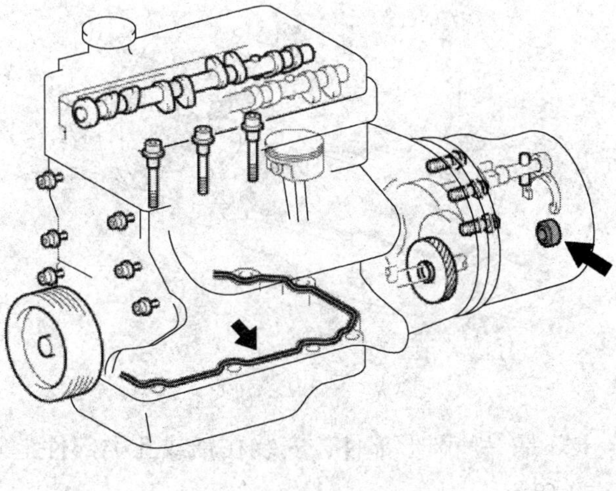

图1—50　密封填料、密封垫和油封

5）凸轮轴。拆卸和安装凸轮轴时，要保持气门弹簧的弹力均匀分布，凸轮轴保持水平，如图1—51所示。

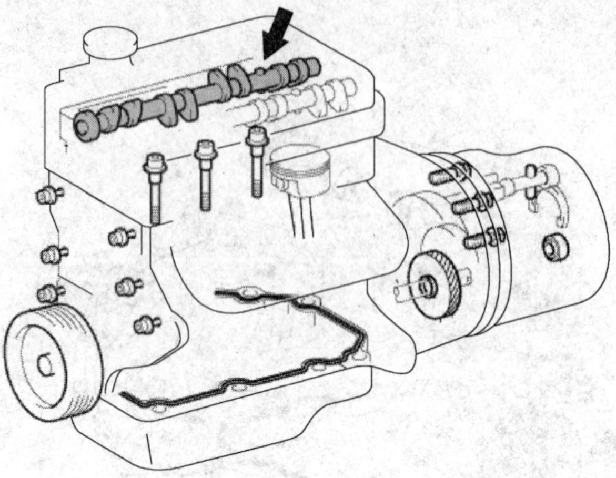

图 1—51　凸轮轴

6）压入部件。齿轮或轮毂类部件被压入并紧密结合，应用压力机和专用工具（SST）来安装和拆卸这些部件，如图 1—52 所示。

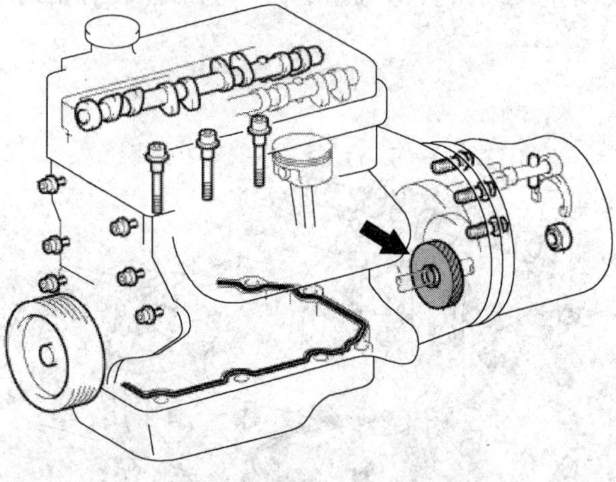

图 1—52　压入部件

7）卡环及直销。卡环是一种圆形部件，安装在轴或孔类部件上防止松动。直销也用于固定部件，如图 1—53 所示。

8）锁止螺母、锁紧盘和开花螺母。锁止螺母和锁紧盘能防止松动。为防止松动，有些部件使用开口销和开花螺母，如图 1—54 所示。

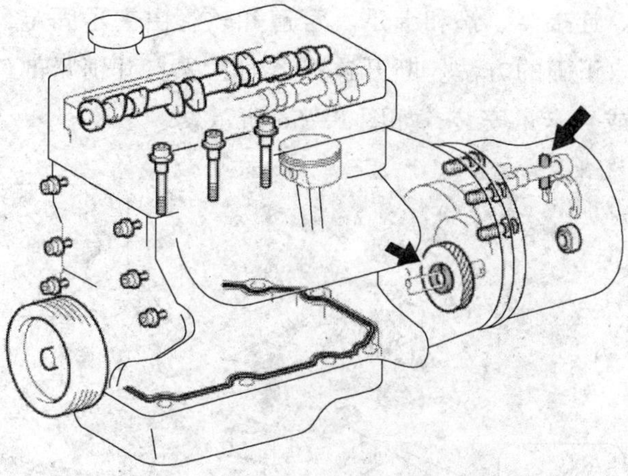

图 1—53　卡环及直销

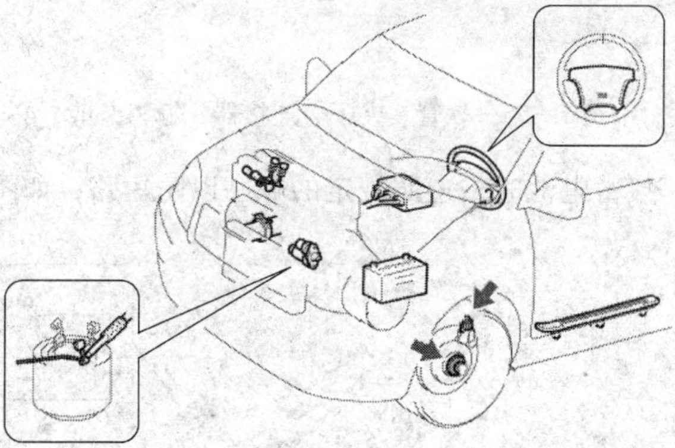

图 1—54　锁止螺母、锁紧盘和开花螺母

9）安装位置及方向。部件的安装位置和安装方向是有规定的，如图 1—55 所示。

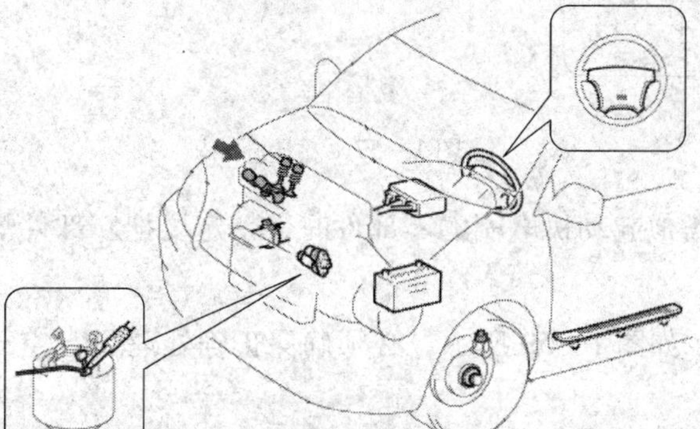

图 1—55　安装位置及方向

10）软管、夹子、连接器、箍和卡爪。管道和软管由夹子固定，断开和连接软管时，选择恰当的工具并采取正确的方法。断开连接器时，先打开锁紧部件，然后断开连接器。内部零部件用箍和（或）卡爪安装，如图1—56所示。

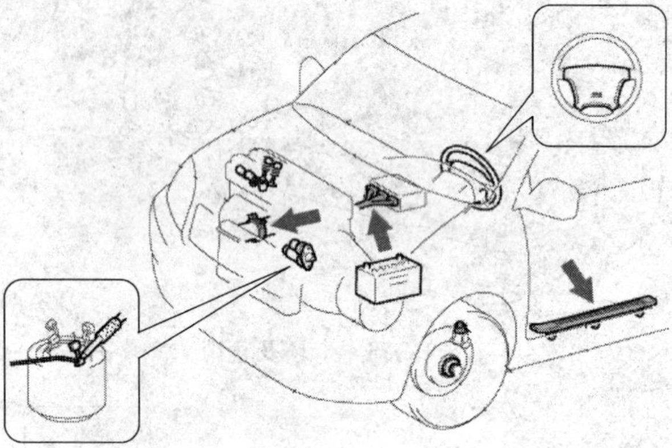

图1—56　软管、夹子、连接器、箍和卡爪

11）蓄电池。断、接蓄电池时，遵照规定的顺序以防短路，如图1—57所示。

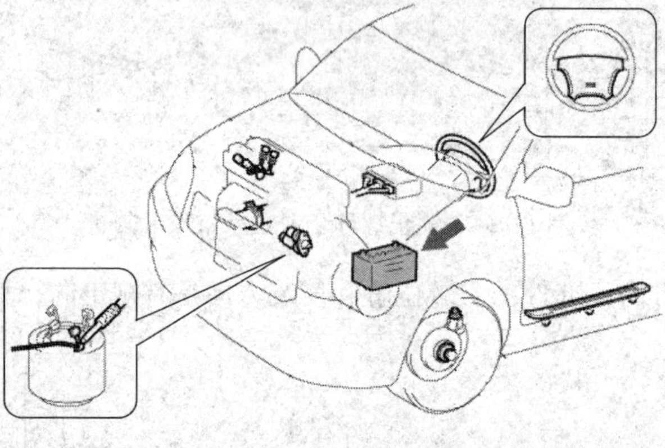

图1—57　蓄电池

12）焊接。更换类似起动机电刷的零部件时，一定要把新部件焊接上，如图1—58所示。

13）SRS空气囊。如图1—59所示，必须确保正确处理SRS空气囊；否则，该装置将散开并导致严重事故。

（2）检查和检测要点

1）间隙。用百分表、塑料间隙规或厚薄规测量零部件之间的间隙，如图1—60所示。

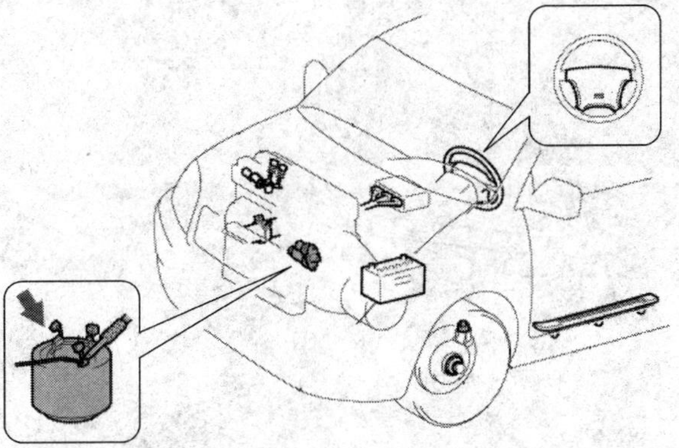

图 1—58　焊接

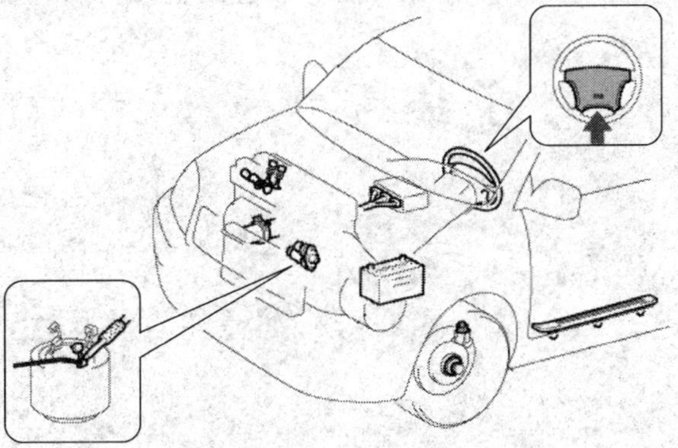

图 1—59　SRS 空气囊

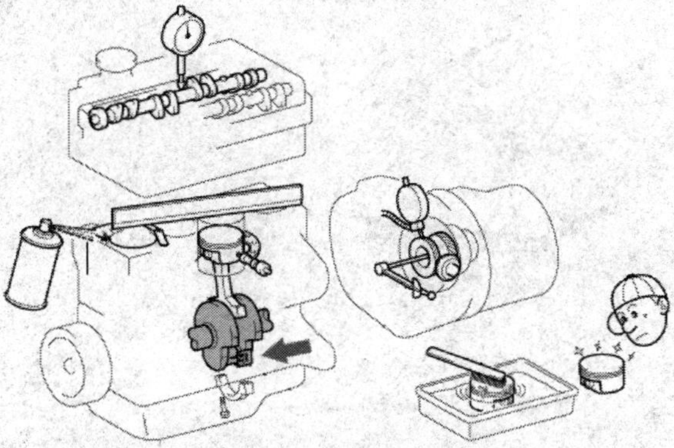

图 1—60　检测间隙

2）测量。用游标卡尺和测微计检测零部件的相关尺寸，如图 1—61 所示。

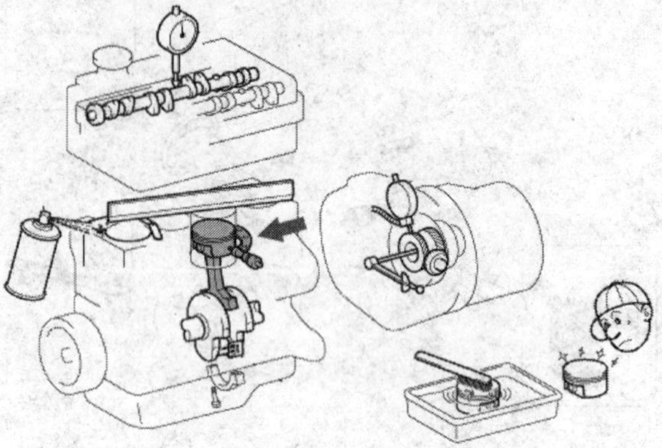

图 1—61　测量

3）检测轴径向圆跳动量。用 V 形架和百分表检测轴径向圆跳动量，如图 1—62 所示。

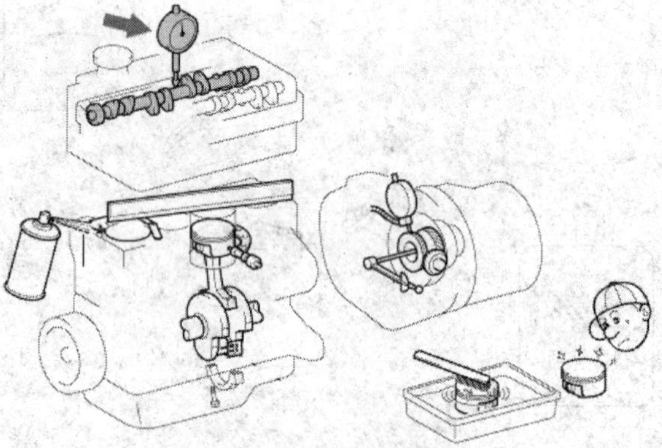

图 1—62　检测轴径向圆跳动量

4）形变检测。用精度直尺和厚薄规测量表面的变形，如图 1—63 所示。

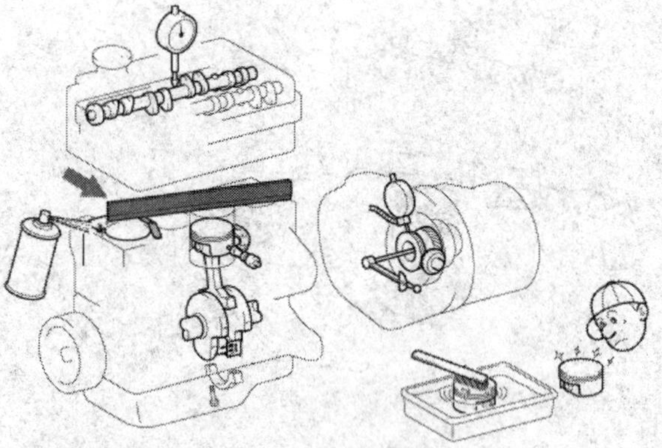

图 1—63　变形检测

5）齿隙。为使齿轮运转平滑，所有的齿轮轮齿之间都应保持啮合的间隙，用百分表检测，并保持此间隙，如图1—64所示。

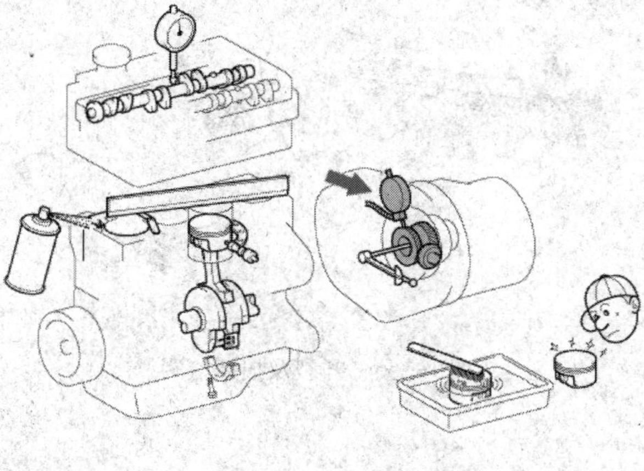

图1—64　齿隙检测

6）预紧力。为使滚动轴承有合适的松紧度，需要施加规定的预紧力，且应检测和调节该预紧力，如图1—65所示。

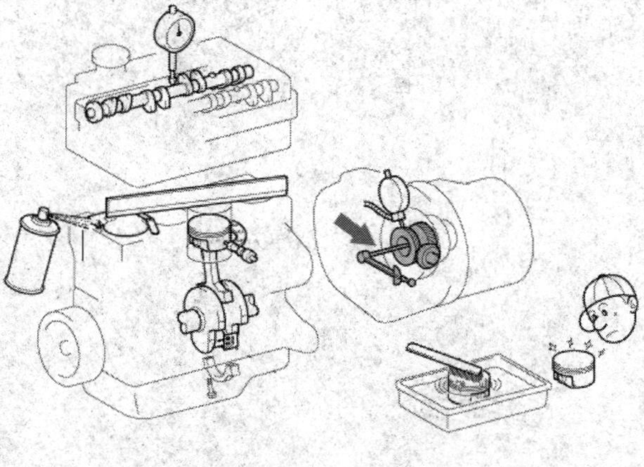

图1—65　预紧力检测

7）开裂及损坏检测。用颜色渗透方法检查零部件的开裂和损坏，如图1—66所示。

8）洁净及冲洗。为保持零部件的精度和原有性能，洁净并冲洗零部件，如图1—67所示。

9）外观检查。进行外观检查，以确保没有异常或损坏，如图1—68所示。

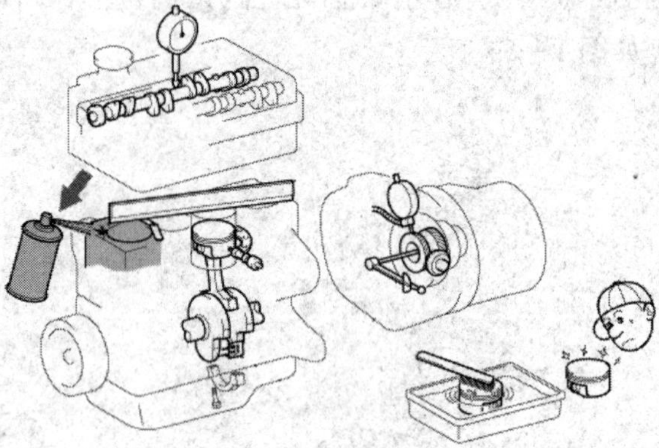

图 1—66　开裂及损坏检测

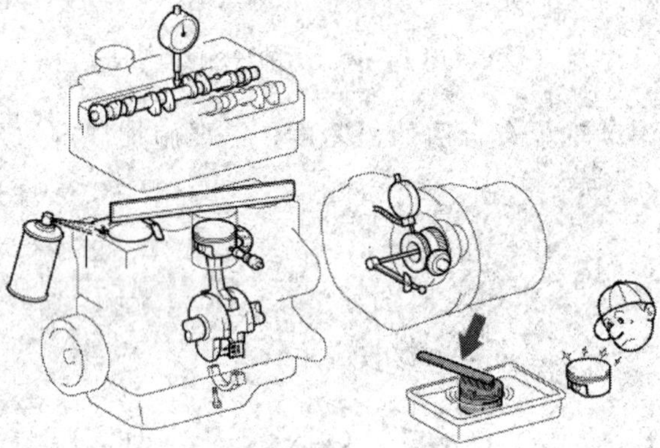

图 1—67　洁净并冲洗

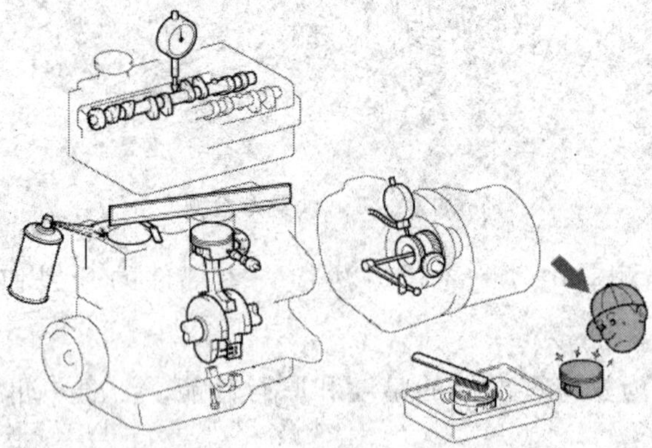

图 1—68　外观检查

二、发动机大修工艺流程

1．从车上拆卸发动机

将发动机和驱动（传动）桥作为一个整体从车上拆卸，如图 1—69 所示。

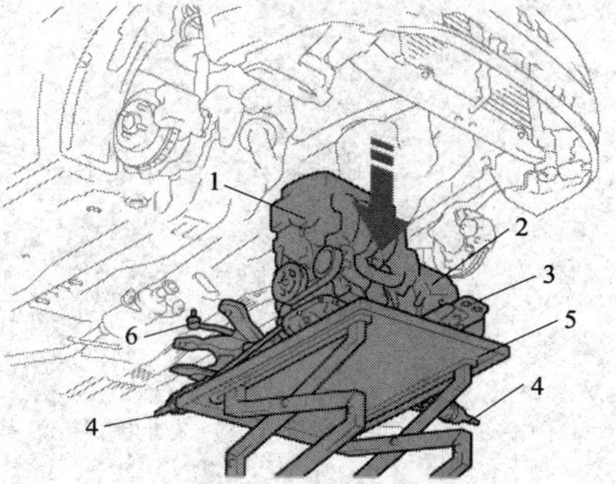

图 1—69　拆卸发动机

1—发动机　2—传动桥　3—悬架梁　4—驱动轴　5—发动机支架　6—转向器

（1）拆卸燃油泵连接器。应采取措施防止汽油溢出，拆卸前起动发动机，释放燃油管内的压力，然后再拆卸连接器如图 1—70 所示。

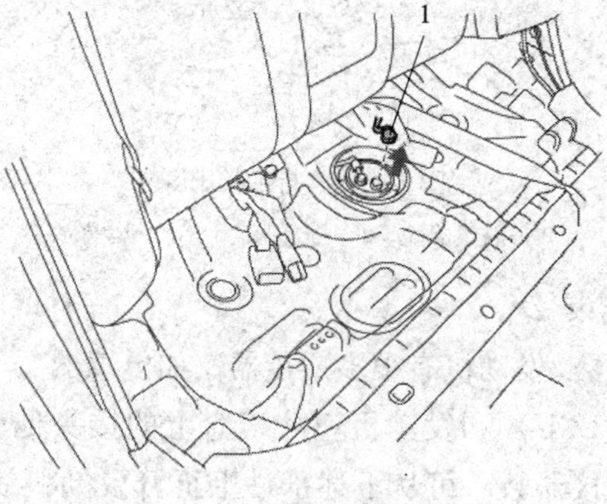

图 1—70　拆卸连接器

1—燃油泵连接器

（2）拆卸蓄电池。先拆下蓄电池电缆，再拆卸蓄电池，如图 1—71 所示。

（3）排放冷却液。要拆卸发动机，就必须松开冷却液的软管，包括散热器软管和加热器软管，因此需排放冷却液，如图 1—72 所示。

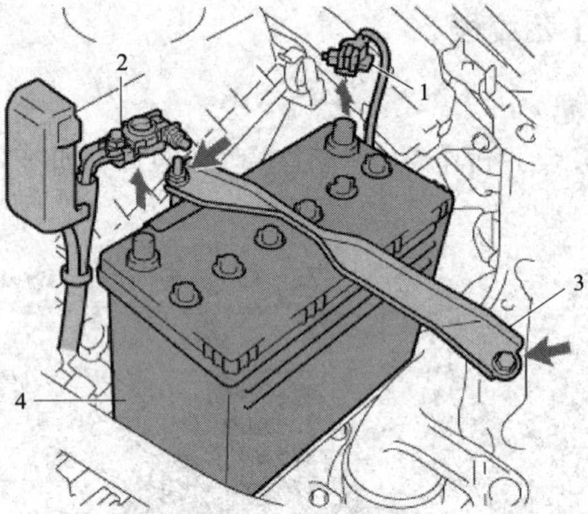

图 1—71　拆卸蓄电池

1—蓄电池负极（－）端子电缆　2—蓄电池正极（+）端子电缆　3—蓄电池卡箍　4—蓄电池

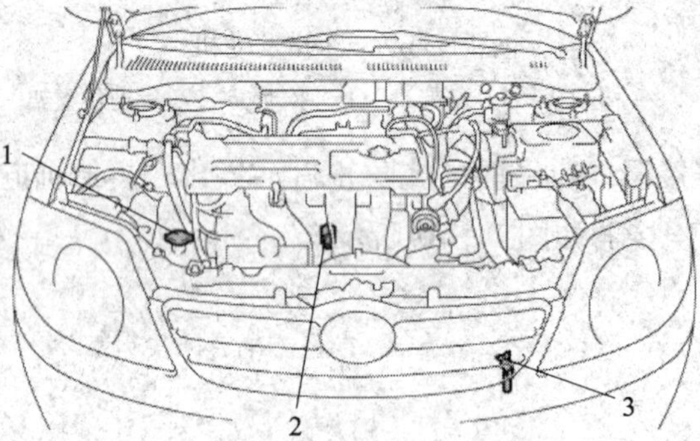

图 1—72　排放冷却液

1—散热器盖　2—排水塞　3—散热器排放

（4）拆卸连接器和线束

1）拆下发动机连接器。发动机有很多连接器，如传感器、开关和执行器的连接件等。从发动机电子控制单元（ECU）和发动机室接线盒上的接头处（而非发动机上）拆下发动机线束，可减少拆卸连接器数。可从下述部件上拆开发动机线束连接器：发动机 ECU、仪表板接线盒、发动机室接线盒和其他（接地线、起动机电缆、氧传感器）连接器等，如图 1—73 所示。

2）拉出发动机线束，如图 1—74 所示。

（5）拆开转向传动（中间）轴

1）固定转向盘，如图 1—75 所示。

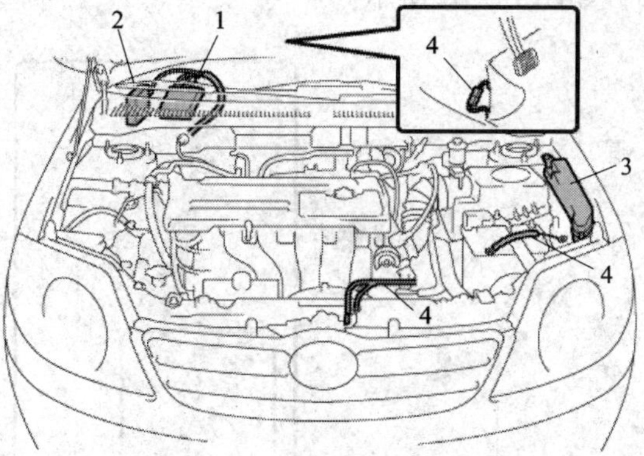

图 1—73　拆卸发动机连接器

1—发动机 ECU　2—仪表板接线盒　3—发动机室接线盒　4—其他连接器

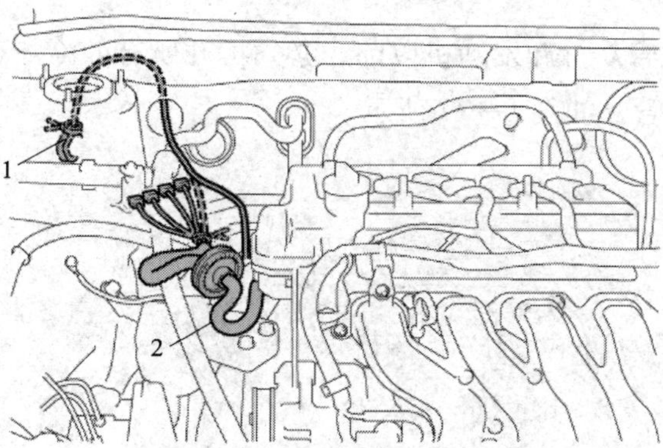

图 1—74　拉出发动机线束

1—线绳　2—线束

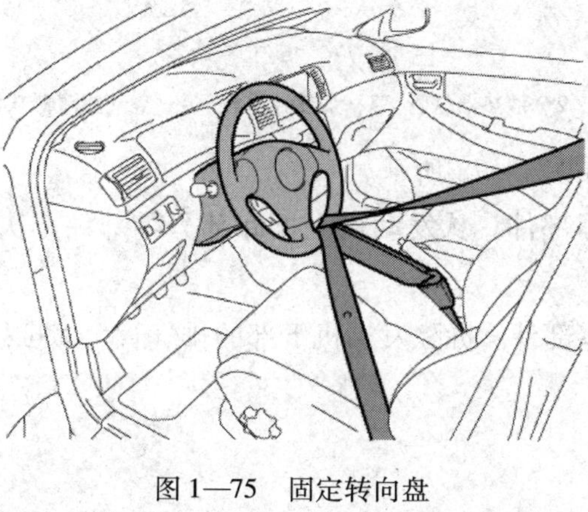

图 1—75　固定转向盘

2）拆开转向中间轴，如图 1—76 所示。

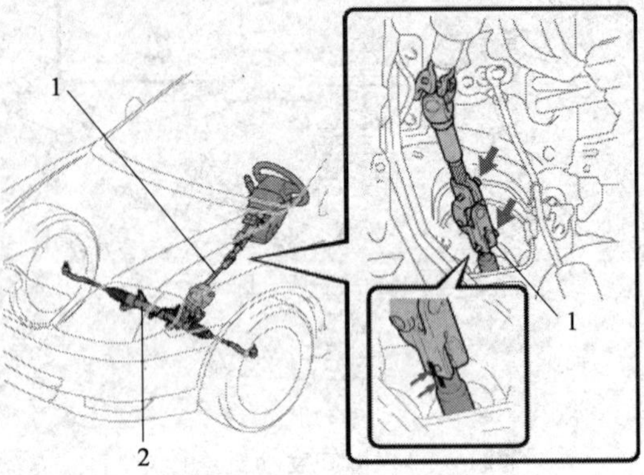

图 1—76　拆卸中间轴

1—转向中间轴　2—动力转向

（6）拆开卡箍和软管。拆卸发动机以前，必须拆开所有的冷却液软管、真空软管和其他与发动机相连接的软管，如图 1—77 所示。

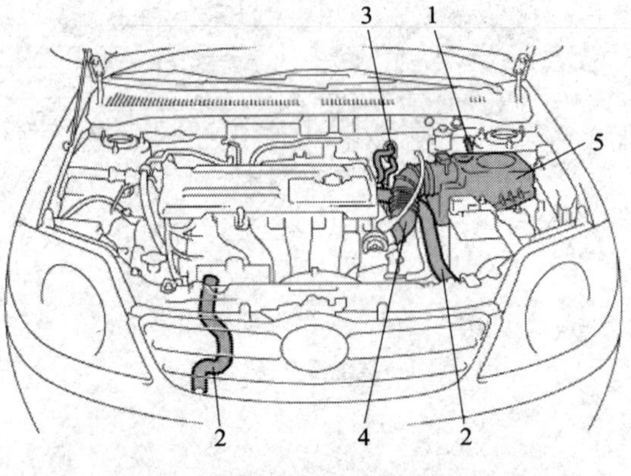

图 1—77　拆卸各软管

1—制动助力器软管　2—散热器软管　3—加热器软管　4—空气滤清器软管　5—空气滤清器

（7）拆卸燃油管，如图 1—78 所示。

（8）拆卸发动机室零部件。从发动机上拆卸部分零部件；从传动桥上拆卸部分零部件，如图 1—79 所示。

（9）从车下部拆卸零部件。拆除发动机下部的排气管、横拉杆接头、驱动轴和稳定杆等，如图 1—80 所示。

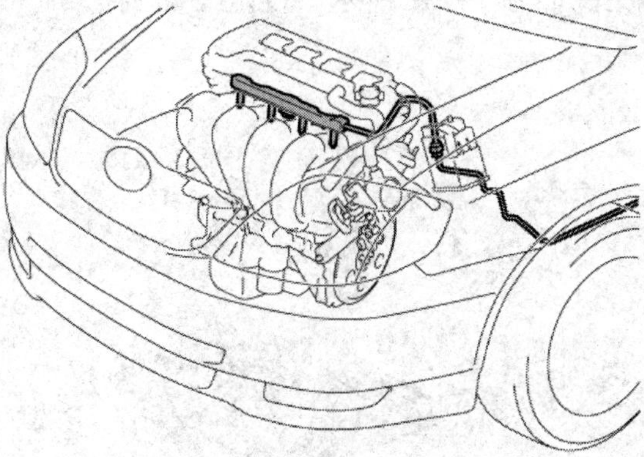

图 1—78　拆卸燃油管

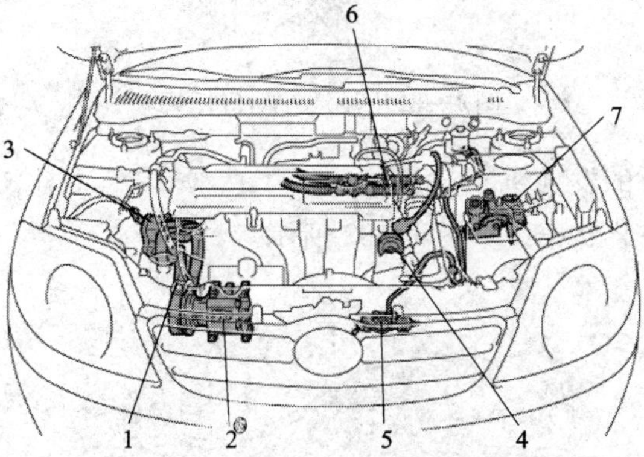

图 1—79　拆卸发动机室零部件

1—传动带　2—空调压缩机　3—发动机支撑固定螺栓（仅松开）　4—加速踏板拉索
5—离合器分离泵　6—换挡和选挡拉索　7—通过螺栓和螺母固定的发动机安装件（仅松开）

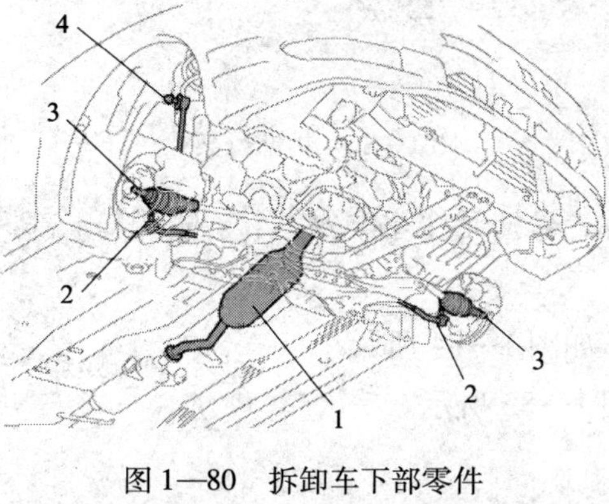

图 1—80　拆卸车下部零件

1—排气管　2—横拉杆　3—驱动轴　4—稳定杆

（10）设定发动机托架。如图 1—81 所示，设定发动机托架，并拆开悬架梁和发动机安装件。

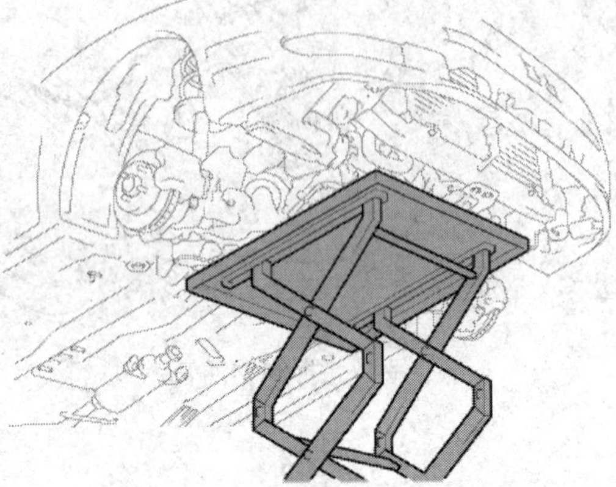

图 1—81 设定发动机托架

（11）拆卸带传动桥的发动机

1）拆卸悬架梁的安装螺栓，如图 1—82 所示。

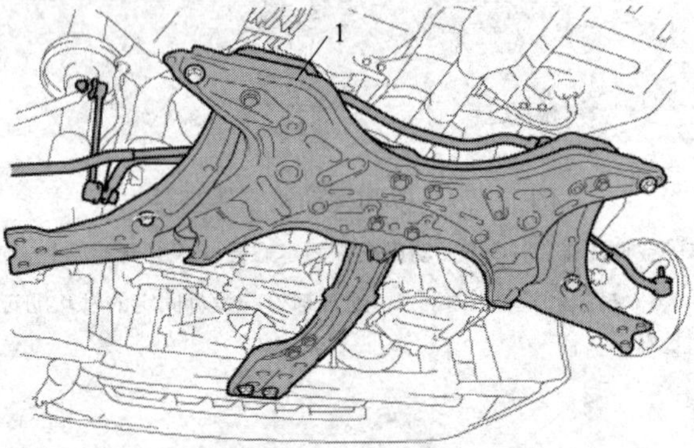

图 1—82 拆卸悬架梁

2）将发动机、传动桥、悬挂元件等作为一个整体从车下部拆卸，如图 1—83 所示。

（12）拆开传动桥

1）安装发动机吊耳，如图 1—84 所示。

2）拆开传动桥，如图 1—85 所示。

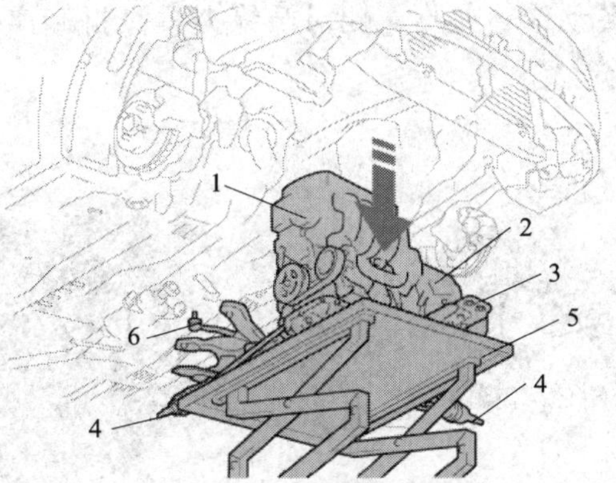

图 1—83　拆下整体部分

1—发动机　2—传动桥　3—悬架梁　4—驱动轴　5—发动机托架

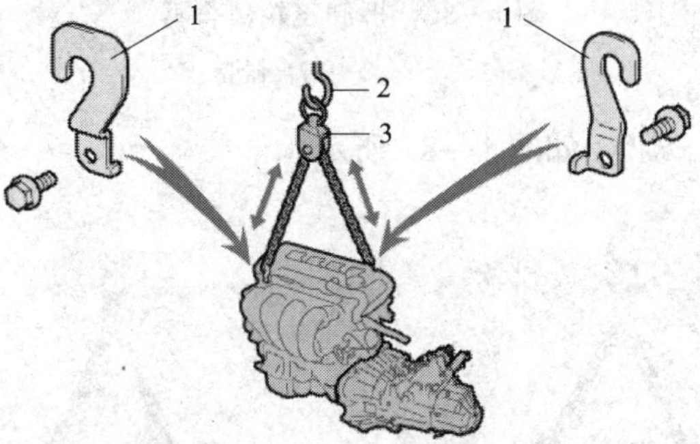

图 1—84　安装吊耳

1—发动机吊耳　2—链条滑车　3—发动机吊索装置

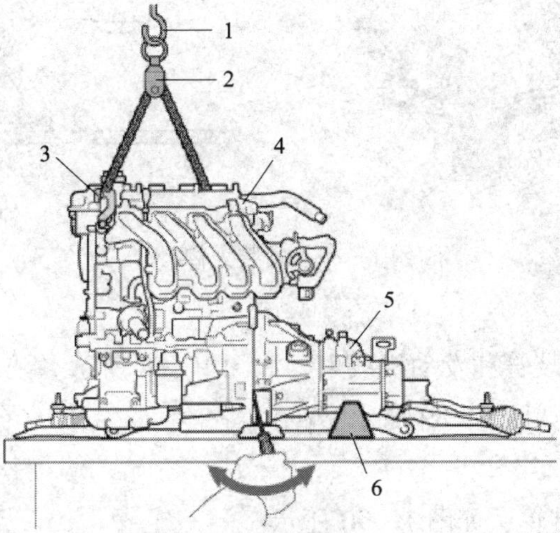

图 1—85　拆卸传动桥

1—链条滑车　2—发动机吊索装置　3—发动机吊耳　4—发动机　5—传动桥　6—提升板附件

（13）用 SST（曲轴传动带轮夹具、配对凸缘夹具）拆卸离合器和飞轮，如图 1—86 所示。

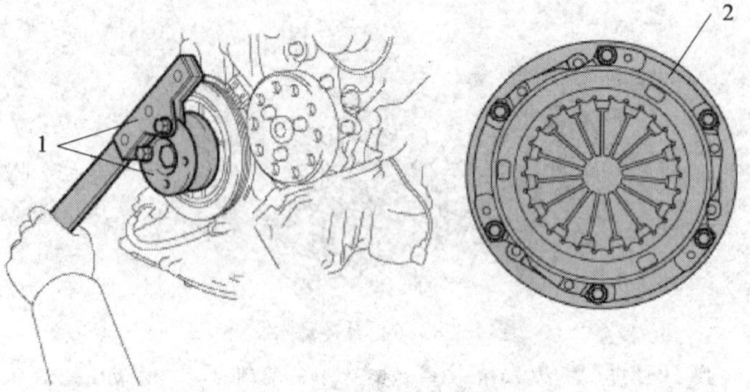

图 1—86　拆卸飞轮离合器

1—SST　2—离合器壳

（14）安装发动机大修台，如图 1—87 所示。

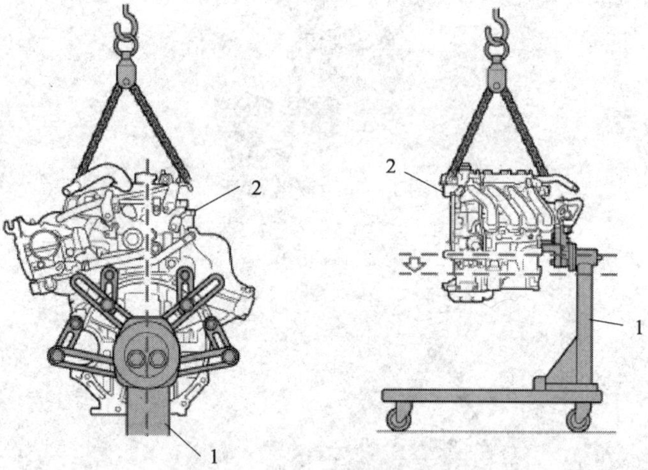

图 1—87　安装大修台

1—大修台　2—发动机

（15）拆卸进、排气歧管和发动机线束，如图 1—88 所示。

（16）拆卸发电机，如图 1—89 所示。

2. 分解发动机

（1）拆卸水泵传动带轮，如图 1—90 所示。

（2）拆卸发动机固定支架，如图 1—91 所示。

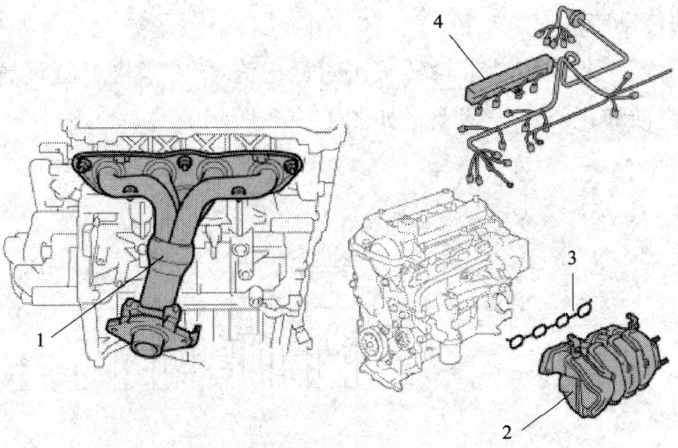

图 1—88　拆卸进、排气歧管及线束

1—排气歧管　2—进气歧管　3—垫片　4—发动机线束

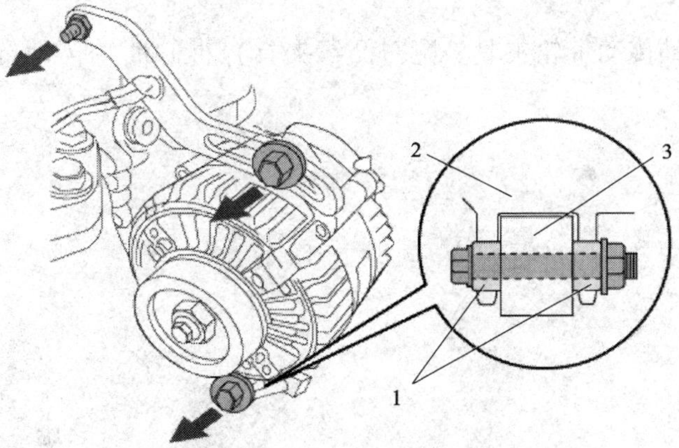

图 1—89　拆卸发电机

1—套环　2—发电机　3—支架

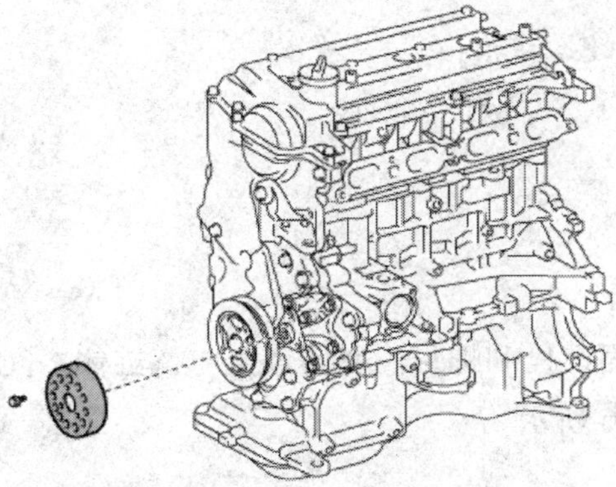

图 1—90　拆卸水泵传动带轮

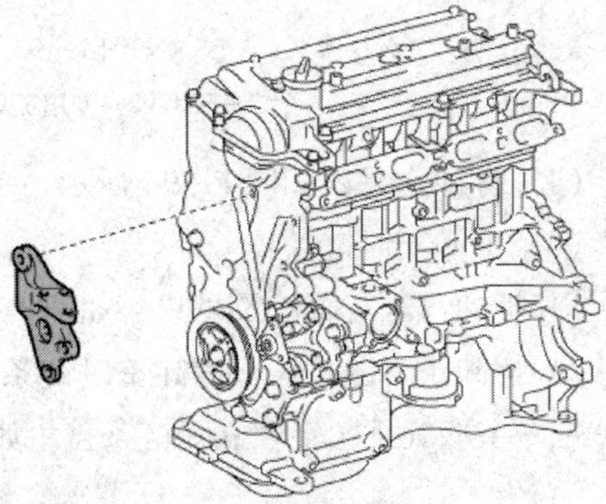

图 1—91　拆卸固定支架

（3）拆卸曲轴传动带轮

1）设定活塞位置。曲轴传动带轮转至正时标记为“0”，将 1 缸设置为压缩 TDC（上止点），以便使凸轮轴和正时标记朝上，如图 1—92 所示。

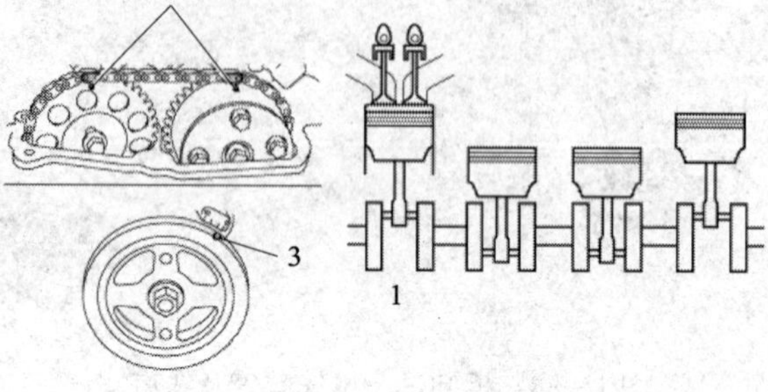

图 1—92　设定活塞位置

1—汽缸压缩 TDC　2—凸轮轴正时标记　3—曲轴正时标记

2）用 SST（曲轴传动带轮夹具、配对凸缘夹具）拆卸曲轴传动带轮，如图 1—93 所示。

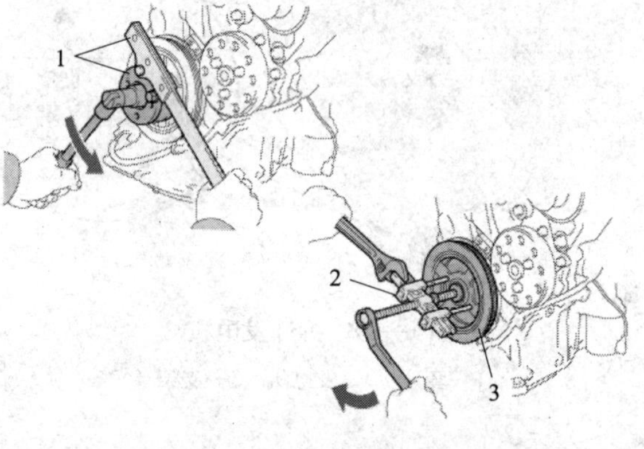

图 1—93　拆卸曲轴传动带轮

1—SST　2—专用工具拉器 C 固定　3—曲轴传动带轮

（4）拆卸水泵，如图 1—94 所示。

（5）拆卸正时链条盖

1）拆卸汽缸盖罩以及衬垫，如图 1—95 所示。

2）拆卸正时链条盖。拆卸正时链条盖的紧固螺栓和螺母。在链条盖与汽缸体之间插入一把一字形旋具，轻轻撬开链条盖，如图 1—96 所示。

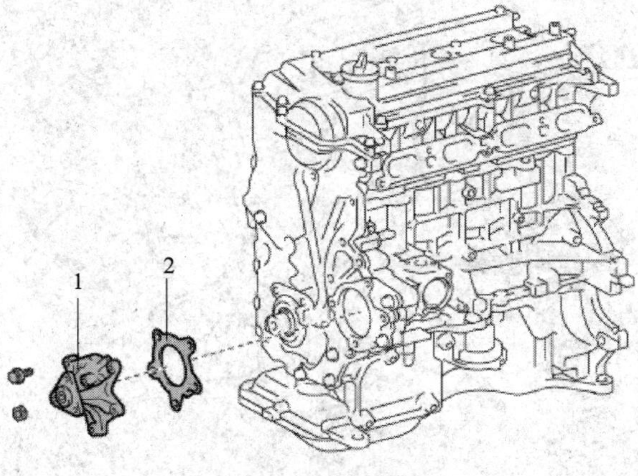

图 1—94　拆卸水泵

1—水泵　2—衬垫

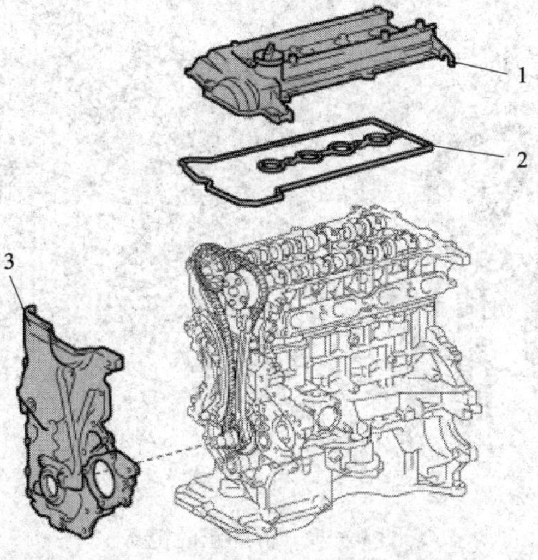

图 1—95　拆卸汽缸盖罩和衬垫

1—汽缸盖罩　2—垫片　3—正时链条盖曲轴传动带

（6）拆卸正时链条，如图 1—97 所示。

1）释放链条张紧器张紧力。链条张紧器的柱塞设计成通过棘轮机构仅允许柱塞弹出，而不允许将其缩回。因此移动止动板，释放棘轮机构，按入柱塞，然后松开正时链条。

2）拆卸链条张紧器滑板。

3）拆卸链条减振器。

4）拆卸正时链条。

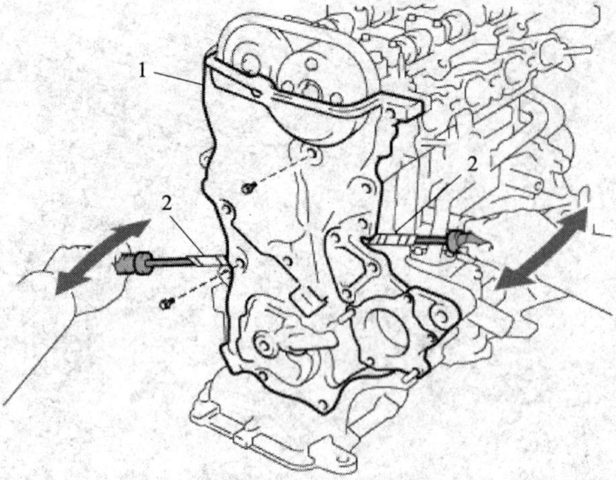

图 1—96　拆卸正时链条盖

1—正时链条盖　2—胶带

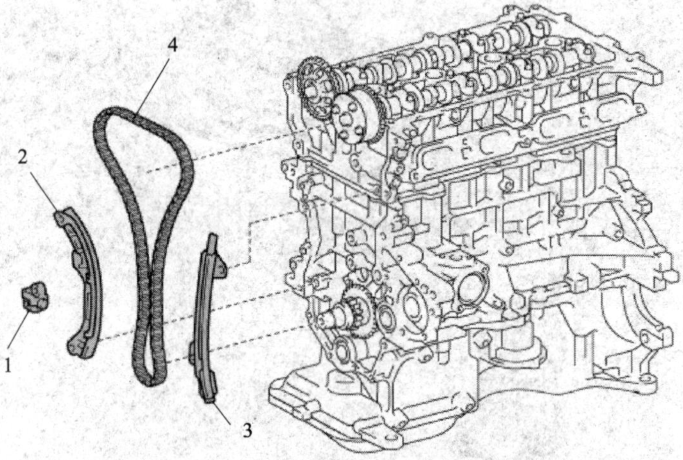

图 1—97　拆卸正时链条

1—链条张紧器　2—链条张紧器滑板　3—链条减振器　4—正时链条

5）设定活塞位置。从 TDC（上止点）逆时针旋转曲轴 40°，使活塞向下移动，如图 1—98 所示。

（7）检查正时链条

检查正时链条的延伸度。将链条挂在墙上的卡钩上，然后，通过一个弹簧秤施加一个恒力拉动链条，使用游标卡尺测量长度导管的参考值，如图 1—99 所示。

（8）拆卸凸轮轴

1）设置凸轮轴定位螺栓。设置凸轮轴位置，以便气门弹簧力均匀施加到凸轮轴上，并且可以水平地拆卸凸轮轴。

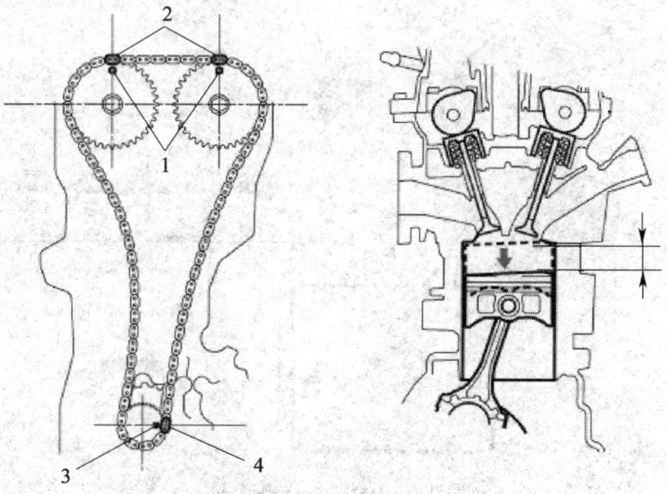

图 1—98　设定活塞位置

1—凸轮轴链轮正时标记　2—正时链条正时标记

3—曲轴正时链轮正时标记　4—正时链条正时标记

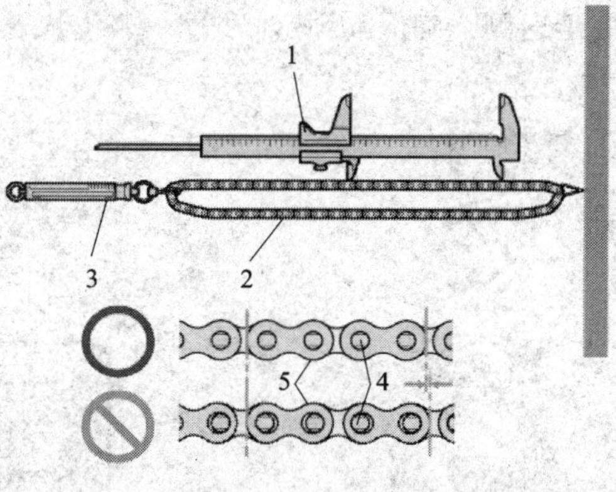

图 1—99　加长正时链条延伸度

1—游标卡尺　2—正时链条　3—弹簧秤　4—销子　5—衬套

2）拆卸凸轮轴。从两端向中间对称、分次、均匀地松开和拆卸轴承盖的固定螺栓，拆卸轴承盖和凸轮轴，如图 1—100 所示。

（9）检查凸轮轴正时齿轮（带 VVT - i），如图 1—101 所示。

1）将压缩空气同时施加在提前侧和延迟侧的进油孔。

2）减少延迟侧的压缩空气，并将正时齿轮向提前侧转动。

3）当凸轮轴正时齿轮到达最提前侧的位置时，断开正时延迟侧空气压力，然后断开正时齿轮提前侧的空气压力。

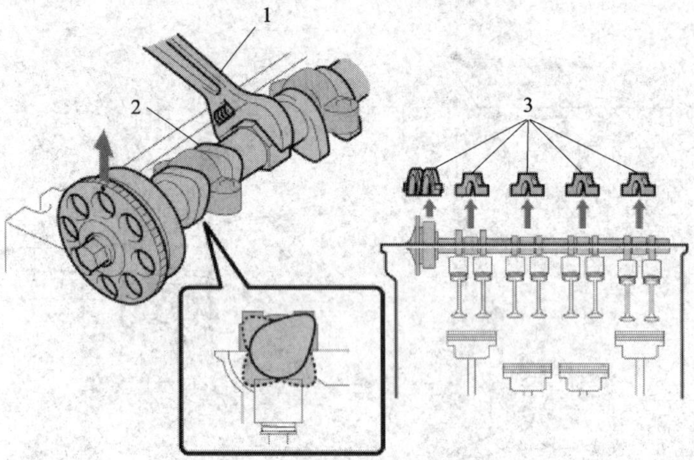

图 1—100　拆卸凸轮轴

1—活扳手　2—凸轮轴　3—凸轮轴轴承盖

4）锁销解锁后，保证正时齿轮能够通过手动能在除最延迟端侧以外的任何位置平滑转动。

5）将正时齿轮转到最延迟侧，确保其锁定。

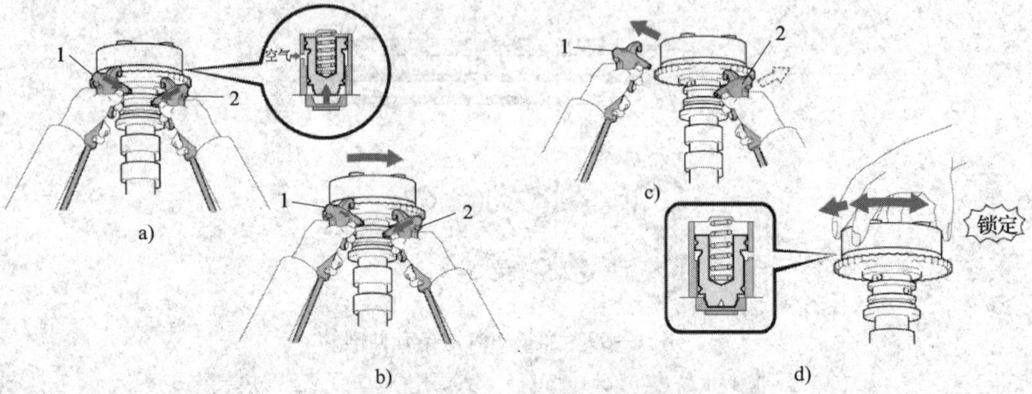

图 1—101　检查凸轮轴正时齿轮

a）施加压缩空气　b）转动正时齿轮　c）断开空气压力　d）手动正时齿轮

1—延迟侧　2—提前侧

（10）拆卸凸轮轴正时齿轮及链轮，如图 1—102 所示。

1）使用压缩空气吹入延迟侧的进油孔对锁销解锁。

2）将正时齿轮转到最提前侧。

3）拆卸凸缘螺栓，以便拆卸正时齿轮。

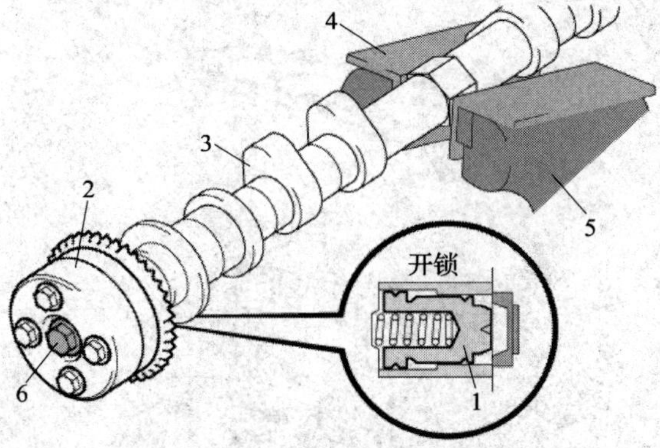

图 1—102　拆卸凸轮轴正时齿轮及链轮

1—锁销　2—凸轮轴正时齿轮（带 VVT - i）　3—凸轮轴　4—铝板　5—台钳　6—凸缘螺栓

（11）拆卸汽缸盖

1）拆卸汽缸盖螺栓。从外往内对称、交替地松开并拆卸汽缸盖固定螺栓，其位置顺序如图 1—103 所示。

2）拆卸汽缸盖。使用塑料锤子轻敲缸盖肋部，以便拆卸汽缸盖。

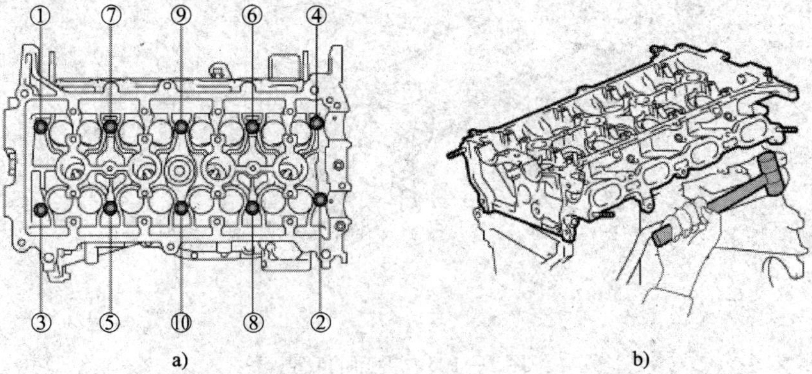

图 1—103　拆卸缸盖螺栓

a）拆卸螺栓　b）拆卸汽缸盖

（12）拆卸缸垫，如图 1—104 所示。

（13）拆卸油底壳，如图 1—105 所示。

1）拆卸二号油底壳。油底壳使用密封胶密封，因此使用 SST（油底盘密封切刀）刮下密封胶。

2）拆卸一号油底壳。倒置发动机，使用一字形旋具，在汽缸体和一号油底壳之间，撬起一号油底壳，将其拆卸。

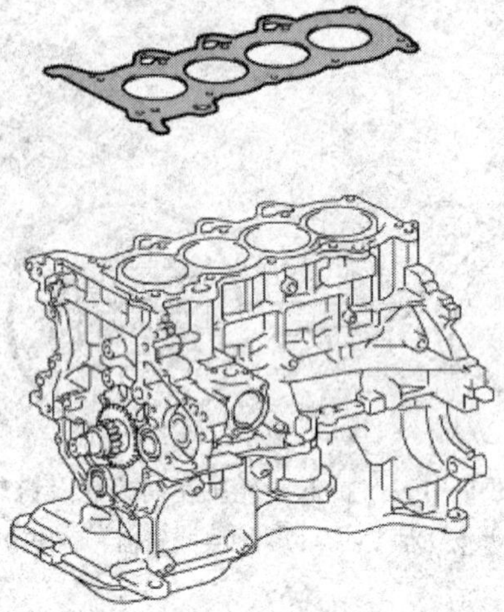

图 1—104　拆卸缸垫

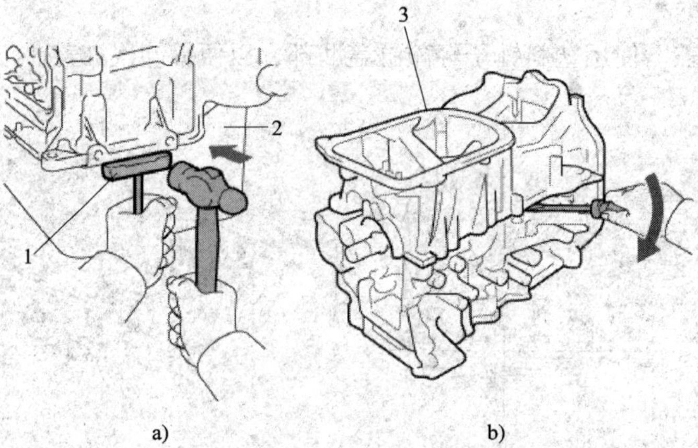

图 1—105　拆卸油底壳

a）拆卸二号油底壳　b）拆卸一号油底壳

1—SST　2—二号油底壳　3—一号油底壳

（14）拆卸油封，如图 1—106 所示。

1）拆卸正时链条盖油封。使用一字形旋具撬开正时盖油封。

2）拆卸发动机后油封。

3. 拆检汽缸盖

（1）拆卸气门液压挺柱。用平头钳拆卸气门液压挺柱，并按安装位置放于纸上，如图 1—107 所示。

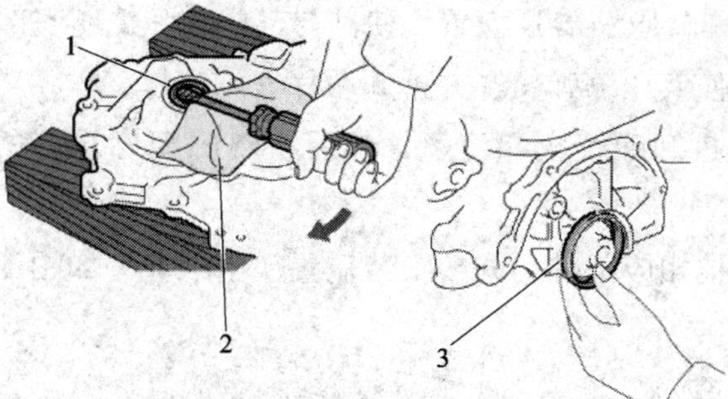

a)　　　　b)

图 1—106　拆卸油封

a）链条盖油封　b）发动机后油封

1—正时链条盖油封　2—布条　3—发动机后油封

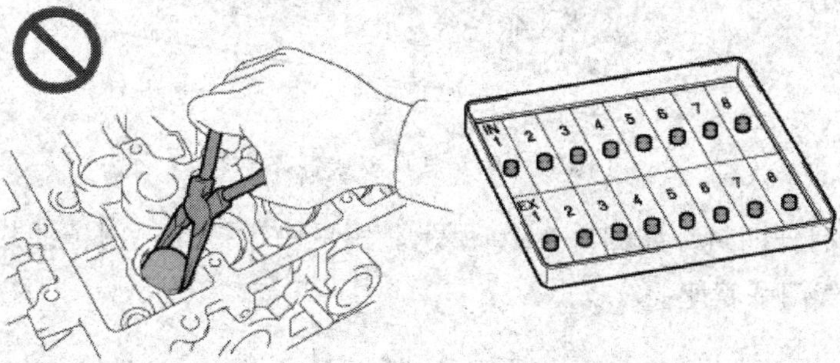

a)　　　　b)

图 1—107　拆卸液压挺柱

a）拆挺柱　b）按位置安放

（2）拆卸气门，如图 1—108 所示。

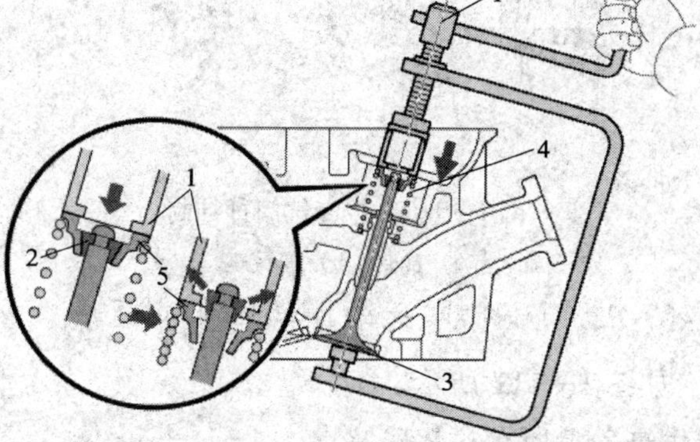

图 1—108　拆卸气门

1— SST　2—气门锁片　3—气门　4—气门弹簧　5—气门弹簧座

1）用 SST（气门弹簧压缩器）安置，使其与气门和弹簧座底部在同一直线上。

2）用 SST 上紧，使其压缩弹簧，并拆卸两片气门锁片。

3）用 SST 松开，拆卸弹簧座和弹簧，然后将气门朝燃烧室的方向往外拉，拆卸气门。

4）拆卸气门和其他相应部件，并按安装位置放于纸上，如图 1—109 所示。

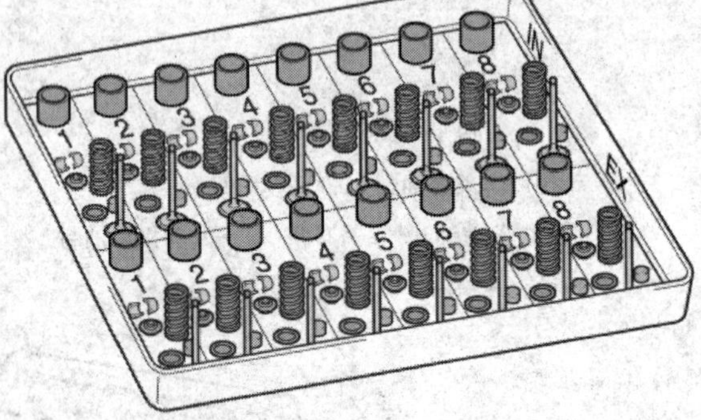

图 1—109　按序安放各部件

（3）拆卸气门杆油封，如图 1—110 所示。用平头钳拆卸气门杆油封，用一字形旋具和磁性手柄拆卸气门弹簧座。

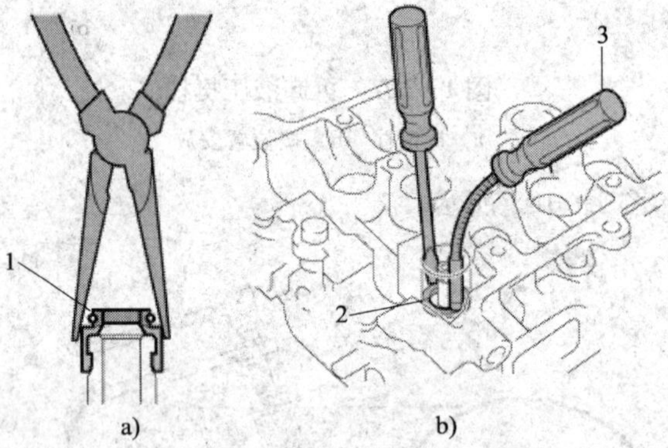

图 1—110　拆卸气门杆油封

a）油封　b）弹簧座

1—气门杆油封　2—气门弹簧座　3—磁性手柄

（4）清洁汽缸盖，如图 1—111 所示。

1）使用刮刀刮掉汽缸盖上所有衬垫残留物。

2）如果有些衬垫残留物不能用刮刀刮掉，可使用涂油的油石将其磨掉。

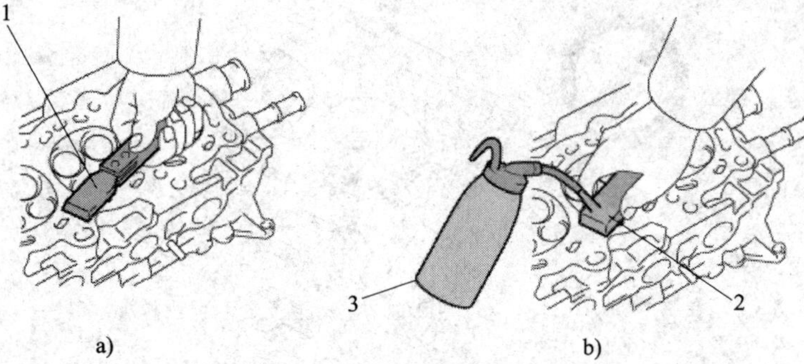

图 1—111　清洁汽缸盖

a）刮刀刮　b）油石磨

1—刮刀　2—油石　3—机油

（5）检测汽缸盖的平面度。使用一个厚薄规和一个精度直尺，检测汽缸盖的平面度误差，如图 1—112 所示。

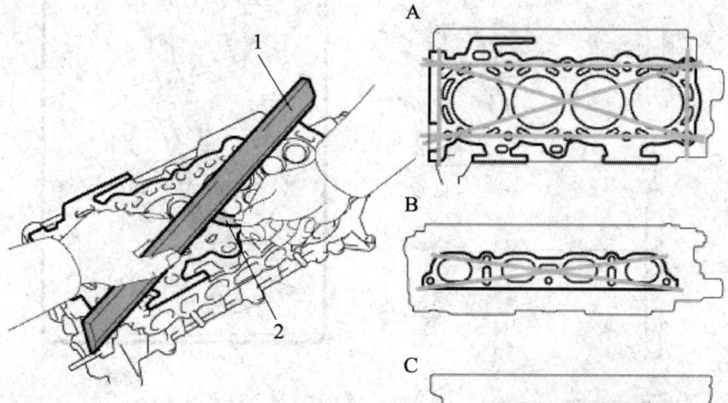

图 1—112　检测缸盖平面度

1—精度直尺　2—厚度尺　A—汽缸盖下平面侧　B—进气歧管侧　C—排气歧管侧

（6）检查汽缸盖是否有裂纹。在汽缸盖上使用裂纹检测试剂检查是否损坏或有裂纹，如图 1—113 所示。

（7）检查配合间隙

1）检查气门导管衬套油隙。使用卡规测量气门导管内径，并且使用外径千分尺测量气门杆外径，然后计算油隙，并应符合原厂要求，如图 1—114 所示。

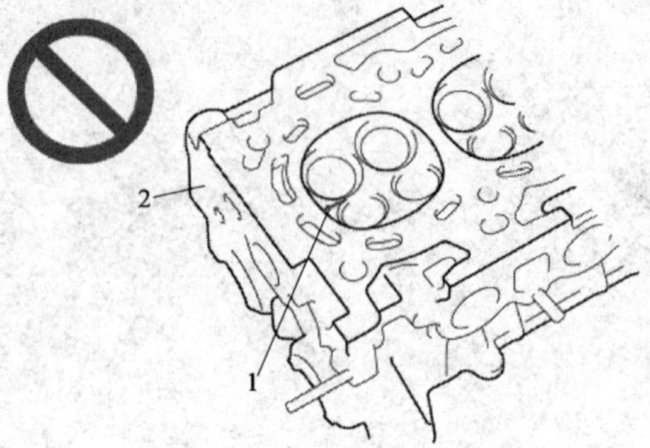

图 1—113　检测缸盖裂纹

1—裂纹　2—汽缸盖

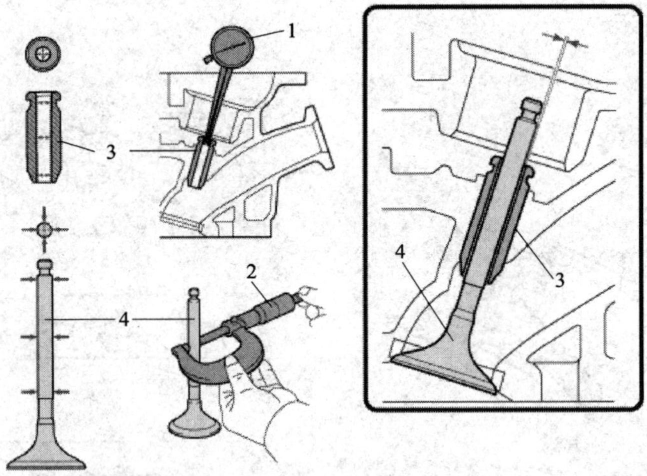

图 1—114　检查气门导管衬套油隙

a）结构　b）检测　c）油隙

1—卡规　2—外径千分尺　3—气门导管　4—气门

2）检查气门液压挺柱油隙。使用卡规测量液压挺柱孔内径，并且使用一个外径千分尺测量液压挺柱外径，然后计算油隙，如图 1—115 所示。

3）检查凸轮轴轴向间隙。将百分表抵在凸轮轴轴向前端，用一字形旋具沿轴向撬动凸轮轴，观察百分表测得读数差值，即为凸轮轴轴向间隙，如图 1—116 所示。

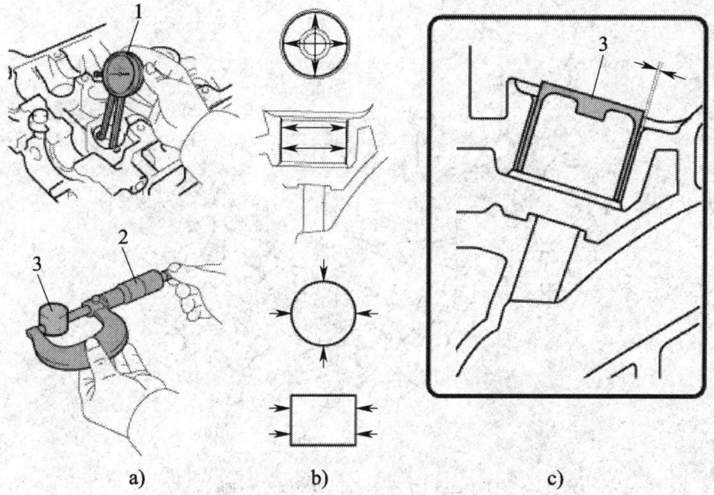

图 1—115　检查气门液压挺柱油隙

a）检测　b）结构　c）油隙

1—卡规　2—外径千分尺　3—气门液压挺柱

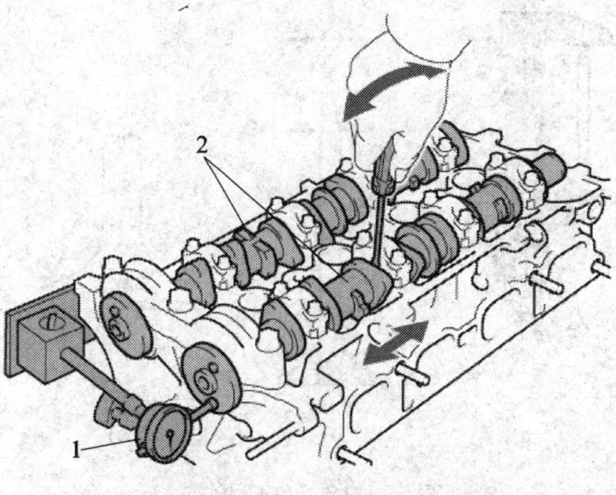

图 1—116　检测凸轮轴轴向间隙

1—百分表　2—凸轮轴

4）检查凸轮轴油隙。使用塑料间隙规测量凸轮轴与轴承盖间的油隙，如图 1—117 所示。

（8）检查气门

1）目测检查气门底部黏附积炭情况，并且检查是否通过活塞环或者气门导管泄漏机油至燃烧室。

2）使用游标卡尺和外径千分尺，检查气门长度、气门杆外径以及气门头边缘厚度，如图 1—118 所示。

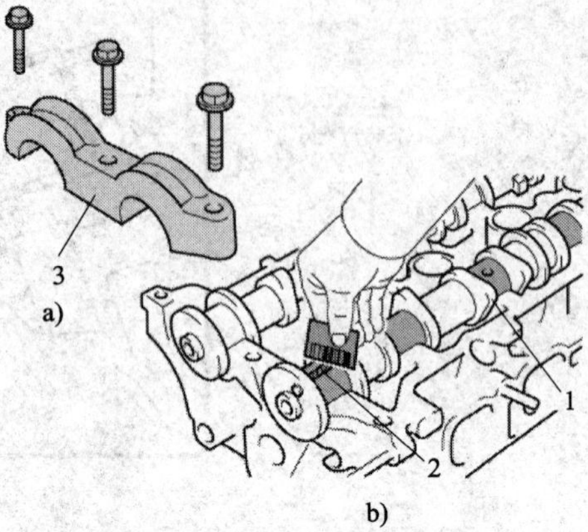

图 1—117　检查凸轮轴油隙

a）结构　b）检测

1—凸轮轴　2—塑料间隙规　3—凸轮轴轴承盖

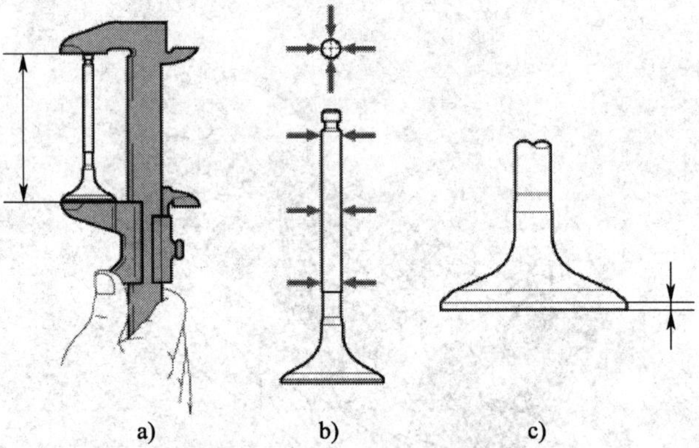

图 1—118　气门检查

a）测长度　b）测外径　c）测厚度

（9）检查气门弹簧。对气门弹簧用游标卡尺检查自由长度，用 90°角尺和塞尺检查垂直度偏差，以及用弹簧秤测弹簧力，如图 1—119 所示。

（10）更换气门导管。用 SST 拆卸气门导管，使用卡规测量新气门导管的内径，敲入导管衬套，如图 1—120 所示。

（11）检查气门与气门座的接触面。用气门涂普鲁士蓝研磨法检查其接触面，如图 1—121 所示。

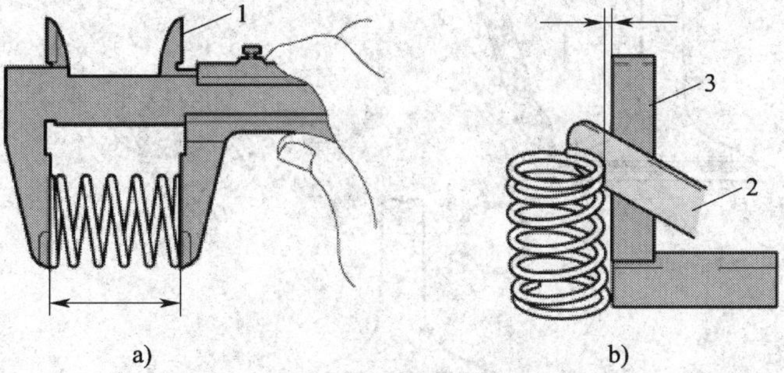

图 1—119　检查气门弹簧

a）测长度　b）测垂直度　c）测弹簧力

1—游标卡尺　2—塞尺　3—90°角尺

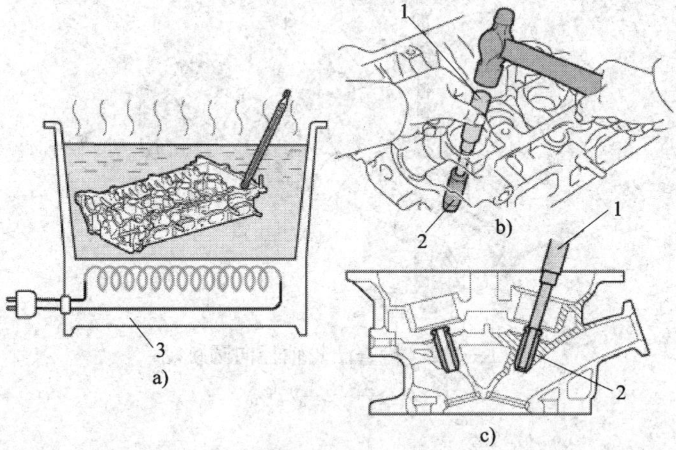

图 1—120　更换气门导管

a）加热拆卸　b）敲入衬套　c）安装导管

1—SST（气门导管拆卸工具）　2—气门导管　3—加热器

（12）检查凸轮轴

1）检查凸轮轴径向圆跳动。将凸轮轴放在 V 形架上，使用百分表测量其径向圆跳动，如图 1—122 所示。

2）检查凸轮的高度。用千分尺测量其高度如图 1—123a 所示。

3）检查凸轮轴颈的直径。用千分尺测量其直径，如图 1—123b 所示。

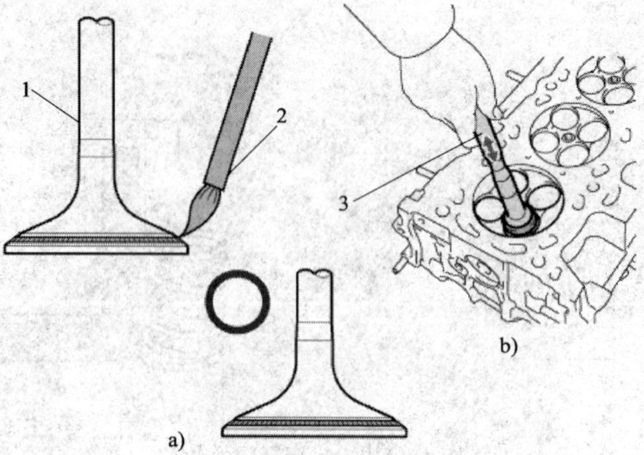

图 1—121　检查接触面

a）涂普鲁士蓝　b）研磨

1—气门　2—普鲁士蓝（或铅白）　3—手工研磨

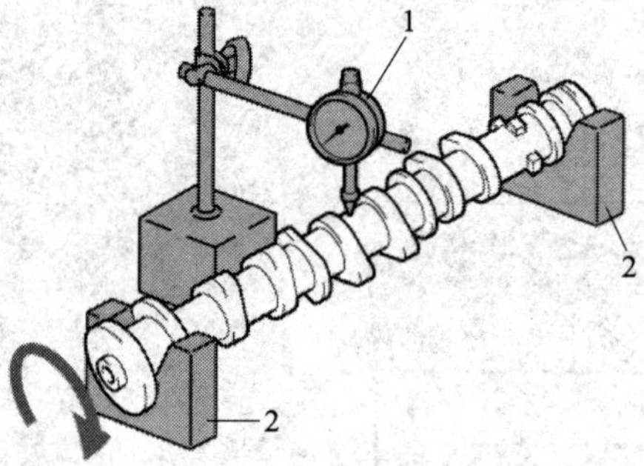

图 1—122　检查凸轮轴径向圆跳动

1—百分表　2—V 形架

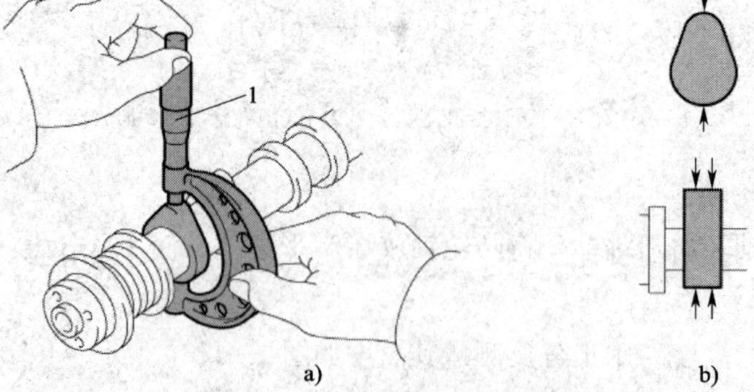

图 1—123　检查凸轮轴高度和凸轮轴颈的直径

a）测高度　b）测直径

（13）气门总成安装。安装气门杆油封，安装气门，安装气门液压挺柱，如图 1—124 所示。

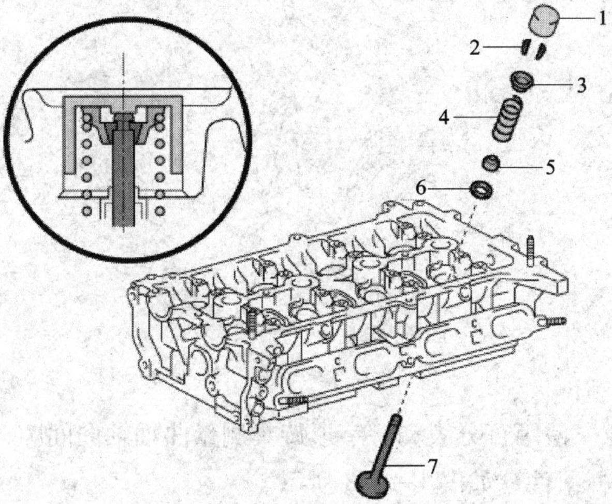

图 1—124　气门总成安装

1—气门液压挺柱　2—气门锁片　3—气门弹簧座　4—气门弹簧　5—气门杆油封　6—弹簧座　7—气门

4．汽缸体总成检修

（1）检查间隙

1）连杆轴向间隙。用百分表测量轴向间隙，如图 1—125 所示。

2）连杆油隙。使用塑料塞尺测量油隙，如图 1—126 所示。

图 1—125　检查连杆轴向间隙

1—百分表　2—连杆　3—曲轴

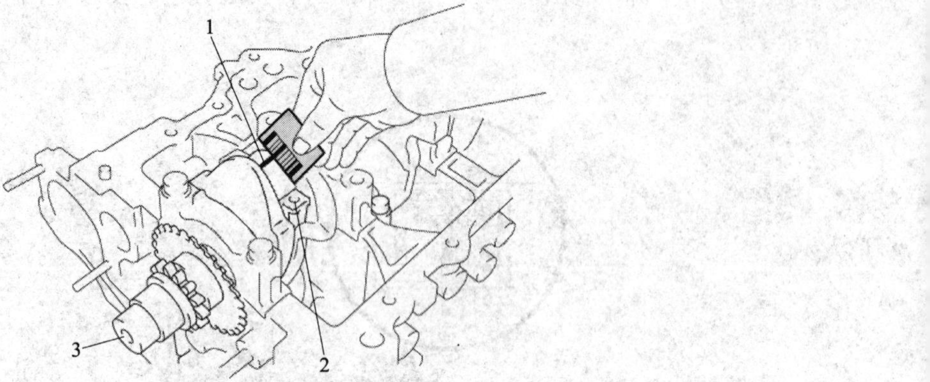

图 1—126　检查连杆油隙

1—塑料塞尺　2—连杆　3—曲轴

3）曲轴轴向间隙。使用百分表和一字形旋具测量曲轴轴向间隙，如图 1—127 所示。

（2）拆卸活塞连杆组件，如图 1—128 所示。

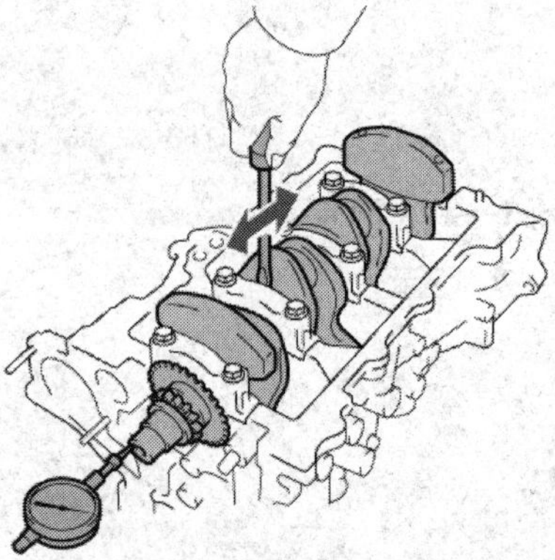

图 1—127　检查曲轴轴向间隙

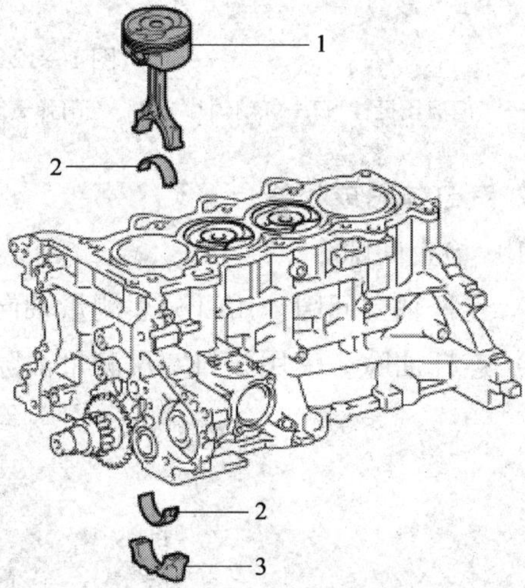

图 1—128　拆卸活塞连杆组

1—活塞　2—轴承　3—轴承盖

（3）拆卸曲轴

1）拆卸曲轴轴承盖。按从两端向中间且对称的顺序（见图 1—29a 中序号），拆卸曲轴轴承盖的螺栓，然后拆卸曲轴轴承盖。

2）从上面平稳抬出曲轴。

3）拆卸曲轴轴承。将一字形旋具小心地插入轴承盖的狭缝 *A* 中，然后通过使用旋具将轴承往外撬，并进行拆卸，如图 1—129 所示。

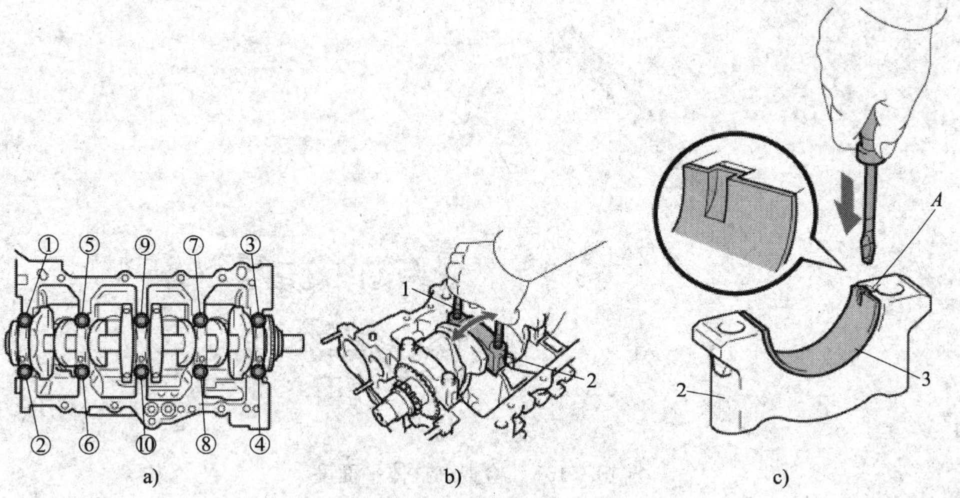

图 1—129　拆卸曲轴轴承

a）拆卸螺栓　b）抬出曲轴　c）拆卸曲轴

1—轴承盖螺栓　2—轴承盖　3—轴承

（4）拆卸活塞连杆组件

1）拆卸活塞环。使用 SST（活塞环扩张器），依次拆卸各道活塞环。

2）拆卸活塞销。将活塞径直放入 SST 中，使用一个液压机将 SST 往里推，并拆卸活塞销，如图 1—130 所示。

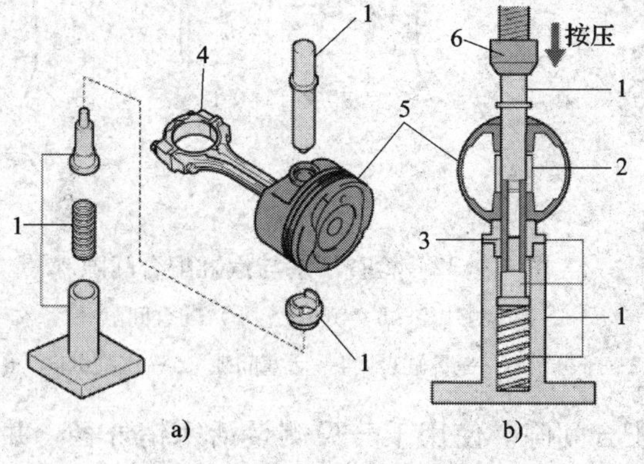

图 1—130　拆卸活塞销

a）结构　b）拆卸

1—SST　2—连杆　3—活塞销　4—轴承盖　5—活塞　6—液压机

（5）检查汽缸体上平面的平面度。使用塞尺和精度钢直尺，检查汽缸体上平面的平面度，如图 1—131 所示。

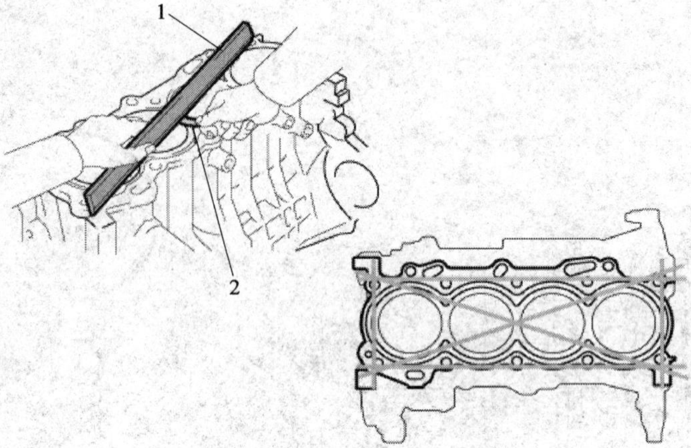

图 1—131　检查汽缸体平面度

1—精度钢直尺　2—塞尺

（6）检查配合间隙

1）活塞与汽缸配合间隙。用千分尺测量活塞外径（在裙部指定位置），并且使用量缸表测量汽缸内径（在汽缸的上、中、下和沿圆周的纵横方向分别测量），然后计算配合间隙，如图 1—132 所示。

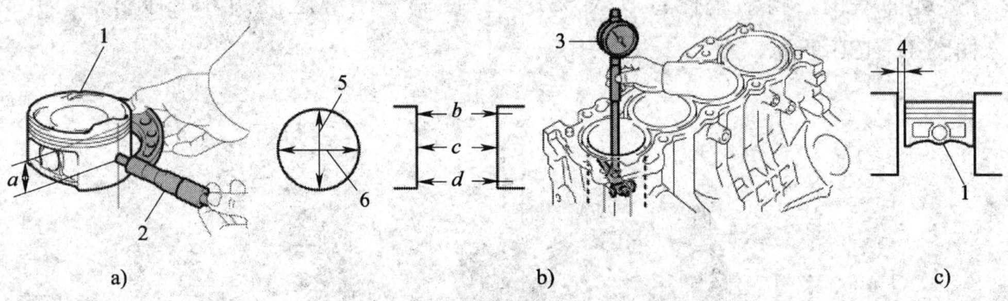

图 1—132　检查活塞与汽缸配合间隙

a）测外径　b）测内径　c）配合间隙

1—活塞　2—千分尺　3—量缸表　4—活塞间隙　5—汽缸纵向　6—汽缸横向

2）活塞销与销孔配合间隙。使用千分尺测量活塞销外径，并且使用卡规测量活塞销孔内径，然后计算配合间隙，如图 1—133 所示。

3）曲轴油隙。使用塑料塞尺测量曲轴油隙，如图 1—134 所示。

（7）检查活塞和活塞环

1）活塞环槽间隙。使用塞尺分别测量各活塞环与活塞环槽之间的间隙，如图 1—135 所示。

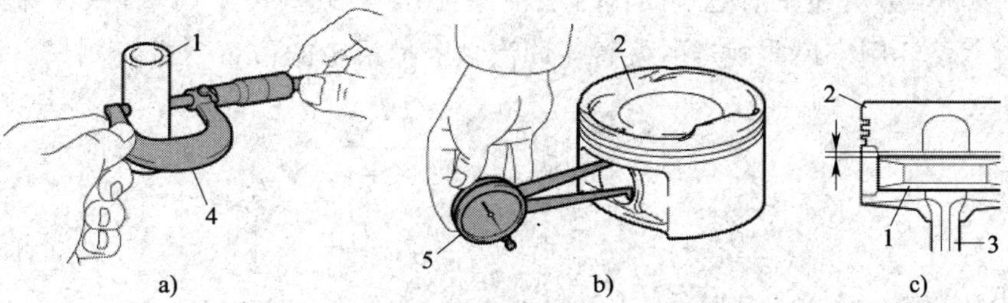

图 1—133　检查活塞销与销孔配合间隙

a）测外径　b）测内径　c）配合间隙

1—活塞销　2—活塞　3—连杆　4—测微计　5—卡规

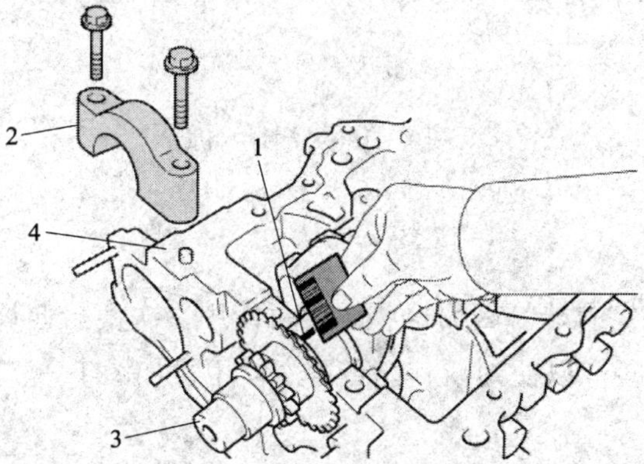

图 1—134　测量曲轴油隙

1—塑料塞尺　2—曲轴轴承盖　3—曲轴　4—汽缸体

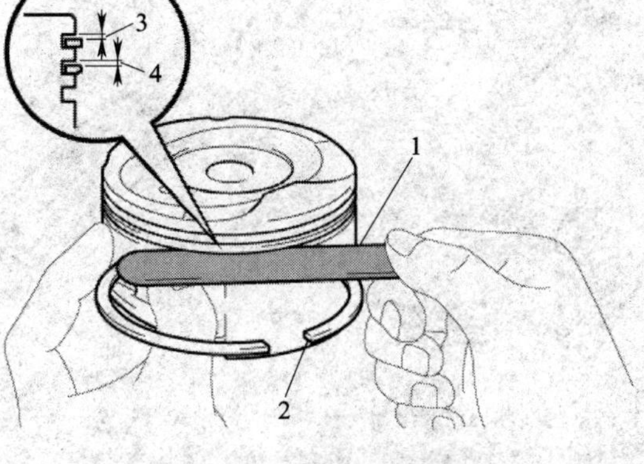

图 1—135　测量环槽间隙

1—塞尺　2—活塞环　3—第 1 道活塞环槽间隙　4—第 2 道活塞环槽间隙

2）活塞环端隙。使用活塞端面（未装活塞环）将活塞环推入汽缸中，保持活塞环与汽缸轴垂直；然后用塞尺在规定的位置，即汽缸磨损最少的位置，进行测量，如图1—136所示。

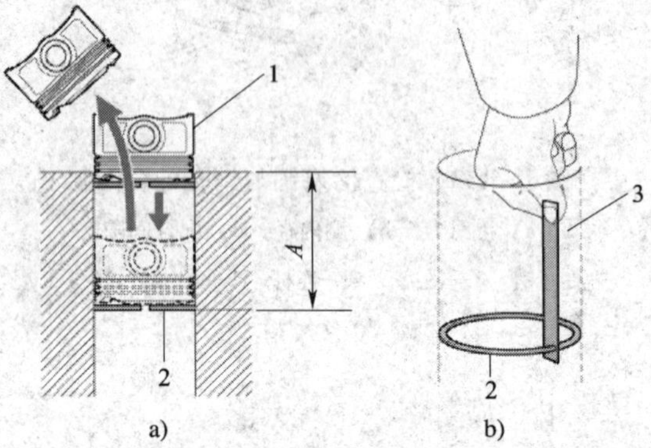

图 1—136　测量端隙

a）推入活塞环　b）测量

1—活塞　2—活塞环　3—塞尺

（8）检查轴承盖固定螺栓。因为这些螺栓每使用一次便会伸长，所以需要用游标卡尺测量各螺栓的长度和外径，以便判断其能否再次使用，如图 1—137 所示。

（9）检测曲轴

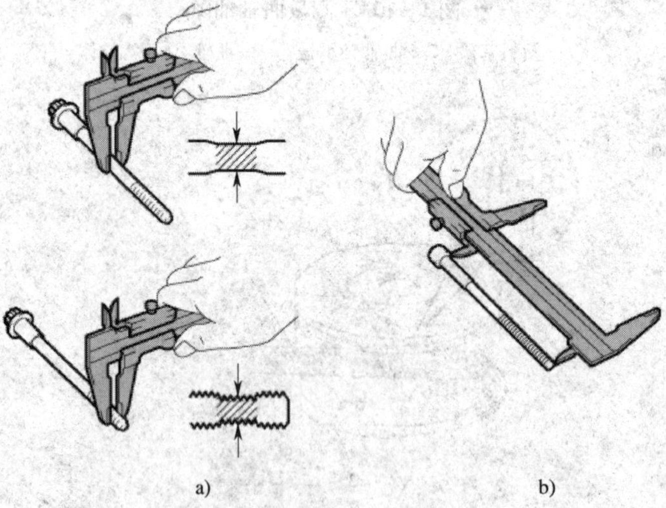

图 1—137　检查固定螺栓

a）测直径　b）测长度

1）检测曲轴径向跳动。将曲轴放在V形架上，使用百分表测量径向圆跳动，如图1—138所示。

2）曲轴主轴颈和连杆轴颈的测量。使用千分尺测量曲轴主轴颈和连杆轴颈的直径，计算其圆度与圆柱度误差，如图1—139所示。

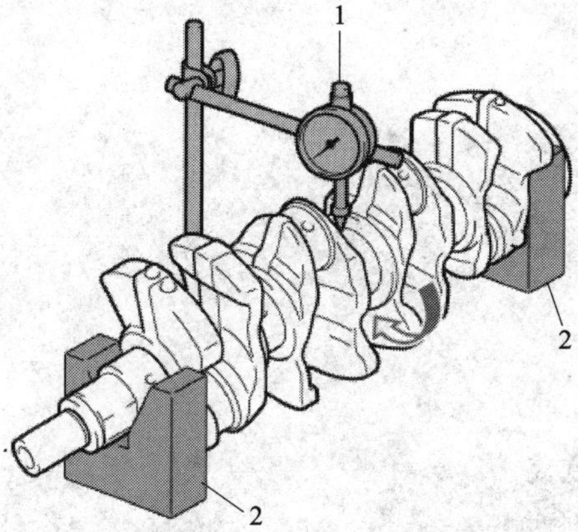

图1—138　检测曲轴径向跳动

1—百分表　2—V形架

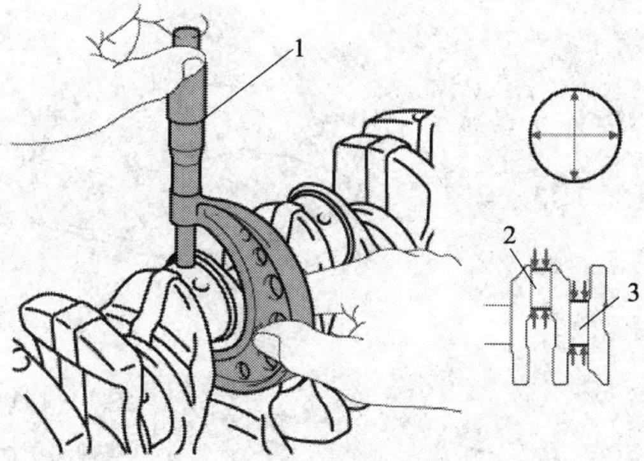

图1—139　检测曲轴主轴颈和连杆轴颈

1—外径千分尺　2—连杆轴颈　3—曲轴主轴颈

3）检查正时链轮磨损。使用游标卡尺测量正时链轮外径，然后计算磨损，如图1—140所示。

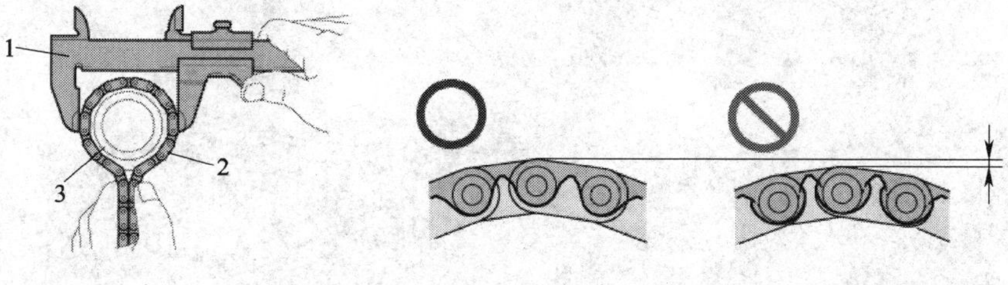

图1—140　检查正时链轮磨损

a）测外径　b）磨损量

1—游标卡尺　2—正时链条　3—正时链轮

5. 组装发动机

（1）安装油底壳。清洁涂层表面，施加密封填料，安装油底壳，如图1—141所示。

（2）安装汽缸垫，如图1—142所示。

1）安装汽缸垫以前，清洁汽缸盖下部和汽缸体上部。

2）清洁螺栓孔和清除汽缸平面任何油污或杂质。

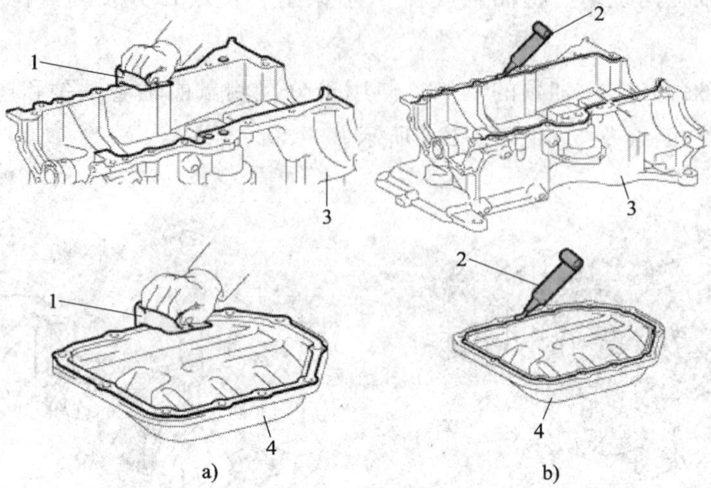

图 1—141　安装油底壳

a）清理涂层面　b）加密封填料

1—拭布　2—密封填料　3—一号油底壳　4—二号油底壳

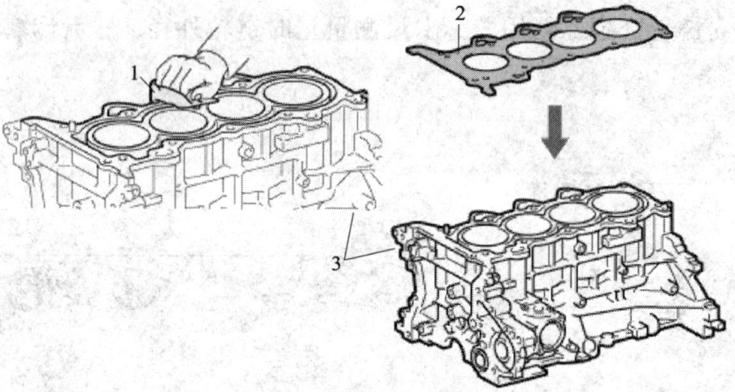

图 1—142　安装汽缸垫

1—拭布　2—汽缸垫　3—汽缸体

3）按照正确的方向将垫片定位，然后安装在汽缸体上。

（3）安装汽缸盖。使汽缸盖与汽缸体上的定位销对准，然后将汽缸盖放在汽缸体上，如图 1—143 所示。

（4）安装油封。在发动机后部油封挡圈和前端正时链条盖上安装油封。将 SST（油封更换工具）靠紧油封，然后使用锤子将 SST 轻轻地把油封敲入孔中，如图 1—144 所示。

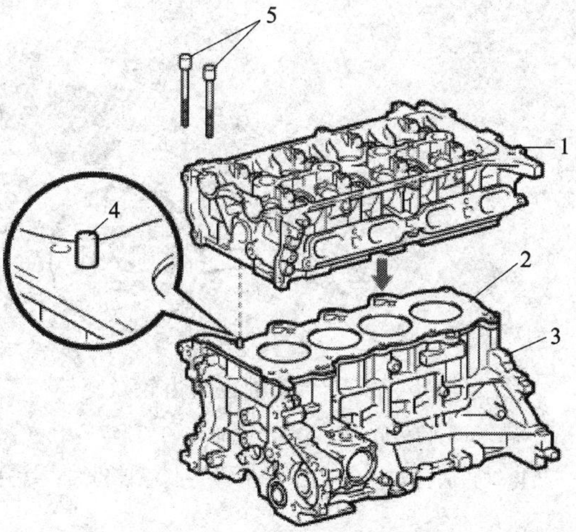

图 1—143　安装汽缸盖

1—汽缸盖　2—汽缸垫　3—汽缸体　4—定位销　5—汽缸盖螺栓

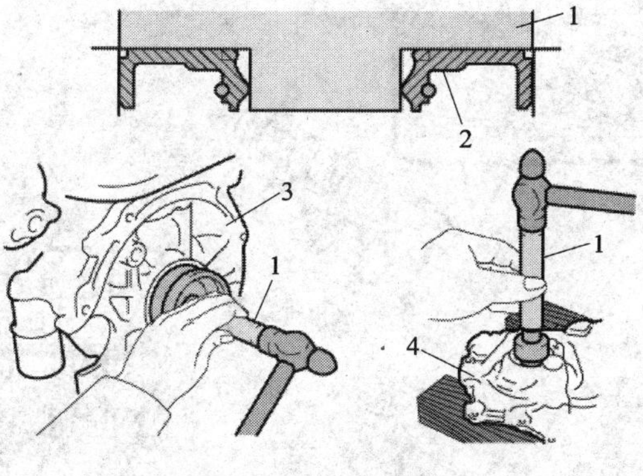

图 1—144　安装油封

1—SST　2—油封　3—汽缸体　4—正时链条盖

（5）安装凸轮轴正时齿轮及链轮。逆时针转动凸轮轴正时齿轮，并对准凸轮轴锁销；无油压时顺时针转动凸轮轴正时齿轮，当达到延迟极限位置时，使锁销锁定，如图 1—145 所示。

1）上紧凸缘螺栓。

2）顺时针转动正时齿轮，确保齿轮锁定。

（6）安装凸轮轴

1）从 TDC 逆时针旋转曲轴 40°，使活塞向下移动。

2）将凸轮轴放在汽缸盖上，使凸轮轴尽可能放平。

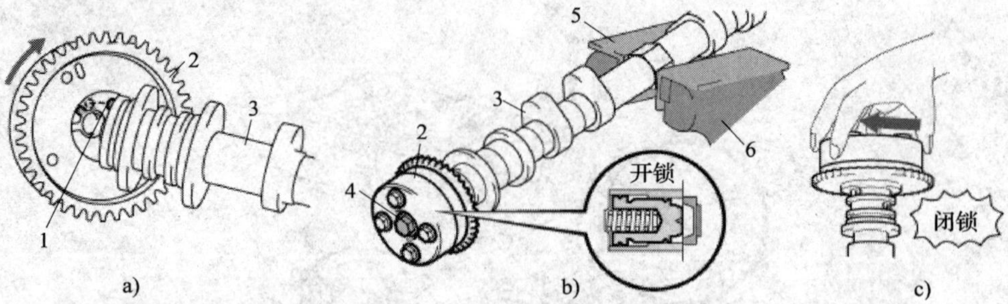

图 1—145　安装凸轮轴正时齿轮及链轮

a）转齿轮　b）转凸轮轴　c）锁定

1—锁销　2—凸轮轴正时齿轮　3—凸轮轴　4—凸缘螺栓　5—铝板　6—台钳

3）从中间向两端对称、分次、均匀紧固凸轮轴轴承盖螺栓，螺栓拧紧顺序（见图 1—146 序号）可能因发动机类型的不同而不同，因此应参考相关维修手册，如图 1—146 所示。

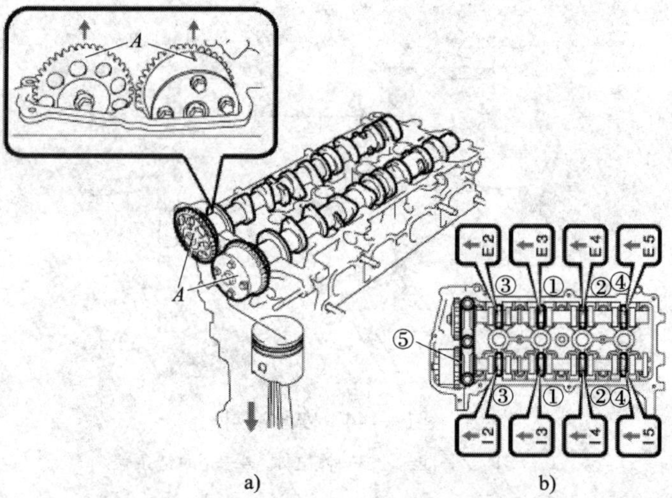

图 1—146　安装凸轮轴

a）放凸轮轴　b）拧螺栓

A—正时标记

（7）安装正时链条

1）设定正时标记位置，如图 1—147 所示。

①将曲轴正时设定于 1 缸 TDC 或压缩后 40°～140°。

②将进气凸轮轴正时链轮和排气凸轮轴正时链轮设定于 1 缸 TDC 或压缩后 20°。

③重新将曲轴正时设定于 1 缸 TDC 或压缩后 20°。

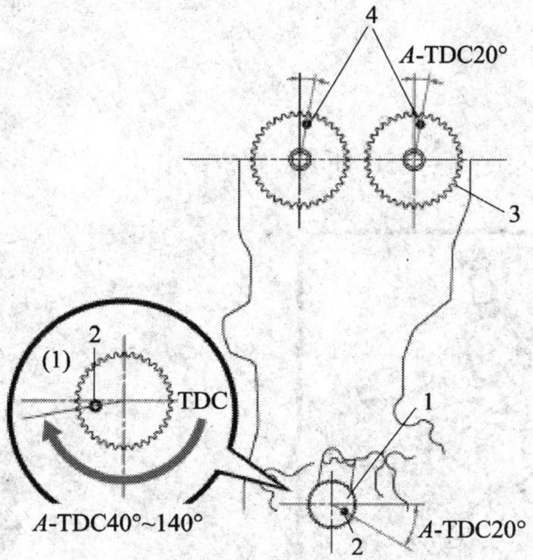

图 1—147　设定正时标记

1—曲轴正时链轮　2—曲轴正时链轮正时标记　3—凸轮轴正时链轮　4—凸轮轴正时链轮正时标记

2）安装正时链条减振器。

3）安装正时链条。按照顺序将链条放在曲轴链轮和凸轮轴链轮上，同时从正时链条减振器侧拉紧链条，如图 1—148 所示。

4）再次检查正时标记。安装链条张紧器和链条张紧器滑板后，顺时针转动曲轴两周，再次检查并确保各链轮正时标记准确，如图 1—149 所示。

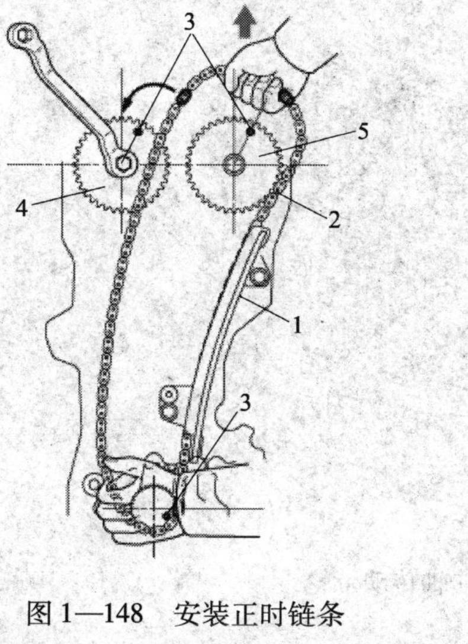

图 1—148　安装正时链条

1—链条减振器　2—正时链条　3—正时标记

4—排气凸轮轴正时链轮　5—进气凸轮轴正时链轮

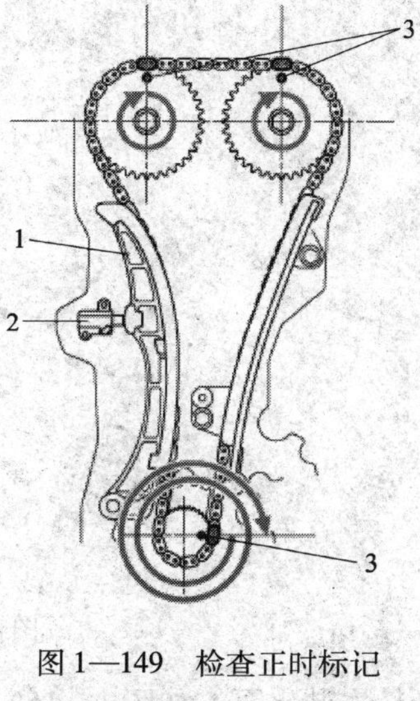

图 1—149　检查正时标记

1—链条张紧器滑板　2—链条张紧器

3—正时标记

（8）安装正时链条盖

1）清洁黏着表面。

2）施加密封填料。

3）安装正时链条盖，如图 1—150 所示。

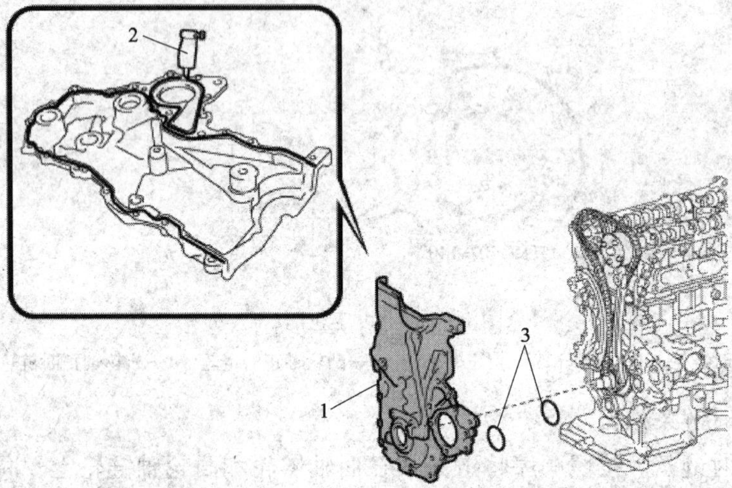

图 1—150　安装正时链条盖

1—正时链条盖　2—密封填料　3—O 形环

（9）安装曲轴传动带轮，如图 1—151 所示。

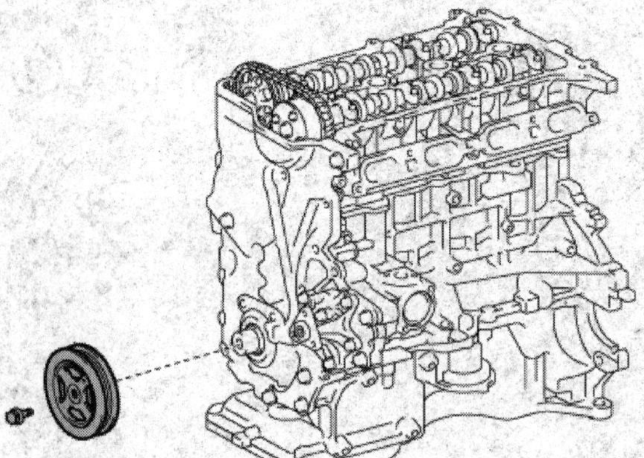

图 1—151　安装曲轴传动带轮

（10）安装水泵，如图 1—152 所示。

（11）安装水泵传动带轮，如图 1—153 所示。

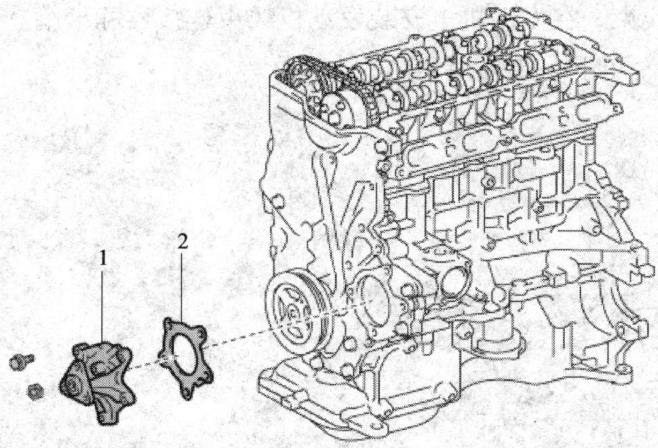

图 1—152　安装水泵

1—水泵　2—衬垫

（12）安装汽缸盖罩，如图 1—154 所示。

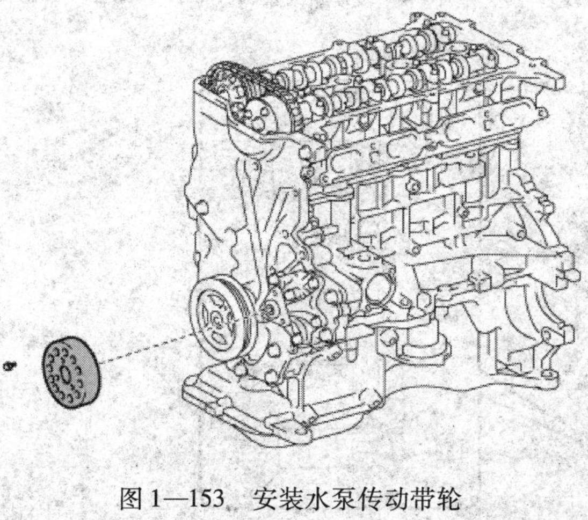

图 1—153　安装水泵传动带轮

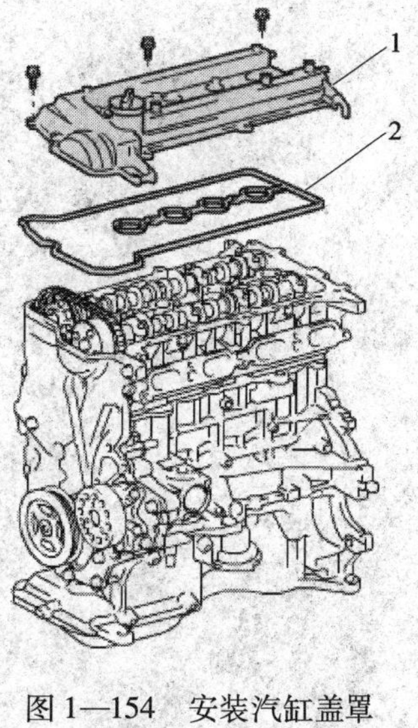

图 1—154　安装汽缸盖罩

1—汽缸盖罩　2—垫片

1）在汽缸盖罩上安装垫片。

2）拧紧汽缸盖罩紧固螺栓，顺序为从中间向两端对称旋紧。

6．安装发动机

（1）安装进、排气歧管、发动机线束、发电机，如图 1—155 所示。

1）安装进气和排气歧管。使用一个新的垫片并将进、排气歧管安装在汽缸盖上。安装和拧紧歧管紧固螺栓和螺母，顺序为从中间向两端对称旋紧。

2）安装发动机线束。在发动机上安装发动机线束连接器和卡箍。

3）安装发电机，如图 1—156 所示。

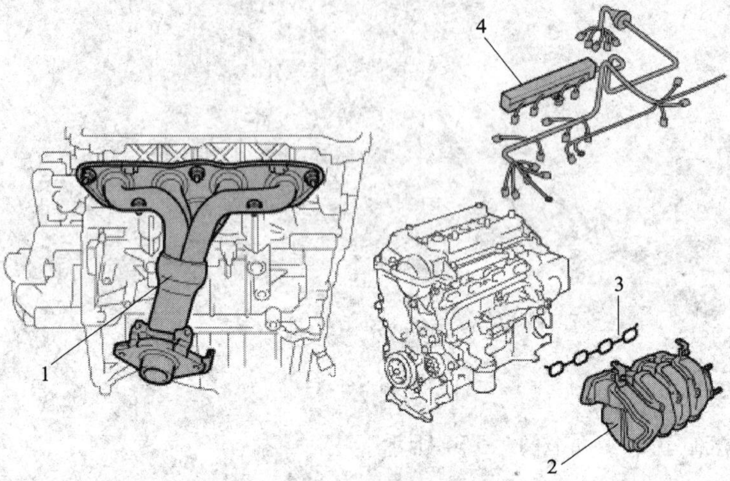

图 1—155　安装进、排气歧管

1—排气歧管　2—进气歧管　3—垫片　4—发动机线束

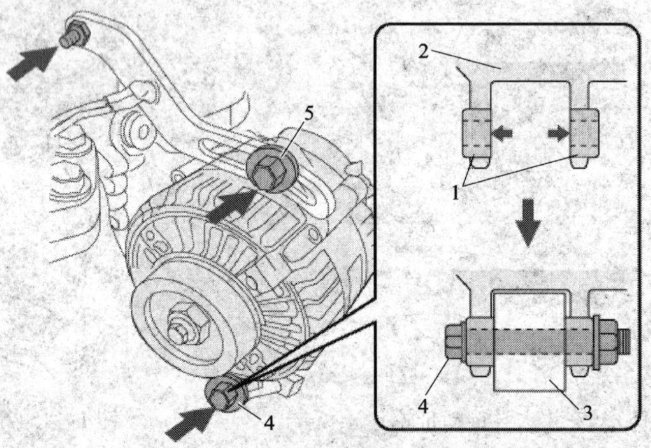

图 1—156　安装发电机

1—套环　2—发电机　3—贯穿螺孔（A）　4—螺栓（B）

①滑动套环推至表面与支架对齐（装配侧）。

②将发电机安装在贯穿螺孔（A）上，临时装上。

③临时装上螺栓（B）。

（2）从发动机大修台上吊起发动机。将吊索装置连接到发动机吊耳上，从发动机大修台上吊起发动机，如图 1—157 所示。

(3) 安装离合器和飞轮

1) 安装飞轮，如图 1—158 所示。

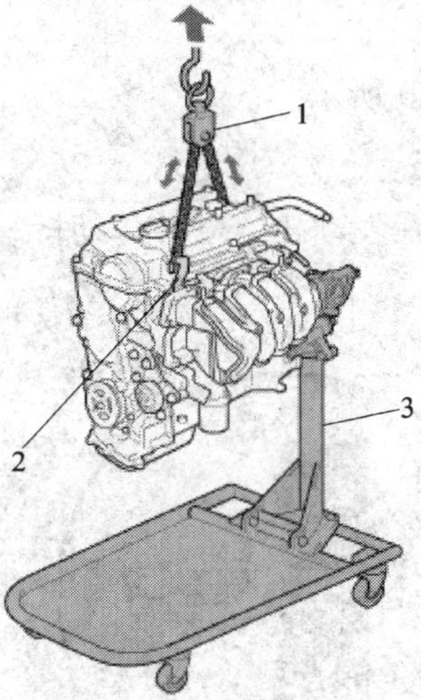

图 1—157 吊发动机

1—发动机吊索装置 2—发动机吊耳 3—大修台支座

图 1—158 安装飞轮

1—SST 2—曲轴传动带轮

①用 SST（曲轴传动带轮夹具、配对凸缘夹具）在曲轴传动带轮上安装固定曲轴。

②安装飞轮，并旋紧固定螺栓。

2) 安装离合器，如图 1—159 所示。

①将 SST（离合器导具）插入离合器盘中，然后再将其插入飞轮中。

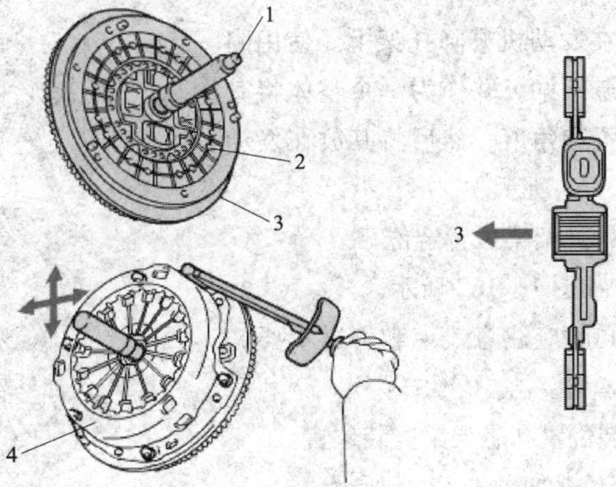

图 1—159 安装离合器

1—SST 2—离合器盘 3—飞轮 4—离合器壳

②对准飞轮和离合器壳上的装合标记，并且临时安装离合器壳。

③通过上下、左右地摇动 SST，对准离合器盘和飞轮中心。

④上紧离合器壳的安装螺栓。

（4）将变速驱动桥安装到发动机上，如图 1—160 所示。

1）将花键润滑脂抹在传动桥输入轴上。

2）将离合器盘花键与传动桥的输入轴对准，并在发动机上安装传动桥。

3）安装和拧紧发动机及传动桥安装螺栓。

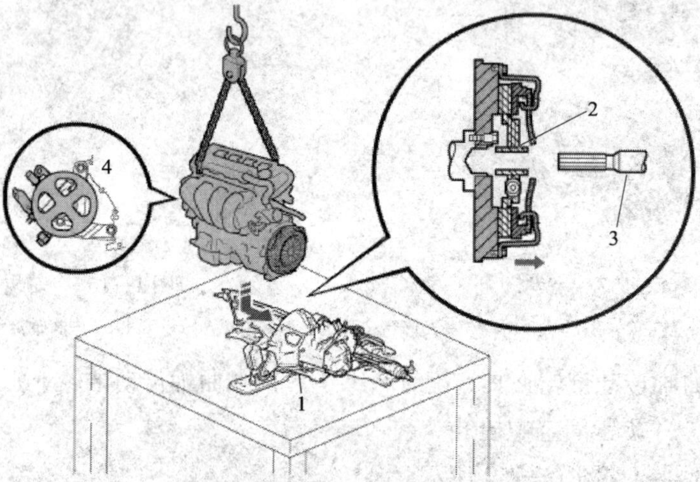

图 1—160　安装变速驱动桥

1—传动桥　2—离合器盘　3—传动桥输入轴　4—动力转向泵

（5）把发动机放在发动机升降托架上。使用附件调整发动机传动桥悬架梁，并作为一个整体将其放入汽车内的安装位置和角度，然后将其放在发动机升降机上，如图 1—161 所示。

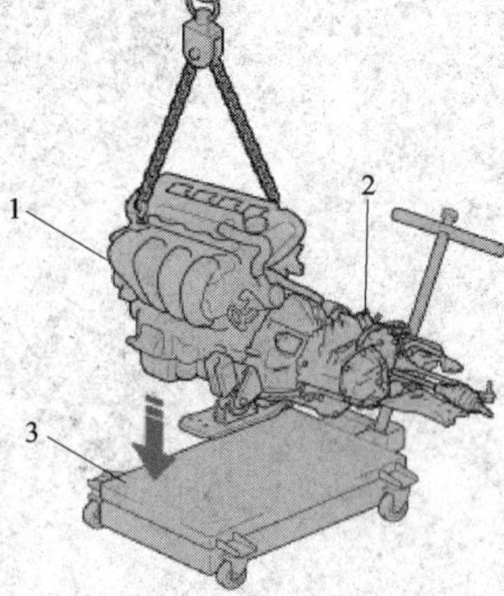

图 1—161　安放到发动机升降机

1—发动机　2—传动轴　3—发动机升降机

（6）安装发动机，悬架梁位置定位

1）安装发动机，如图 1—162 所示。

①举升发动机的同时应注意线束和管道不要钩在其他位置上或者与车身接触。

②检查发动机安装位置和悬架梁安装位置。

2）悬架梁位置定位，如图 1—163 所示。

①将 SST 插入车身和悬架梁的基准孔中，然后用手拧上所有螺栓。

②在发动机支架上临时安装和用手拧上安装螺栓。

③用扭矩扳手将悬架梁安装螺栓旋紧到规定的扭矩。

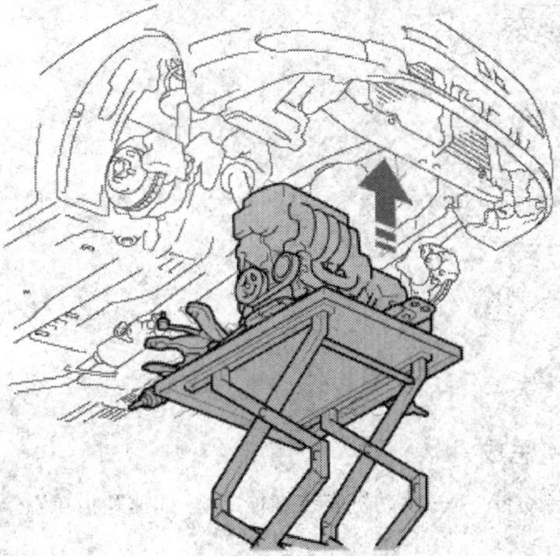

图 1—162　安装发动机

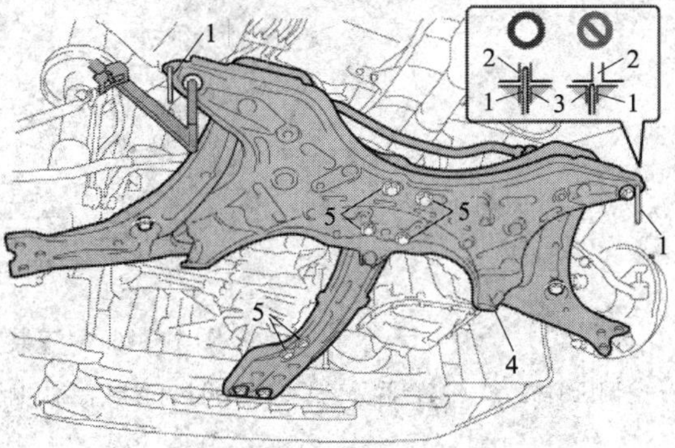

图 1—163　悬架梁定位

1—SST（前横梁导具）　2—车身基准孔

3—悬架梁基准孔　4—悬架梁　5—发动机支架安装螺栓

（7）安装车下部的部件。将拆卸的部件安装在原来的位置，如图 1—164 所示。

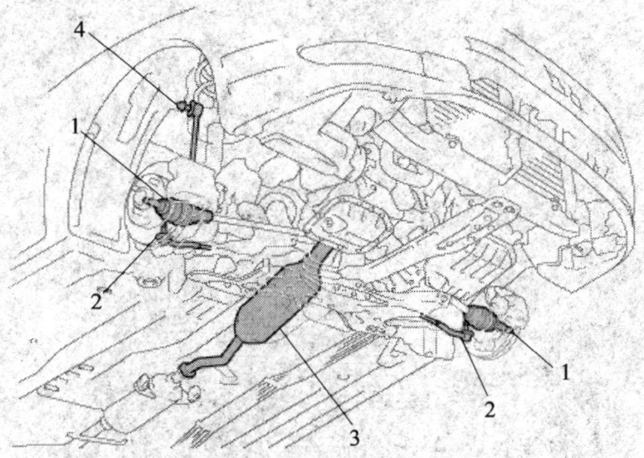

图 1—164　安装车下部部件

1—驱动轴　2—横拉杆端头　3—排气管　4—稳定器

（8）安装发动机室总成，如图 1—165 所示。

（9）连接燃油管，如图 1—166 所示。

（10）连接卡箍和软管，如图 1—167 所示。

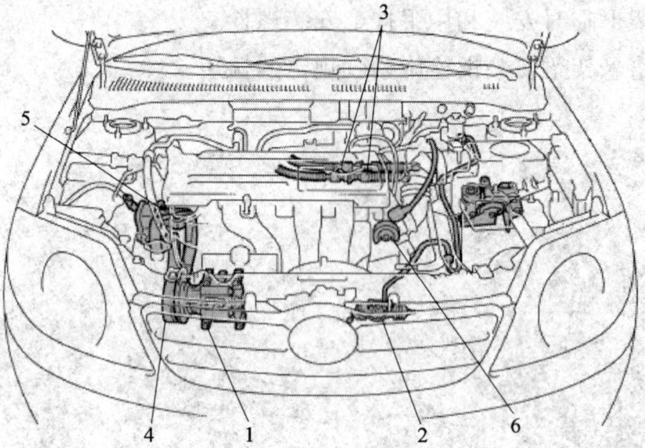

图 1—165　安装发动机室总成

1—空调压缩机　2—离合器分离泵　3—换挡和选挡控制电缆　4—传动带　5—发动机安装螺栓　6—加速踏板拉索

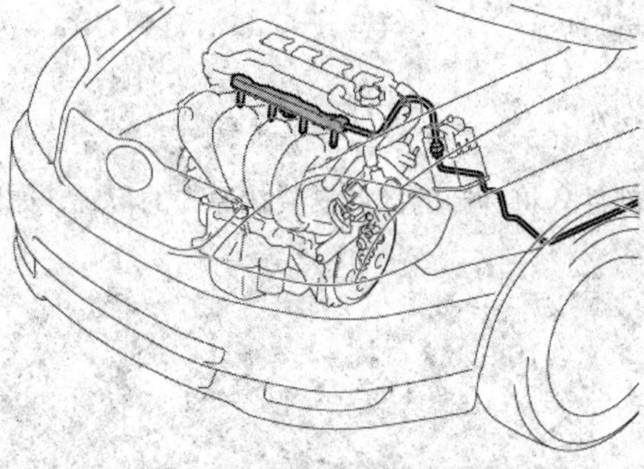

图 1—166　连接燃油管

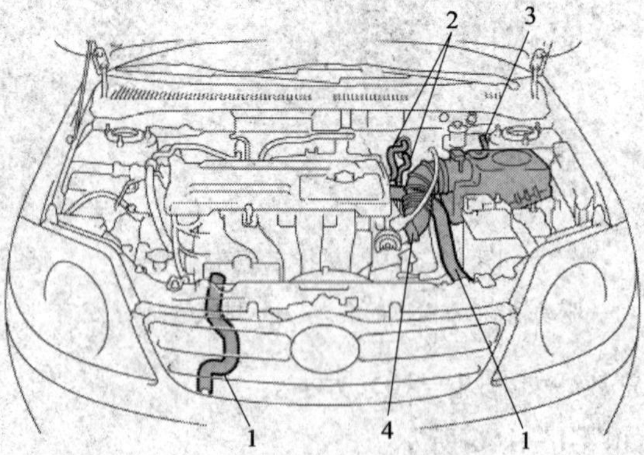

图 1—167　连接卡箍和软管

1—散热器软管　2—加热器软管　3—制动助力器软管　4—空气滤清器软管

（11）安装车辆内部部件

安装转向中间轴。确保转向盘和转向器处于中心位置，然后将转向中间轴与转向齿轮的装配标记对准并连接，将螺栓拧上并紧固到规定扭矩，如图 1—168 所示。

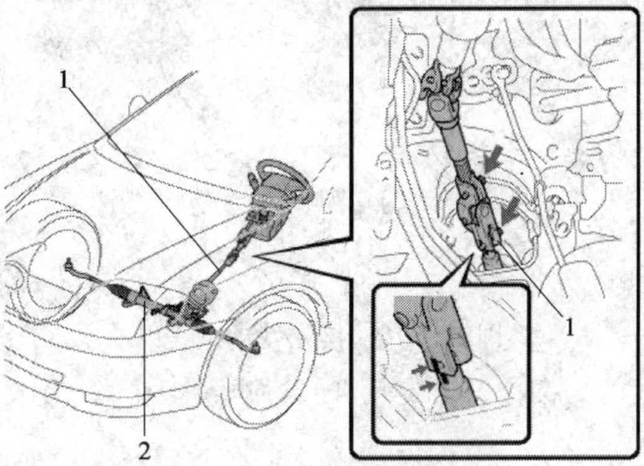

图 1—168　安装转向中间轴

1—转向中间轴　2—动力转向齿轮

（12）连接各连接器和线束

1）连接拆卸发动机时断开的连接器，如图 1—169 所示。

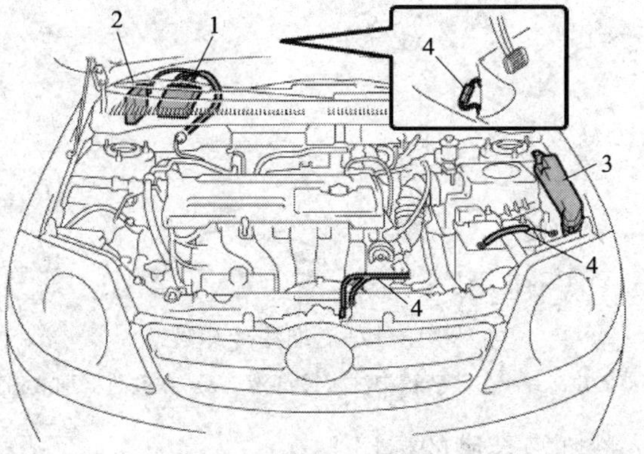

图 1—169　连接各连接器

1—发动机 ECU　2—仪表板接线盒　3—发动机室接线盒　4—接地、起动机电缆、氧气传感器连接器

2）拉顺并接入发动机线束，如图 1—170 所示。

（13）注入冷却液，如图 1—171 所示。

1）注入冷却液前，应保证排放塞（散热器）和排放螺栓（汽缸体）已经拧紧。

2）将加热器的温度设置为最高。

3）在散热器加液口中注入冷却液。

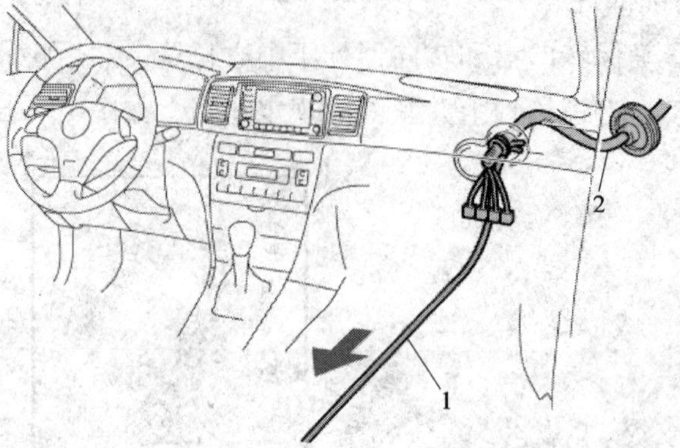

图 1—170　接入发动机线束

1—线绳　2—发动机线束

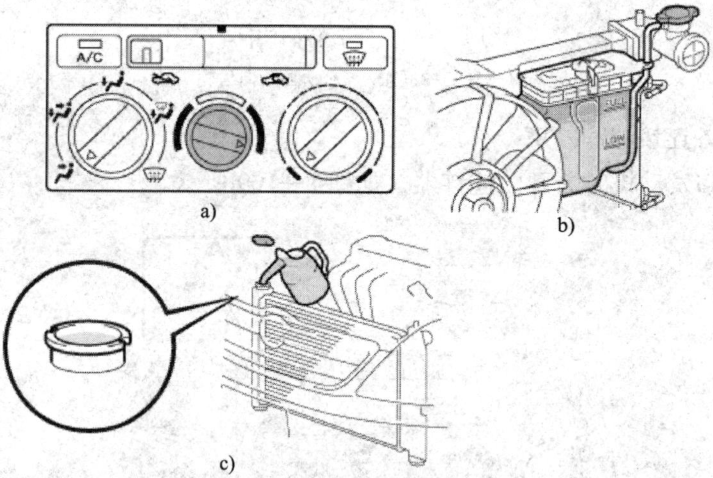

图 1—171　加注冷却液

a）设置加热器温度　b）在储液箱中注入冷却液　c）在散热器加液口中注入冷却液

4）在储液箱中注入冷却液至满的标记上。

5）安装散热器盖。

（14）安装蓄电池，如图 1—172 所示。

1）检查蓄电池端子位置，安装蓄电池，用电池夹固定。

2）连接蓄电池电缆。将电池电缆连接到蓄电池端子，用螺母固定。

（15）最终检查

1）发动机起动前检查。进行下述检查以便确认组装总成时是否有零部件遗漏或者松开，如图 1—173 所示。

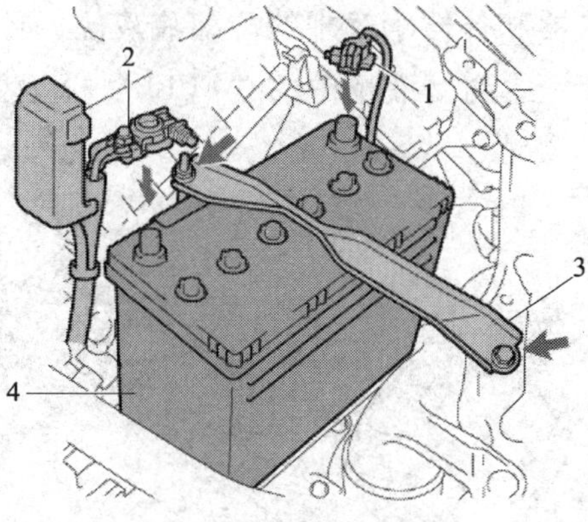

图 1—172　安装蓄电池

1—蓄电池负极（－）端子电缆

2—蓄电池正极（＋）端子电缆

3—蓄电池夹　4—蓄电池

图 1—173　起动前检查

①确认连接器被连接到拆卸期间所贴的标签上注明的位置。

②轻轻拉动各连接器，检查其是否松脱。

③保证螺栓或者螺母都紧固。

④检查是否有组装总成时丢失在托盘或者工作台上或者其周围的零部件。

⑤检查所有的卡箍是否安装在正确的位置。

⑥检查是否有冷却液或者发动机机油从软管、管道接头处泄漏。

⑦检查发动机中注入的机油是否达到油位表的“FULL”标记处。

⑧检查传动带是否安装在正确的位置上。

⑨检查传动带张紧力是否合适。

⑩检查发动机起动时是否有异常声音（“嗒嗒”声或者“刮擦”声）。

2）发动机起动后检查

①检查发动机起动是否容易。

②检查发动机起动后是否有异常声音（如“嗒嗒”声或者“刮擦”声）。

③检查是否漏油。

④检查是否有冷却液泄漏。

⑤检查是否漏气。

⑥检查发动机是否有异常的振动。

⑦使用发动机性能检测仪及 CO 和（或）HC 测试仪检查发动机转速、点火时间和排

气浓度，如图 1—174 所示。

3）检查冷却液。完成发动机预热后，检查散热器和补偿水箱中的冷却液液位。必要时，待冷却液完全冷却后，向散热器中补充冷却液，达到储液箱中的“FULL”标记处，如图 1—175 所示。

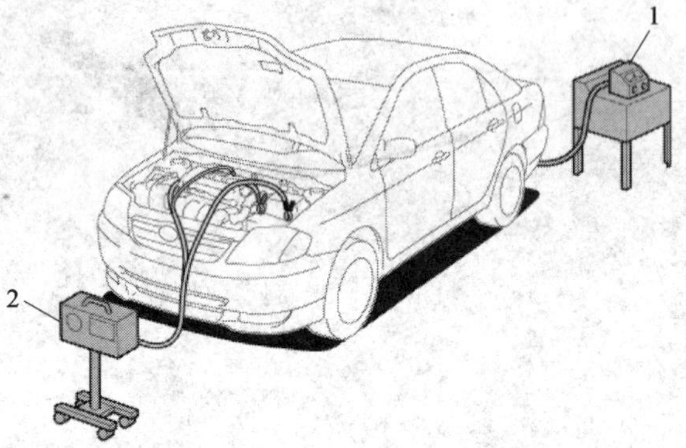

图 1—174　发动机的检查

1—CO 和（或）HC 测试仪　2—发动机性能检测仪

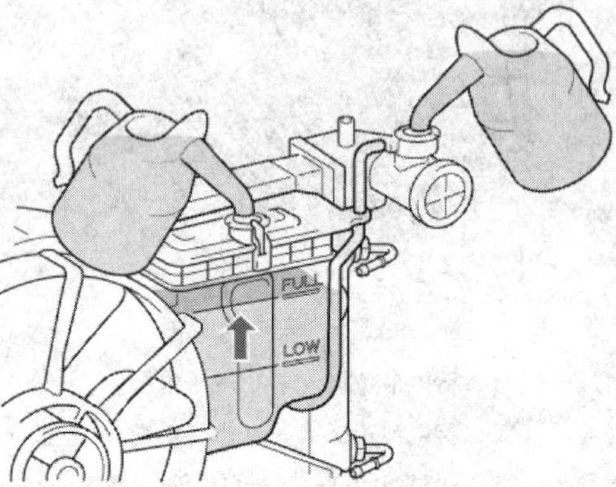

图 1—175　检查冷却液

4）行驶检查。如图 1—176 所示，在驾驶车辆过程中随时注意下述检查：

①车辆起步时，检查拆卸过的部件及周围是否有异常噪声。

②加速和减速时，或者利用发动机制动时，检查是否有异常噪声。

5）行驶后检查。行驶后，应检查机油油量和是否有泄漏、燃油是否有泄漏、冷却液是否有泄漏，以便确定部件是否正确安装，如图 1—177 所示。

6）恢复车辆信息。

图 1—176　行驶检查

图 1—177　行驶后检查

学习单元2　发动机维修质量检验实务

学习目标

1. 掌握汽车发动机维修质量检验的内容、标准和基本方法。
2. 能够对发动机维修质量进行检验。

知识要求

目前，发动机修理质量检查评定标准是国家标准 GB/T 15746. 2—1995《汽车修理质量检查评定标准　发动机大修》。该标准的主要内容见本书附录2。

技能要求

发动机维修质量检验

操作准备

1. 整车。
2. 清洁用具。
3. 工具车及配套工具。

操作步骤

步骤1　检查油液

（1）检查发动机机油。为取得准确读数，机油必须尚未冷却且车辆应停放在平坦的地面上。发动机机油尺带有黄色环形手柄。

1）关闭发动机，等待几分钟以便机油回流到油底壳。

2）拉出机油尺，用纸巾或布擦干净后将其插回，再次拉出并保持尖头朝下，检查油位。

3）机油液位高度应在机油尺上、下刻线之间，或网格线中间，如图 1—178 所示。

（2）检查发动机冷却液。车辆应停放在平坦的地面上。发动机冷却后，冷却液液面应处于冷却液储液罐上的上限（A）和下限（B）标记之间。发动机达到正常工作温度时，液面会上升；发动机冷却后，液面会下降，如图 1—179 所示。

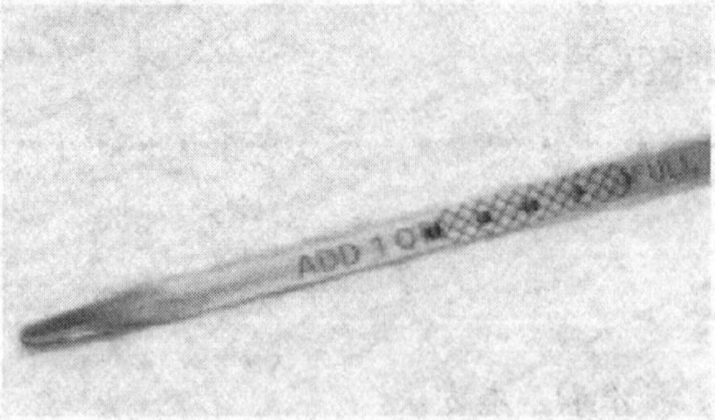

图 1—178　机油尺刻度

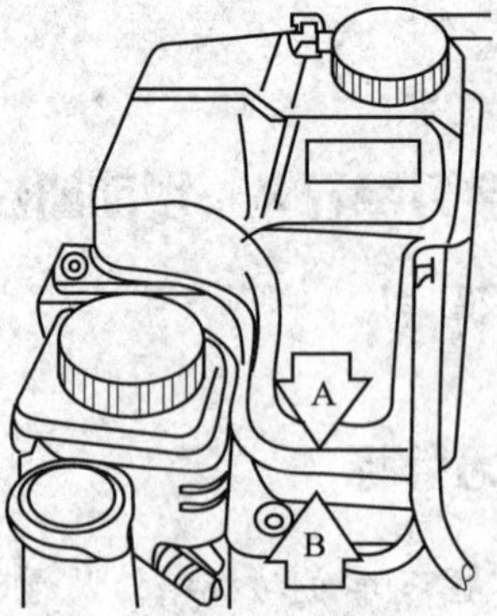

图 1—179　冷却储液罐标记

（3）检查制动液。制动主缸储液罐在发动机室内的驾驶员一侧。加注的是 DOT－3 型制动液或 DOT－4 型制动液（因车型而有所不同），如图 1—180 所示。储液罐内液位应位于上刻线与下刻线之间。

图 1—180　制动储液罐标记

步骤 2　检查附件及管路

（1）检查油、气、水管路接头与安装情况，如图 1—181 所示。

（2）检查汽滤、空滤和机滤，如图 1—182 所示。

（3）检查各指示仪表，如图 1—183 所示。

步骤 3　检查发动机运转状况

起动发动机，并在各工况下依次运转，检查运转情况以及有无异响和漏气。

步骤 4　填写发动机维修质量检验与修复记录单

发动机维修质量检验与修复记录单（见表 1—3）。

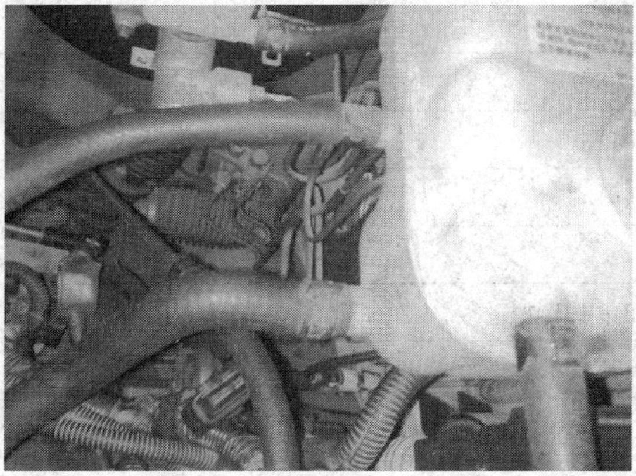

图 1—181　检查管路、附件

图 1—182　检查空滤

图 1—183　检查各指示仪表

表 1—3　　发动机维修质量检验与修复记录单

检查项目	检查结果	修复结果
发动机机油	（1）机油液位正常	
	（2）机油液位偏低	
	（3）机油液位偏高	
冷却液	（1）冷却液液位正常	
	（2）冷却液液位偏高	
	（3）冷却液液位偏低	

续表

检查项目	检查结果	修复结果
制动液	（1）制动液液位正常	
	（2）制动液液位偏高	
	（3）制动液液位偏低	
油、气、水管路接头与安装情况	（1）油、气、水管路接头正常	
	（2）油、气、水管路接头松动、有渗漏	
	（3）真空管脱落	
汽滤、空滤、机滤	（1）汽滤、空滤、机滤正常、无缺损	
	（2）汽滤、空滤、机滤有缺损	
发动机起动情况	（1）起动正常	
	（2）起动困难	
	（3）无法起动	
发动机运转情况	（1）运转正常	
	（2）怠速运转不稳定	
	（3）排气管冒黑烟	
	（4）加速无力	
发动机异响情况	（1）无异响	
	（2）活塞敲缸响	
	（3）曲轴主轴承响	
	（4）连杆轴承响	
	（5）进气管道漏气声	
各仪表指示值	（1）机油压力警告灯不正常	
	（2）水温表不正常	
	（3）发动机转速表不正常	
	（4）充电指示灯不正常	
	（5）发动机故障灯不正常	
	（6）制动警告灯不正常	
	（7）ABS 警告灯不正常	
检验维修意见	（ ）调整　　（ ）修理	（ ）更换

第3节 转向和制动系统维修质量检验

学习单元1 转向系统维修质量检验

学习目标

1. 熟悉转向系统检修方法及工艺过程。
2. 掌握汽车转向系统功用、结构组成及分类。
3. 能够对转向系统维修质量进行检验。

知识要求

一、动力转向系统概述

1. 功用

（1）汽车转弯时，减少驾驶员对转向盘的操纵力。

（2）减小转向系统的减速比。

（3）在原地转向时，能提供必要的助力。

（4）限制车辆高速或在薄冰上行驶时的助力，具有较好的方向稳定性。

（5）在动力转向系统失效时，能保持机械转向系统的有效工作。

2. 分类

动力转向系统一般可以分为机械式液压动力转向系统、电子液压助力转向系统和电动助力转向系统3类。这里重点介绍后两种。

（1）电子液压助力转向系统

1）流量控制式。图1—184所示为流量控制式助力转向系统，其基本工作原理是在转向油泵与转向机体之间设有旁通管路，在旁通管路中又设有旁通油量控制阀。根据车速传感器、转向角速度传感器和控制开关等信号，ECU向旁通流量控制阀按照汽车的行驶状态发出控制信号，控制旁通流量，从而调整向转向器供油的流量，如图1—185所示。当向转向器供油流量减少时，动力转向控制阀灵敏度下降，转向助力作用降低，转向力增加。

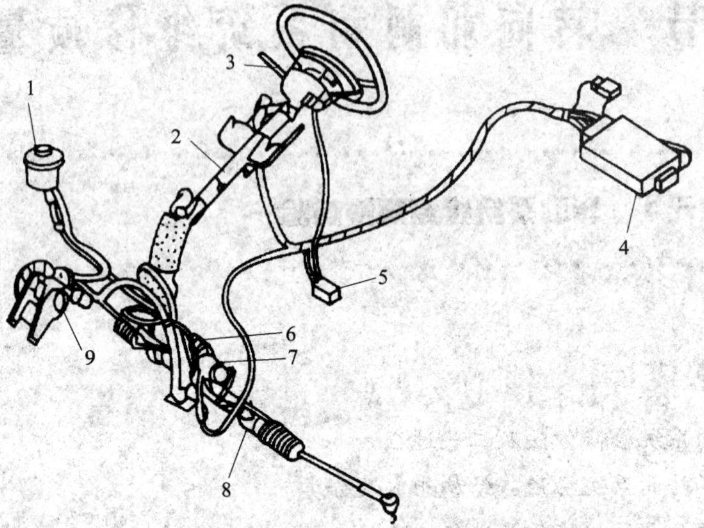

图 1—184　流量控制式助力转向系统

1—动力转向油罐　2—转向管柱　3—转向角速度传感器　4—ECU　5—转向角速度传感器的增幅器　6—旁通流量控制阀　7—电磁线圈　8—转向齿轮联动机构　9—油泵

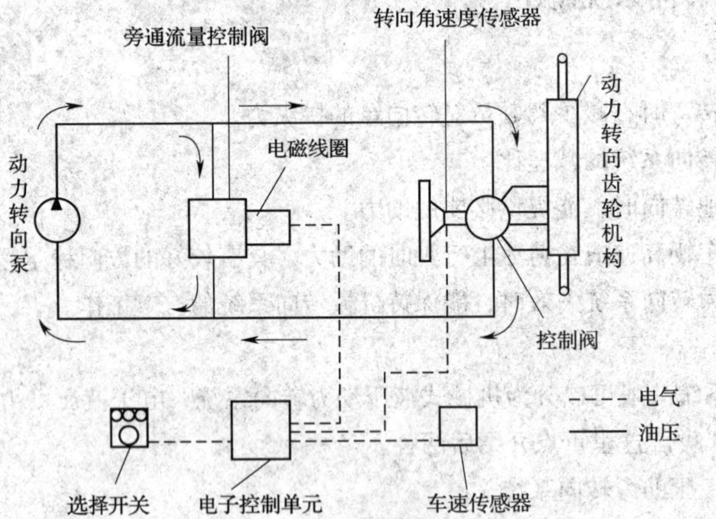

图 1—185　流量控制式助力转向系统基本工作原理示意图

2）反力控制式。图 1—186 所示为反力控制式助力转向系统。其基本原理是当车辆停驶或速度较低时，ECU 使电磁线圈的通电电流增大，电磁阀开口面积增大，经分流阀分流的液压油，通过电磁阀重新回流到储油箱中，所以作用于柱塞的背压（油压反力室压力）降低，于是柱塞推动控制阀转阀阀杆的力（反力）较小。因此，只需要较小的转向力就可使扭力杆扭转变位，使阀体与阀杆产生相对转动而实现转向助力作用。

当车辆在中、高速区域转向时，ECU使电磁线圈的通电电流减小，电磁阀开口面积减小。所以，油压反力室的油压升高，作用于柱塞的背压增大，于是柱塞推动转阀阀杆的力增大。此时，需要较大的转向力才能使阀体与阀杆之间做相对转动（相当于增加了扭力杆的扭转刚度），而实现转向助力作用。

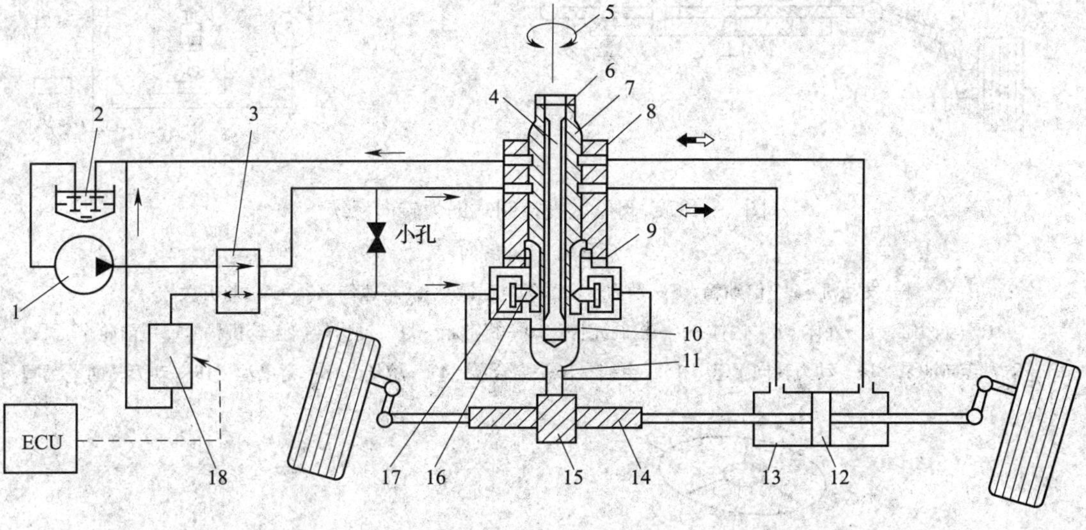

图1—186　反力控制式助力转向系统基本工作原理示意图

1—泵　2—储油罐　3—分流阀　4—扭力杆　5—转向盘　6、9、10—销　7—转向阀杆　8—控制阀阀体　11—小齿轮轴　12—活塞　13—动力缸　14—齿条　15—小齿轮　16—柱塞　17—油压反力室　18—电磁阀

3）阀灵敏度控制式。图1—187所示为阀灵敏度控制式助力转向系统。其基本原理是当车辆停止时，电磁阀完全关闭。如果此时向右转动转向盘，则高灵敏度低速专用小孔1R及2R在较小的转向扭矩作用下即可关闭，转向液压泵的高压油液经1L流向转向动力缸右腔室，其左腔室的油液经3L、2L流回储油箱。所以，此时具有轻便的转向特性。而且施加在转向盘上的转向力矩越大，可变小孔1L、2L的开口面积越大，节流作用就越小，转向助力作用越明显。

随着车辆行驶速度的提高，在电子控制单元的作用下，电磁阀的开度也线性增加。车速越高，在电子控制单元的控制下，电磁阀的开度越大，旁路流量越大，转向助力作用越小。

（2）电动助力转向系统。图1—188所示为电动助力转向系统。其基本原理是汽车在

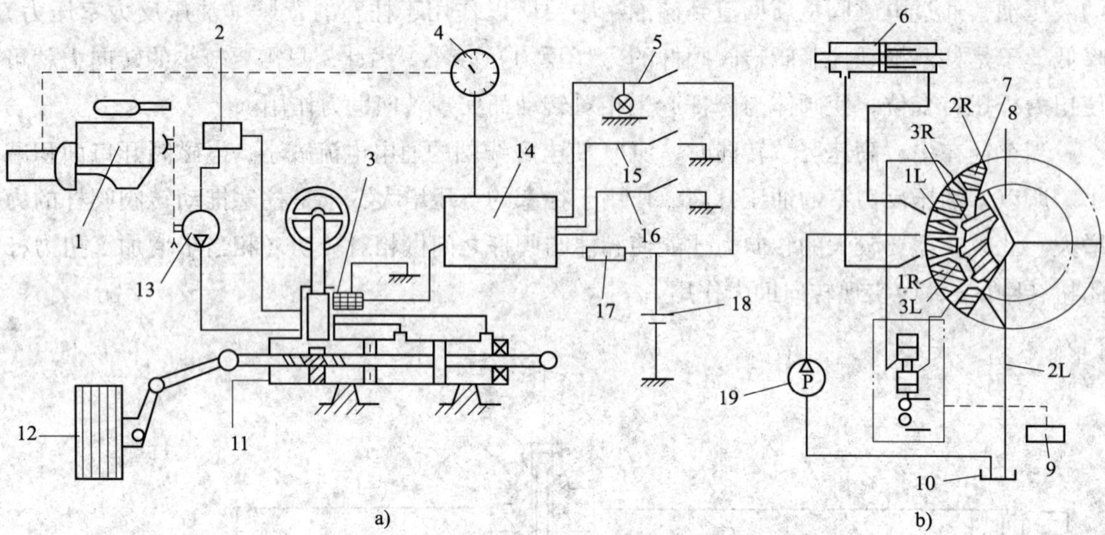

图 1—187　阀灵敏度控制式助力转向系统

a）系统　b）转向

1—发动机　2—储油箱　3—动力转向系统电磁阀　4—车速传感器　5—灯开关
6—动力缸　7—外体　8—内体　9—控制元件　10—机油箱　11—动力转向齿轮机构　12—前轮
13—动力转向油泵　14—动力转向 ECU　15—空挡　16—离合器　17—熔丝　18—蓄电池　19—动力转向电磁阀

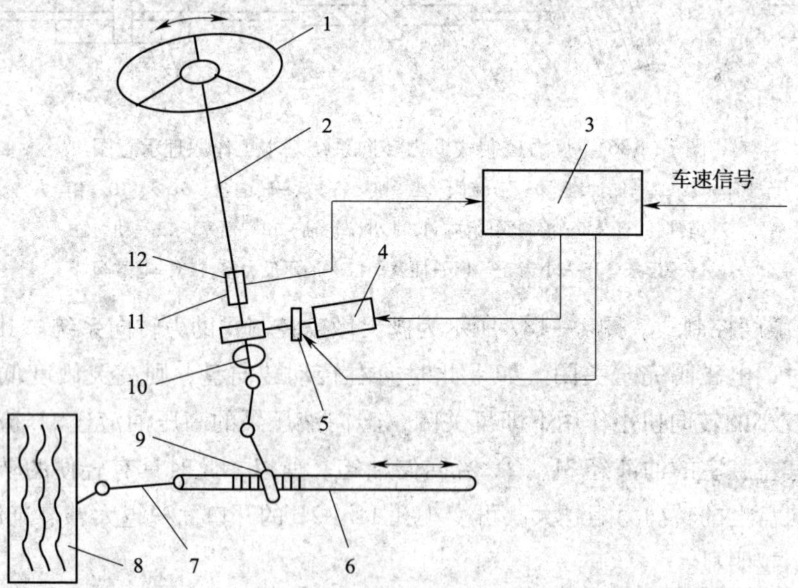

图 1—188　电动助力转向系统

1—转向盘　2—转向轴　3—电子控制单元　4—电动机　5—电磁离合器　6—转向齿条　7—横拉杆
8—转向轮　9—输出轴　10—扭力杆　11—扭矩传感器　12—转向齿轮

转向时，转矩（转向）传感器会“感觉”（检测）到转向盘的力矩和拟转动的方向，这些信号会通过数据总线传输给电子控制单元。电控单元会根据传动力矩、拟转的方向等数据信号，向电动机控制器发出动作指令，从而电动机就会根据具体的需要输出相应大小的转动力矩，从而产生了助力转向。如果不转向，则本套系统就不工作，处于休眠（standby）状态，等待调用。

二、动力转向系统检验

现以 2004 型别克凯越轿车为例进行介绍。

1．储液罐

（1）拆卸程序

1）从储液罐中吸出动力转向液。

2）松开软管卡箍并从储液罐上拆下软管。

3）拆卸储液罐螺母，如图 1—189 所示。

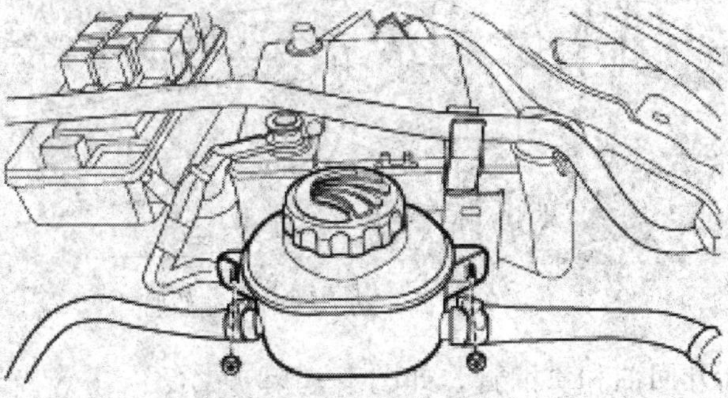

图 1—189　拆卸储液罐

（2）安装程序

1）将储液罐连接到储液罐托架上。

2）用螺母固定储液罐，紧固螺母扭矩为 10 N·m。

3）将软管连接到储液罐上并紧固软管卡箍，如图 1—190 所示。

注意：在添加或完全更换油液时，务必使用 DEXRON® Ⅱ或Ⅲ型动力转向液。如果使用不正确的油液，会导致软管和密封件损坏和油液泄漏。

4）将动力转向液加入储液罐。

5）检查是否泄漏。如果泄漏，排除泄漏并排出系统中的空气。修复后重新加入油液。

2．软管和接管

（1）动力转向泵软管和接管拆卸程序

1）从储液罐吸出动力转向液。

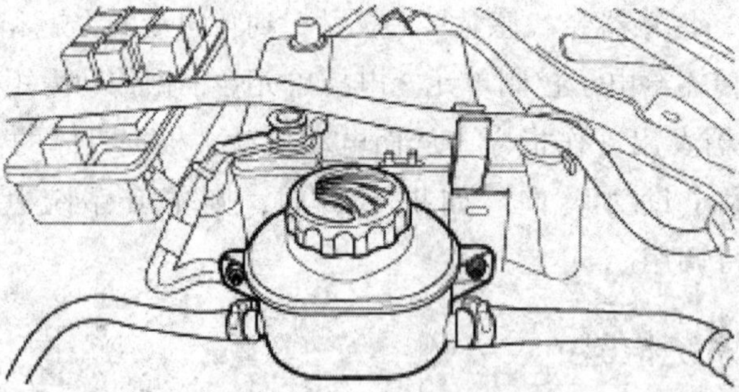

图 1—190　安装储液罐

2）从动力转向泵进口和出口接头上断开高压油管和供油软管，如图 1—191 所示。

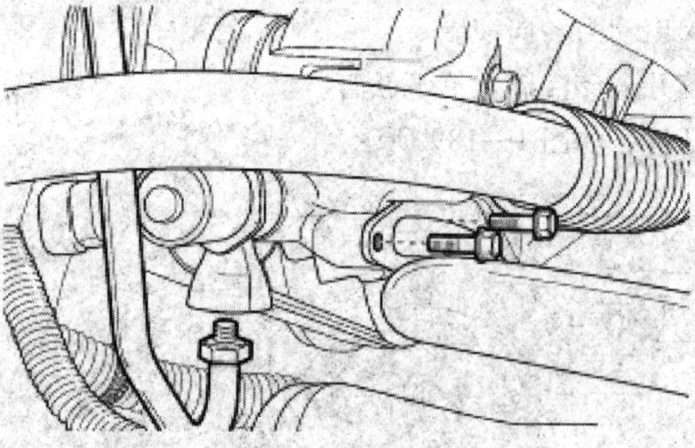

图 1—191　拆卸动力转向泵端软管

3）从储液罐上断开回油和供油管，如图 1—192 所示。

图 1—192　拆卸储液罐端软管

4）松开发电机上方的固定卡夹，并将它置于离开高压油管的位置，如图 1—193 所示。

5）举升并妥善支撑车辆。

6）从动力转向机进口断开高压油管。

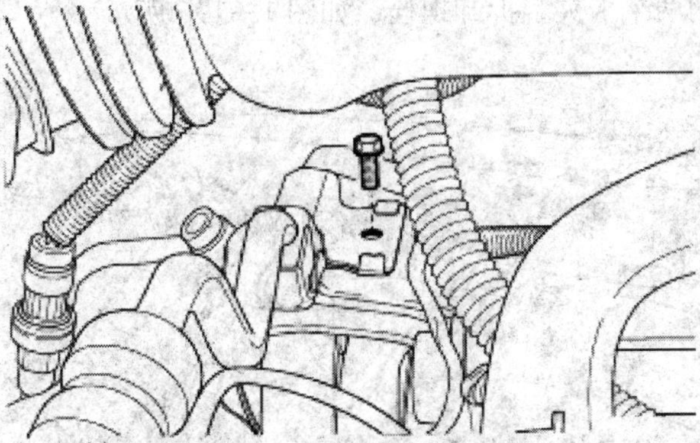

图 1—193　拆卸固定卡夹

7）从动力转向机上断开回油出口管，如图 1—194 所示。

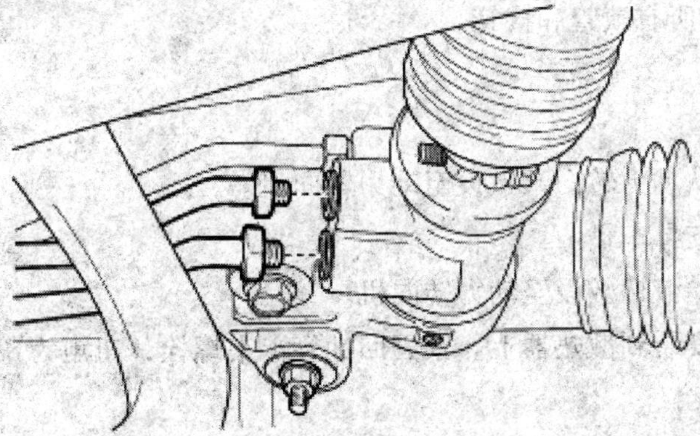

图 1—194　拆卸回油出口管

8）从横梁卡夹上拆卸回油管，如图 1—195 所示。

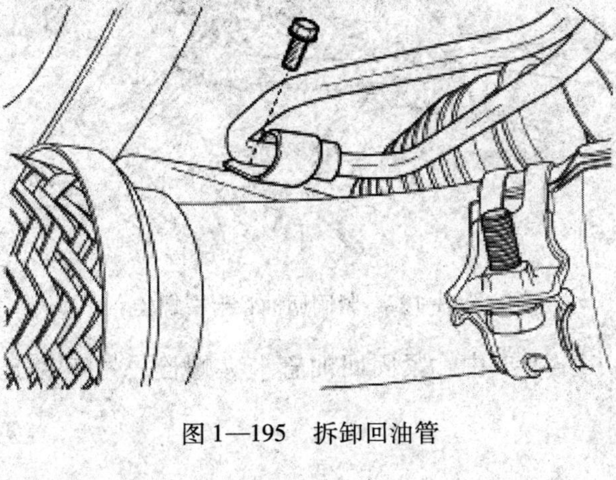

图 1—195　拆卸回油管

9）从散热器上的两个卡夹上拆卸螺栓，如图 1—196 所示。

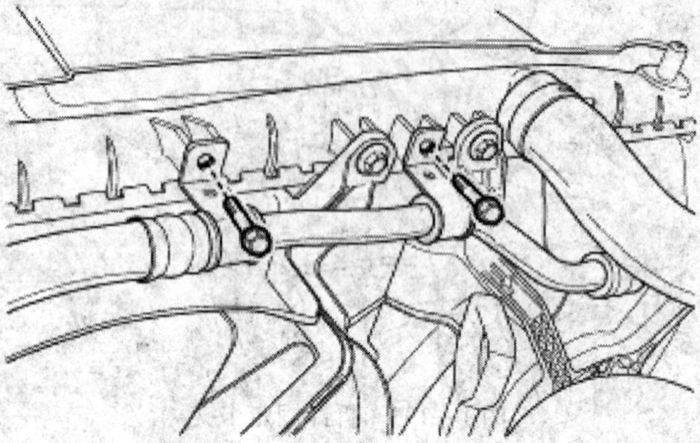

图 1—196　拆卸卡夹螺栓

10）从车上拆卸所有软管和接管。

11）降下车辆。

（2）安装程序

1）将高压油管从动力转向泵敷设至动力转向机。

2）举升并妥善支撑车辆。

3）将回油管从储液罐敷设至动力转向机。

4）将两根螺栓安装到散热器上。紧固回油管卡夹螺栓，扭矩为 8 N · m，如图 1—197 所示。

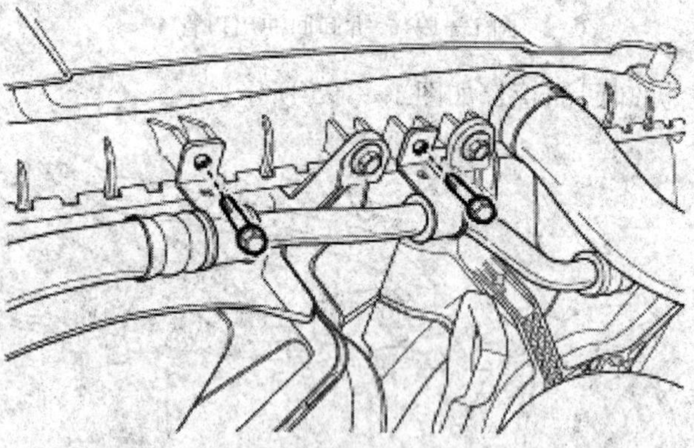

图 1—197　紧固回油管卡夹螺栓

5）将回油管装入横梁卡夹中。紧固回油管卡夹螺栓，扭矩为 8 N · m，如图 1—198 所示。

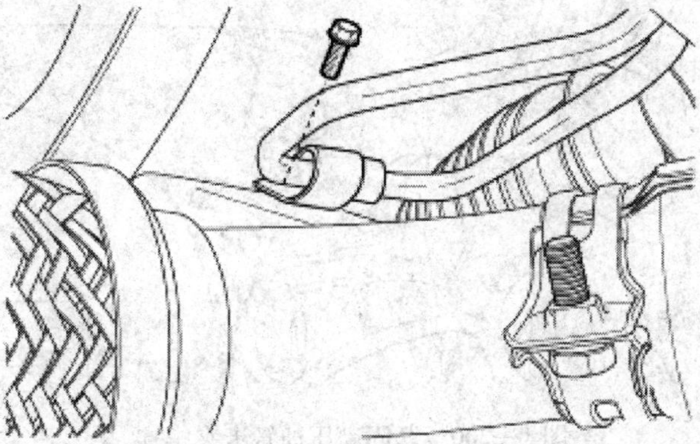

图 1—198　紧固回油管卡夹螺栓

6）将回油管连接至动力转向机出口上。紧固回油管接头，扭矩为 28 N · m。

7）将高压油管连接至动力转向机进口。紧固高压油管接头，扭矩为 28 N · m，如图 1—199 所示。

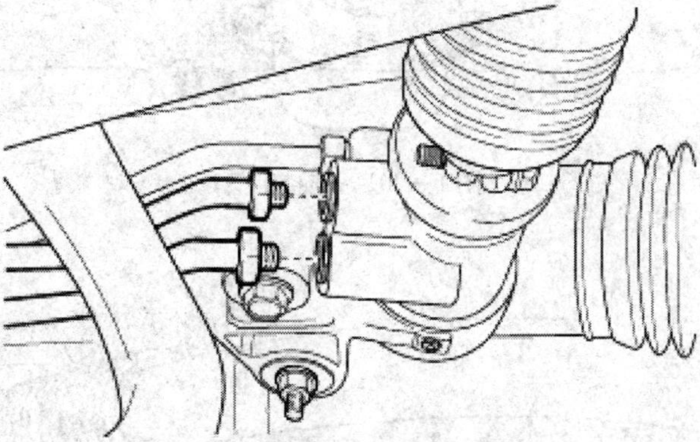

图 1—199　紧固油管接头

8）降下车辆。

9）用发电机上方的固定卡夹固定高压油管。紧固高压油管固定卡夹螺栓，扭矩为 8 N · m，如图 1—200 所示。

10）将回油和供油管连接至储液罐，如图 1—201 所示。

11）将高压油管和供油软管连接至动力转向泵出口和进口接头。紧固高压油管接头，扭矩为 28 N · m，如图 1—202 所示。

注意：在添加或完全更换油液时，务必使用 DEXRON® Ⅱ或Ⅲ动力转向液。如果使用不正确的油液，会导致软管和密封件损坏及油液泄漏。

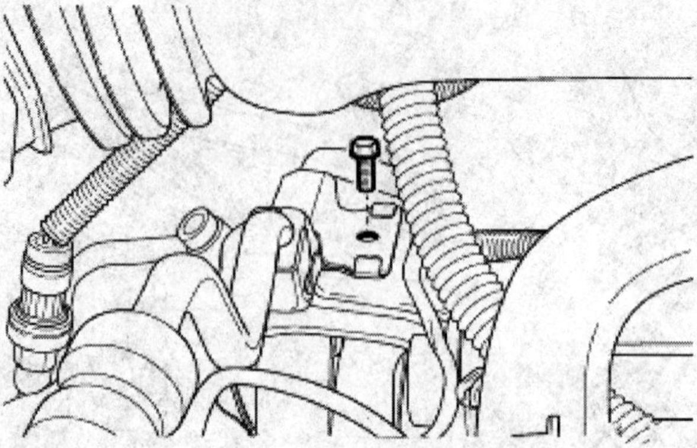

图 1—200　紧固高压油管卡夹螺栓

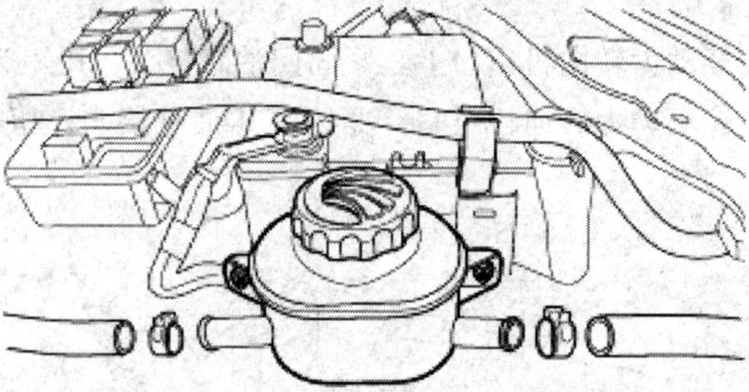

图 1—201　连接油管

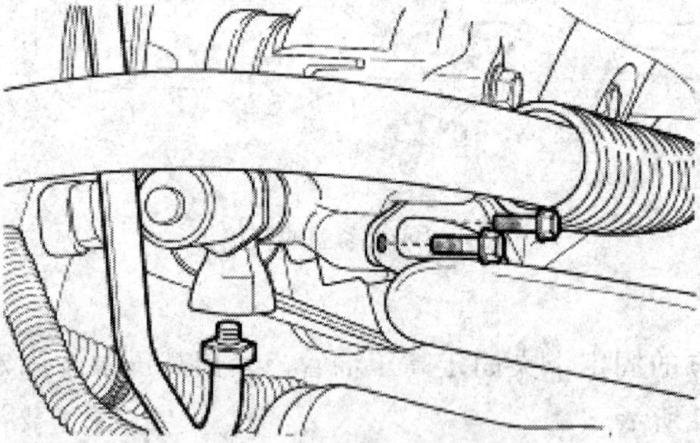

图 1—202　紧固高压油管接头

12）将动力转向液加入储液罐。

13）检查是否泄漏。如果存在泄漏，排除泄漏并排出系统中的空气。

3. 动力转向泵

（1）拆卸程序

注意：本车的动力转向泵不可修，若有故障应更换。

1）如果车辆装备了电子可调节节流孔系统，从车上拆卸动力转向泵。

2）用动力转向泵传动带轮拆卸工具 J－42467，从动力转向泵拉出传动带轮，如图 1—203 所示。

（2）装配程序

1）如果装备了电子可调节节流孔系统，用液压压力机将动力转向泵传动带轮压到动力转向泵上，如图 1—204 所示。

2）将动力转向泵安装到车上。

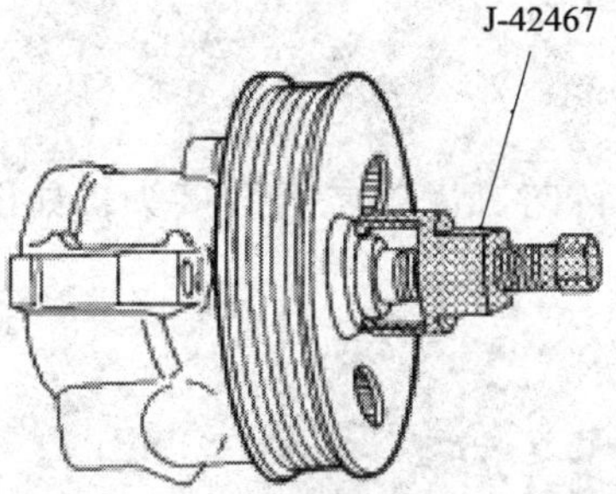

图 1—203　使用专用工具拆卸传动带轮

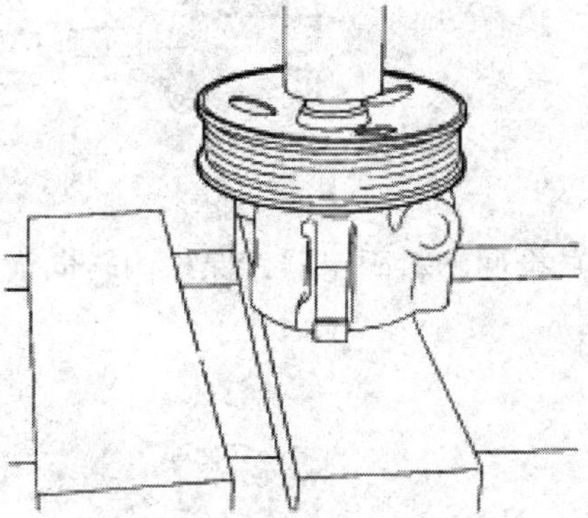

图 1—204　安装动力转向泵

4．齿条和小齿轮

（1）拆卸程序

1）从车上拆卸齿条和小齿轮转向总成。

2）从齿条和小齿轮转向总成上拆卸阀及小齿轮总成。

3）从齿条和小齿轮转向总成上拆卸齿条轴承总成。

4）在转向横拉杆的螺纹上做标记，以便重新装配时定位调整螺母。

5）松开调整螺母，并拆卸外转向横拉杆螺母和调整螺母，如图 1—205 所示。

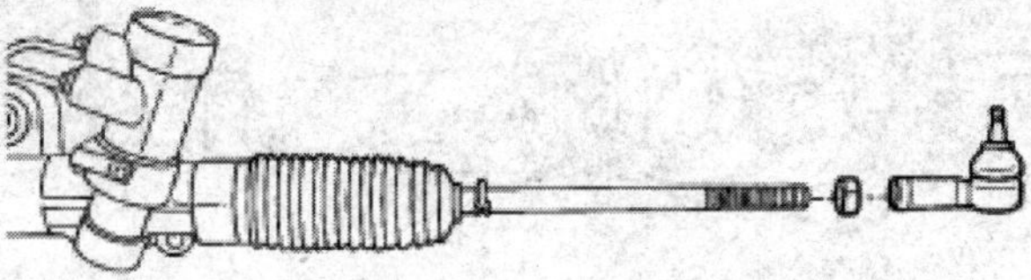

图 1—205　拆卸横拉杆螺母和调整螺母

6）拆卸防尘护套固定卡箍，如图 1—206 所示。

7）拆卸防尘护套，如图 1—207 所示。

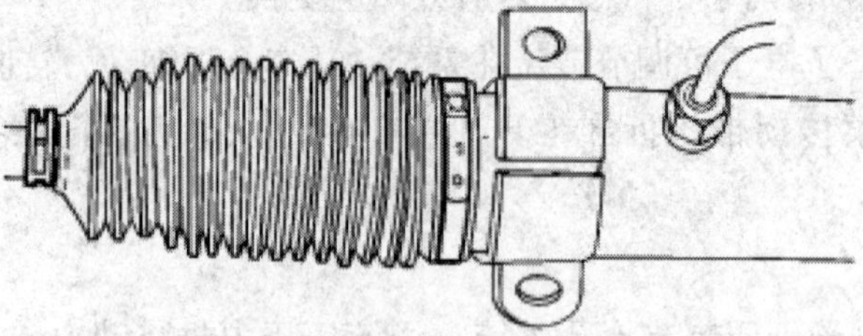

图 1—206　拆卸防尘套固定卡箍

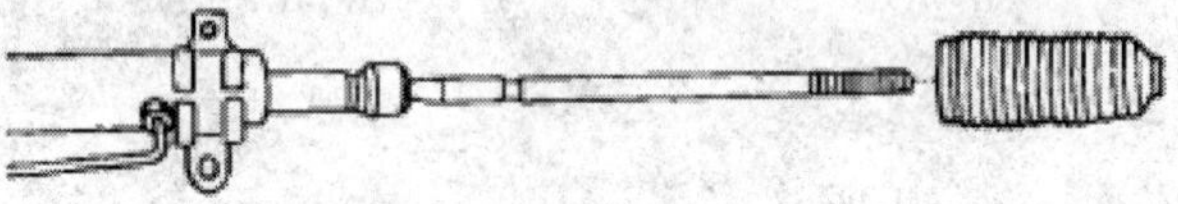

图 1—207　拆卸防尘套

8）推回塑料固定器，保护内转向横拉杆和动力转向机齿条之间的接头，如图 1—208 所示。

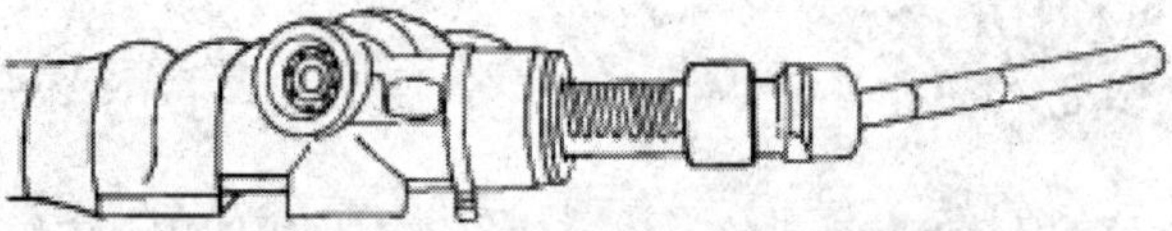

图 1—208　推回塑料固定器紧固油管接头

9）握住小齿轮侧内转向横拉杆，并拆卸油缸侧内转向横拉杆，如图 1—209 所示。

图 1—209　拆卸油缸侧内转向横拉杆

10）将一块抹布放在齿条上，在齿条齿处用扳手握住齿条总成，并拆卸小齿轮侧内转向横拉杆，如图 1—210 所示。

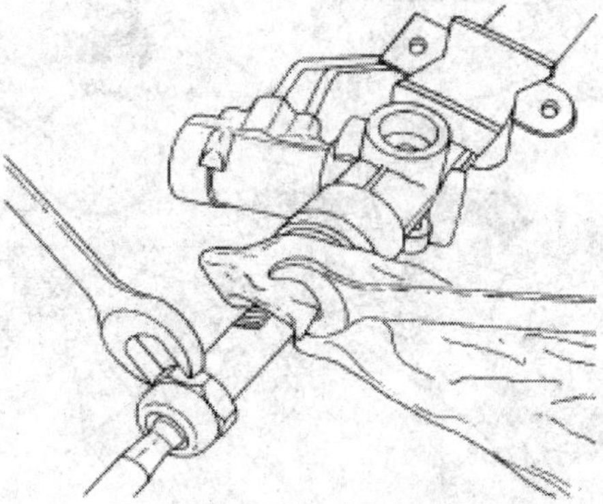

图 1—210　拆卸小齿轮侧内转向横拉杆

注意：通过壳体侧孔插入一把小一字形旋具，可以松开固定环。

11）拆卸隔板内油缸固定环、隔板内油缸和齿条，如图 1—211 所示。

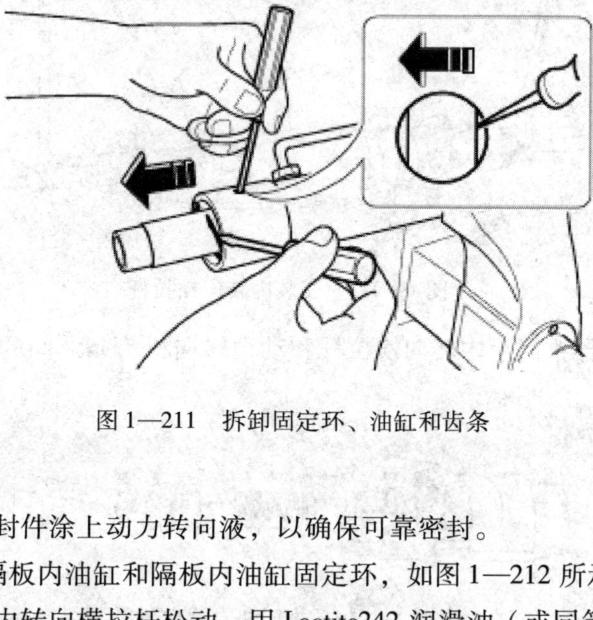

图 1—211　拆卸固定环、油缸和齿条

（2）装配程序

注意：将所有密封件涂上动力转向液，以确保可靠密封。

1）安装齿条、隔板内油缸和隔板内油缸固定环，如图 1—212 所示。

注意：①为防止内转向横拉杆松动，用 Loctite242 润滑油（或同等产品）涂到内转向横拉杆接头上，将其固定在齿条轴上。

②左、右内转向横拉杆长度不同。务必将正确的内转向横拉杆安装到动力转向机的相应侧。

2）将内转向横拉杆牢固安装在齿条上，并同时紧固两端。内转向横拉杆紧固扭矩为 100 N · m，如图 1—213 所示。

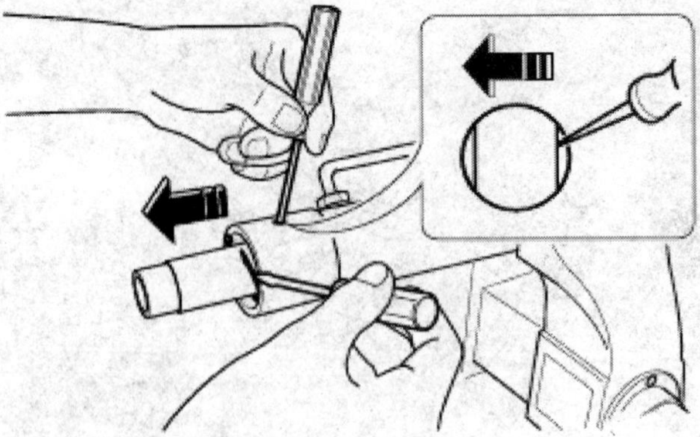

图 1—212　安装固定环、油缸和齿条

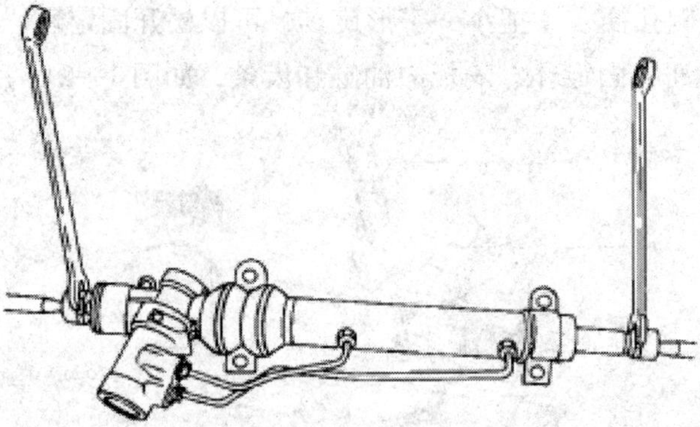

图 1—213　安装内转向横拉杆

3）将塑料固定器推回至内转向横拉杆和动力转向机齿条之间的接头处，如图 1—214 所示。

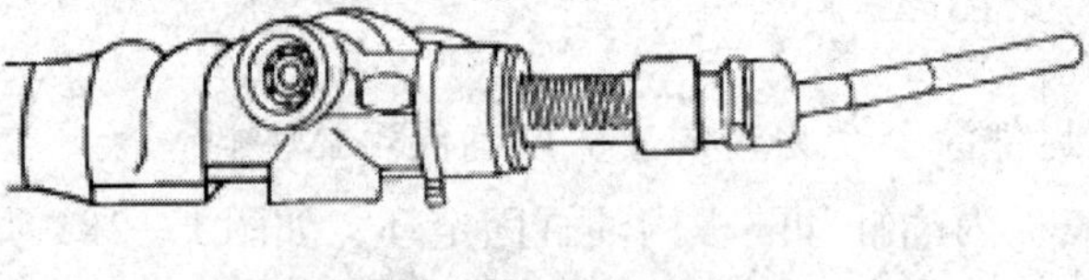

图 1—214　推回塑料固定器

4）安装防尘套，如图 1—215 所示。

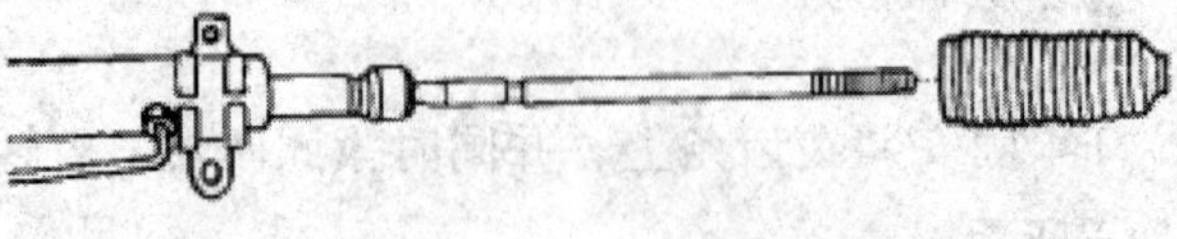

图 1—215　安装防尘套

5）用安装工具 KM－J－22610 安装缸端防尘套固定卡箍，如图 1—216 所示。

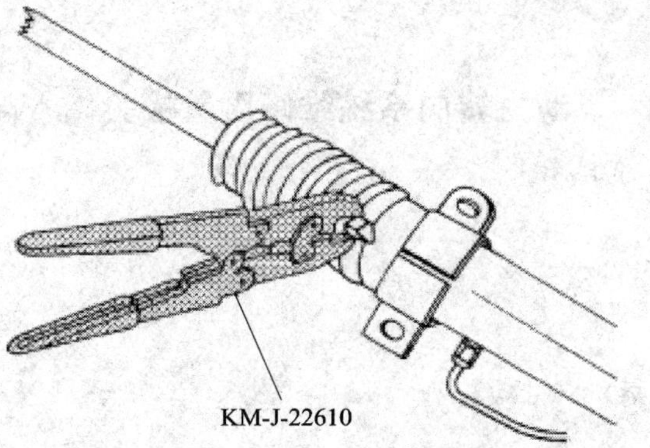

图 1—216　使用专用工具安装卡箍

6）安装转向横拉杆端头护套固定卡箍，如图 1—217 所示。

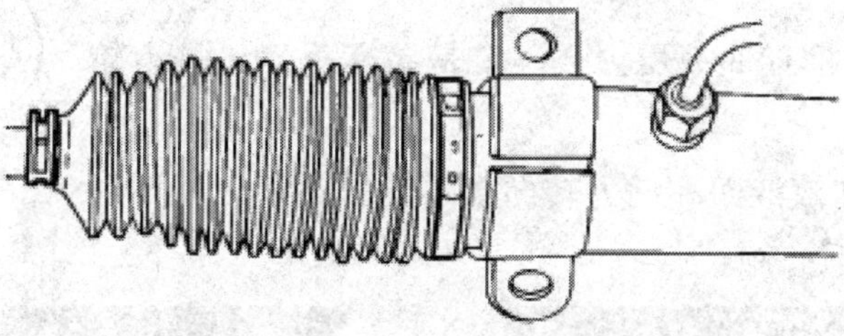

图 1—217　安装横拉杆端头护套固定卡箍

7）使调节螺母对准内转向横拉杆上的标记，将外转向横拉杆拧入内转向横拉杆，进行安装。

8）调整前轮前束。参见“车轮定位”。

9）紧固调节螺母。紧固外转向横拉杆调整螺母，扭矩为 64 N·m，如图 1—218 所示。

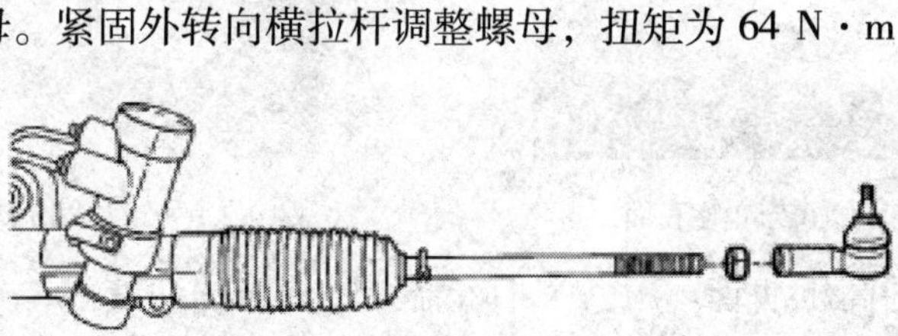

图 1—218　紧固调节螺母

10）将齿条轴承总成装入齿条和小齿轮转向总成。

11）将阀和小齿轮总成装入齿条和小齿轮转向总成。

12）将齿条和小齿轮转向总成安装到车上。

技能要求

动力转向系统维修质量检验

操作准备

1. 带动力转向系统的整车。

2. 清洁用具。

3. 工具车及配套工具。

操作步骤

步骤 1 动力转向系统压力测试

（1）使用 KM－354－B 压力测试表检测动力转向系统压力，如图 1—219 所示。

（2）按如下程序检查油液压力，确定是泵有故障还是齿轮有故障。

1）检查动力转向液液面和动力转向泵传动带张紧度，如图 1—220 和图 1—221 所示。

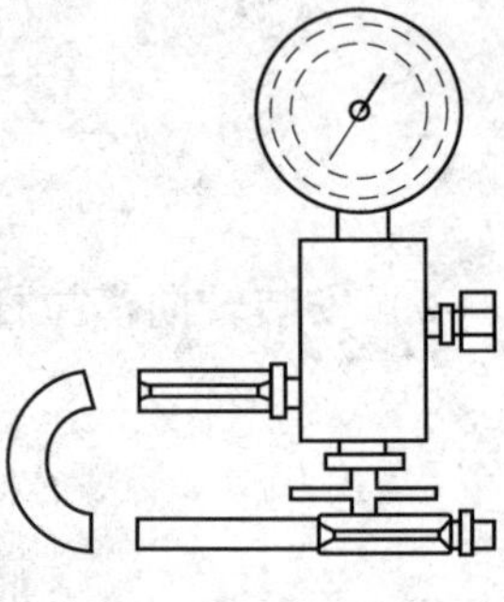

图 1—219 专用工具 KM－354－B

图 1—220 检查动力转向液液面

图 1—221 检查传动带张紧度

2）断开油泵上的高压油管。用一个小容器接收流出的油液。

3）将压力测试表 KM－354－B 上的软管从动力转向泵连接到动力转向压力软管。

4）将选挡杆挂在“驻车（PARK）”位置（装备自动变速驱动桥的车辆）或“空挡（NEUTRAL）”位置（装备手动变速驱动桥的车辆），拉紧驻车制动器。

5）将压力表阀拨到全开位置。

6）起动发动机并使其在怠速下运行。

7）来回几次把转向盘打到底，将油液预热到工作温度，如图 1—222 所示。

8）将发动机转速提高到 1 500 r/min。

注意：如果阀门完全关闭的时间超过 5 s，会损坏动力转向泵。

9）全关压力表阀并读取压力。阀门全关时的泵压应在 8 330～8 820 kPa。带电子变量节流孔时，泵压应在 8 500～8 960 kPa。

10）立即全开压力表阀。

11）将转向盘向左、右两个方向打到底。如果压力保持在规定值内，则油泵没有问题，应检查动力转向机是否泄漏，如图 1—223 所示。

图 1—222　打转向盘，预热油液

图 1—223　检查动力转向机泄漏

步骤 2　动力转向系统泄漏测试

（1）一般程序检查

1）储液罐是否加注过量，如图 1—220 所示。

2）油液是否有空气和溢流。

3）检查软管接头是否过松，如图 1—224 所示。

4）检查扭力杆、短轴和调节器密封是否漏油。

5）检查部件密封面是否损坏，如图 1—225 所示。

图 1—224　检查软管接头

图 1—225　检查部件密封面

注意：查明确切的泄漏点时，滴油点不一定是真正的漏油点。需要维修时，拆卸后将泄漏面擦干净，更换泄漏的油封，检查部件密封面是否损坏，必要时重新紧固螺栓至规定扭矩值。

（2）外部泄漏检查。外部泄漏检查的目的是确定泄漏点的位置。在有些情况下，泄漏容易找到，但渗漏很难确定。这时可按如下方法查找渗漏：

1）在发动机熄火时，将整个动力转向系统擦干净。

2）查泵储液罐中的动力转向液液面。必要时调整液面。

注意：不要在转向盘打到底时握住不动，否则会损坏动力转向泵。

3）起动发动机。将转向盘向左、右两个方向打到底，重复几次。

4）明确泄漏点并予以排除。

（3）检查和添加油液

注意：在添加或完全更换油液时，务必使用 DEXRON® Ⅱ或Ⅲ动力转向液。如果使用不正确的油液，会导致软管和密封件损坏和油液泄漏。

1）动力转向液液面是用透明储液罐上的标记或储液罐盖上的油尺标记指示的。

2）如果油液温度达到66℃，液面应介于最高（MAX）和最低（MIN）标记之间，必要时添加油液。

3）如果油液温度较低，为21℃，液面应位于最低（MIN）标记处。必要时添加油液。

步骤3　填写动力转向系统维修质量检验与修复记录单

动力转向系统维修质量检验与修复记录单（见表1—4）。

表1—4　　**动力转向系统维修质量检验与修复记录单**

试题	检查项目	检查结果	修复结果
动力转向系统维修质量检验	转向盘自由行程	转向盘松动、自由行程不正常	
		正常	
	转向系统各部件和连接管路	转向系统油泵漏油	
		转向器漏油	
		连接管路漏油	
		转向液位不正常	
		左横拉杆球头螺钉松动	
		右横拉杆球头螺钉松动	
		正常	
检验维修意见		（ ）调整　　（ ）更换	（ ）修理

学习单元 2　制动系统维修质量检验

学习目标

1. 熟悉制动系统检修方法及工艺过程。
2. 掌握汽车制动系统功用、结构组成及分类。
3. 能够对制动系统进行维修质量检验。

知识要求

一、汽车制动系统概述

1. 汽车制动系统的功用

（1）按照需要使汽车减速或在最短距离内停车。

（2）使下坡行驶的汽车速度保持稳定。

（3）使汽车可靠地停放在原地（包括坡道）。

2. 汽车制动系统的组成

制动系统一般由以下四部分组成，如图 1—226 所示。

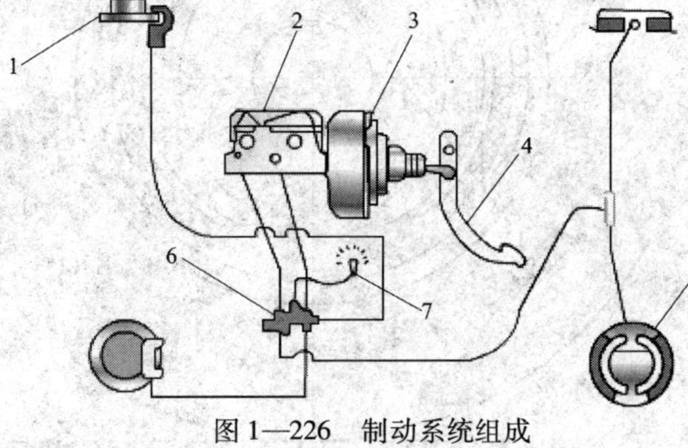

图 1—226　制动系统组成

1—前轮盘式制动器　2—制动总泵　3—真空助力器　4—制动踏板机构　5—后轮鼓式制动器　6—制动组合阀　7—制动警告灯

（1）供能装置。它包括供给、调节制动所需能量及改善传能介质状态的各种零部件。

（2）控制装置。它包括产生制动动作和控制制动效果的各种零部件。

（3）传动装置。它包括将制动能量传输到制动器的各个零部件及管路。

（4）制动器。它产生阻碍车辆运动或运动趋势的力的零部件。

3. 汽车制动系统的分类

（1）按功用分类

1）行车制动装置。它是在行车过程中经常使用的制动装置，俗称脚制动。用于使行驶的汽车减速直至停车。

2）驻车制动装置。它是用于使已停驶的汽车驻留原地不动，俗称手制动。

（2）按制动能源分类

1）人力制动系。它以驾驶员的肌体作为唯一制动能源。

2）动力制动系。它来自于发动机的动力转化而成的气压或液压形式的制动能源。

3）伺服制动系。兼用人力和发动机动力进行制动的制动系。

4. 制动器结构与工作原理

（1）鼓式制动器。其结构如图 1—227 所示。

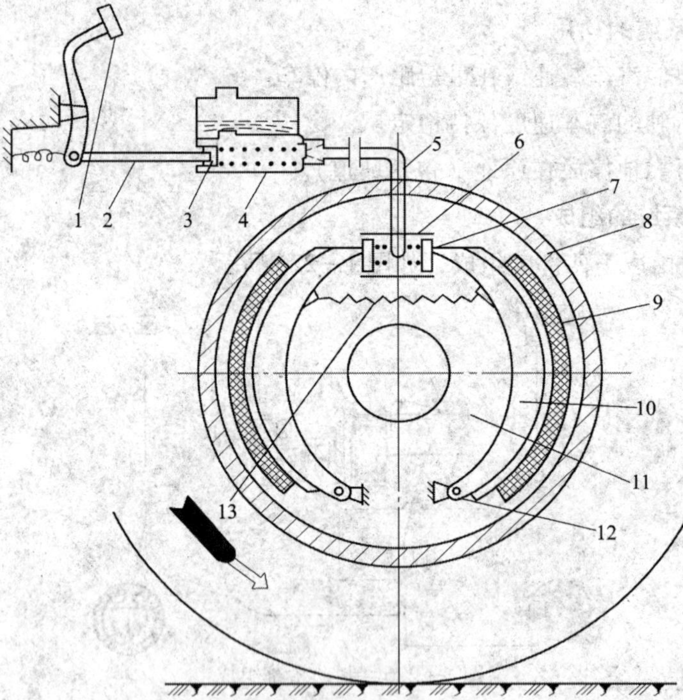

图 1—227 鼓式制动器结构

1—制动踏板 2—推杆 3—制动主缸活塞 4—制动主缸 5—制动油管 6—制动轮缸 7—轮缸活塞 8—制动鼓 9—制动蹄片 10—制动蹄 11—制动底板 12—支撑销 13—制动蹄回位弹簧

（2）盘式制动器。其结构如图 1—228 所示。

（3）制动主缸。制动主缸又称制动总泵，是将踏板输入的机械能转换成液压能，如图 1—229 所示。

（4）制动轮缸。制动轮缸又称制动分泵，如图 1—230 所示。其作用是把油液压力转变为轮缸活塞的推力，推动制动蹄或制动块压靠在制动鼓或制动盘上，产生制动作用。

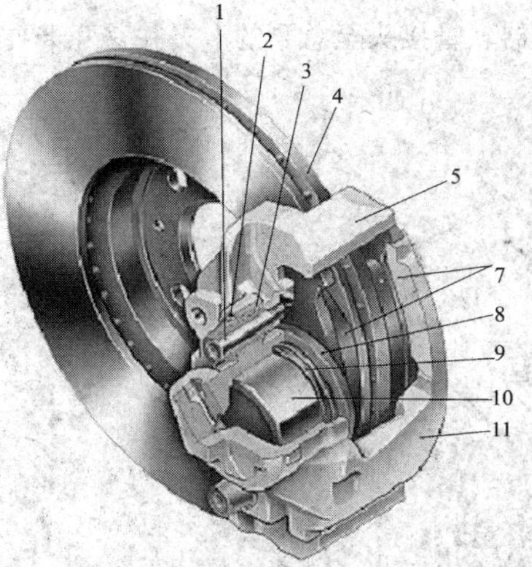

图 1—228　盘式制动器

1—螺栓　2—橡胶衬套　3—塑料套　4—制动盘　5—制动钳支架　6、7—制动块　8—活塞防尘罩　9—矩形密封圈　10—活塞　11—制动钳壳体

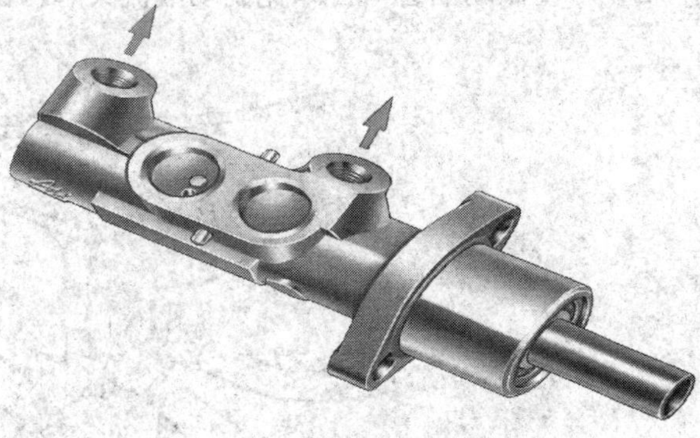

图 1—229　制动主缸

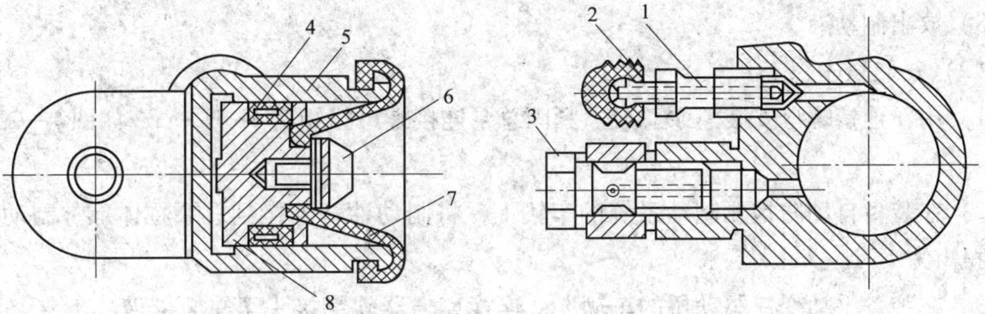

图 1—230　制动轮缸

1—放气阀　2—橡胶护罩　3—进油管接头　4—橡胶密封　5—缸体　6—调整螺钉（顶块）　7—防护罩　8—活塞

二、制动系统检验

现以 2004 型别克凯越车为例进行介绍。

1. 制动总泵总成拆装

（1）拆卸程序

1）断开储液罐电气连接器。

2）在装备防抱死制动系统（ABS）的车辆上，从总泵体上拆下制动油管。

3）在装备手动变速驱动桥的车辆上，断开离合器软管接头至总泵的卡夹并移开卡夹。

4）从总泵上拆卸离合器软管，如图 1—231 所示。

5）堵塞制动油管口，以免制动液流失和污染。

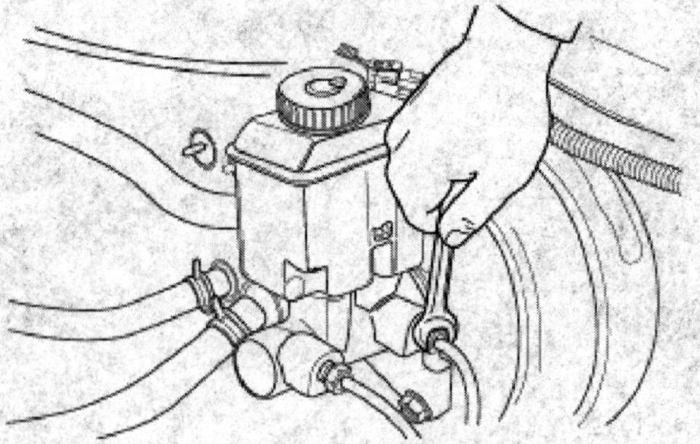

图 1—231 拆卸离合器软管

6）从制动助力器上拆卸连接螺母。

7）拆卸制动总泵总成。

8）放出制动液。

（2）安装程序

1）用新连接螺母安装总泵总成。紧固总泵连接螺母扭矩为 18 N · m，如图 1—232 所示。

2）在装备自动防抱死制动系统的车辆上，将制动油管连接到总泵缸体上。制动油管拧紧扭矩为 16 N · m。

3）在装备手动变速驱动桥的车辆上，连接离合器软管接头至总泵储液罐卡夹（若装备）。

4）连接电气系统连接器，如图 1—233 所示。

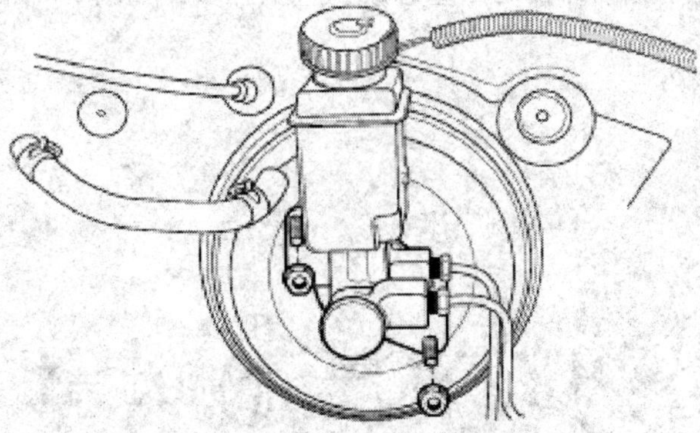

图 1—232　紧固连接螺母

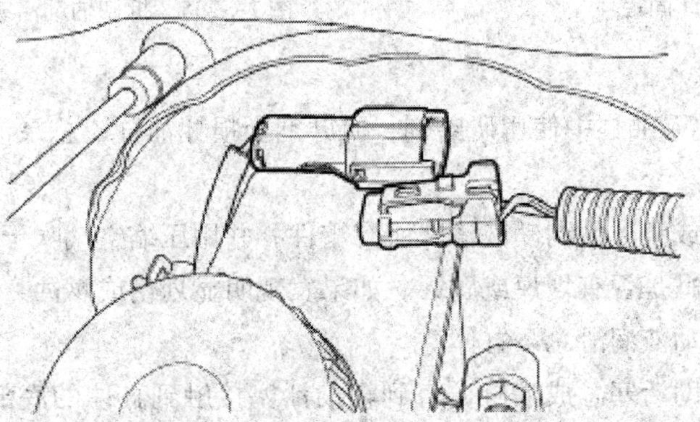

图 1—233　连接电气系统连接器

5）添加制动液。

6）检查是否泄漏并重新检查液面。

7）排出制动系统中的空气。

2. 制动总泵维修

（1）拆卸程序

1）拆卸总泵。

2）拆卸制动液储液罐。

3）从总泵油缸中拆卸密封圈。

注意：在拆卸固定环时，不要损坏活塞和缸壁；可将焊条或其同等物体用于补偿端口，使活塞保持在下压位置。

4）用合适的一字形旋具从总泵缸体上拆卸固定环并报废，如图 1—234 所示。

5）拆卸主活塞。

6）从总泵油缸中小心拆卸辅助活塞总成，包括弹簧，如图 1—235 所示。

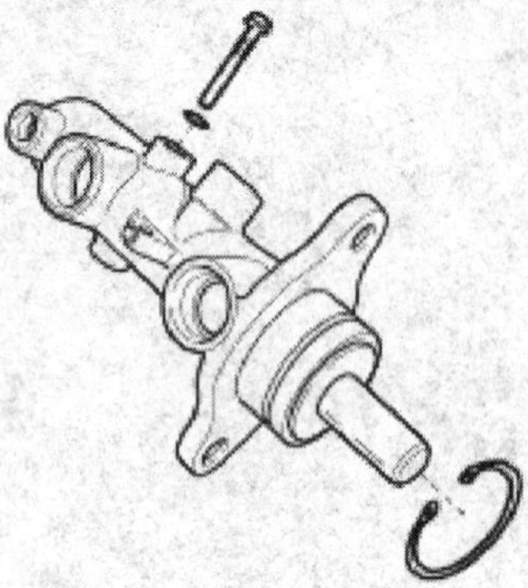

图 1—234　拆卸固定环

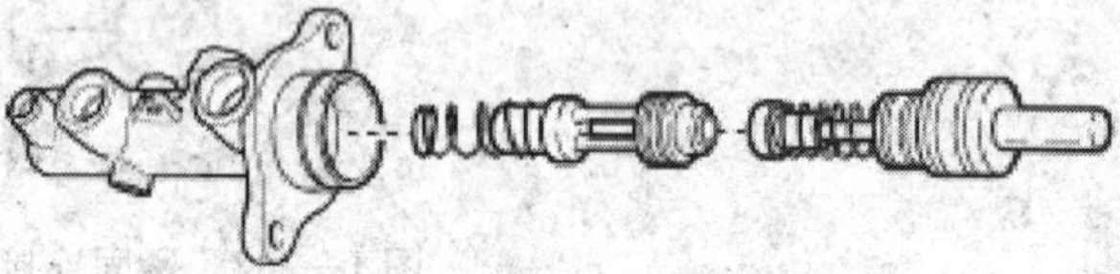

图 1—235　拆卸辅助活塞总成

（2）装配程序

注意：不要在总泵油缸中使用研磨剂，研磨剂会损坏油缸；总泵油缸中的橡胶件和固定环必须更换新件。

1）用工业酒精或清洁的制动液清洗所有零件，并用压缩空气吹干零件。

2）检查总泵油缸是否有划痕或腐蚀。如果发现明显划伤或腐蚀，应更换总泵缸体。

3）用清洁的制动液润滑总泵缸体。

4）小心插入辅助活塞总成油缸，直到辅助活塞接触到缸体的底部。必要时，使用木制或塑料冲子，推动辅助活塞。

5）插入主活塞，如图 1—236 所示。

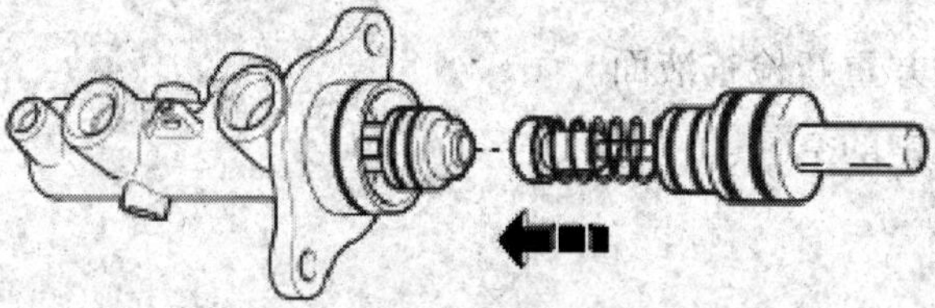

图 1—236　安装主活塞

6）使用木制或塑料冲子将活塞压入缸径。

注意：在安装新固定环时，不要损坏缸径。

7）将新固定环插入缸径槽，如图 1—237 所示。取出使活塞保持在下压位置的焊条。

8）安装后，前、后移动活塞，检查其是否可以自由移动。

9）安装密封圈并插入油缸接头处。

10）将制动液储液罐安装到总泵上。

11）安装总泵总成。

12）举升并妥善支撑车辆。

13）排出制动系统中的空气。

14）降下车辆。

3. 制动钳维修

（1）拆卸制动钳总成

1）拆卸制动钳活塞壳体至固定架的制动钳的导向销，如图 1—238 所示。

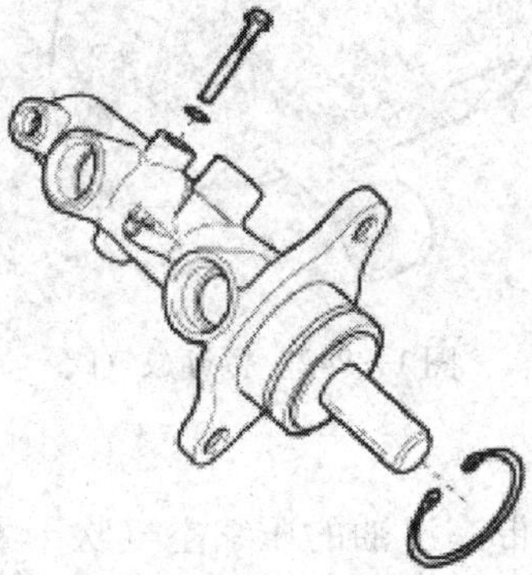

图 1—237　安装固定环

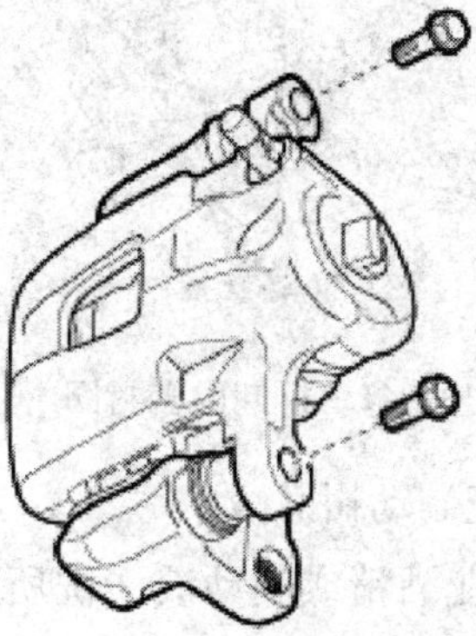

图 1—238　拆卸导向销

2）从制动钳上拆卸前制动块组件，包括制动块弹簧，如图 1—239 所示。

3）使用压缩空气，从壳体内吹出活塞，并拆卸活塞外密封圈，如图 1—240 所示。

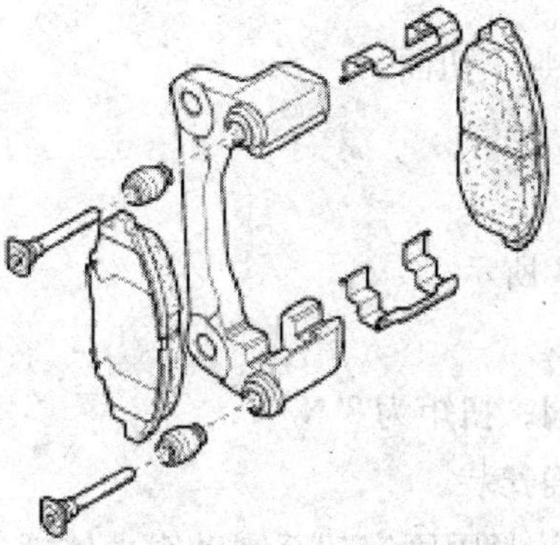

图 1—239　拆卸前制动块组件

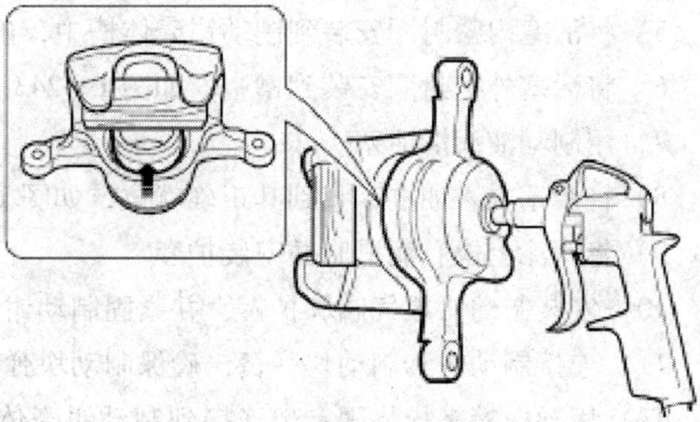

图 1—240　拆卸活塞及密封圈

注意：在拆卸活塞时，将硬木块插入制动钳壳体内。在吹入压缩空气时，不要将手指放在活塞前部，试图抓住或保护它，否则会严重伤人。

4）拆卸内密封圈，如图 1—241 所示。

5）拆卸放气阀护帽和放气阀。

6）拆卸放气阀护帽和放气阀，如图 1—242 所示。

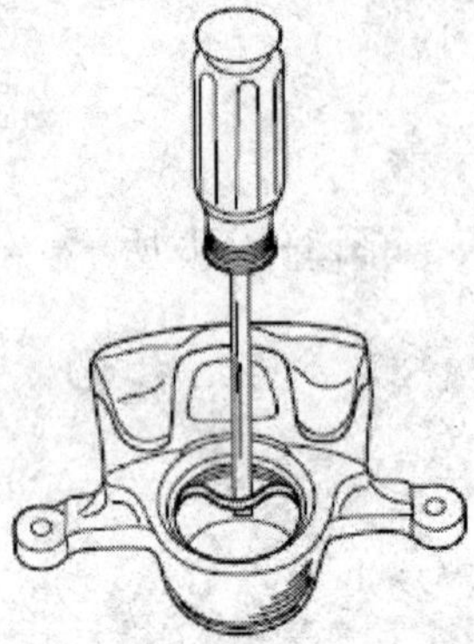

图 1—241　拆卸内密封圈

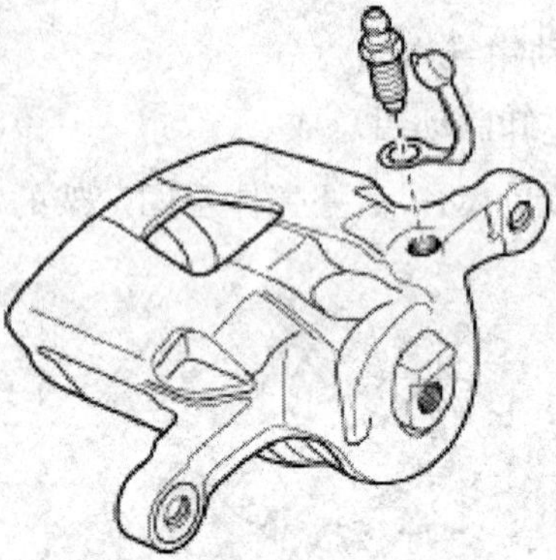

图 1—242　拆卸放气阀

（2）装配制动钳总成

1）用工业酒精或制动液清洗所有零件。用不带润滑油的压缩空气吹干零件，吹通壳体和放气阀中的所有油道。

2）检查活塞和制动钳是否有划痕、伤口和腐蚀。如果发现这些问题，应更换。

3）检查制动钳放气阀。

注意：不要去掉活塞或制动钳缸径上的零件。

4）润滑新的活塞内密封圈。

5）将活塞内密封圈安装到制动钳壳体槽中，确保密封不扭曲。

6）将活塞外密封圈安装到槽中，如图 1—243 所示。

7）用制动液润滑活塞。

8）将活塞推入油缸，直到其正确就位，如图 1—244 所示。

9）将销涂上橡胶润滑脂并安装护套。

10）安装制动钳放气阀和护帽，并紧固制动钳放气阀，扭矩为 8 N · m。

11）连接制动块和制动块弹簧，确保制动块弹簧正确安装。

12）用导向销螺栓将固定架连接到制动钳壳体上，并紧固固定架至制动钳壳体螺栓，扭矩为 27 N · m。

13）安装制动钳总成。

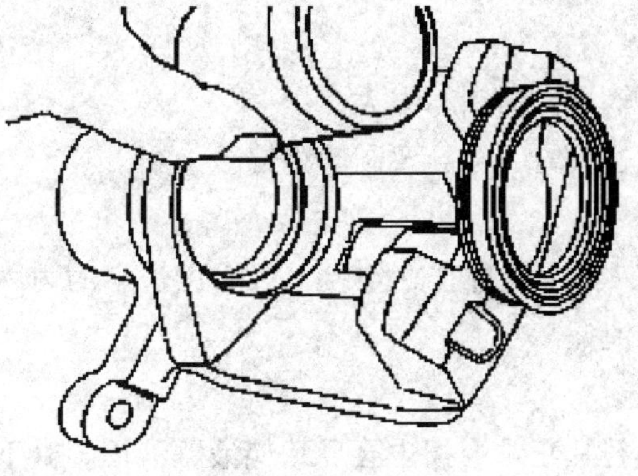

图 1—243　安装外密封圈

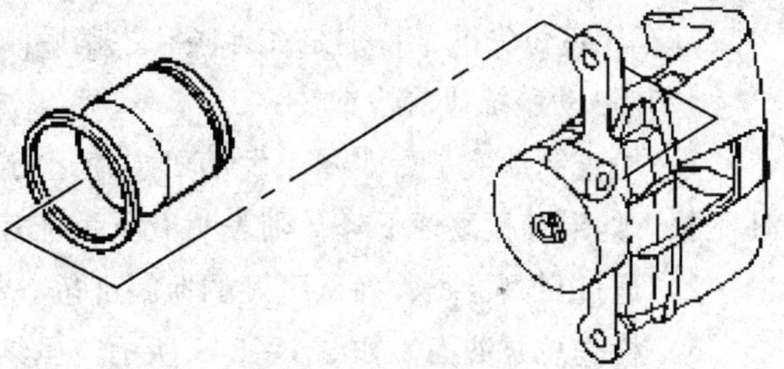

图 1—244　安装活塞

技能要求

制动系统维修质量检验

操作准备

1. 整台汽车。

2. 清洁用具。

3. 工具车及配套工具。

操作步骤

步骤 1　制动系统检测

（1）制动测试

1）必须在干燥、清洁和平整的道路上测试制动器。如果道路湿滑或不清洁，则各个轮胎的附着性能不同，故测试的制动性能不真实。

2）中央凸起的路面也对测试不利，由于重力分布不均匀，车轮有弹跳倾向。

3）在不同车速、轻踩和重踩踏板等条件下测试制动器；但绝不能抱死制动器，使轮胎在路面上滑移。抱死制动器和轮胎在路面上滑移并不表明制动效率高，重踩制动踏板，但保持车轮转动，比制动器抱死的停车距离短，这是因为重踩制动踏板，但保持车轮转动时的轮胎与路面转动摩擦力比轮胎滑移时的滑动摩擦力大。由于重踩制动踏板减速度高，故感觉车辆减速快。

4）影响制动性能的外部条件有三条：

①与路面接触面积和附着力不同的轮胎，将导致制动不均匀。轮胎气压必须相同，左、右轮胎的胎纹深度应差不多。

②车辆负载不均匀也影响制动性能，重载车辆需要的制动力大。

③车轮定位失准，特别是在外倾和主销后倾过大时，会导致制动跑偏。

（2）制动系统泄漏检查

1）检查制动液是否泄漏。发动机怠速运行，将变速杆挂在空挡，然后用恒定的力踩住踏板。如果踏板逐渐下降，则表明液压系统有泄漏。

2）通过目测检查，确认可疑的泄漏部位。

3）检查总泵液面。如图 1—245 所示，虽然衬片正常磨损也会导致储液罐液面轻微下降，但如果液面过低，则表明系统泄漏。液压系统的泄漏有内部泄漏和外部泄漏两种。

图 1—245　检查制动液液位

4）按以下程序检查总泵

①检查总泵铸造壳体是否开裂或总泵周围是否有泄漏的制动液。只要有一滴制动液，就表明有泄漏，但潮湿属于正常。

②检查踏板连杆是否卡滞，推杆长度是否不正确。如果这两个零件正常，则拆卸总泵并检查主油缸或活塞密封环是否过长或膨胀。如果密封环膨胀，则可能是制动液不合格或污染。若发现制动液污染，必须拆卸所有零部件并清洗，更换所有橡胶件，同时也应冲洗所有管件。

（3）制动器软管检查

1）液压制动软管每年至少应检查两次。

2）应检查制动器软管外表面是否出现损坏、开裂、磨损，是否泄漏或隆起。

3）检查软管敷设和安装是否正确。与悬架部件摩擦的制动器软管很快就会磨损，并最终失效。

4）如果在制动器软管上观察到上述任何情况，必要时可调整软管固定位置或更换软管。

（4）警告灯检查。如图 1—246 所示，制动系统采用仪表板组合仪表中的一个“制动”警告灯。当点火开关处于“起动（START）”位置时，“制动（BRAKE）”警告灯应发亮，当点火开关回到“运行（RUN）”位置时应熄灭。如下状况将点亮“制动”灯：

图 1—246　检查制动警告灯

1）拉紧驻车制动器。只要拉紧驻车制动器且点火开关处于接通位置，警告灯就会发亮。

2）制动液面过低时。总泵制动液面过低会点亮“制动”警告灯。

3）EBD 系统功能失效时。当 EBD 系统功能失效时，制动灯发亮。

步骤 2　制动盘检测

（1）前制动盘检查

1）使用千分尺测量制动盘圆周 4 个以上点的厚度，如图 1—247 所示。检查厚度偏差，所有测量点必须与制动盘边缘等距。厚度差超过 0.01 mm，可导致制动期间踏板脉动和（或）前端振动，必须加工修理或更换不符合上述同规格的制动盘。在制造过程中，对盘制动面的平面度、厚度和端面圆跳动要求应严格地控制，必须控制制动面位置公差，才能防止制动踏板振动和制动效能下降。

2）除制造公差外，还必须将表面粗糙度控制在规定范围内。控制制动面粗糙度，可以避免跑偏和性能异常，延长衬片寿命。

3）使用百分表和表架，检查制动盘端面圆跳动，如图 1—248 所示。制动盘端面圆跳动最大允许跳动量为 0.03 mm。如果端面圆跳动量超过规定，应检查制动盘和轮毂之间是否有灰尘，且接触面欠光滑、有飞边。

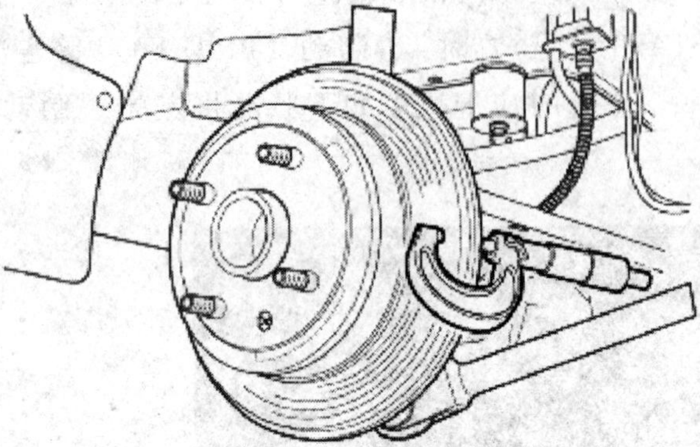

图 1—247　检查制动盘厚度

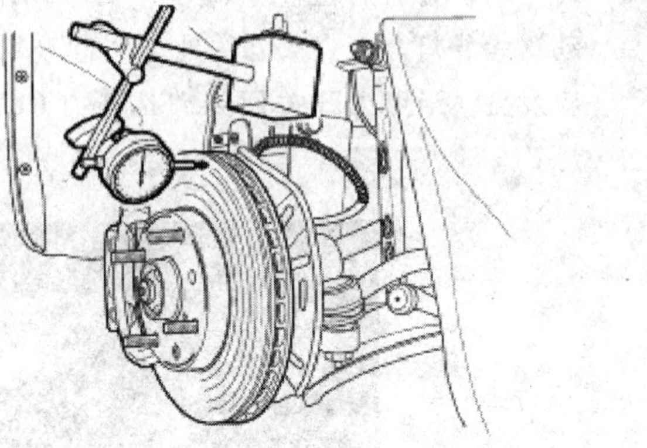

图 1—248　检查端面圆跳动

①将变速驱动桥挂在空挡位置。

②拆卸制动盘。

③用两根螺栓将制动盘紧固在轮毂上。

④将百分表表架固定在制动钳上。

⑤将百分表表尖调整到距离制动盘外缘约 10 mm，垂直于制动盘并预压缩。

⑥检查完毕，拆卸百分表和表架，拆卸制动盘与轮毂之间的连接螺栓。

注意：由于必须精确控制制动盘公差，才能保证盘式制动器的正常性能，因此制动盘面的加工必须在精加工设备上进行。

⑦必要时，精加工制动盘面。如仍不符合上述规格，应将该制动盘报废。

⑧安装制动盘。

（2）后制动盘检查

1）使用千分尺测量制动盘圆周 4 个以上点的厚度，如图 1—247 所示。检查厚度偏差，所有测量点必须与制动盘边缘等距。制动盘厚度偏差超过 1.0 mm，可导致制动期间踏板脉动和（或）后端振动。厚度至少应达到 10 mm。

2）制动盘表面深度不得有超过 0.40 mm 的浅划痕，划痕可用市场上有售的制动器千分尺测量。端面圆跳动量不能超过 0.8 mm，如果端面圆跳动量超过规定，应检查制动盘和轮毂之间是否有灰尘，且接触面欠光滑、有飞边。

3）使用百分表和表架，检查制动盘端面圆跳动，如图 1—248 所示。

①将变速驱动桥挂在空挡，并举升车辆。

②为保持车轮平衡，先标记车轮和轮毂的相对位置，然后再拆卸后轮。

③将制动盘紧固在轮毂上。

④将百分表架固定在制动钳上。

⑤将百分表尖调整到距离制动盘外缘约 10 mm，垂直于制动盘并预压缩。在旋转制动盘的同时，观察百分表读数。

⑥测量完毕，拆卸百分表和车轮螺母。

⑦必要时，精加工制动盘面。如精加工后端面圆跳动量仍超过 0. 8 mm，应更换该制动盘。

⑧对准车轮拆卸前标注的标记，然后重新安装后轮。

⑨降下车辆。

（3）后盘式驻车制动器调整

1）松开驻车制动器。

2）举升并妥善支撑车辆。

3）拆卸后轮。

4）拆卸制动钳和制动盘总成。

5）从车辆两侧拆卸制动盘。

6）从车辆两侧的背板操纵杆上断开驻车制动拉线。

7）检查并更换任何强度或质量可疑的零部件。这些零部件表现为热变形和应力变形。

8）拧转调节螺母，调节制动盘与蹄片的间隙至标准值。

9）检查和安装制动盘和制动钳。

10）将驻车制动拉线安装到车辆两侧的背板操纵杆上。

11）在驾驶室内，拉驻车制动器手柄。听到两声“咔嗒”声后停止。

12）用手动应不能转动车轮。

13）松开驻车制动器。

14）用手动转动后轮，应无拖滞现象，必要时重新调整拉线。

15）用同样的方法调整另一后轮（拉线调节的两个车轮，不能一个个调节）。

16）降下车辆。

步骤 3 填写制动系统维修质量检验与修复记录单

制动系统维修质量检验与修复记录单（见表 1—5）。

表 1—5　　制动系统维修质量检验与修复记录单

试题	检查项目	检查结果	修复结果
制动系统维修质量检验	制动踏板自由行程	（1）制动踏板自由行程过大	
		（2）制动踏板自由行程过小	
		（3）正常	
	制动系统各零部件和连接管路	（1）制动系统总泵漏油	
		（2）制动系统分泵漏油	
		（3）制动系统连接管路漏油	
		（4）正常	
	驻车制动装置	（1）驻车制动装置调整过松	
		（2）驻车制动装置调整过紧	
		（3）驻车警告灯不亮	
		（4）正常	
检验维修意见		（　）调整　（　）修理	（　）更换

第 4 节　传动和行驶系统维修质量检验

学习单元 1　传动系统维修质量检验

学习目标

1. 掌握汽车传动系统功用、结构组成及分类。
2. 熟悉传动系统检修方法及工艺过程。
3. 能对传动系统维修质量进行检验。

知识要求

一、汽车传动系统概述

1. 功用

传动系的基本功用就是将发动机发出的动力按照需要传递给驱动轮，使路面对驱动车轮产生一个牵引力，推动汽车行驶。

2. 分类

按照结构和传动介质的不同，可分为机械式、液力机械式、静液式和电力式等。现代汽车上普遍采用机械式和液力机械式传动系。

3. 组成

机械式传动系由离合器、变速器、传动轴和万向节组成的万向传动装置以及安装在驱动桥壳中的主减速器、差速器和半轴等组成。发动机发出的动力依次经离合器、变速器、万向传动装置、主减速器、差速器和半轴，最后传给驱动轮。如图 1—249 所示。

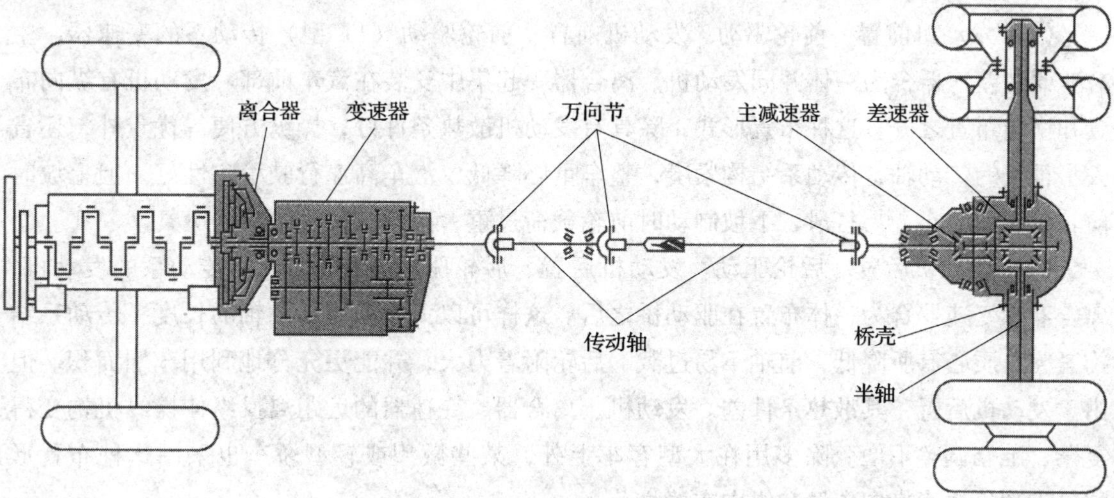

图 1—249　传动系统结构

（1）离合器——按照需要适时地切断或接合发动机与传动系之间的动力传递。

（2）变速器——改变发动机输出转速的高低、转矩的大小以及输出轴的旋转方向，也可以切断发动机向驱动轮的动力传递。

（3）万向传动装置——将变速器输出的动力传给主减速器，并适应两者之间距离和轴线夹角的变化。

（4）主减速器——降低转速，增大转矩，改变动力的传递方向。

（5）差速器——将主减速器传来的动力分配给左右半轴，左右半轴可以以不同角速度旋转，以满足左右驱动轮在行驶过程中差速的需要。

（6）半轴——将差速器传来的动力传给驱动轮，使驱动轮获得旋转的动力。

4. 汽车的驱动形式

汽车传动系的布置形式主要与发动机的安装位置及汽车驱动形式有关。

汽车的驱动形式通常用汽车车轮总数×驱动车轮数（车轮数是指轮毂数）来表示。普通汽车一般有4个车轮，常见的驱动形式有4×2、4×4；重型货车一般有6个车轮，其驱动形式有6×6和6×4。此外也有用汽车车桥总数×驱动车桥数来表示汽车的驱动形式。

（1）发动机前置、后轮驱动。发动机前置、后轮驱动（FR型）是目前普通汽车广泛采用的一种传动系布置形式。它一般是将发动机、离合器和变速器连成一个整体安装在汽车前部，而主减速器、差速器和半轴则安装在汽车后部的后桥壳中，两者之间通过万向传动装置相连。这种布置形式，发动机散热条件好，便于驾驶员直接操纵发动机、离合器和变速器，操纵机构简单，维修方便，且后驱动轮的附着力大，易获得足够的牵引力，主要用在高级轿车或货车上。

（2）发动机前置、前轮驱动。发动机前置、前轮驱动（FF型）传动系的变速器、主减速器和差速器合为一体并同发动机、离合器一起集中安装在汽车前部。发动机有纵向布置和横向布置之分。这种布置形式，除具有发动机散热条件好，操纵方便等优点外，还省去了很长的传动轴，传动系结构紧凑，整车重心降低，汽车高速行驶稳定性好。但上坡时前轮附着力减小，易打滑，下坡制动时前轮载荷过重，高速时易发生翻车现象。

（3）发动机后置、后轮驱动。发动机后置、后轮驱动（RR型）的传动系的发动机、离合器和变速器合为一体布置在驱动桥之后。这样可以大大缩短传动轴的长度，传动系结构紧凑，质心有所降低，前轴不易过载，后轮附着力大，并能更充分地利用车厢面积。但由于发动机后置，其散热条件差。发动机、离合器、变速器的远距离操纵使操纵机构变得复杂，维修调整不便。除多用在大型客车上外，某些微型或轻型轿车也采用这种布置形式。发动机也有横向布置和纵向布置之分。

（4）越野汽车传动系布置形式。为了充分利用所有车轮与地面之间的附着力，以获得尽可能大的牵引力，越野汽车必要时可采用全轮驱动。4×4越野汽车传动系布置形式与发动机前置、后轮驱动的4×2汽车相比较，其前桥既是转向桥也是驱动桥。为了将发动机传给变速器的动力分配给前后驱动桥，在变速器后增设了分动器，并相应的增设了从变速器通向分动器、从分动器通向前后两驱动桥之间的万向传动装置。由于前驱动桥又是转向桥，所以左右两根半轴均分。

二、传动系统检验（以2004别克凯越为例）

1. 驱动轴总成

（1）拆卸程序

1）举升并妥善支承车辆。

2）拆卸车轮。

3）拆卸半轴轮毂螺母。将螺母报废。如图1—250所示。

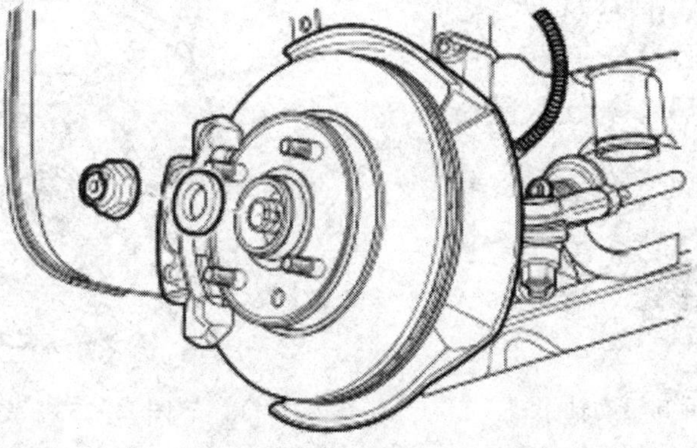

图1—250　拆卸半轴轮毂螺母

4）拆卸下球节夹紧螺栓和螺母。

5）用球节拆卸工具KM－507－B从下球节上拆卸转向节。

6）拆卸转向横拉杆螺母。

7）用球节拆卸工具KM－507－B拆卸转向横拉杆。如图1—251所示。

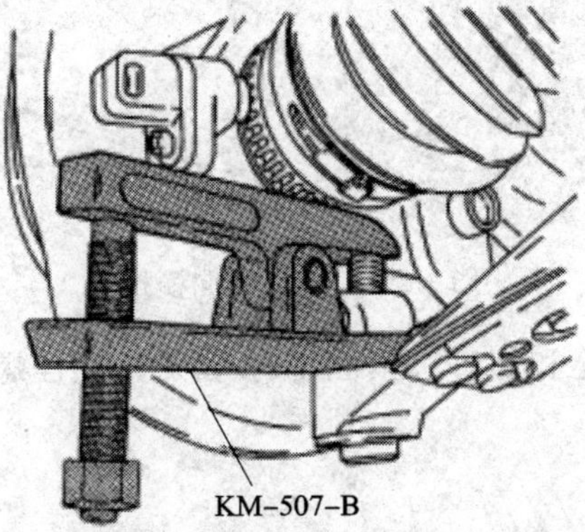

图1—251　拆卸转向横拉杆

8）从轮毂推动半轴。

9）用半轴拆卸工具KM－460－A，从变速驱动桥上拆卸驱动轴。如图1—252所示。

（2）安装程序

1）清洗轮毂密封和变速驱动桥密封。将储液罐连接到储液罐托架上。

2）将驱动轴装入变速驱动桥。

3）将轮毂安装到半轴上。如图1—253所示。

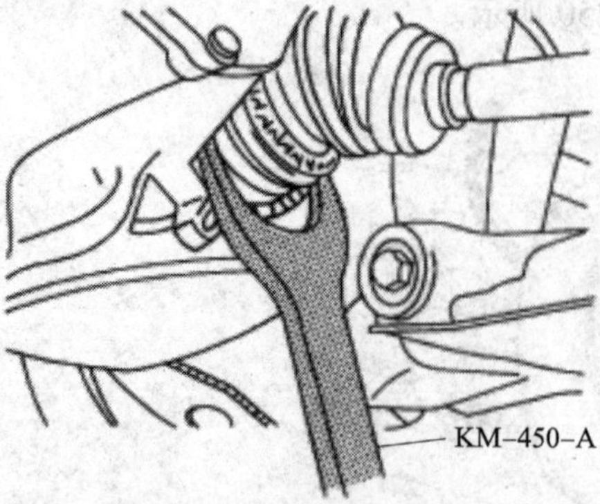

图 1—252　拆卸驱动轴

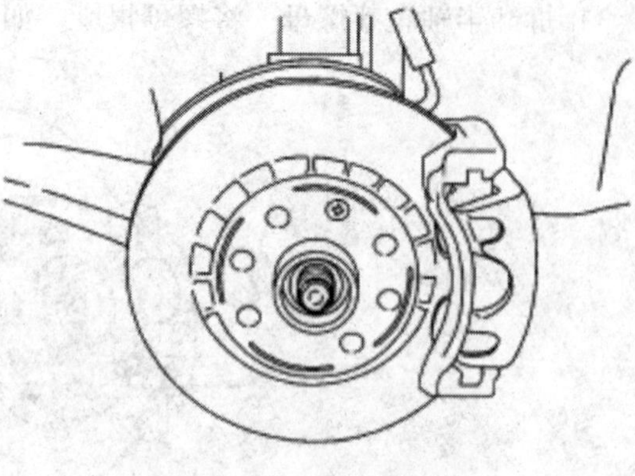

图 1—253　安装轮毂

4）将转向横拉杆安装到转向节/支柱上，再安装转向横拉杆螺母。紧固转向横拉杆螺母至 55 N · m（41 磅 - 英尺）。如图 1—254 所示。

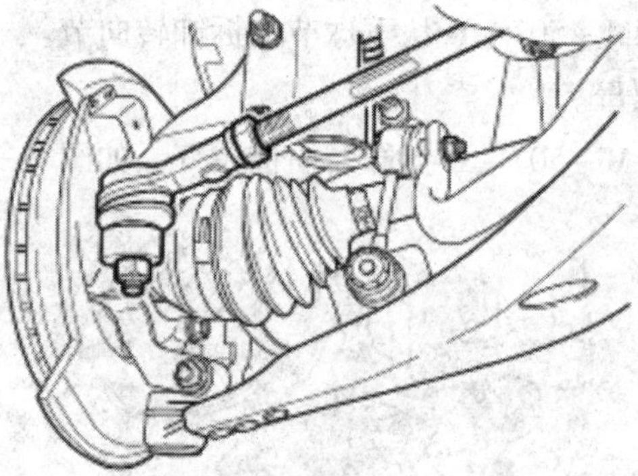

图 1—254　安装转向横拉杆

5）安装下球节夹紧螺栓和螺母。紧固下球节夹紧螺栓螺母至 60 N · m（44 磅 - 英尺）。如图 1—255 所示。

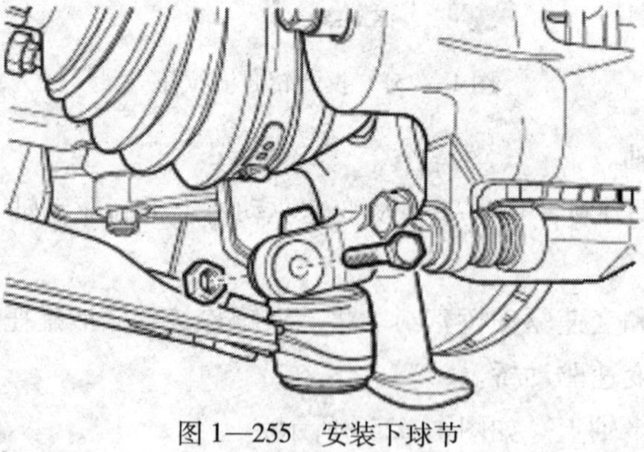

图 1—255　安装下球节

6）装上新半轴轮毂螺母。务必使用新螺母。如图 1—256 所示。

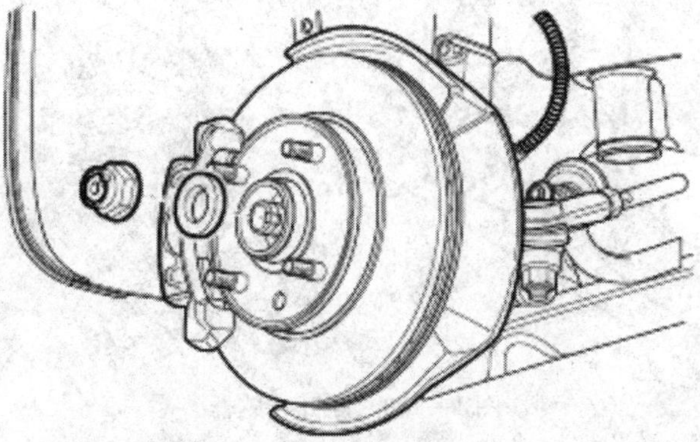

图 1—256　安装轮毂螺母

7）安装车轮。

2．手动变速驱动桥总成

（1）拆卸程序

1）安装发动机支架 J－28467－B。举升并妥善支承车辆。

2）拆卸蓄电池和蓄电池托架。

3）拆卸换挡连杆总成。如图 1—257 所示。

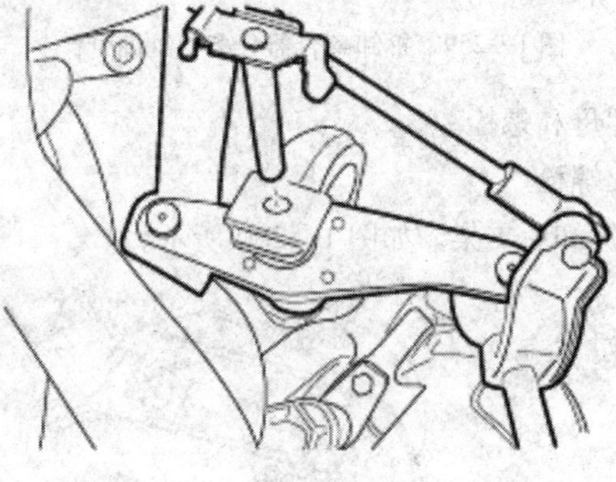

图 1—257　拆卸换挡连杆总成

4）拆卸驱动轴。

5）断开倒车灯开关连接器。

6）断开车速表速度传感器连接器。如图 1—258 所示。

7）拆卸销和离合器分离油缸油管。如图 1—259 所示。

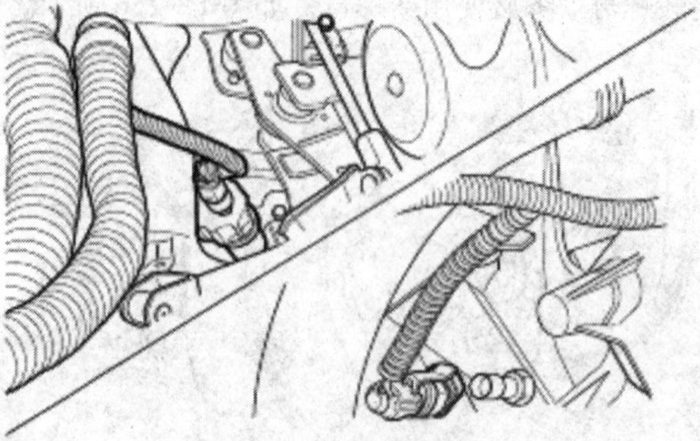

图 1—258　断开传感器

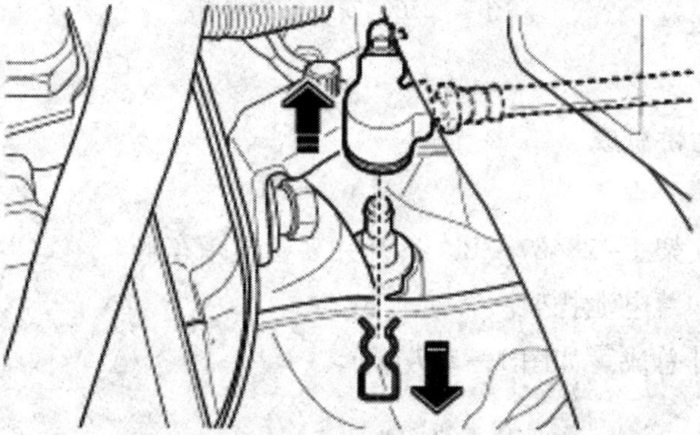

图 1—259　拆卸离合器分离油缸油管

8）拆卸减震块连接螺母和螺栓。

9）拆卸三个后安装架螺栓。

10）从变速驱动桥上拆卸后支架。如图 1—260 所示。

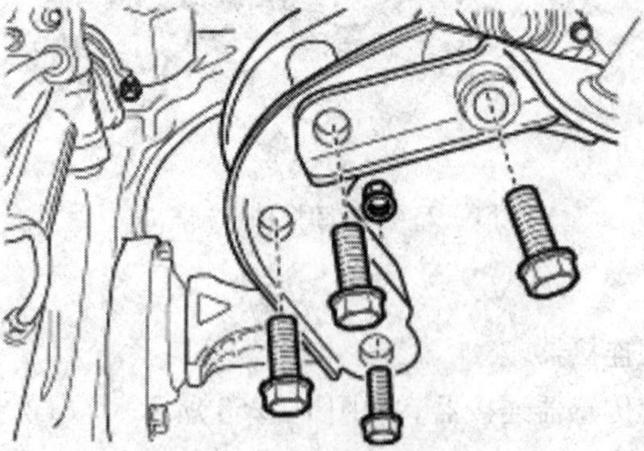

图 1—260　拆卸后支架

11）拆卸两个后减震块固定螺栓。

12）从前横梁上拆卸后减震块。如图 1—261 所示。

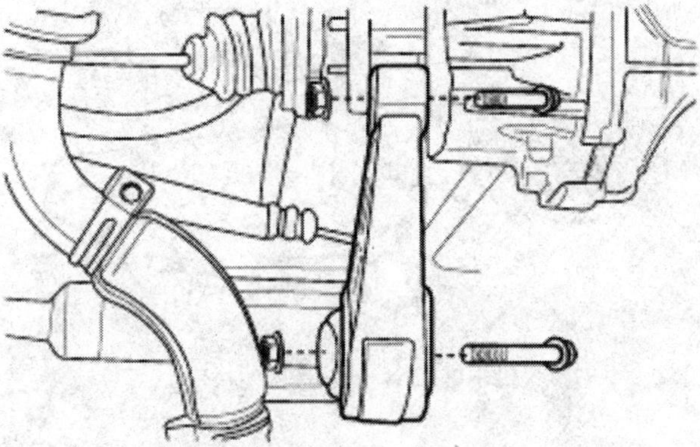

图 1—261　拆卸减震块

13）拆卸两个壳体固定螺栓。

14）拆卸三个变速驱动桥上安装架螺栓。

15）拆卸上安装架和壳体。如图 1—262 所示。

16）拆卸三个变速驱动桥上固定螺栓。如图 1—263 所示。

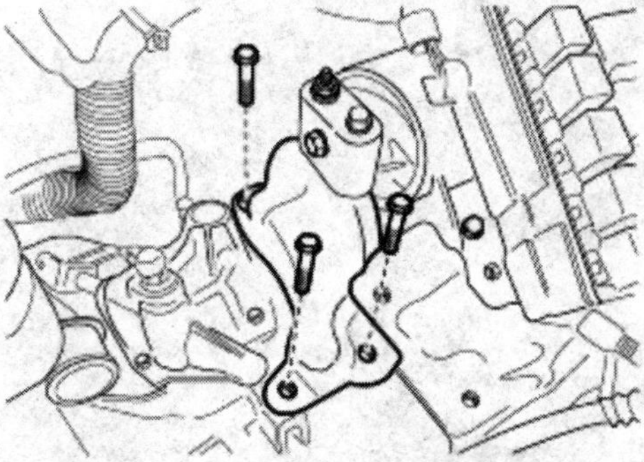

图 1—262　拆卸安装架和壳体

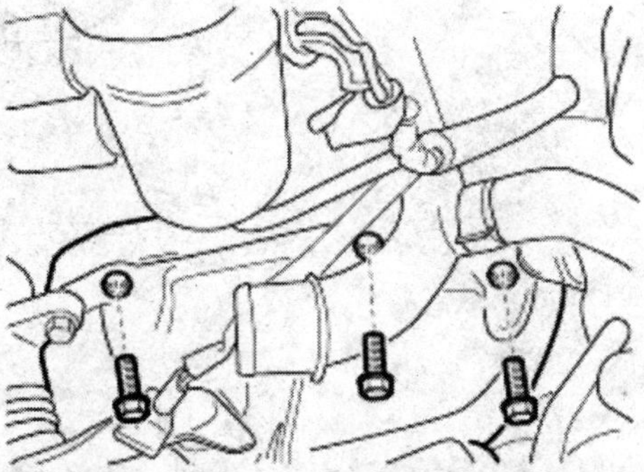

图 1—263　拆卸驱动桥固定螺栓

17）用变速驱动桥千斤顶支承变速驱动桥。如图 1—264 所示。

18）拆卸 7 个变速驱动桥下固定螺栓。如图 1—265 所示。

19）拆卸变速驱动桥。

特别注意事项：仅将变速驱动桥置于垂直位置。

20）从发动机缸体上侧向滑出变速驱动桥。

21）降下变速驱动桥。如图 1—266 所示。

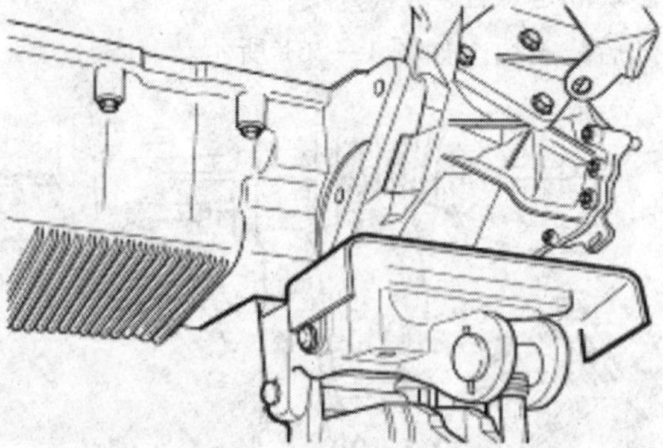

图 1—264　支承驱动桥

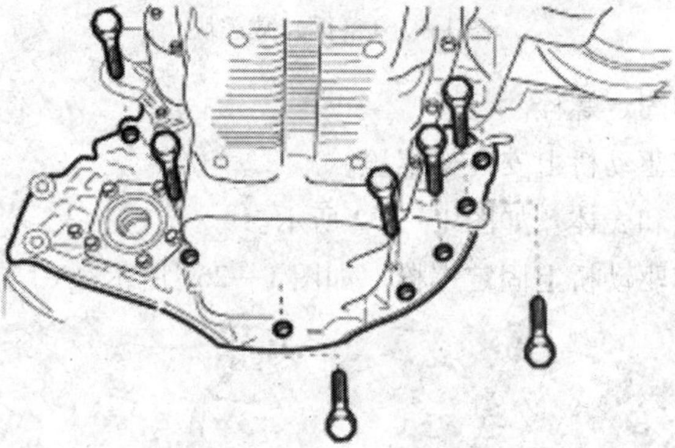

图 1—265　拆卸驱动桥固定螺栓

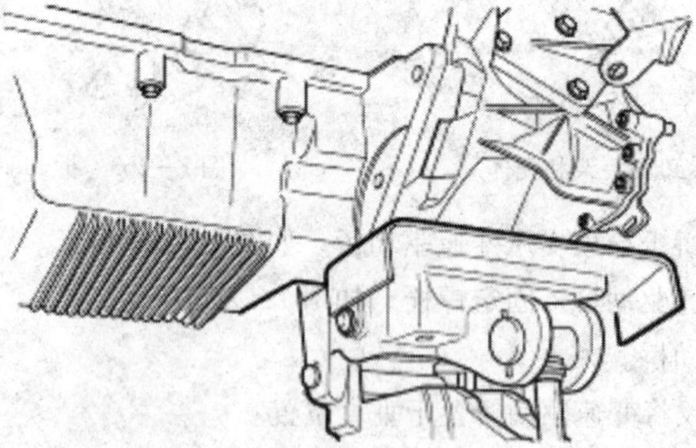

图 1—266　拆卸驱动桥

（2）安装程序

1）用变速驱动桥千斤顶支承变速驱动桥。安装发动机支架 J－28467－B。举升并妥善支承车辆。

2）将变速驱动桥输入轴插入离合器片并将变速驱动桥侧向滑入发动机缸体，安装变速驱动桥。如图 1—267 所示。

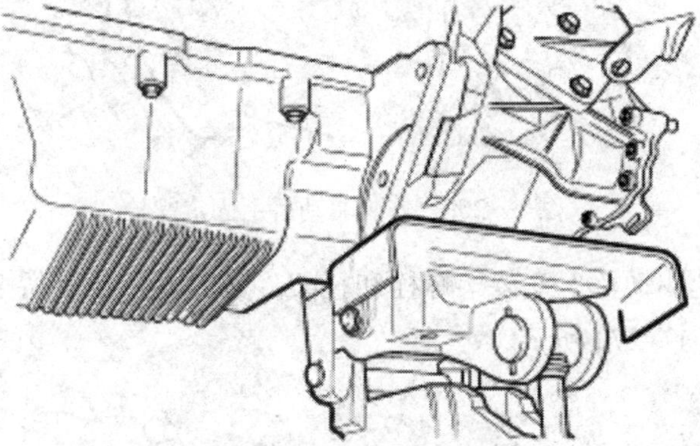

图 1—267　安装驱动桥

3）安装 7 个变速驱动桥下固定螺栓。紧固变速驱动桥下固定螺栓（a）至 73 N · m（54 磅－英尺）。紧固变速驱动桥下固定螺栓（b）至 31 N · m（23 磅－英尺）。紧固变速驱动桥下固定螺栓（c）至 21 N · m（15 磅－英尺）。如图 1—268 所示。

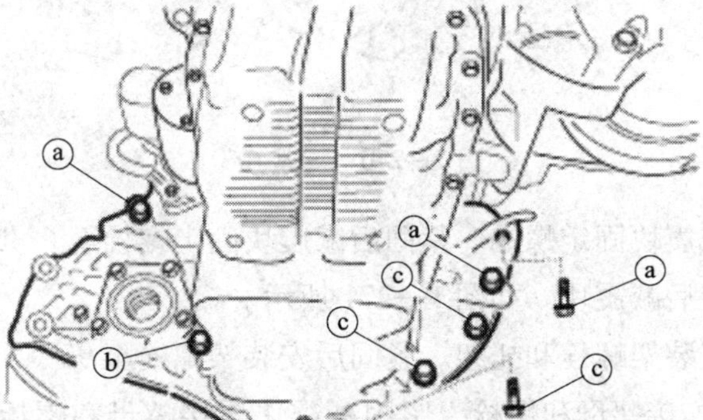

图 1—268　安装驱动桥下固定螺栓

4）安装三个变速驱动桥上固定螺栓。紧固变速驱动桥上固定螺栓至 73 N · m（54 磅－英尺）。如图 1—269 所示。

5）安装壳体固定螺栓和壳体。

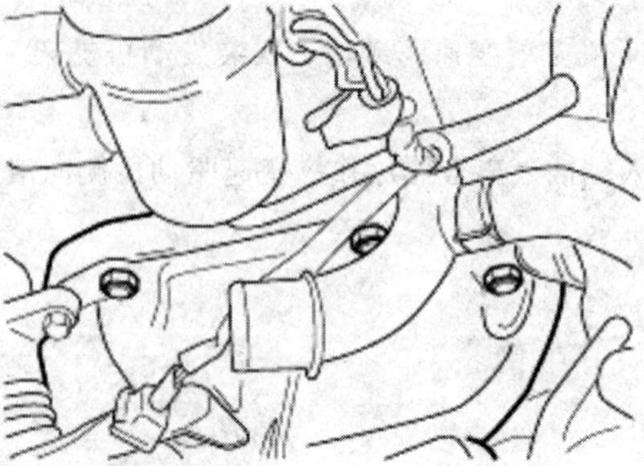

图 1—269　安装驱动桥上固定螺栓

6）安装三个变速驱动桥上安装架螺栓和托架。紧固变速驱动桥上固定螺栓至 48 N·m（35 磅－英尺）。如图 1—270 所示。

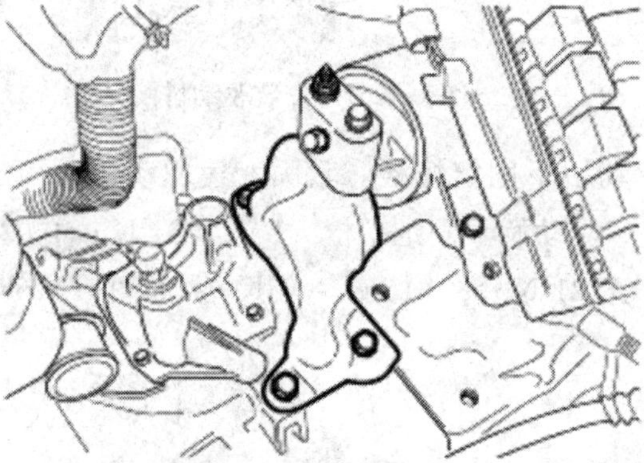

图 1—270　安装托架

7）安装两个后减震块固定螺栓。紧固后减震块固定螺栓至 68 N·m（50 磅－英尺）。

8）从前横梁安装后减震块。如图 1—271 所示。

9）安装 3 条后安装架螺栓和托架。紧固后安装架螺栓至 90 N·m（66 磅－英尺）。

10）安装减震块连接螺母和螺栓。紧固减震块连接螺母和螺栓至 68 N·m（50 磅－英尺）。如图 1—272 所示。

11）连接离合器分离油缸油管。如图 1—273 所示。

12）连接车速表速度传感器连接器。

13）连接倒车灯开关连接器。如图 1—274 所示。

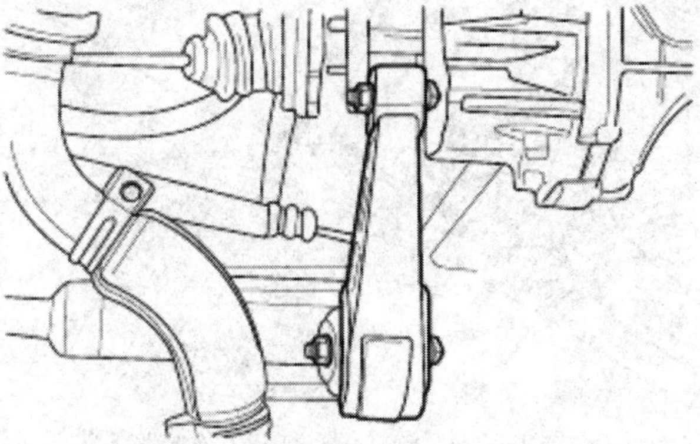

图 1—271　安装后减震块

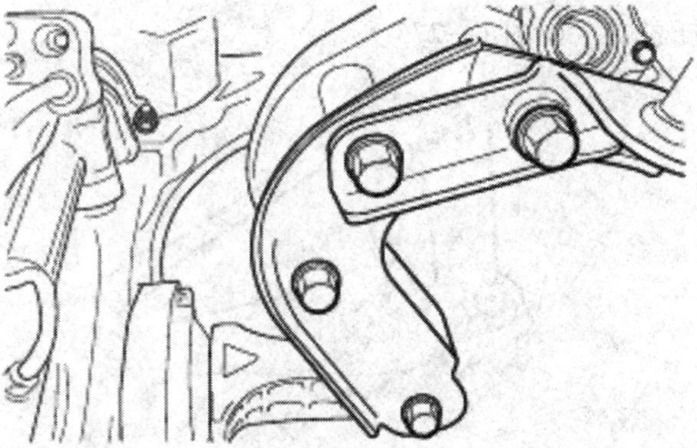

图 1—272　安装减震块连接螺母和螺栓

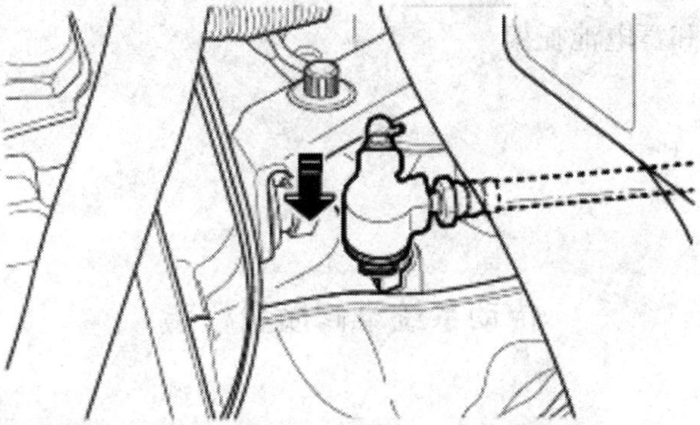

图 1—273　连接离合器分离油缸油管

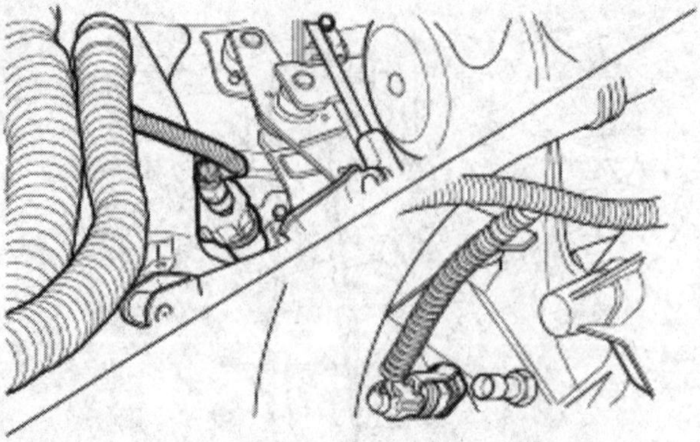

图 1—274　连接倒车灯开关连接器

14）拆除发动机支架 J－28467－B。

15）安装驱动轴。

16）安装换挡连杆总成。如图 1—275 所示。

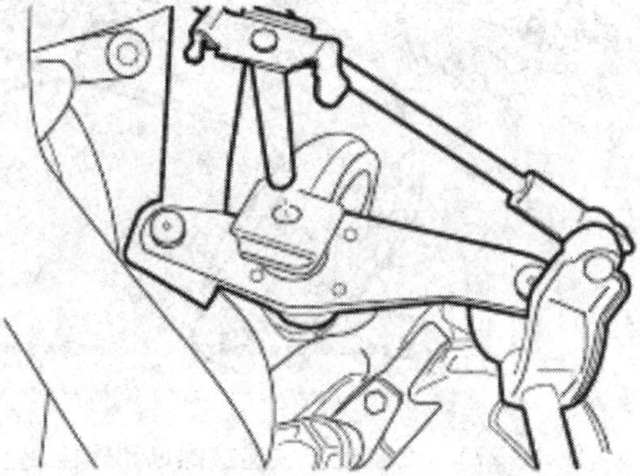

图 1—275　安装换挡连杆总成

17）安装蓄电池和蓄电池托架。

18）检查液面。

技能要求

传动系统维修质量检验

操作准备

1. 整车。

2. 清洁用具。

3. 工具车及配套工具。

操作步骤

步骤1 离合器检测

1. 离合器踏板调整

(1) 确定离合器踏板行程。用手轻压离合器踏板并在感到有阻力时测量踏板下降距离。如图1—276所示。

(2) 调整离合器踏板行程。松开锁止螺母并转动推杆。离合器踏板行程应在6~12毫米(0.2~0.5英寸)之间。调整后紧固锁止螺母。如图1—277所示。

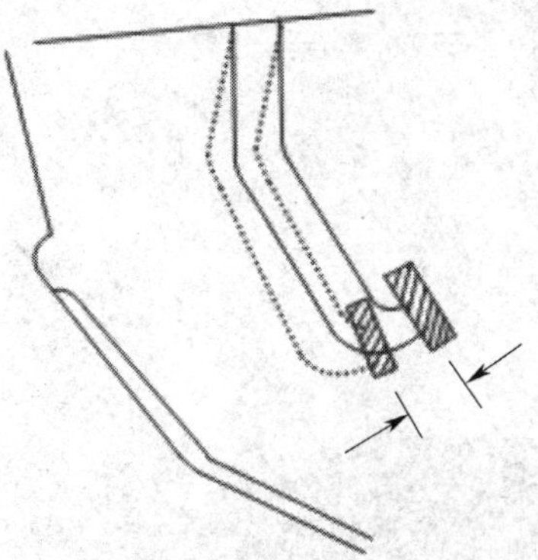

图1—276 确定离合器踏板行程

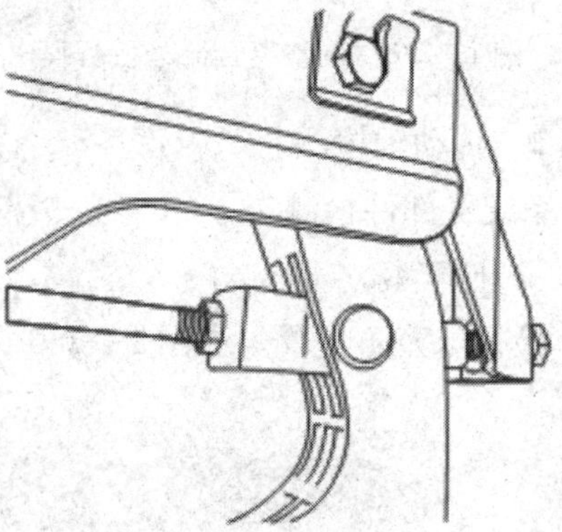

图1—277 调整离合器踏板行程

(3) 测量离合器踏板行程。将离合器踏板踩到底。测量起止位置之间的距离。

(4) 调整离合器踏板行程。松开锁止螺母并转动螺栓。离合器踏板行程应在130~140毫米(5.1~5.5英寸)之间。调整后紧固锁止螺母。如图1—278所示。

2. 离合器分离点调整

(1) 拉紧驻车制动器。

(2) 使发动机怠速运行。

(3) 在将换挡杆移到倒挡位置时,慢慢踩下离合器踏板并测量未听到齿轮噪声时的点和离合器踏板完全踩下时的点之间的距离。距离应在30~40毫米(1.2~1.6英寸)之间。如图1—279所示。

(4) 如果该距离不在规定范围内,检查如下:

离合器踏板高度。

离合器踏板行程。

系统中有空气。

离合器盖板和压盘。

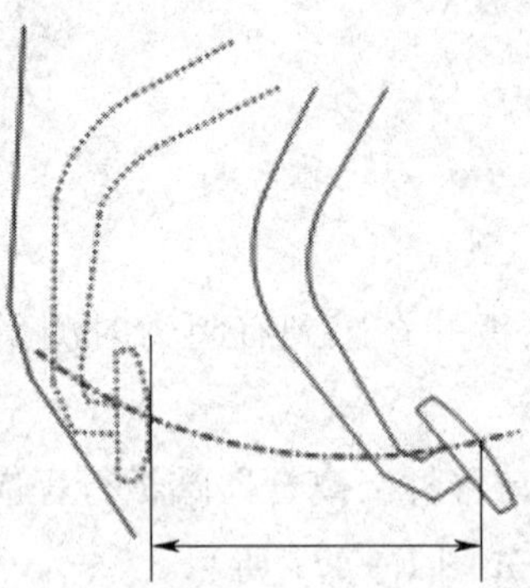

图 1—278　调整离合器踏板行程

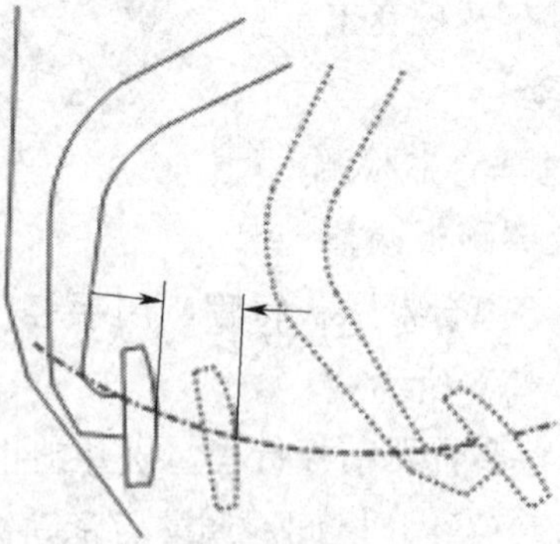

图 1—279　离合器分离点调整

步骤 2　传动轴检测。

传动系统各部件检测

（1）举升车辆。

（2）检视球笼防尘罩。如图 1—280 所示。

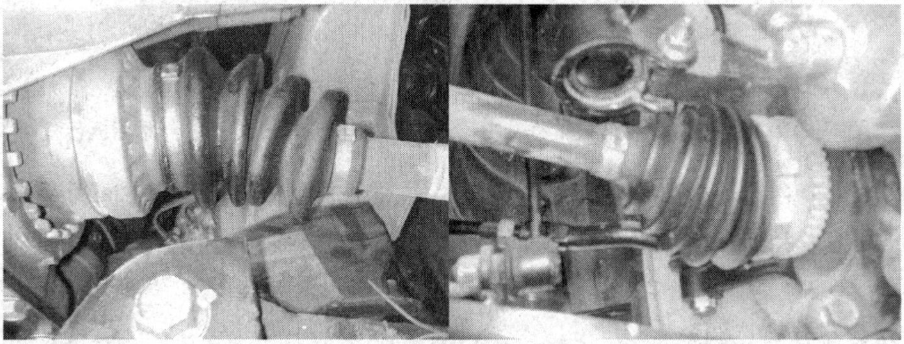

图 1—280　检视球笼防尘罩

步骤 3　变速驱动桥检测

1. 自动变速驱动桥液面检查

（1）起动发动机并使发动机怠速运行约 5 分钟，或在可能的情况下，行车几千米（英里），预热变速驱动桥油液。当变速驱动桥温度超过 30°C（86°F）时，检查液面。

（2）在踩住制动踏板的同时，将换挡杆拨到各个区段，在每个区段停几秒钟。将换挡杆拨回驻车位置。

（3）举升并妥善支承车辆。

（4）将油液容器放在液面塞下。

告诫：如果变速驱动桥油液未冷却，禁止拆卸液面塞。否则，如果油液从塞孔流出，会导致伤人。

（5）用螺塞拆卸工具/安装工具 DW260－070 拆卸液面塞。由于变速驱动桥在一定液面范围内工作正确，因此在拆卸液面塞时，油液不一定从塞孔流出。如图 1—281 所示。

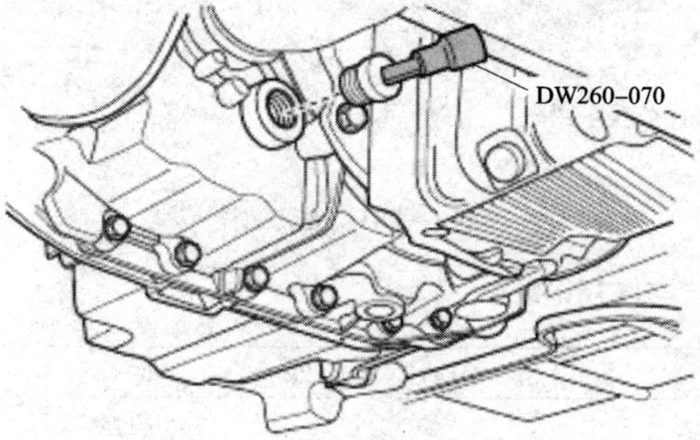

图 1—281　拆卸螺栓

（6）检查液面。如果在添加 4 升油液后，油液仍未从塞孔流出，则变速驱动桥可能不满或泄漏。检查变速驱动桥是否泄漏。在调整变速驱动桥液面前，先排除泄漏故障。如图 1—282 所示。

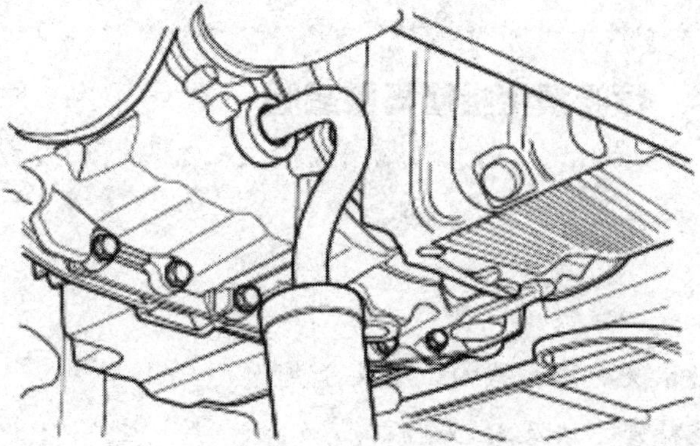

图 1—282　加注油液

（7）用螺塞拆卸工具/安装工具 DW260－070 安装液面塞。紧固放油塞至 45 N · m（33 磅－英尺）。

（8）在液面检查程序结束后，用抹布或棉丝将变速驱动桥壳体上的油液擦干净。此外，还必须检查加油口盖和通风管的安装是否正确。如图 1—283 所示。

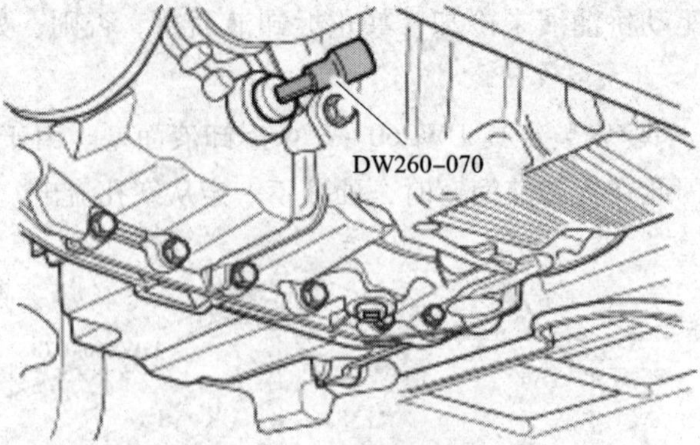

图 1—283　安装螺栓

步骤 4　填写检验与修复记录单

整车编号		①（　）　②（　）　③（　）
名称	检查项目	检查结果 （根据检查结果勾选对应的选项，可多选）
传动系统维修质量检验	离合器踏板自由行程	（　）离合器踏板自由行程过大，（　）离合器踏板自由行程过小，（　）正常
	传动系统各连接部件	（　）传动轴螺栓松动，（　）球笼防尘罩破损，（　）正常

学习单元 2　行驶系统维修质量检验

学习目标

1. 掌握汽车行驶系统功用、结构组成及分类。
2. 熟悉行驶系统检修方法及工艺过程。
3. 能对行驶系统维修质量进行检验。

知识要求

一、汽车行驶系统概述

汽车行驶系的结构形式因车型及行驶条件而不同，不同形式的行驶系其基本组成有所不同。大多数汽车采用轮式行驶系。其结构特点是通过轮胎直接与地面接触，通过轮胎支承整个车辆，并通过轮胎的滚动驱动汽车行驶。

1．功用

（1）接收发动机传递的转矩，并通过驱动轮与地面的附着作用，产生驱动力并保证车辆的正常行驶。

（2）传递并承受路面作用于车轮的力和因此而产生力矩。

（3）减缓路面对车身的冲击，并衰减由此产生的振动，保证汽车的行驶平顺性。

（4）保证车轮相对车架的运动轨迹，实现汽车行驶方向的正确控制，保证汽车操纵稳定性。

2．分类

其结构形式因车型及行驶条件不同，可分为轮式行驶系统、半履带式行驶系统、全履带式行驶系统车轮、履带式行驶系统。

3．组成

轮式行驶系一般由车架（或承载式车身）、车桥（前后车桥）、车轮和悬架（前后悬架）等组成。

车架——全车装配的基体，将整车有机的连接为整体，并承受汽车的载荷。

车桥——连接左右车轮，承受并传递由车轮传来的载荷。

车轮——支承整车，连接车身与地面；缓冲路面冲击载荷；产生驱动力和制动力；汽车转弯时产生侧向抗力，并回正车轮；提高车辆的通过性。

悬架——将汽车行驶过程中车轮产生的力和力矩，传递到车架。并通过弹性、阻尼元件、导向杆系，衰减汽车的振动，提高车辆的操纵稳定性和平顺性。

二、行驶系统检验（以2004别克凯越为例）

1．前悬架稳定连杆

（1）拆卸程序

1）拆卸稳定轴至稳定连杆螺母。

2）拆卸稳定连杆至支柱总成螺母。

3）拆卸稳定连杆。如图1—284所示。

（2）安装程序

1）安装稳定连杆。

2）安装稳定连杆至支柱总成螺母。紧固稳定连杆至支柱螺母至47 N·m（35磅－英尺）。

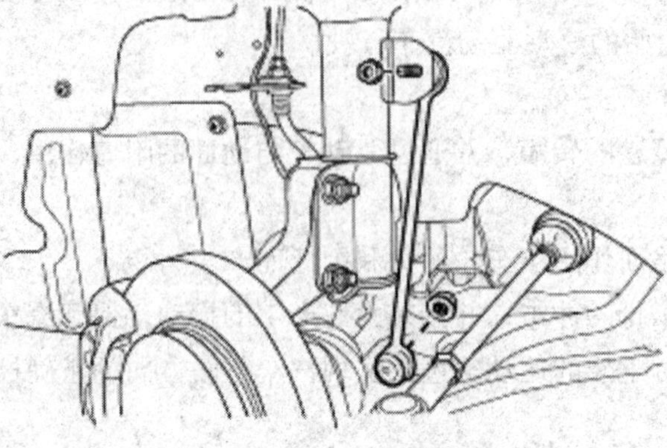

图 1—284　拆卸前悬架稳定连杆

3）安装稳定轴至稳定连杆螺母。紧固稳定轴至稳定连杆螺母至 47 N·m（35 磅－英尺）。如图 1—285 所示。

2. 前悬架支柱总成

（1）拆卸程序

1）拆卸支柱上盖和螺母。如图 1—286 所示。

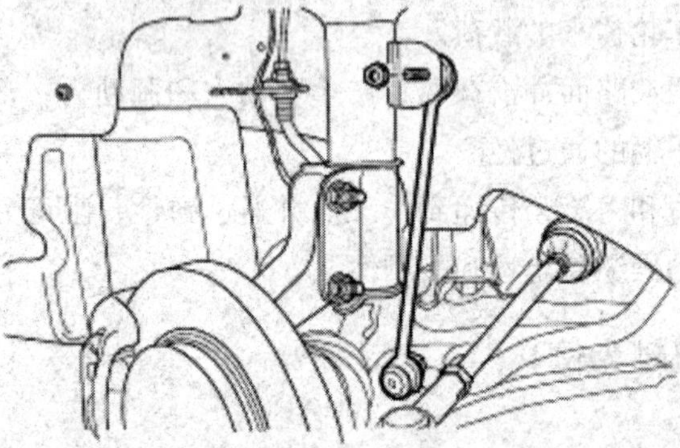

图 1—285　安装螺母

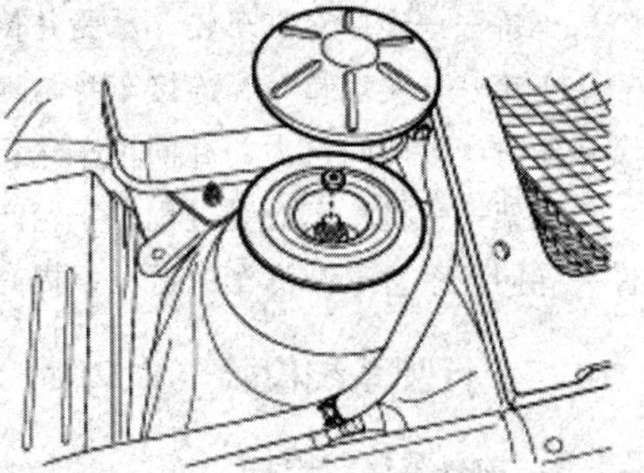

图 1—286　拆卸前悬架支柱上盖和螺母

2）举升并妥善支承车辆。

3）拆卸车轮。

4）在装备防抱死制动系统（ABS）的车辆上，从支柱总成上断开 ABS 传感器线路。

5）从支柱总成的固定架上拆卸制动油管。如图 1—287 所示。

6）拆卸稳定连杆至支柱总成螺母，断开稳定连杆。如图 1—288 所示。

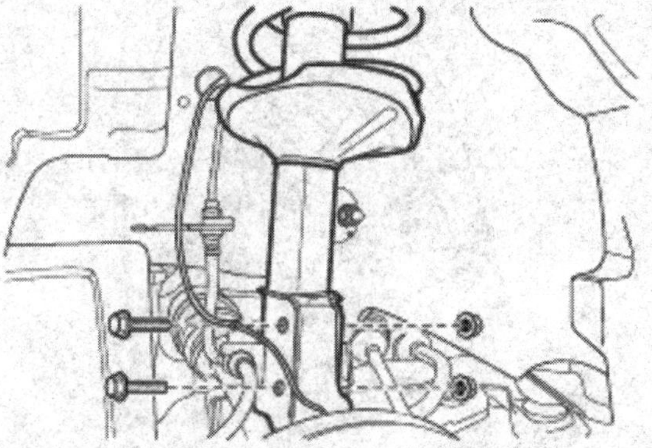

图 1—287　拆卸制动油管

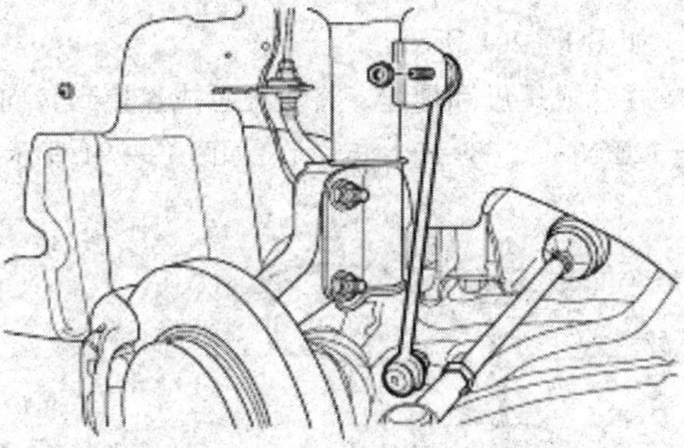

图 1—288　拆卸前悬架稳定连杆

7）拆卸转向节至支柱总成螺母和螺栓，以便断开转向节。如图 1—289 所示。

8）拆卸支柱总成。如图 1—290 所示。

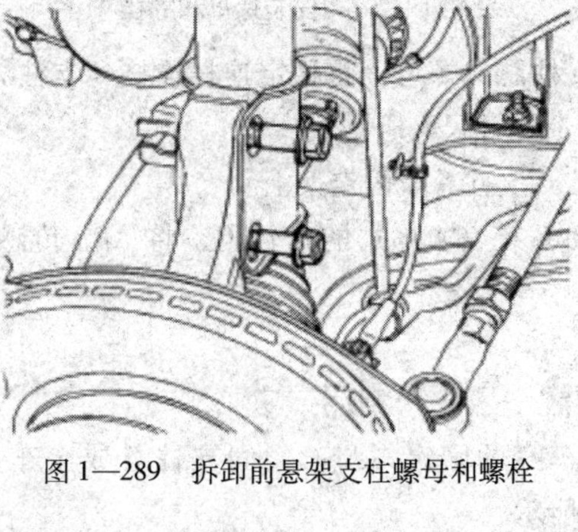

图 1—289　拆卸前悬架支柱螺母和螺栓

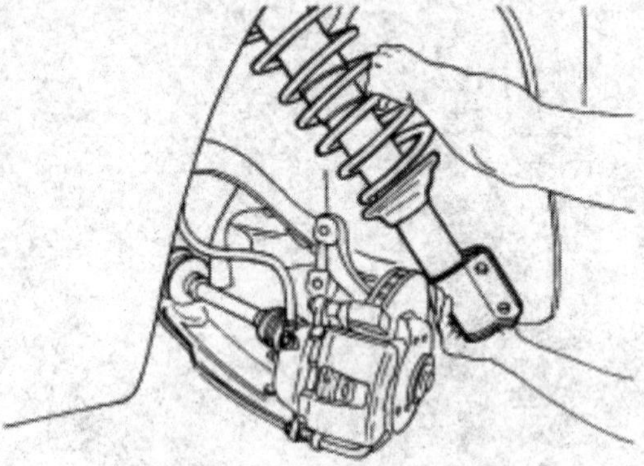

图 1—290　拆卸前悬架支柱总成

（2）安装程序

1）安装支柱总成。如图 1—291 所示。

2）安装转向节至支柱总成螺母和螺栓，将支柱总成连接到转向节上。紧固转向节至支柱总成螺母和螺栓至 120 N·m（89 磅-英尺）。如图 1—291 所示。

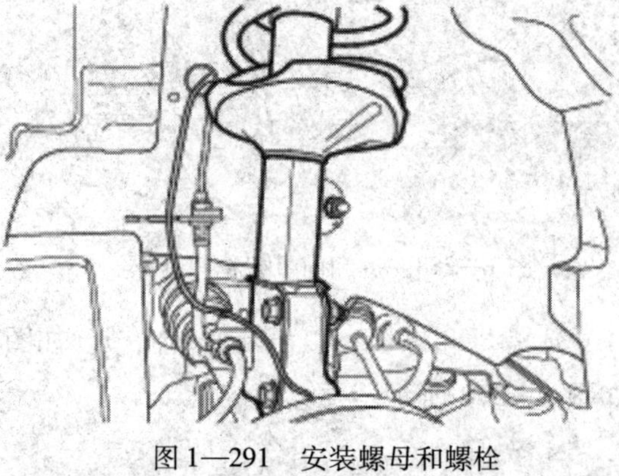

图 1—291　安装螺母和螺栓

3）连接稳定连杆至支柱总成螺母，将稳定连杆连接到支柱总成上。紧固稳定连杆至支柱螺母至 47 N·m（35 磅-英尺）。

4）将制动器油管安装到支柱总成固定架上。

5）在装备防抱死制动系统（ABS）的车辆上，将 ABS 传感器线路连接到支柱总成上。如图 1—292 所示。

6）安装车轮。

7）降下车辆。

8）安装支柱总成至车身的固定螺母。紧固支柱总成至车身螺母至 65 N·m（48 磅-英尺）。如图 1—293 所示。

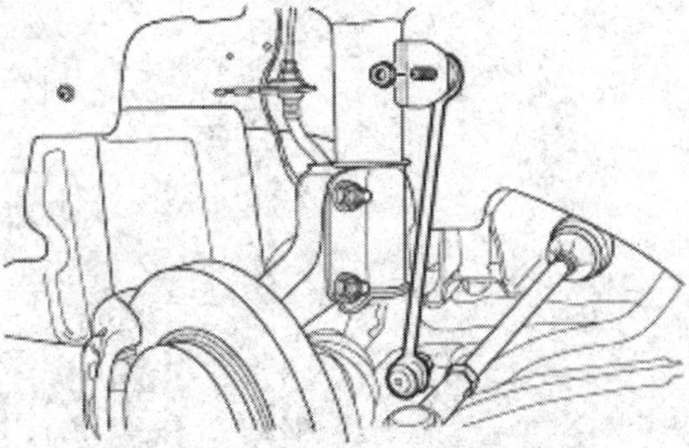

图 1—292　安装 ABS 传感器线路

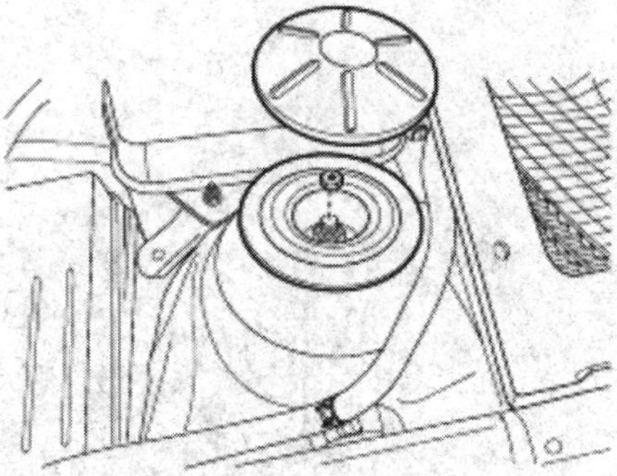

图 1—293　安装支柱总成固定螺母

3. 后悬架稳定连杆

（1）拆卸程序

1）举升并妥善支承车辆。

2）拆卸车轮。

3）拆卸稳定轴至稳定连杆螺母。

4）拆卸稳定连杆至支柱总成螺母。

5）拆卸稳定连杆。如图 1—294 所示。

（2）安装程序

1）安装稳定连杆。

2）安装稳定连杆至支柱总成螺母。

3）紧固稳定连杆至支柱总成螺母至 47 N·m（35 磅－英尺）。

4）安装稳定轴至稳定连杆螺母。紧固稳定轴至稳定连杆螺母至 47 N·m（35 磅－英尺）。

5）安装车轮。

6）降下车辆。如图 1—295 所示。

4. 后悬架支柱总成

（1）拆卸程序

1）取出后支柱安装螺母上覆盖的行李箱地毯。对于（客货两用）旅行小轿车，拆卸行李箱轮罩装饰板上覆盖的面板。

2）拆卸后支柱安装螺母。如图 1—296 所示。

3）举升并妥善支承车辆。

4）拆卸车轮。参见“轮胎和车轮”。

5）断开驻车制动器。

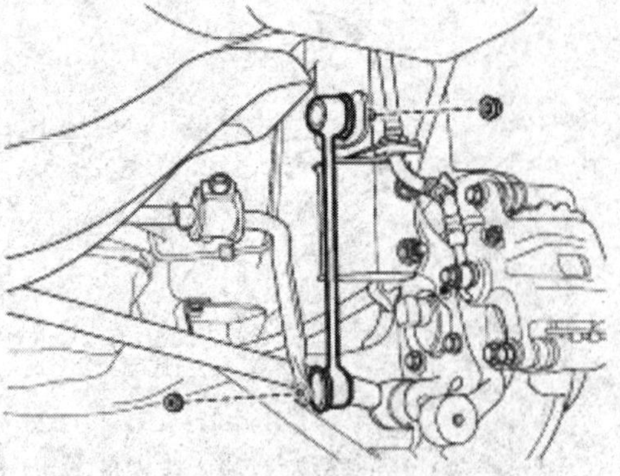

图 1—294　拆卸后悬架稳定连杆

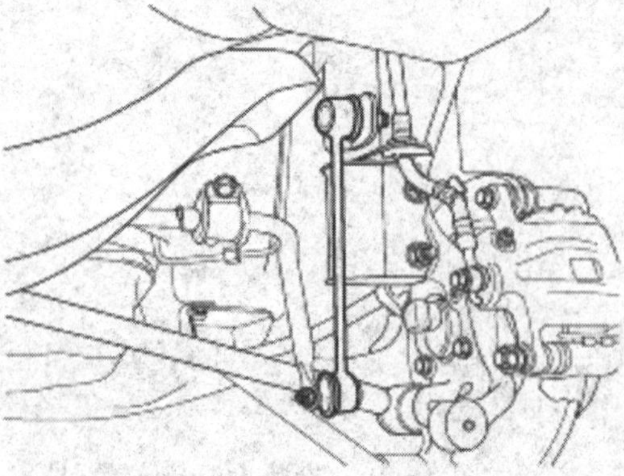

图 1—295　安装后悬架稳定连杆

注意事项：在装备后鼓式制动器的车辆上，从车上拆卸总成时，制动软管很容易从支柱总成上断开。在装备后盘式制动器的车辆上，可随时从支柱总成上断开制动软管。

6）拆卸制动软管至支柱总成卡夹。如图 1—297 所示。

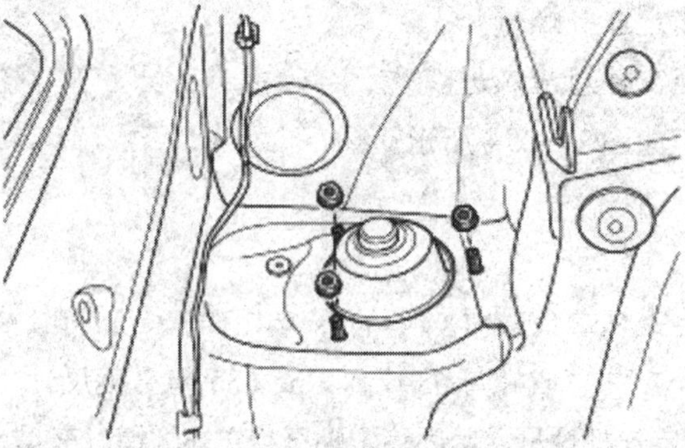

图 1—296　拆卸后支柱螺母

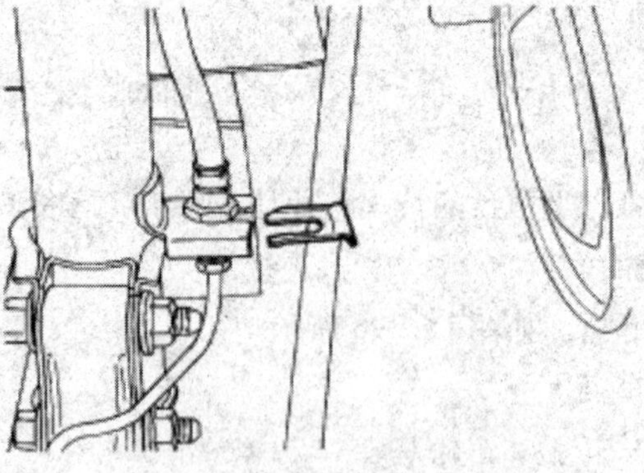

图 1—297　拆卸制动软管至支柱总成卡夹

7）拆卸稳定连杆至支柱总成螺母，从支柱总成上断开稳定连杆。

8）拆卸转向节至支柱总成螺母和螺栓。如图 1—298 所示。

9）在装备后鼓式制动器的车辆上，降下支柱总成并从支柱总成上拆开制动油管。如图 1—299 所示。

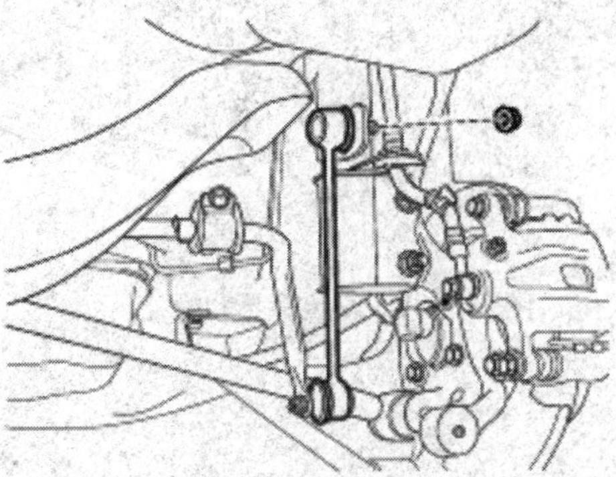

图 1—298　拆卸螺母和螺栓

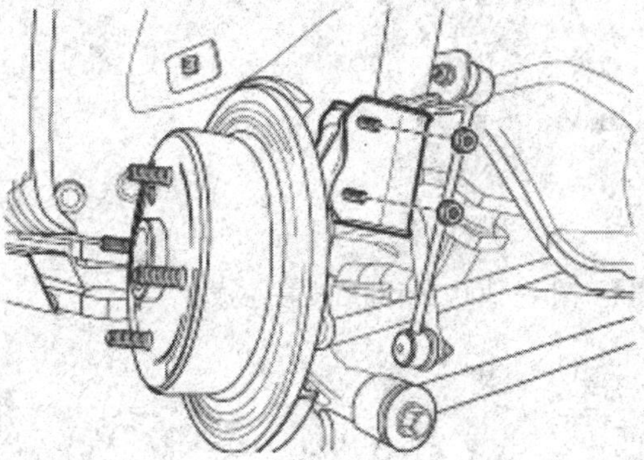

图 1—299　拆卸制动油管

10）从车上拆卸后支柱总成。如图 1—300 所示。

（2）安装程序

注意事项：在装备后鼓式制动器的车辆上，在车上安装总成时，制动软管将很容易连接到支柱总成上。在装备后盘式制动器的车辆上，在将总成安装到车上后，可随时将制动软管连接到支柱总成上。

1）将后支柱总成安装到车上。在装备后鼓式制动器的车辆上，在总成就位后，将制动油管固定到支座上。

2）松弛地套上支柱座至车身螺母，固定支柱总成。

3）安装转向节至支柱总成螺母和螺栓。勿紧固。如图 1—301 所示。

4）安装制动软管至支柱总成的固定卡夹。紧固转向节至支柱总成螺母至 100 N · m（74 磅 - 英尺）。如图 1—302 所示。

5）连接稳定连杆至支柱总成，安装稳定连杆至支柱总成螺母。紧固稳定连杆至支柱螺母至 47 N · m（35 磅 - 英尺）。如图 1—303 所示。

6）连接驻车制动器。

7）安装车轮。

8）降下车辆。紧固支柱座至车身螺母至 30 N · m（22 磅 - 英尺）。如图 1—304 所示。

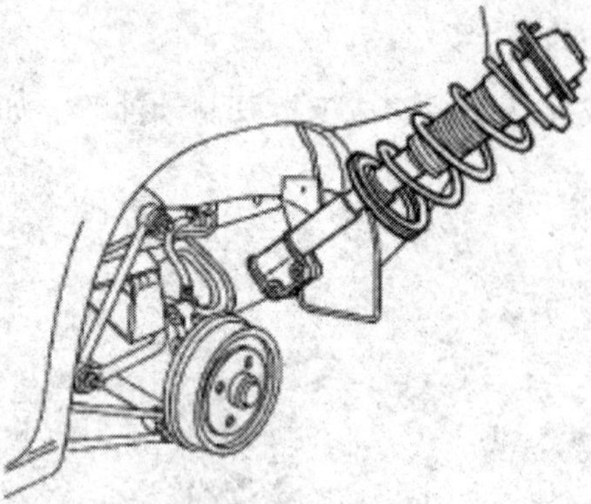

图 1—300　拆卸后支柱总成

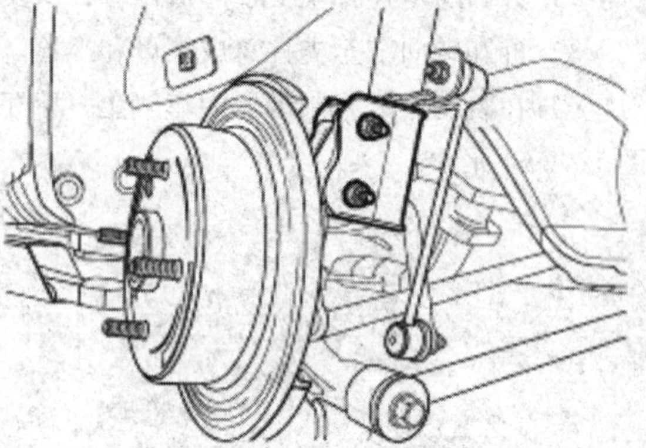

图 1—301　安装螺母和螺栓

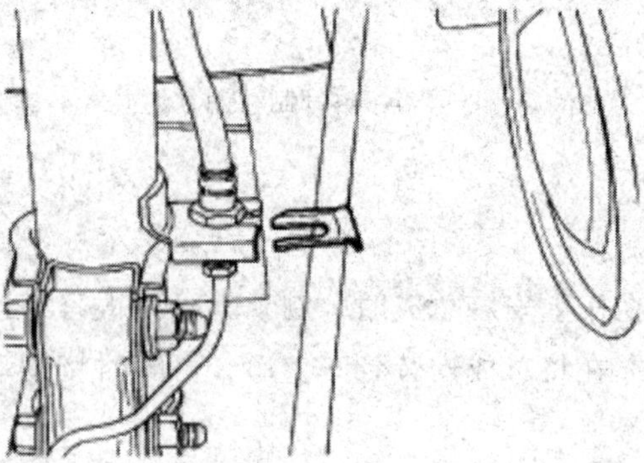

图 1—302　安装制动软管至支柱总成的固定卡夹

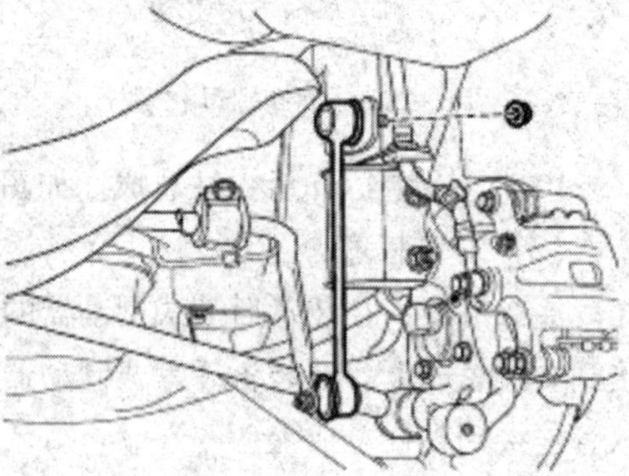

图 1—303　安装螺母

9）装上后支柱安装螺母上覆盖的行李箱地毯。对于（客货两用）旅行小轿车，拆卸行李箱轮罩装饰板上覆盖的面板。如图 1—305 所示。

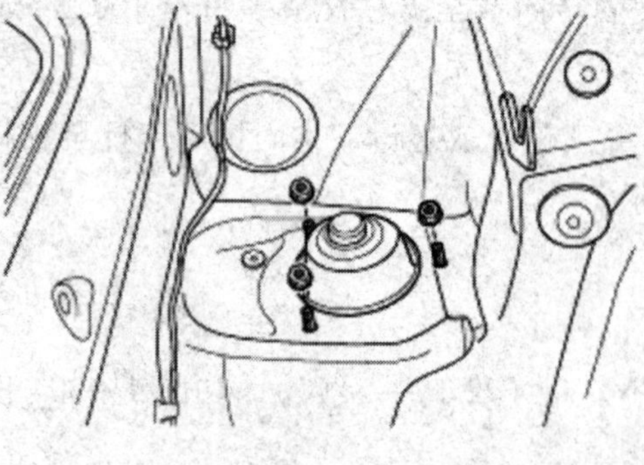

图 1—304　安装后支柱和车身螺母

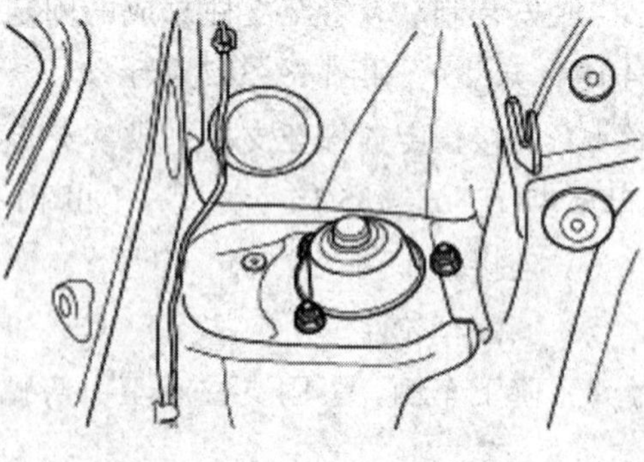

图 1—305　安装面板

5．车轮

（1）拆卸程序

1）松开车轮螺栓。

2）举升并妥善支承车辆。

3）拆卸车轮螺栓。

特别注意事项：绝不可使用加热方式来松开过紧的车轮。这会缩短车轮、车轮螺母和车轮轴承寿命。用力猛击比如锤击车轮或轮胎，也会导致损坏，故不建议采用。如果用手或橡胶锤轻击车轮侧壁，则是可接受的。

4）拆卸车轮。

如果车轮从车上拆卸困难，原因可能是有异物或车轮中心孔与轮毂或制动盘之间装配过紧。采用如下方法拆卸这类车轮：

5）重新紧固受影响的车轮上的车轮螺栓，然后再松开车轮螺栓两扣。

6）降下车辆并尽量用力向两侧摇动，用一人或多人体重松开车轮。

7）举升车辆并拆卸车轮。

告诫：勿使机油渗入车轮和轮毂（或制动盘）之间的垂直面，否则机油进入该部位会导致车辆行驶时车轮松动，从而导致车辆失控和伤人事故。渗入机油对拆卸过紧车轮没有作用。但如果使用机油，应少量滴入，而且仅滴在车轮中心孔上。

（2）安装程序。特别注意事项：在安装车轮前，用钢丝刷清除车轮安装面和制动鼓或制动盘安装面上的锈蚀。安装车轮时，如果安装面的金属之间接触不良，会导致车轮螺母松动，在车辆行驶时车轮脱落。必须按顺序紧固车轮螺栓至规定扭矩，以免车轮、制动鼓或制动盘弯曲。

1）安装车轮。

2）按规定顺序安装车轮螺栓。勿紧固车轮螺栓。

3）下降车辆。紧固车轮螺栓至 100 N·m（74 磅－英尺）。

技能要求

行使系统维修质量检验

操作准备

1．整车。

2．清洁用具。

3．工具车及配套工具。

操作步骤

步骤 1 悬架检测

1．悬架检测

（1）举升车辆。

（2）检测减震器螺栓、稳定杆螺栓悬架上支撑螺栓。如图 1—306 所示。

（3）检测减震器是否漏油。如图 1—307 所示。

图 1—306 检测悬架固定螺栓和螺母

图 1—307 检测减震器是否漏油

步骤 2 车轮检测

1．轮胎胎压检测

（1）举升车辆。

（2）根据车辆负载信息表，检测轮胎气压。如图 1—308 所示。

2．轮胎磨损检测

（1）举升车辆。

（2）检测车轮轮胎磨损情况。如图 1—309 所示。

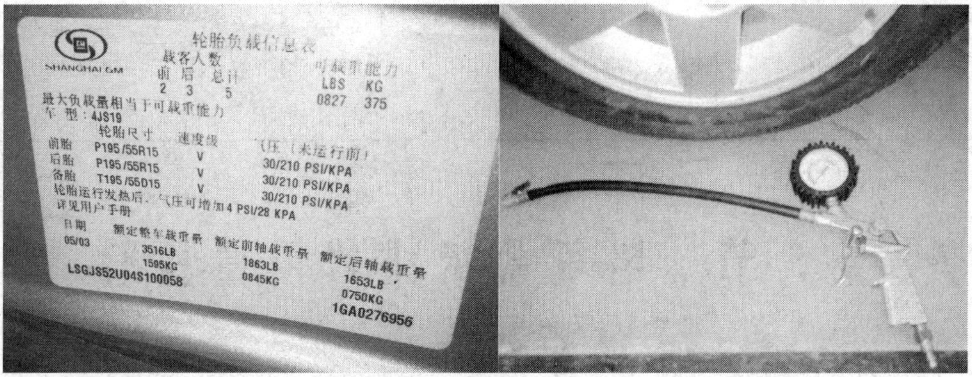

图 1—308 检测轮胎气压

图 1—309 检测轮胎磨损

步骤 3 填写检验与修复记录单

整车编号		①（　　）　②（　　）　③（　　）
名称	检查项目	检查结果 （根据检查结果勾选对应的选项，可多选）
行驶系统维修质量检验	悬架和减震器	（　）减震器螺栓松动，（　）稳定杆螺栓松动，（　）悬架上支撑螺栓松动，（　）减震器漏油，（　）正常
	坐椅和安全带	（　）驾驶员坐椅松动，（　）副驾驶员坐椅松动，（　）后座松动，（　）驾驶员安全带松动，（　）副驾驶员安全带松动，（　）后排安全带松动
	轮胎	（　）左前轮磨损严重，（　）右前轮磨损严重，（　）左后轮磨损严重，（　）右后轮磨损严重，（　）左前轮气压不正常，（　）右前轮气压不正常，（　）左后轮气压不正常，（　）右后轮气压不正常

第 5 节　电气系统维修质量检验

学习单元 1　发动机电气系统维修质量检验

学习目标

1. 熟悉发动机电气系统维修工艺过程及维修质量检测方法。
2. 掌握汽车发动机电气系统功用、结构组成及分类。
3. 能够对发动机电气系统维修质量进行检验。

知识要求

一、交流发电机概述

1. 交流发电机的分类

（1）按总体结构分类

1）普通交流发电机。这种发电机既无特殊装置，也无特殊功能特点，使用时需要配装电压调节器。

2）整体式交流发电机。它是发电机和调节器制成一个整体的发电机。

3）带泵的交流发电机。它是发电机和汽车制动系统用真空助力泵安装在一起的发电机。

4）无刷交流发电机。它是不需要电刷的发电机。

5）永磁交流发电机。它是转子磁极为永磁铁制成的发电机。

（2）按整流器结构分类。按整流器结构可分为6管交流发电机、8管交流发电机、9管交流发电机和11管交流发电机。

（3）按励磁绕组搭铁形式分类。按励磁绕组搭铁形式可分为内搭铁形交流发电机和外搭铁形交流发电机。

2. 交流发电机的功用

发电机是汽车的主要电源，其功用是在发动机正常运转时，向所有用电设备（起动机除外）供电，同时给蓄电池充电。

3. 交流发电机的构造

普通交流发电机一般由转子、定子、整流器、前后端盖、风扇、传动带轮等组成，如图1—310所示。

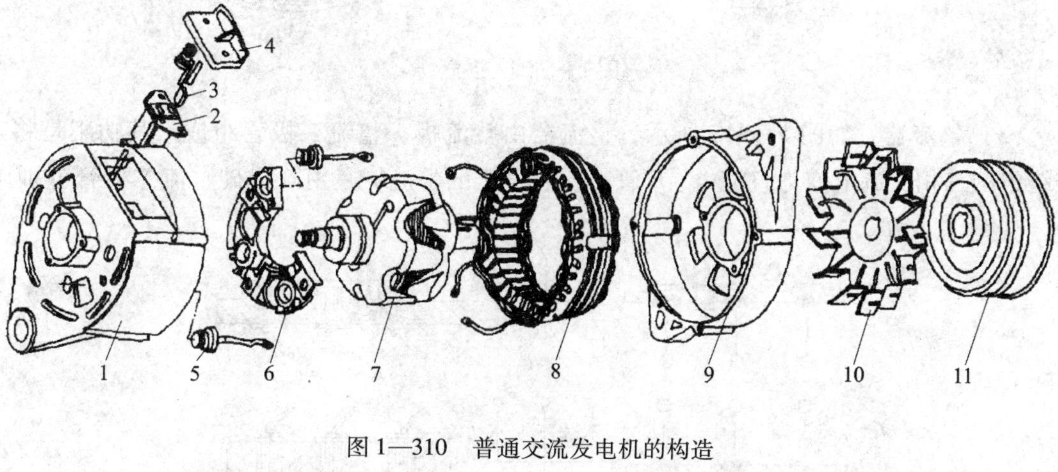

图1—310　普通交流发电机的构造

1—后端盖　2—电刷架　3—电刷　4—电刷弹簧压盖　5—硅整流二极管　6—整流器

7—转子　8—定子　9—前端盖　10—风扇　11—传动带轮

（1）转子。它由爪极、磁轭、励磁绕组、集电环、转子轴等组成，如图1—311所示。转子的功用是产生磁场。

（2）定子。定子安装在转子的外面，和发电机的前后端盖固定在一起，当转子在其内部转动时，引起定子绕组中磁通的变化，定子绕组中就产生交变的感应电动势。定子由定子铁心、定子绕组组成，如图 1—312 所示。定子的功用是产生交流电。

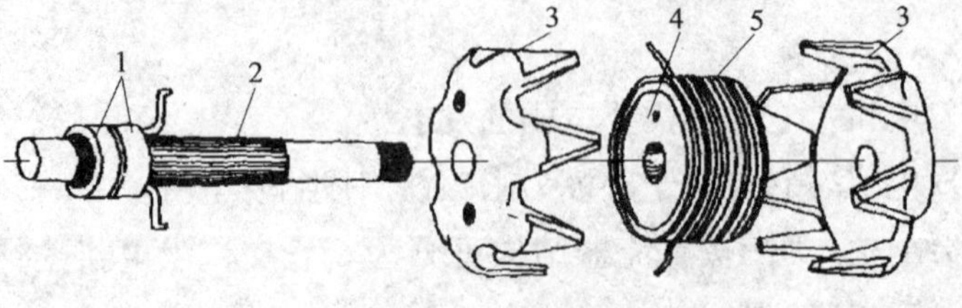

图 1—311　转子

1—集电环　2—转子轴　3—爪极　4—磁轭　5—励磁绕组

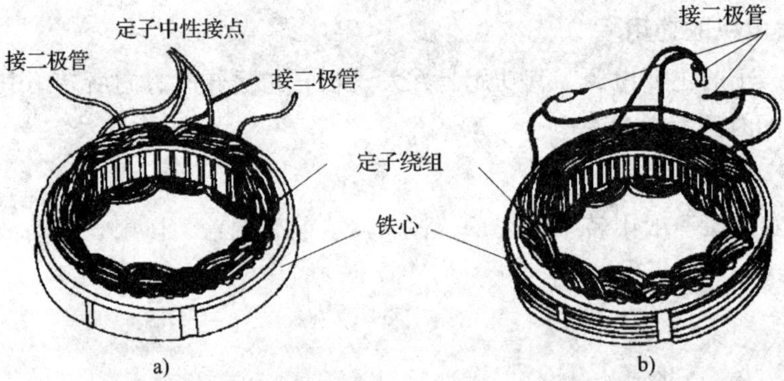

图 1—312　定子

（3）整流器。如图 1—313 所示，整流器由整流板、整流二极管组成。其功用是将定子绕组的三相交流电变为直流电。6 管交流发电机的整流器是由 6 只硅整流二极管分别压

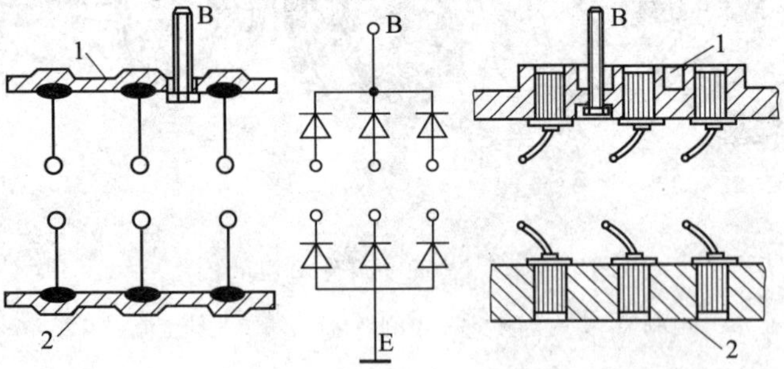

图 1—313　交流发电机整流二极管安装示意图

a）焊接式　b）电路图　c）压装式

1—正整流板　2—负整流板

装（或焊装）在相互绝缘的两块板上组成的，其中一块为正极板（带有输出端螺栓）；另一块为负极板，负极板和发电机外壳直接相连接（搭铁），也可以将发电机的后盖直接作为负极板。

（4）端盖及电刷组件

1）端盖组成。端盖一般分为前端盖和后端盖两部分，起支撑转子、定子、整流器和电刷组件的作用。端盖一般用铝合金铸造，一是可有效地防止漏磁；二是铝合金散热性能好。后端盖上装有电刷组件。

2）电刷组件组成。电刷组件包括电刷、电刷架和电刷弹簧，如图 1—314 所示。

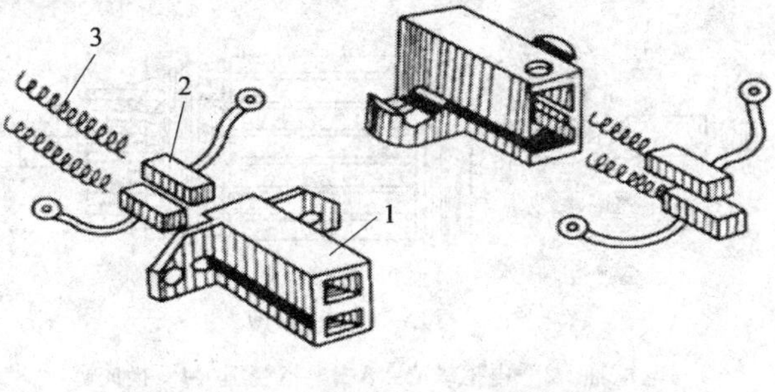

图 1—314　电刷组件

1—电刷架　2—电刷　3—电刷弹簧

3）电刷的作用。电刷的作用是将电源通过集电环引入励磁绕组。两个电刷分别装在电刷架的孔内，借助弹簧压力与集电环保持接触。

（5）带轮及风扇。交流发电机的前端装有带轮和风扇，由发动机通过传动带驱动发电机的转子轴和风扇一起旋转。发电机工作时，定子绕组和励磁绕组中都会产生热量，温度过高会烧坏导线的绝缘，导致发电机不能正常工作，风扇是发电机散热必须的装置。

4. 交流发电机电压调节器

由于交流发电机的转子是由发动机通过 V 带驱动旋转的，且发动机和交流发电机的速比为 1.7 ~3，因此交流发电机转子的转速变化范围非常大，这样将引起发电机的输出电压发生较大变化，无法满足汽车用电设备的工作要求。为了满足用电设备恒定电压的要求，交流发电机必须配用电压调节器才能工作。

电压调节器是把发电机输出电压控制在规定范围内的装置，功用是在发电机转速变化时，自动控制发电机电压保持恒定，使其不因发电机转速高时，电压过高而烧坏用电器和导致蓄电池过充电；也不会因发电机转速低时，电压不足而导致电气系统工作失常。

二、起动机概述

1. 起动机的组成

起动机一般由三部分组成：

(1) 直流串励式电动机。直流串励式电动机由电枢、磁极、外壳、电刷与刷架等组成，作用是产生转矩。

1）电枢总成。其结构总成如图 1—315 所示。电枢用来产生电磁转矩，由铁心、电枢绕组、电枢轴及换向器组成。

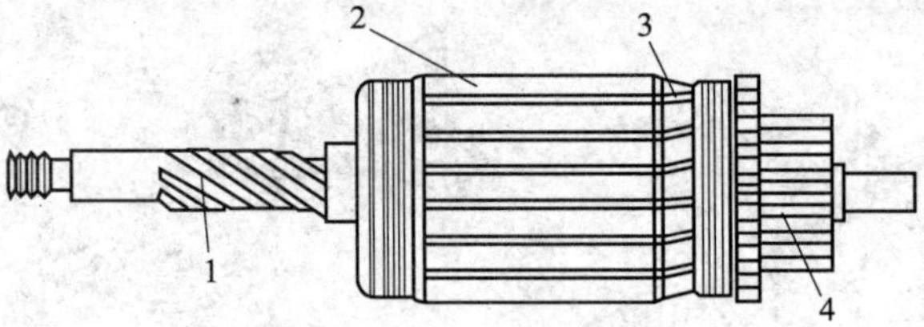

图 1—315　电枢总成

1—电枢轴　2—电枢铁心　3—电枢绕组　4—换向器

①电枢铁心由多片互相绝缘的硅钢片叠成。

②电枢绕组采用很粗的扁铜线用波绕法绕制而成。

③换向器的铜片较厚，相邻铜片之间用云母片绝缘。

2）磁极。磁极由铁心和励磁绕组构成，其作用是在电动机中产生磁场，磁极铁心一般由低碳钢制成，并通过螺钉固定在电动机壳体上。磁极一般有 4 个，由 4 个励磁绕组形成两对磁极，并两两相对。常见的励磁绕组一般与电枢绕组串联在电路中，故被称为串励式直流电动机。

3）电刷和电刷架。电刷与电刷架的作用是将电流引入电枢，使电枢产生连续转动。电刷一般用铜和石墨压制而成，有利于减小电阻及增加耐磨性。电刷装在电刷架中，借弹簧压力紧压在换向器上，且与外壳直接相连构成电路搭铁，称为搭铁电刷；与励磁绕组和电枢绕组相连，与外壳绝缘，称为绝缘电刷。

4）外壳。外壳由低碳钢卷制而成，或由铸铁铸造而成。直流起动机由于其电枢的转速很高，电枢轴承则采用滚动轴承。

(2) 传动机构（或称啮合机构）。其作用是在发动机起动时，使起动机驱动齿轮啮合飞轮齿环，将起动机转矩传给发动机曲轴；而在发动机起动后，使驱动齿轮打滑与飞轮齿环自动脱开。

（3）控制装置（即开关）。其作用是用来接通和断开起动机与蓄电池之间的电路。在有些汽车上，还具有接入和隔除点火线圈附加电阻的作用。

2．起动机的功用

起动机将蓄电池的电能转换为机械能，再通过传动机构将发动机起动。

三、拆检交流发电机和起动机

现以 2004 型别克凯越轿车为例进行介绍。

1．拆检交流发电机

（1）拆卸发电机。

（2）在端框上标记一条不容易被擦掉的定位线，以便重新装配。

（3）撬开塑料盖，露出定子接头，如图 1—316 所示。

注意：如果定子接头未焊接，则焊接导线。焊接时应避免过热，否则会损坏整流电桥中的二极管。

（4）从整流电桥端上剪断导线，拆卸定子接头，如图 1—317 所示。

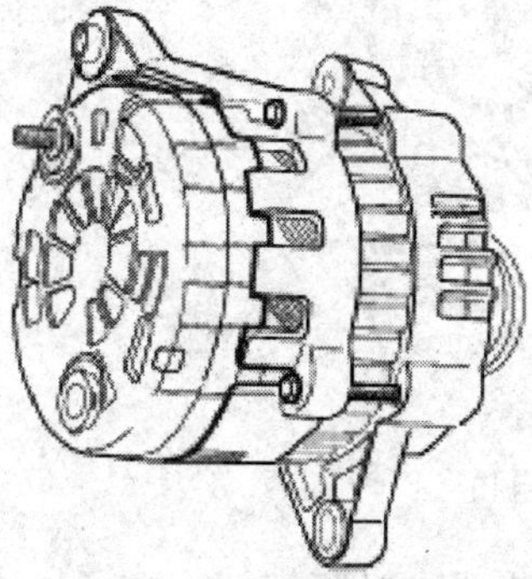

图 1—316　拆开塑料盖

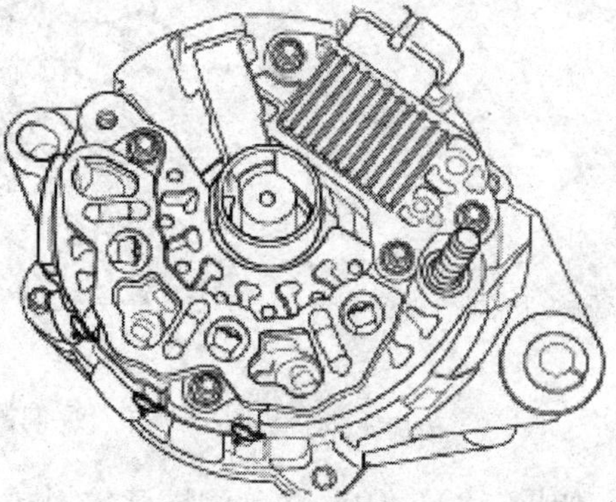

图 1—317　拆卸定子接头

（5）撬开导流板。

（6）拆卸整流器、调节器和电刷保持架总成螺栓。

（7）拆卸电刷保持架总成和调节器，如图 1—318 所示。

注意：如果要重新使用拆下的电刷，在用清洁、柔软的抹布清理后，用定位销将电刷重新安装到保持架上。

（8）将万用表（电阻挡）表笔连接到整流桥和散热片上，测试整流桥二极管，如图 1—319 所示。

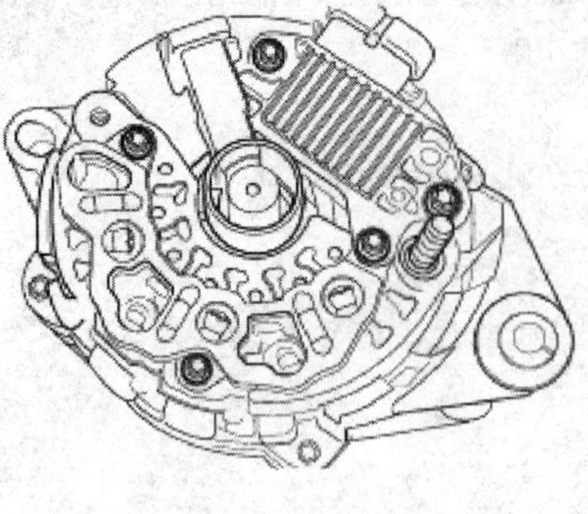
图 1—318　拆卸电刷保持架总成和调节器

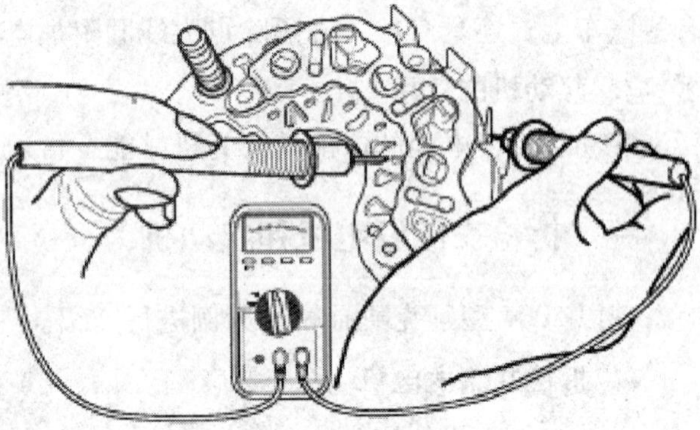
图 1—319　测试整流器二极管

（9）将万用表（电阻挡）表笔反向连接，重新测试，如图 1—320 所示。

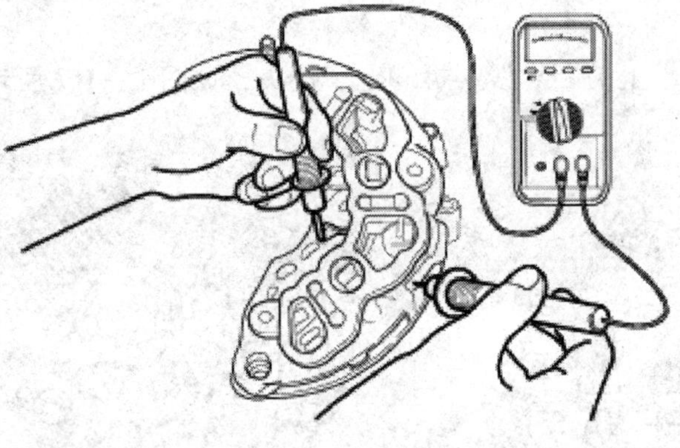
图 1—320　反向测试整流器电桥

（10）如果（8）、（9）两项测试读数相同，说明整流器二极管损坏，应予更换。

（11）在完成上述程序后，测试另外两个二极管。

注意：有的数字式万用表不适合测量整流桥二极管，换用指针式万用表。

（12）将万用表（电阻挡）表笔连接到整流桥端子和底板上，测试二极管。如果读数相同，应更换整流桥二极管，如图 1—321 所示。

（13）拆卸发电机贯穿螺栓，如图 1—322 所示。

注意：螺母的紧固扭矩为 81 N · m，通常不能靠手劲松开。

（14）移动到发电机驱动端，拆卸驱动端轴承螺母。

（15）拆卸传动带轮和轴环，如图 1—323 所示。

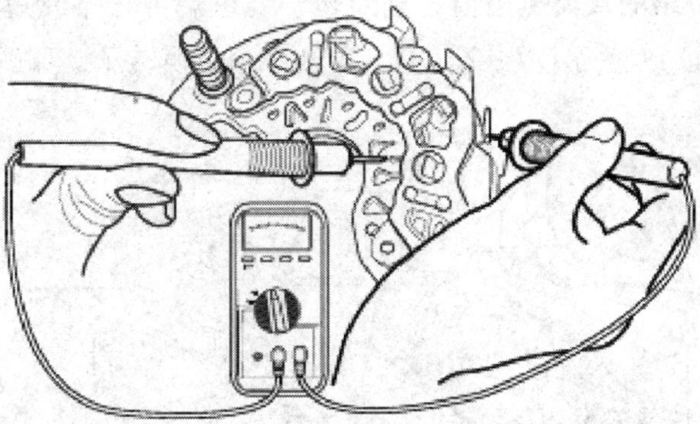

图 1—321　测试二极管

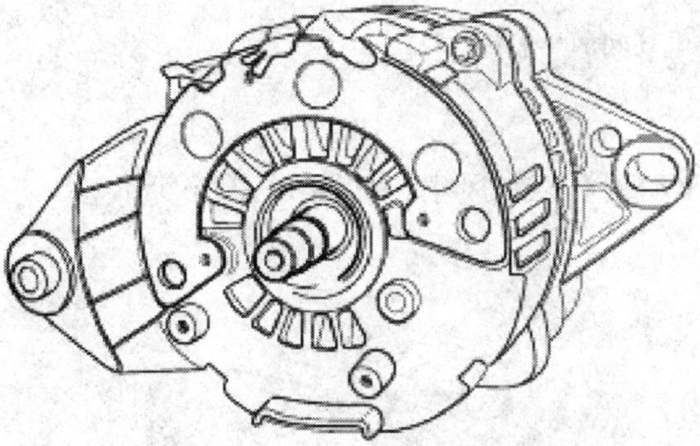

图 1—322　拆卸贯穿螺栓

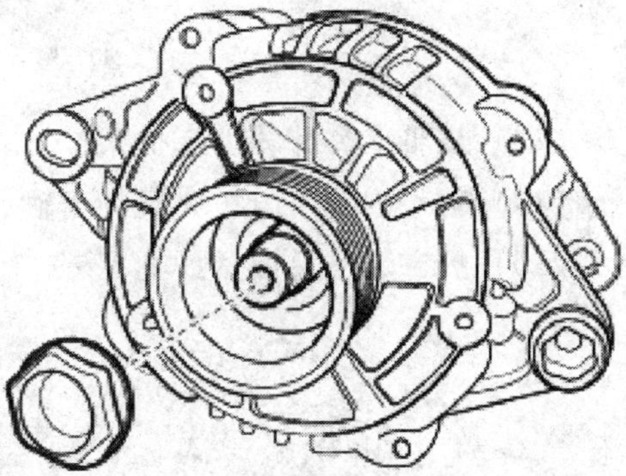

图 1—323　拆卸传动带轮和轴环

（16）检测集电环和转子铁心的绝缘性能，绝缘电阻读数应足够高，否则必须更换转子，如图 1—324 所示。

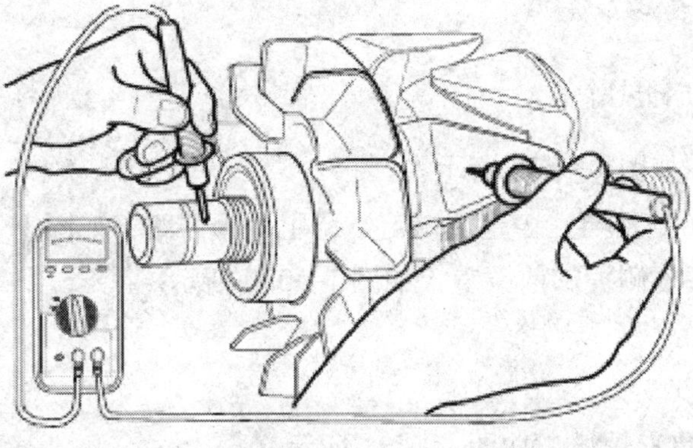

图 1—324　检测集电环和转子的绝缘性

（17）检测转子绕组的直流电阻值，判断转子绕组是否开路或短路。可通过测量集电环间的导通性，正常读数应为 1.7 ~2.3 Ω，否则必须更换转子，如图 1—325 所示。

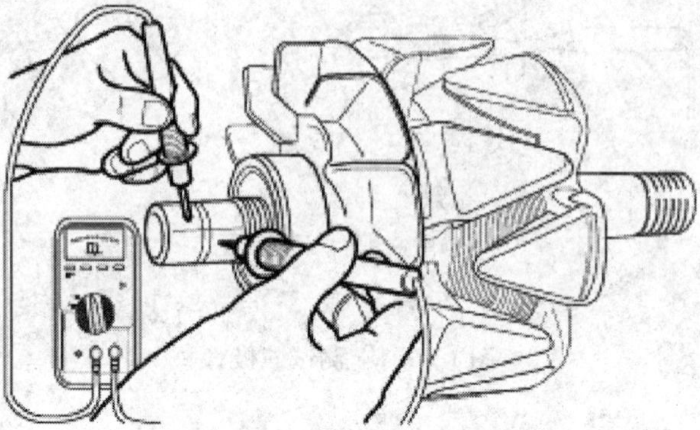

图 1—325　检测集电环间的导通性

（18）从轴上拆卸驱动端框架。

（19）对带内置发电机风扇的车辆，拆卸驱动端框架和风扇，如图 1—326 所示。

（20）拆卸转子总成，如图 1—327 所示。

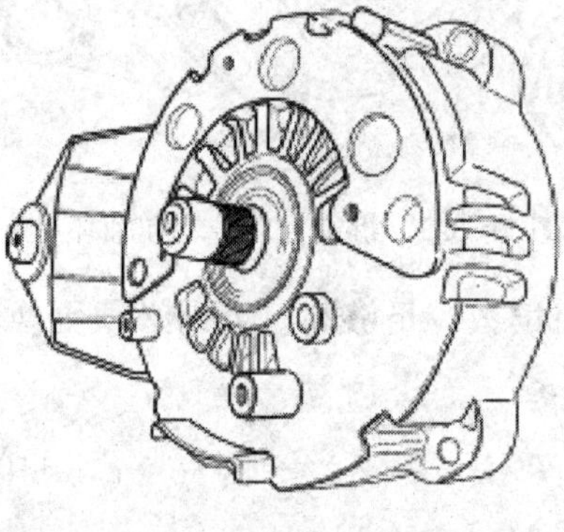

图 1—326　拆卸风扇

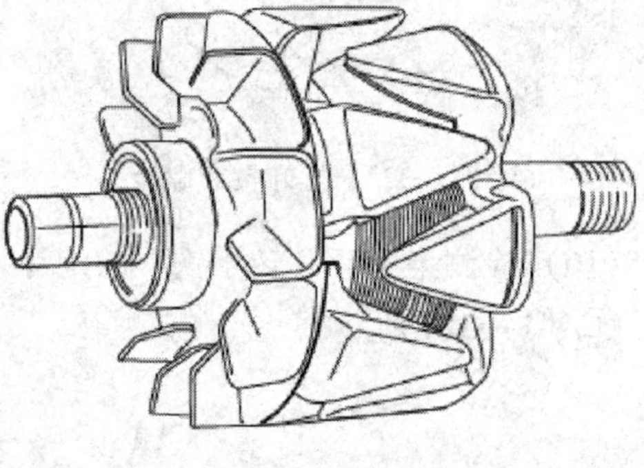

图 1—327　拆卸转子总成

（21）拆卸定子，如图 1—328 所示。

（22）用万用表（电阻挡）表笔测试定子绕组是否开路，如图 1—329 所示。

（23）从集电环端框侧拆卸前端盖，如图 1—330 所示。

2. 拆检起动机

（1）拆卸起动机。

（2）拆卸起动机贯穿螺栓，如图 1—331 所示。

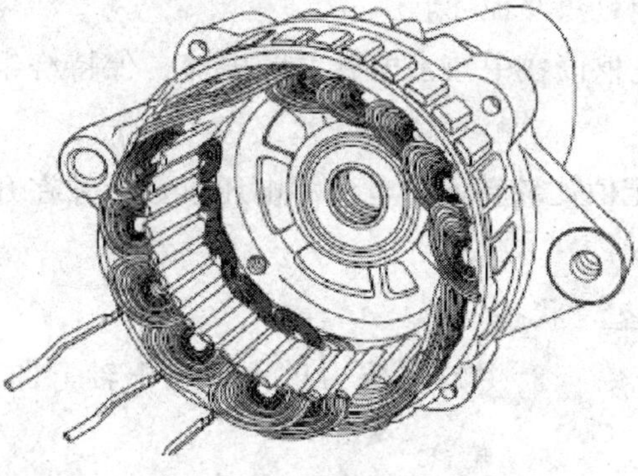

图 1—328　拆卸定子

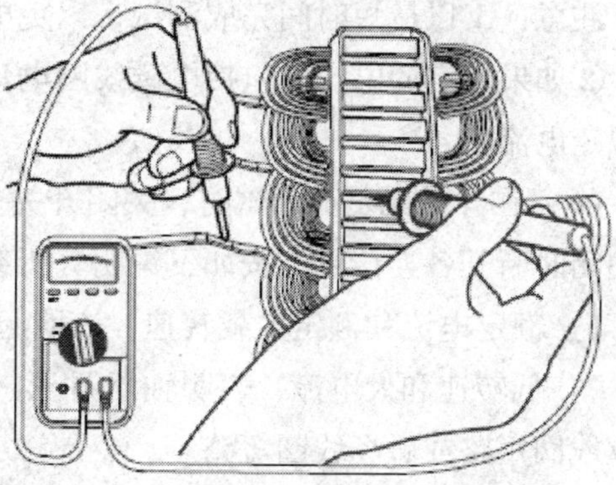

图 1—329　定子检测

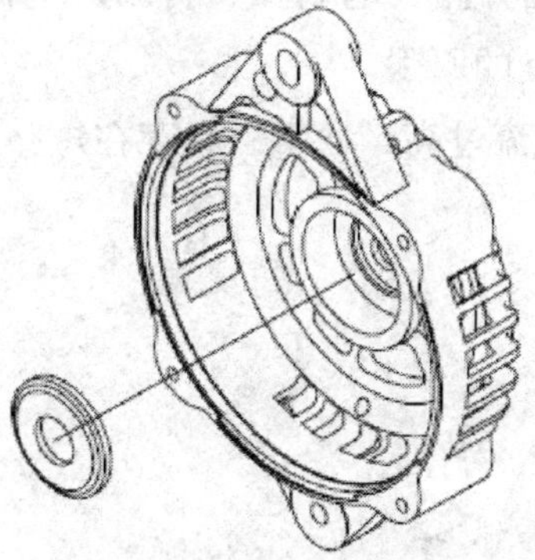

图 1—330　拆卸前端盖

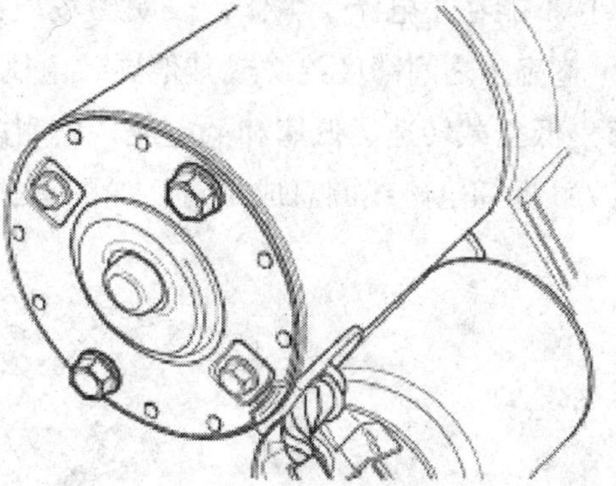

图 1—331　拆卸贯穿螺栓

（3）拆卸整流子端框和电刷架总成。

（4）检查电刷、弹簧和电刷架是否磨损或损坏，必要时更换总成，如图 1—332 所示。

（5）查看电枢能否自由转动。用手转动电枢，如果电枢不能自由转动，立即拆卸总成，从步骤（14）开始，否则对电枢进行无负载测试，如图 1—333 所示。

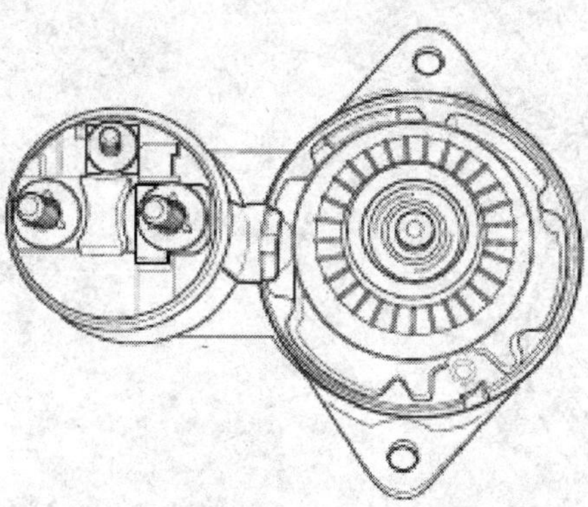

图 1—332　检查电刷、弹簧和电刷架

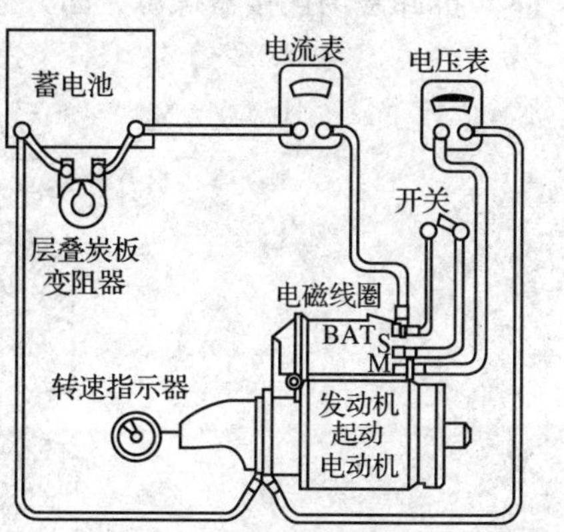

图 1—333　无负载测试

注意：①以最短时间完成测试，以免电磁线圈过热并损坏。

②如果规定的电流未包括电磁线圈电流，从电枢读数中减去电磁线圈电流，保持绕组的规定电流。

（6）在开始无负荷测试时，关闭开关并与规定值比较转速、电流和电压读数，并在开关关闭时断开各连接点，按如下说明分析结果：

1）额定电流和额定空载转速，表明起动机在正常状态。

2）低转速和大电流，表明轴承过紧、过脏或磨损产生的摩擦力过大；电枢轴弯曲、电枢线圈短路或磁场线圈短路。

3）不能在大电流下工作，表明端子或磁场直接搭铁或轴承“卡滞”。

4）不能在小电流下工作，表明磁场电路开路、电枢线圈开路、电刷弹簧折断、电刷磨损、整流条之间高度绝缘或其他导致电刷与整流子接触不良的原因。

5）低空载转速、低速和低电流，表明内部电阻和内部电流过高，通常磁场存在短路。

（7）拆卸电磁线圈总成螺钉，如图 1—334 所示。

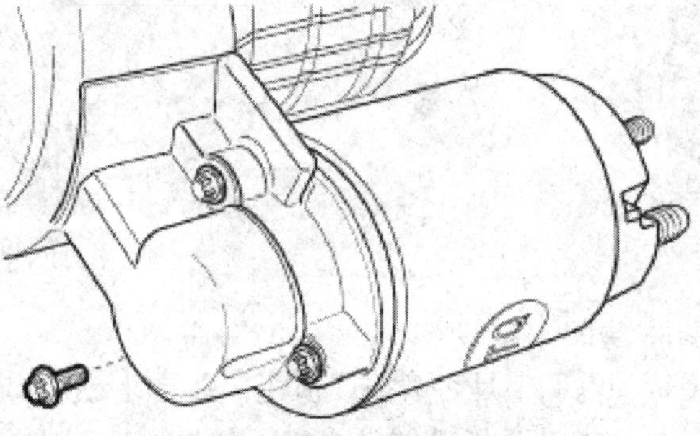

图 1—334　拆卸电磁线圈总成螺钉

（8）拆卸磁场连接器螺母，断开磁场连接器，如图 1—335 所示。

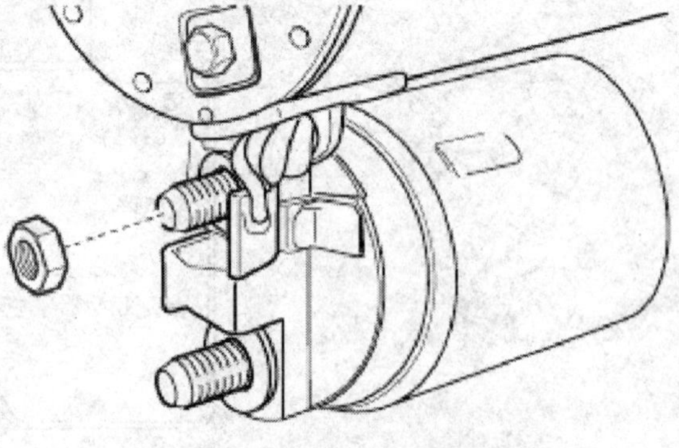

图 1—335　拆卸磁场连接器螺母

（9）拆卸铁心回位弹簧，如图 1—336 所示。

注意：如果未从起动机上拆卸电磁线圈，必须在测试前从电磁线圈端子上拆卸连接器的电缆端子。

（10）通过检查电流，测试电磁线圈绕组，如图 1—337 所示。

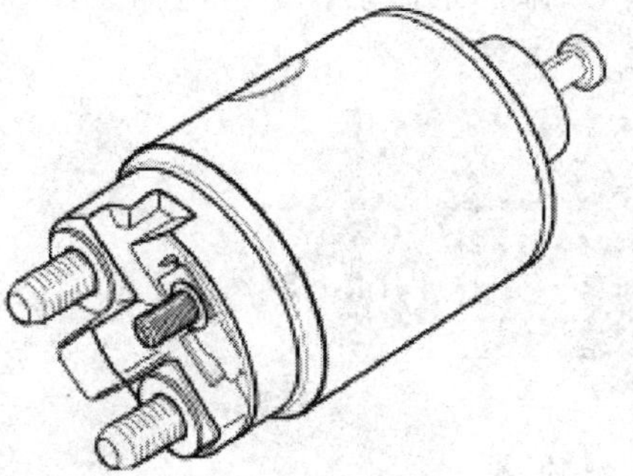

图 1—336　拆卸铁心回位弹簧

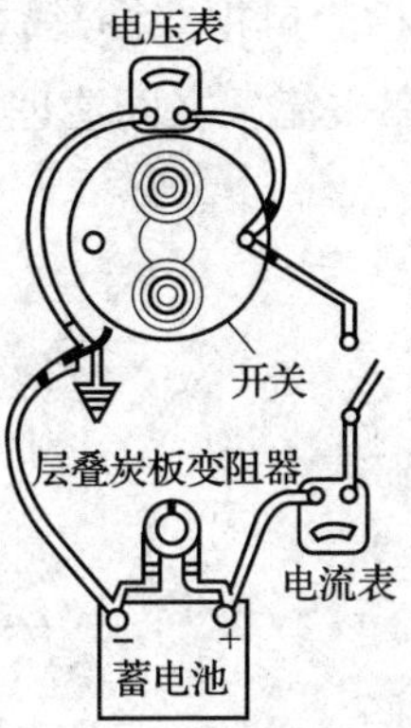

图 1—337　测试电磁线圈绕组

1）将电流表串入 12 V 蓄电池、开关端子和搭铁之间，检查电磁线圈。

2）将层叠炭板变阻器连接到蓄电池端子之间。

3）将电压调节到 10 V。电流计读数应介于 13 ~ 19 A。随绕组温度升高，电流下降。如果电流读数高于规定值，表明电磁线圈绕组短路或搭铁，上述两种情况都需要更换电磁线圈；如果读数低于规定值，表明电阻过大；没有读数，表明电路开路。

（11）根据（10）步骤测试连接绕组，检查两个绕组。

1）将电磁线圈起动机端子搭铁。

2）将电压调节到 10 V。电流计读数应介于 59 ~ 79 A。

3）必要时，检查接头并更换电磁线圈。

（12）使封闭的电枢移离起动机总成，滑动磁场框架。

（13）拆卸护罩，如图 1—338 所示。

（14）从电枢上拆卸磁场框架，如图 1—339 所示。

（15）检查轴和小齿轮是否变色、损坏或磨损，必要时更换。

（16）检查电枢整流子。如果整流子表面粗糙度超标，应车削，车削后整流子外径至少为

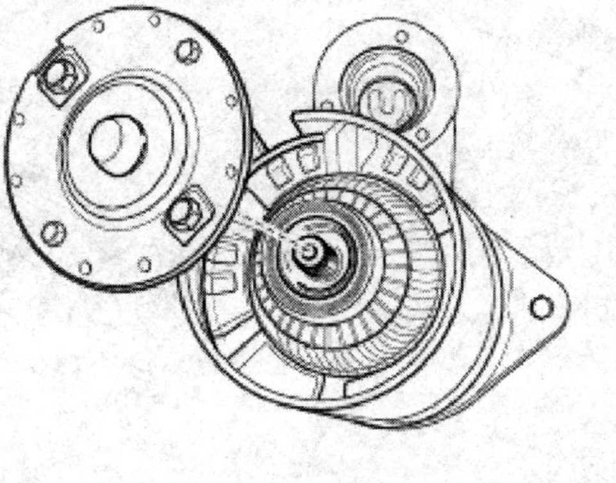

图 1—338　拆卸护罩

26.9 ~ 27.1 mm。车削加工不得使整流子失圆。

（17）检查电枢导体与整流条的接触点。确保接触良好，整流条不烧损，否则通常表明接触不良。

（18）如有测试设备，将电枢放在转子试验装置上，并在转动时，用手锯锯条压在电枢铁心上，检查电枢线圈是否短路，如果锯条振动，更换电枢。

（19）在整流条之间清理后，重新检查电枢。如果锯条振动，更换电枢，如图 1—340 所示。

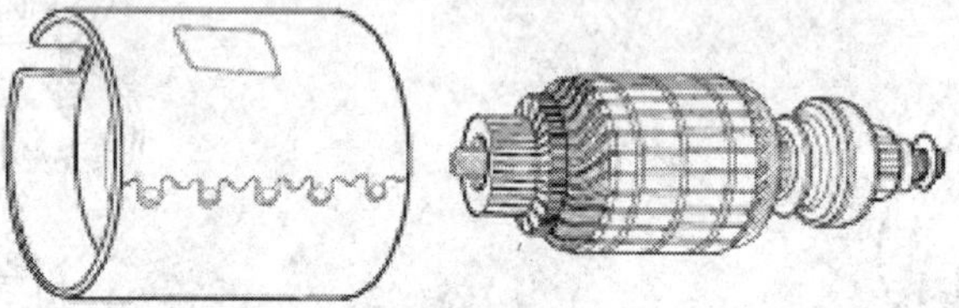

图 1—339　拆卸磁场框架

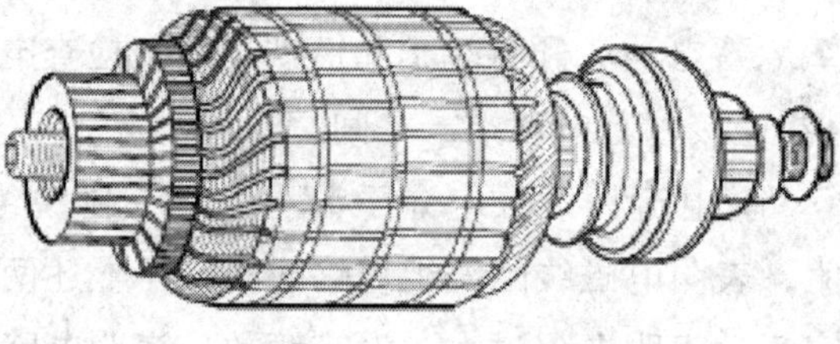

图 1—340　检查电枢

（20）从驱动轴槽中拆卸锁环，如图 1—341 所示。

（21）从驱动轴上拆卸小齿轮挡圈和驱动轴，如图 1—342 所示。

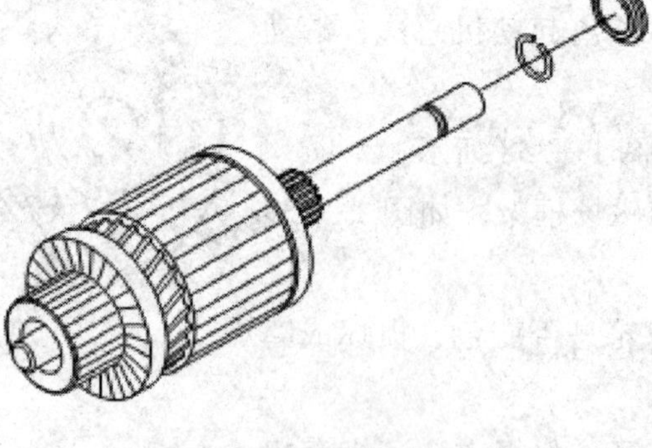

图 1—341　拆卸锁环

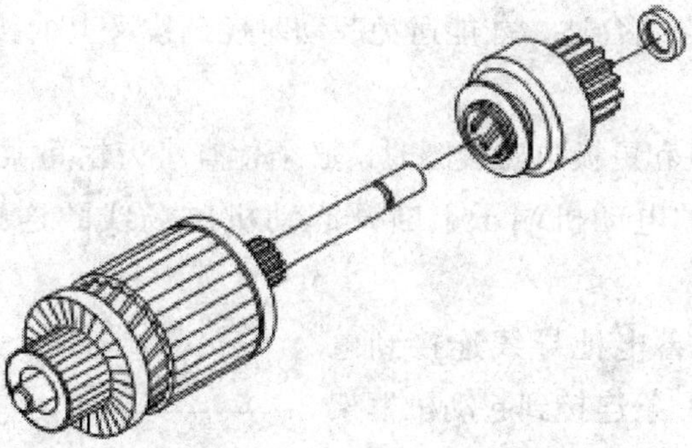

图 1—342　拆卸小齿轮挡圈和驱动轴

（22）如果未完成上述步骤，将拆卸的电磁线圈总成固定于壳体的螺钉上，然后再从磁场线圈连接器上拆卸螺母，如图 1—343 所示。

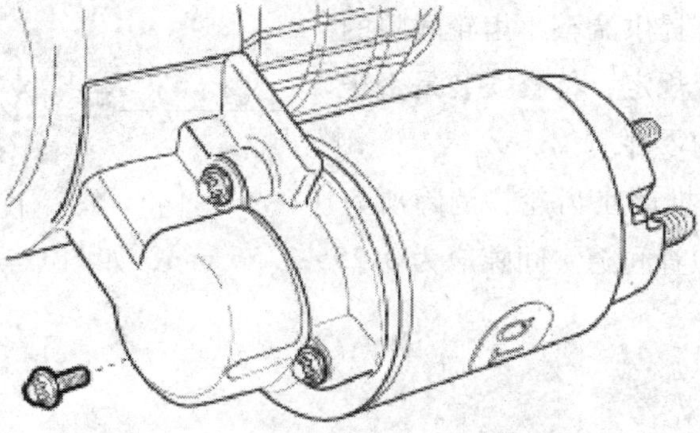

图 1—343　拆卸磁场线圈连接器螺母

（23）转动电磁线圈 90°，然后连同回位弹簧一起拆卸，如图 1—344 所示。

（24）拆卸铁心及护套和换挡杆总成。测试电磁线圈绕组［如果未在步骤（11）中进行测试］，如图 1—345 所示。

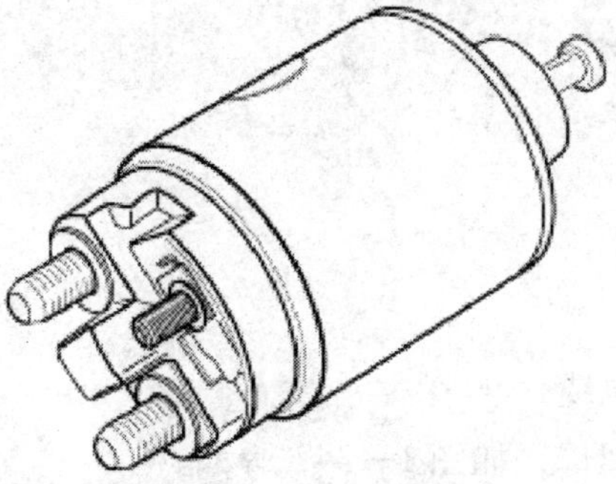

图 1—344　拆卸电磁线圈

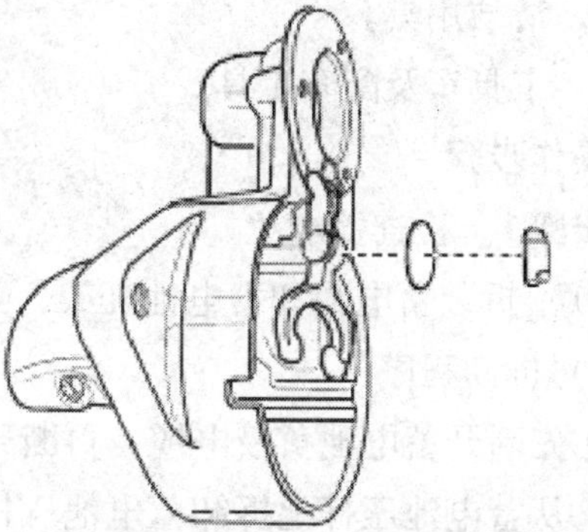

图 1—345　拆卸铁心及护套和换挡杆总成

注意：小齿轮间隙必须合适，才能避免起动时换挡拨叉上的按钮摩擦离合器，且分离轴承套筒。

（25）在拆卸起动机和更换电磁线圈时，必须检查小齿轮间隙。

（26）从电磁线圈的电动机端子上断开起动机磁场线圈连接器，并可靠绝缘连接器。

（27）将一条 12 V 蓄电池导线连接到电磁线圈开关端子上；另一条连接到起动机框架上。

（28）将跨接线从电磁线圈的电动机端子瞬时移到起动机框架上，让小齿轮进入起动位置，并保持在该位置，直到与蓄电池断开。

注意：起动机没有提供调整小齿轮间隙的途径，如果间隙不符合规定，检查安装是否正确，并更换所有磨损的零件。

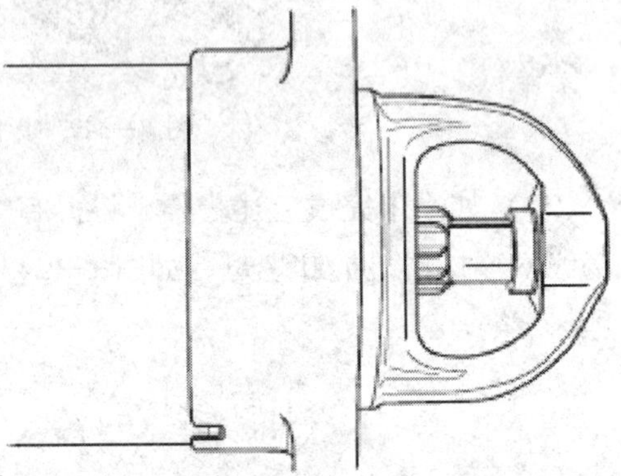

图 1—346　检查小齿轮间隙

（29）尽可能向后推动小齿轮，消除所有移动量，然后用塞尺检查间隙。间隙应为 0.25 ~ 3.56 mm，如图 1—346 所示。

技能要求

发动机电气系统维修质量检验

操作准备

1. 整台汽车。
2. 清洁用具。
3. 工具车及配套工具。

操作步骤

步骤 1　检查蓄电池

（1）拆装蓄电池和蓄电池托架

1）拆卸程序

①先断开蓄电池负极电缆，再断开蓄电池正极电缆。

②从蓄电池压杆上拆卸蓄电池压杆箍带的紧固螺母，如图 1—347 所示。

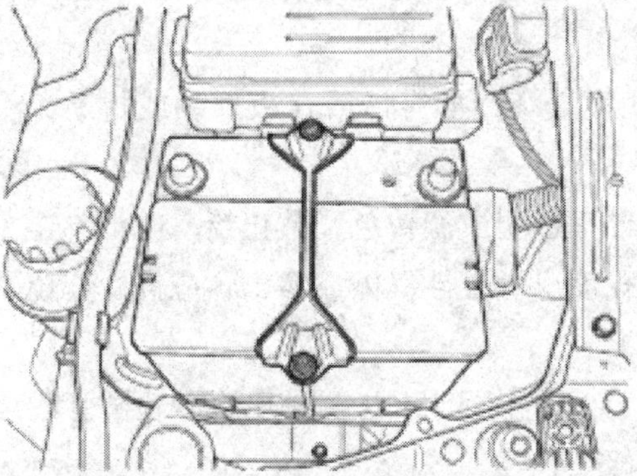

图 1—347　拆卸蓄电池紧固螺母

③检查蓄电池托架是否存在明显开裂或损坏。从蓄电池托架侧部松开蓄电池负极电缆线夹（若适用）。必要时，拆卸蓄电池上托架螺栓和离合器液压软管托架至蓄电池托架侧螺栓（若适用），断开托架。

④拆卸蓄电池托架下螺栓，如图 1—348 所示。

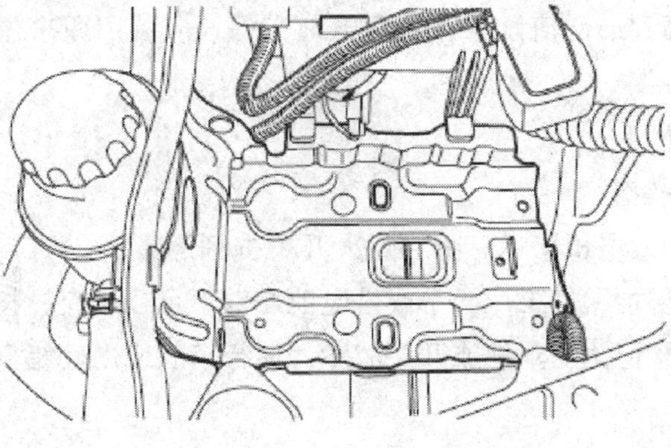

图 1—348　拆卸蓄电池托架下螺栓

2）安装程序

①紧固蓄电池托架上、下和侧面螺栓，安装蓄电池托架。紧固蓄电池托架上、下和侧面螺栓（若适用）的转矩至 20 N · m。

②将蓄电池托架负极电缆卡子卡入蓄电池托架侧部的孔中。

③将蓄电池装入托架。

④从蓄电池托架洞口，并通过压杆箍带孔，穿入蓄电池压杆，并松弛紧固螺母，将蓄电池压杆箍带连接到蓄电池上。紧固蓄电池箍带至蓄电池压杆螺母的扭矩至 5 N · m。

⑤连接蓄电池负极和正极电缆，蓄电池电缆压接螺母的扭矩要求达到 5 N · m。

（2）蓄电池加载测试

1）检查蓄电池是否明显损坏，如壳体或盖板开裂或折断，将导致电解液流失。如果损坏明显，更换蓄电池。

注意：如果液体密度计呈透明或淡黄色，禁止给蓄电池充电，而应该更换蓄电池。如果蓄电池发烫或通过排气孔喷出刺激性气体或渗出，应停止充电或减少充电电流，以免伤人。

2）检查液体密度计。如果能看到绿点，则开始加载试验程序，如果指示器黑暗，看不到绿色，给蓄电池充电。

3）将电压表和蓄电池负载测试器连接在蓄电池电极之间。

4）施加 300 A 负载 15 s，消除蓄电池表面电荷。

5）断开负载。

6）等候 15 s，让蓄电池恢复，再加 270 A 负载。

注意：必须通过手感蓄电池温度以及蓄电池前几小时所处的温度条件，估测蓄电池温度。

7）如果电压未降到最低值以下，则蓄电池完好，应装回原来位置。如果电压低于最低值，更换蓄电池。

步骤 2　检查发电机

（1）发电机系统检查

1）正常操作时，发电机指示灯将在点火开关拧到运行（RUN）位置时发亮，并在发动机起动时熄灭。如果指示灯工作异常或蓄电池充电不足或过充，按下述程序诊断充电系统。值得注意的是，忘记关闭附件或开关故障，使行李舱或手套箱等灯不能熄灭，通常导致充电不足。

2）按如下程序诊断发电机：

①目视检查传动带和导线，如图 1—349 所示。

②将点火开关拧到接通（ON）位置，但不起动发动机，充电指示灯应发亮。否则，断开发电机上的线束，用一条 5 A 跨接线将线束中的“L”端子搭铁。

a. 如果灯亮，更换发电机。

b. 如果灯不亮，寻找点火开关与线束连接器之间的开路故障，指示灯可能烧坏。

③将点火开关拧到接通（ON）位置，使发动机中速运行，充电指示灯应熄灭。否则，断开发电机上的线束。

图 1—349　检查传动带和导线

a. 如果灯熄灭，更换发电机。

b. 如果灯不熄灭，检查连接器和指示灯之间的线束是否对搭铁短路。

注意：务必首先检查发电机是否有输出，然后才能认为搭铁“L”端子回路短路，损坏调节器。

（2）发电机输出测试

1）执行发电机系统测试。

2）更换未通过测试的发电机。

3）如果发电机通过测试，则按下述程序执行车上的输出检查。

注意：务必首先检查发电机输出，然后才能认为搭铁“L”端子回路短路，损坏调节器。

①将数字式万用表、电流表和层叠炭板变阻器负载连接到车上，如图 1—350 所示。

注意：确保车辆蓄电池充满电，并关闭层叠炭板变阻器。

②在点火开关位于 OFF（关闭）位置时，检查并记录蓄电池电压。

③从发电机上拆卸线束连接器。

④将点火开关拧到运行（RUN），但不起动发动机。用数字式万用表检查线束连接器“L”端子上的电压。

⑤万用表读数应接近蓄电池电压规定值 12 V。如果电压

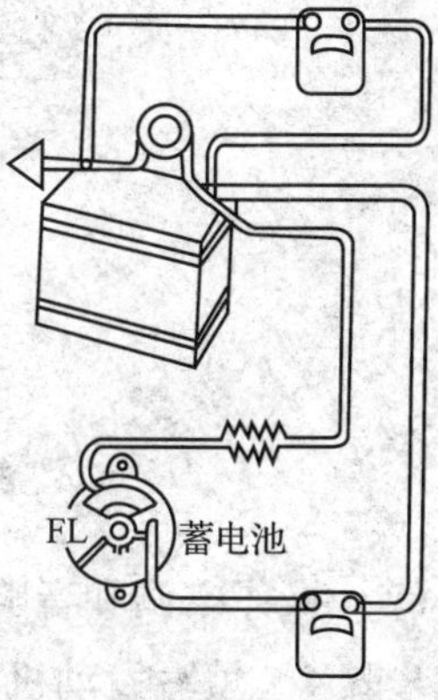

图 1—350　蓄电池检测

过低，检查指示灯“L”端子是否开路，搭铁电路是否导致电压损失。必要时，排除导线、端子接头等开路故障。

⑥连接发电机线束连接器。

⑦用汽油中速空转发动机，并用万用表测量蓄电池端子之间的电压。该读数应高于图1—350中记录的电压值，但低于16 V。如果电压超过16 V或低于原读数，应更换发电机。

⑧用汽油中速空转发动机，并测量发电机输出电流。

⑨接通层叠炭板变阻器并调整电阻值，在将蓄电池电压保持在13 V以上时，测量最大电流。

⑩如果读数在发电机上标定的额定值15 A以内，则发电机正常；否则，更换发电机。

⑪使发电机在最大输出电流下工作，测量发电机壳体与蓄电池负极端子之间的电压，电压降幅不应超过0.5 V。如果电压降幅超过0.5 V，检查发电机壳体至蓄电池负极端子之间的搭铁电路。

⑫检查、清理、紧固并重新检查所有搭铁接头。

步骤3 检测其他电气设备

（1）操作刮水器和喷水器，检测运转状况。前风窗玻璃刮水器电动机的速度有两挡（低速和高速），并能间歇操作。刮水器开关与刮水器和洗涤器开关组成一个总成。前风窗玻璃刮水器的操作通过转向柱右侧的操纵杆操纵，如图1—351所示。

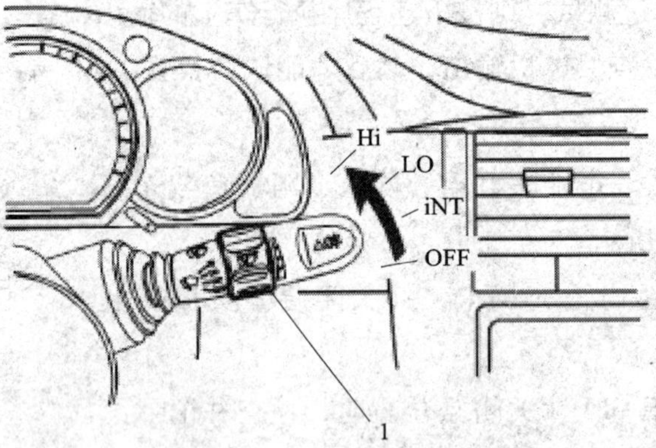

图1—351 运转刮水器

（2）操作空调和音响设备，检测运转状况。

步骤4 填写发动机电气系统维修质量检验与修复记录单

发动机电气系统维修质量检验与修复记录单（见表1—6）。

表 1—6　　发动机电气系统维修质量检验与修复记录单

试题	检查项目	检查结果	修复结果
发动机电气系统维修质量检验	蓄电池	蓄电池亏电	
		蓄电池脏污	
		蓄电池支架松动	
		蓄电池桩头松动	
		正常	
	刮水器和喷水器	刮水器不工作	
		刮水器无间歇挡	
		刮水器无慢速挡	
		刮水器无高速挡	
		喷水器不工作	
		正常	
	空调和音响	空调不制冷	
		空调制冷量不足	
		空调系统不出风	
		音响系统不工作	
		音响系统无声音	
		正常	
	起动机和发电机	起动机不工作	
		起动机运转无力	
		发电机不发电	
		发电机发电不正常	
		正常	
维修意见		（　）调整　　（　）修理	（　）更换

学习单元 2　照明系统维修质量检验

学习目标

1. 熟悉汽车照明系统的检测方法以及维修质量检验要求。
2. 掌握汽车照明系统的功用、结构组成及分类。

3. 能够对汽车照明系统维修质量进行检验。

知识要求

一、汽车照明灯概述

1. 汽车灯系分类

为了保证提高汽车的行驶速度，确保夜间行车的安全，汽车上装有多种照明设备和灯光信号装置。汽车灯系根据安装位置和用途不同，一般可分为外部照明装置、内部照明装置和汽车灯光信号装置。

2. 各灯系的功用

（1）前照灯。照亮车前的道路，为驾驶员安全行车提供保障。

（2）雾灯。雨、雪、雾天保证有效照明及提供信号。

（3）牌照灯。用于照亮汽车尾部牌照。

（4）仪表灯。用于夜间观察仪表的照明。

（5）转向灯。告知路人或其他车辆本车将转弯。

（6）示宽灯。标志汽车宽度轮廓。

（7）制动灯。表示本车已减速或将停车。

（8）倒车灯。告知路人或其他车辆本车将倒车。

（9）停车灯。夜间停车时，用来标志汽车的存在。

（10）尾灯。夜间行驶时，用来警示后方车辆。

（11）顶灯。用于夜间车内照明。

（12）其他辅助用灯。

二、照明系统检验

1. 光的基础知识

在光的物理量中，与前照灯检测有密切关系的是发光强度和照度。

（1）发光强度。即表示光源在一定方向范围内发出的可见光辐射强弱的物理量，单位是坎德拉（cd）。

（2）照度。即受光物体被光源照明的程度。它表示不发光物体被光源照明的程度，为受光面明亮度的物理量，单位为勒克斯，用符号 lx 表示。

（3）前照灯的特性。其特性如图 1—352 所示。

1）配光特性是指用等照度曲线表示受照物表面各部分照度的分布情况。

2）全光束是指照灯照射物体后，物体上得到的总照度。可用光束分布特性的纵端面特性曲线表示。

3）照射方向是指前照灯光轴相对其测量基准线偏离程度。

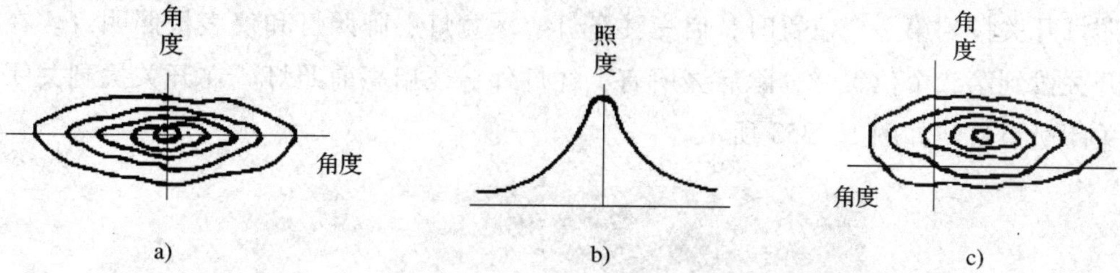

图 1—352　灯光特性图

a）配光　b）光束　c）照射方向

2. 前照灯检测的目的

由于发光强度和照射位置的偏移，造成夜间行驶对视力的不正常生理要求，影响驾驶员正确判断，可能还会导致交通事故，因此要对前照灯进行检测。

3. 前照灯检测的要求

1）前照灯光束照射位置的要求。要求在屏幕上光束中心离地高度为 0.85*H*～0.9*H*（*H* 为前照灯基准中心高度）。

2）水平位置要求。左灯向左偏不得大于 100 mm，向右偏不得大于 170 mm：右灯向左或向右偏均不得大于 170 mm。

3）前照灯发光强度要求

①二灯制：新车 18 000 cd 以上，在用车 15 000 cd 以上。

②四灯制：新车 15 000 cd 以上，在用车 12 000 cd 以上。

技能要求

照明系统维修质量检验

操作准备

1. 整台汽车（以 2004 型别克凯越车为例）。
2. 清洁用具。
3. 常用工具及配套工具。

操作步骤

步骤 1 操作照明系统，检查各灯光工作状况

（1）检查前照灯

1）前照灯由转向柱左侧的多功能操纵杆控制。点火开关在任何位置都能接通前照灯。将前照灯开关拨到第一个位置时，启亮驻车灯、示宽灯、牌照灯和仪表板照明灯。在将前照灯开关拨到第二个位置时，除启亮所有上述灯外，还启亮前照灯。在开关拨到关闭位置时，关闭所有灯，如图 1—353 所示。

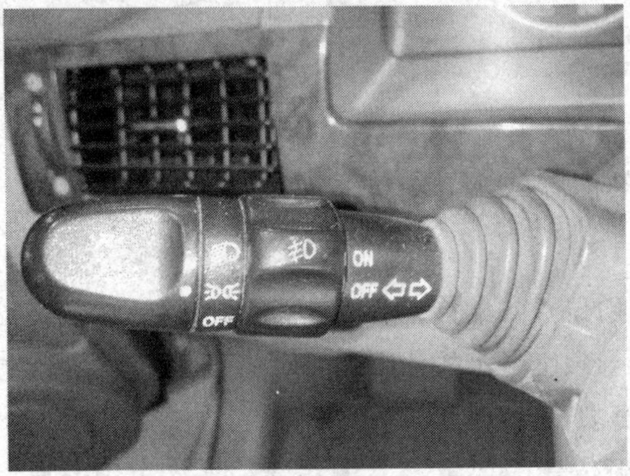

图 1—353 前照灯操纵杆

2）前照灯的远光和近光也由多功能操纵杆控制。当前照灯接通时，将操纵杆推离驾驶员座直到听到“咔嗒”声，为从近光变为远光；将操纵杆拉回回到近光。将操纵杆拉向驾驶员座也可接通远光；松开回到近光。在前照灯远光接通时，仪表组总成上的指示灯启亮，如图 1—354 所示。

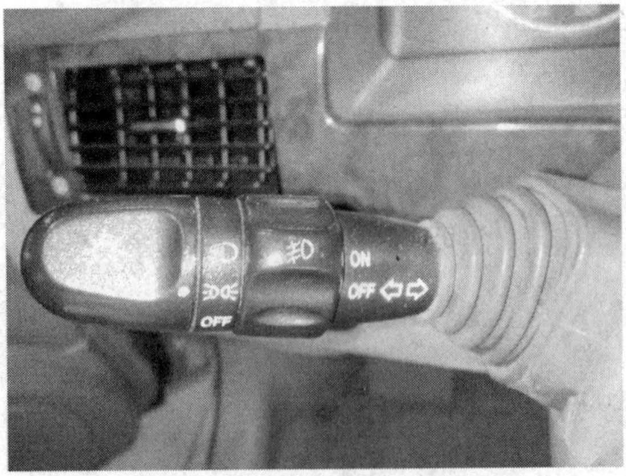

图 1—354 近、远光操纵杆

3）前照灯必须检查照射方向，以达到合适的路面照明范围。在安装新的前照灯总成或对前端区域的维修可能已影响到前照灯总成或灯座时，应检查前照灯的照射方向。

（2）检查驻车与转向信号灯

1）将照明开关拨到第一个位置，即可启亮驻车灯；将照明开关拨到关闭位置，可关闭驻车灯。如果在驾驶员车门打开时，驻车灯未关且点火开关处于关闭位置时，汽车将发出警报声，提醒关闭车灯。

2）前、侧和后转向信号灯由转向柱左侧的照明开关控制。往上或往下拨动操纵杆（超过止动点）将启亮转向信号灯；在转弯结束后，操纵杆返回水平位置，转向信号灯停止闪亮。

3）在变道或转缓弯时，由于方向盘转角不大，无法取消转向信号，因此仅将信号拨到第一个止动位置，并保持在此位置。当操纵杆松开后，操纵杆返回水平位置，转向信号则被取消。

4）转向信号仅在点火开关接通时工作，如图 1—355 所示。

图 1—355　转向信号灯及转向信号指示灯

（3）雾灯。雾灯如图 1—356 所示。

1）前雾灯开关位于左侧方向盘操纵杆上。要想使用前雾灯，必须先启亮前照灯或驻车灯，然后再拧操纵杆。不能用前雾灯代替前照灯使用。

2）前雾灯必须对光，以达到合适的路面照明范围。当安装新灯后或者对前端区域的修理可能已影响到前雾灯安装座时，应检查雾灯对光。

3）后雾灯包括在尾灯总成中，由转向柱旁边的后雾灯开关控制。只有当前雾灯或前照灯启亮时，后雾灯才能开启。

a）　　　　　　　　　　b）

图 1—356　前、后雾灯

a）前雾灯　b）后雾灯

（4）检查后组合灯。尾灯、停车灯、倒车灯、转向信号灯和后雾灯组成一个总成，如图 1—357 所示。

图 1—357　后组合灯

1）接通前照灯或驻车灯，可以打开尾灯。

2）当踩制动踏板时，尾灯亮度加大，相当于停车灯的功能。

3）中央高位停车灯（CHMSL）位于后窗中，当踩下制动踏板时将其打开。

4）转向信号由转向柱左侧的多功能操纵杆控制。如果在发出转向信号时踩制动踏板，一侧闪光，另一侧亮度不变。

5）当变速驱动桥挂在倒挡（R）时，倒车灯启亮。在装备自动变速驱动桥的车辆上，倒车灯由驻车和空挡位置（PNP）开关进行操纵。在装备手动变速驱动桥的车辆上，倒车灯由与变速驱动桥连接的倒车灯开关操纵。

（5）检查牌照灯。牌照灯在前照灯或驻车灯打开时启亮。牌照灯安装在牌照板上方。

步骤 2 灯泡拆卸及更换

（1）前照灯的更换（NB/SW）

1）拆卸程序

①断开蓄电池负极电缆。

②拆卸前照灯安装螺栓和螺母，如图 1—358 所示。

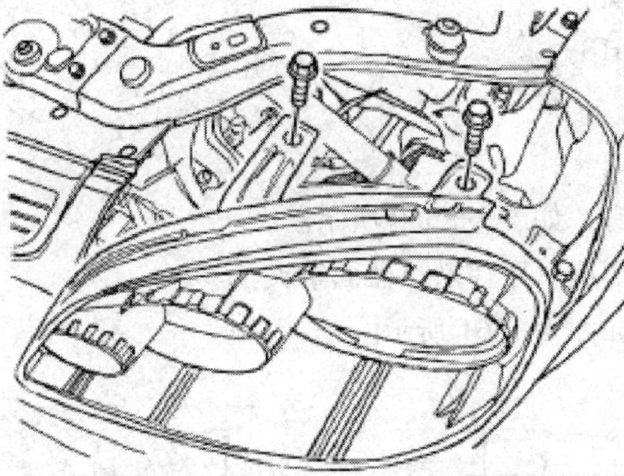

图 1—358 拆卸前照灯安装螺栓和螺母

③断开电气连接器。

④拆卸转向信号灯灯泡。

⑤拆卸前照灯总成。

⑥拆卸暗灯头式前照灯灯泡。

⑦断开前照灯灯泡电气连接器。

⑧拆卸前照灯灯泡，如图 1—359 所示。

2）安装程序

①安装前照灯灯泡。

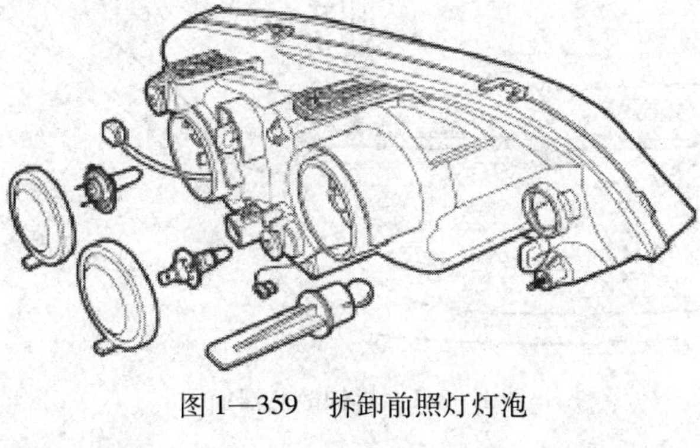

图 1—359 拆卸前照灯灯泡

②连接前照灯灯泡电气连接器。

③安装暗灯头式前照灯灯泡。

④安装转向信号灯灯泡。

⑤连接电气连接器。

⑥用螺栓和螺母安装前照灯总成。紧固前照灯总成螺栓和螺母的扭矩至 4 N · m。

⑦连接蓄电池负极电缆。

（2）前照灯的更换（HB）

1）拆卸程序

①断开蓄电池负极电缆。

②拆卸散热器面罩螺钉，如图 1—360 所示。

③从维修口插入一字形旋具压住散热器面罩夹子。

④拆卸散热器面罩，如图 1—361 所示。

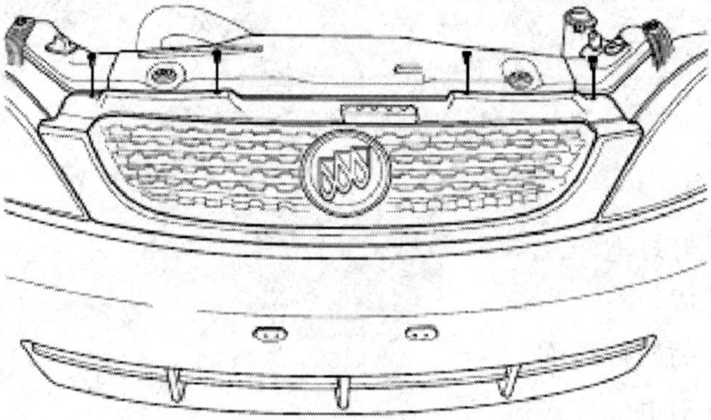

图 1—360　拆卸散热器面罩螺钉

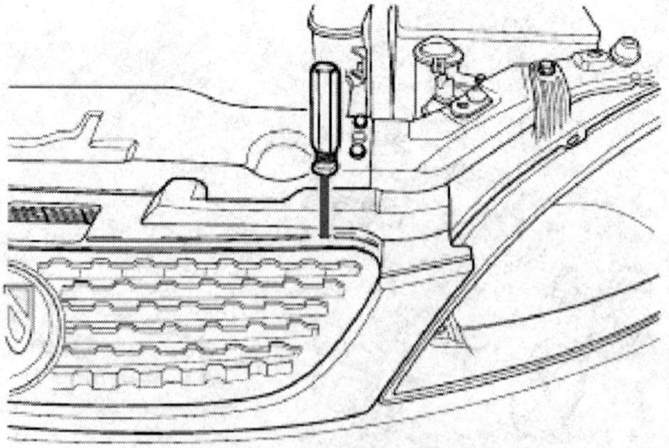

图 1—361　拆卸散热器面罩

⑤拆卸前大灯固定螺栓，如图 1—362 所示。

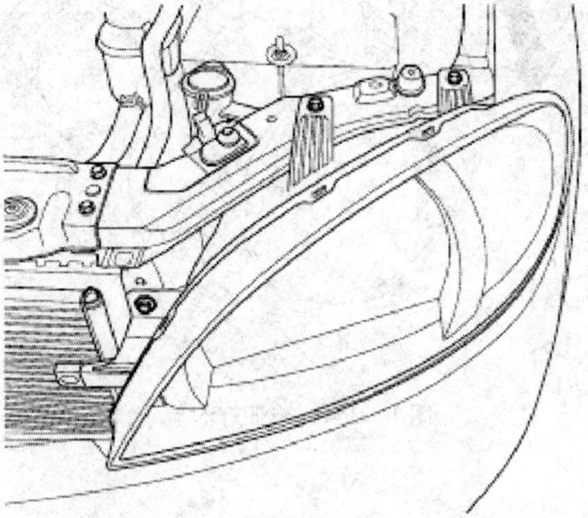

图 1—362　拆卸前大灯固定螺栓

⑥断开转向信号灯线束连接器。

⑦断开前照灯线束连接器。

⑧拆卸前大灯总成，如图 1—363 所示。

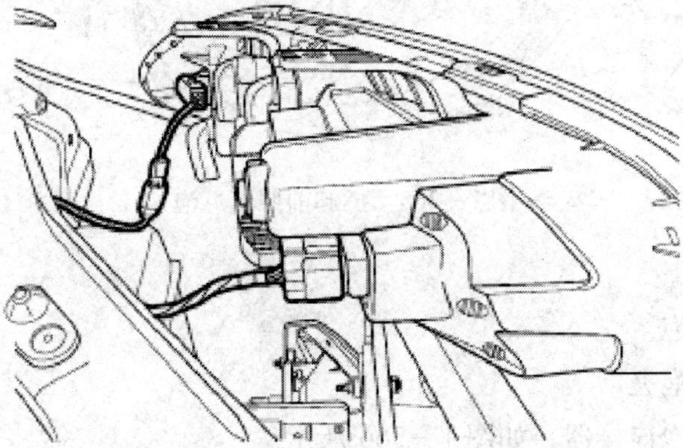

图 1—363　拆卸前大灯总成

⑨旋下前照灯的灯泡盖，如图 1—364 所示。

⑩撬开前照灯灯泡夹。

⑪分离前照灯灯泡连接器。

⑫卸下前照灯灯泡，如图 1—365 所示。

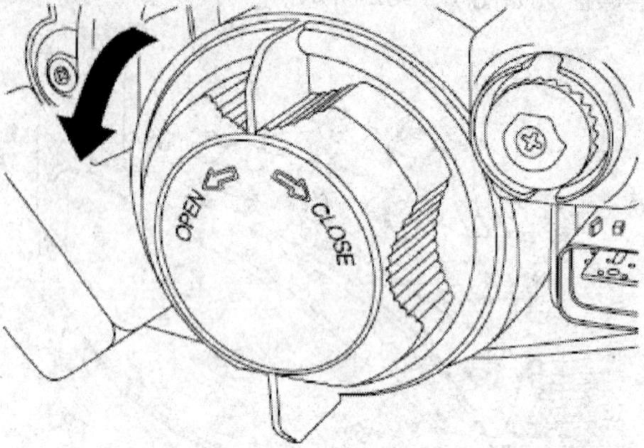

图 1—364　旋下灯泡盖

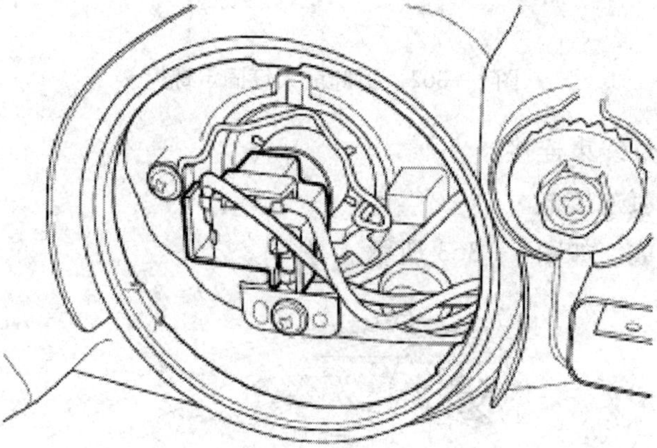

图 1—365　拆卸前照灯灯泡

2）安装程序

①装上前照灯灯泡。

②按上前照灯灯泡夹。

③连接前照灯灯泡连接器，如图 1—366 所示。

注意：不同金属彼此直接接触会很快腐蚀，务必使用正确的紧固件，以免早期腐蚀。

④旋上前照灯灯泡盖，如图 1—367 所示。

⑤安装前照灯总成。

⑥连接前照灯线束连接器。

⑦连接转向灯线束连接器，如图 1—368 所示。

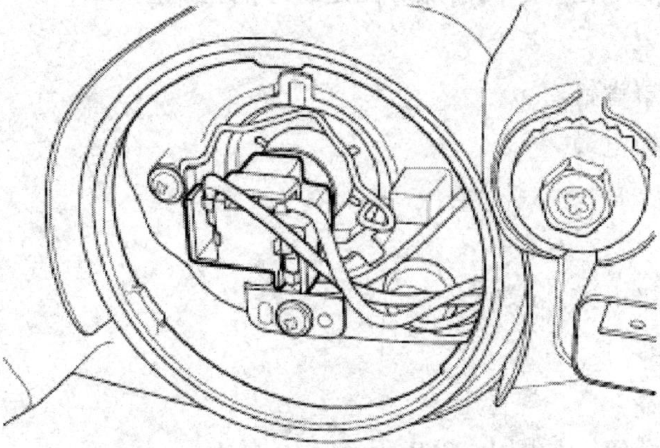

图 1—366　连接灯泡连接器

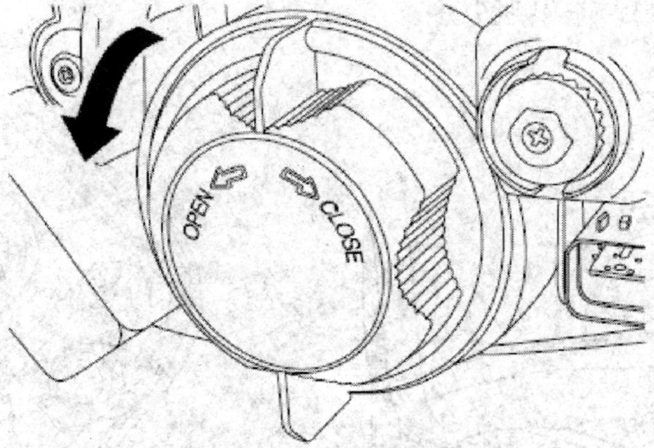

图 1—367　旋上灯泡盖

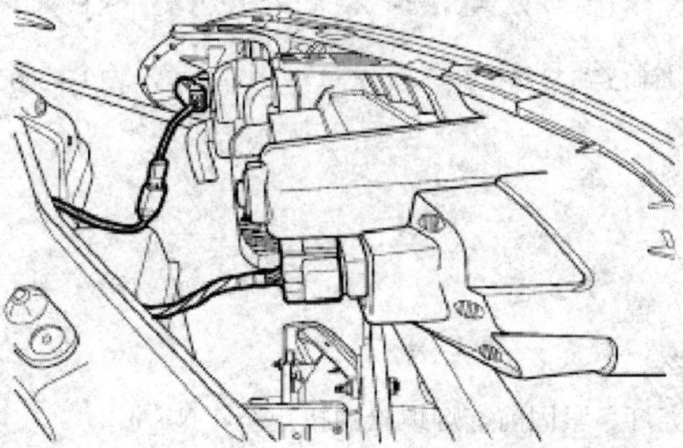

图 1—368　连接转向灯线束连接器

⑧安装前照灯固定螺栓。紧固前照灯固定螺栓的扭矩至 4 N·m。

⑨装上散热器面罩。

⑩安装散热器面罩螺钉。

⑪连接蓄电池负极电缆。

（3）雾灯的更换

1）拆卸程序

①断开蓄电池负极电缆。

②拆卸螺栓和前雾灯。

③断开电气连接器。

④拆卸雾灯检修孔盖，如图 1—369 所示。

⑤拆卸固定钢丝。

⑥拆卸灯泡，如图 1—370 所示。

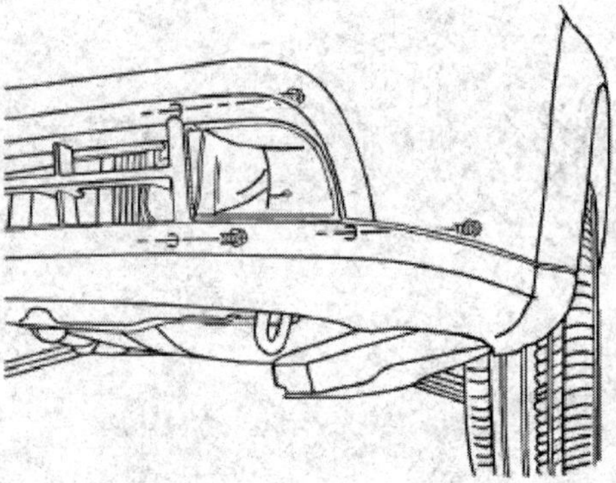

图 1—369　拆卸雾灯检修孔盖

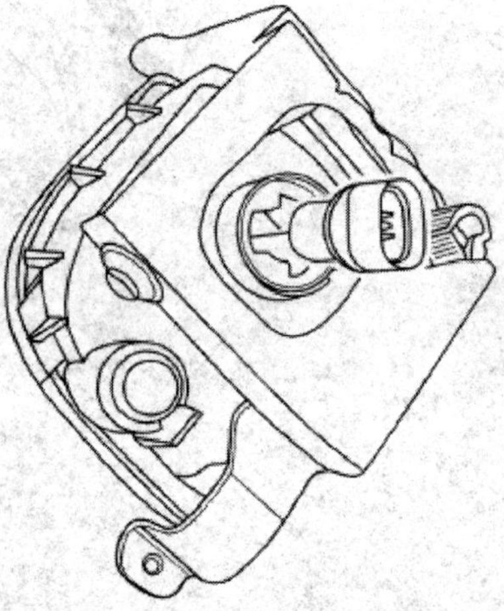

图 1—370　拆卸灯泡

2）安装程序

①安装灯泡。

②安装固定钢丝。

③安装雾灯检修孔盖。

④连接电气连接器。

⑤用螺栓安装前雾灯。紧固前雾灯螺栓的扭矩至 4 N·m。

⑥连接蓄电池负极电缆。

（4）侧转向灯的更换

1）拆卸程序

①断开蓄电池负极电缆。

②将侧转向灯向后滑动。

③拆卸侧转向灯。

④断开电气连接器，如图 1—371 所示。

2）安装程序

①连接电气连接器。

②安装侧转向灯。

③连接蓄电池负极电缆。

（5）驻车和转向信号灯灯泡的更换

1）拆卸程序

①断开蓄电池负极电缆。

②拆卸前照灯。

③拆卸驻车灯灯泡，如图 1—372 所示。

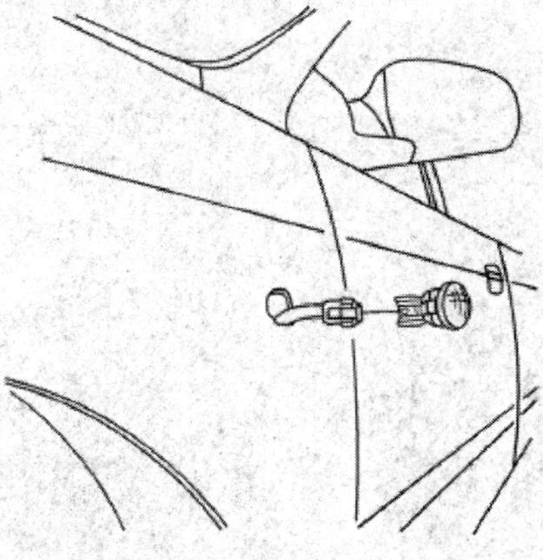

图 1—371　断开电气连接器

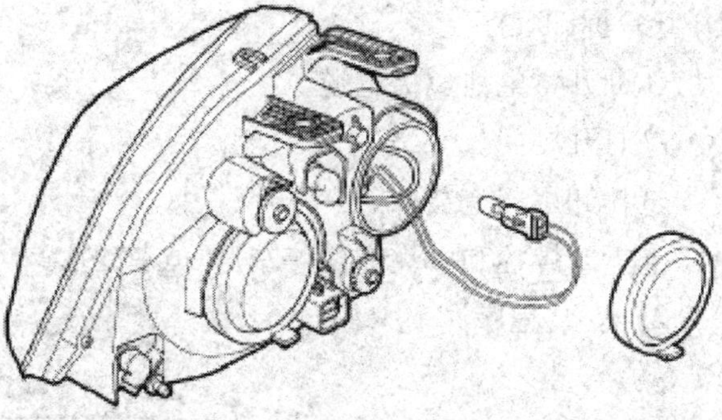

图 1—372　拆卸驻车灯灯泡

2）安装程序

①安装驻车灯灯泡。

②安装前照灯。

③连接蓄电池负极电缆。

（6）高位停车灯的更换（NB）

1）拆卸程序

①断开蓄电池负极电缆。

②打开后厢盖。

③拆卸螺栓和中央高位停车灯（CHMSL），如图 1—373 所示。

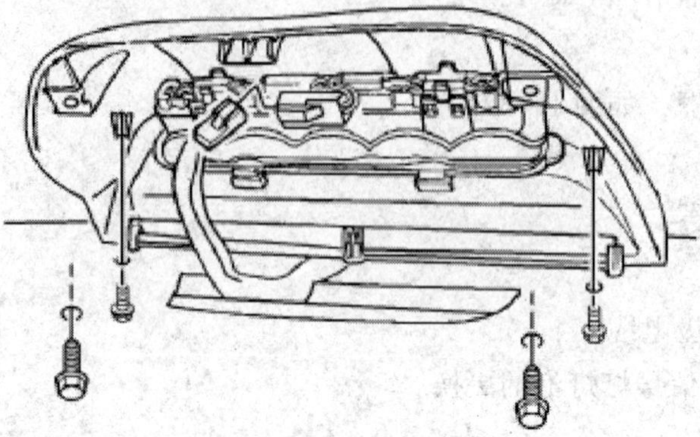

图 1—373　拆卸中央高位停车灯

2）安装程序

①用螺栓安装中央高位停车灯。紧固中央高位停车灯安装螺栓的扭矩至 4 N·m。

②连接蓄电池负极电缆。

（7）高位停车灯的更换（HB）

1）拆卸程序

①断开蓄电池负极电缆。

②打开尾门。

③拆卸尾门上装饰条。

④拆卸螺栓和中央高位停车灯（CHMSL），如图 1—374 所示。

2）安装程序

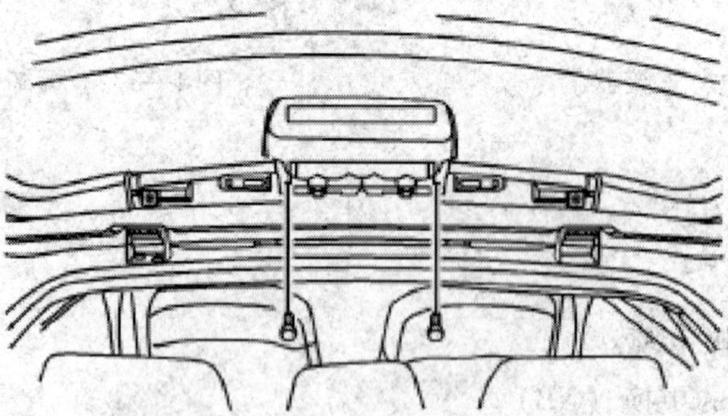

图 1—374　拆卸中央高位停车灯

①用螺栓安装中央高位停车灯。紧固中央高位停车灯安装螺栓的扭矩至 4 N · m。

②连接蓄电池负极电缆。

（8）尾灯的更换

1）拆卸程序

①断开蓄电池负极电缆。

②拆卸尾灯总成螺钉，如图 1—375 所示。

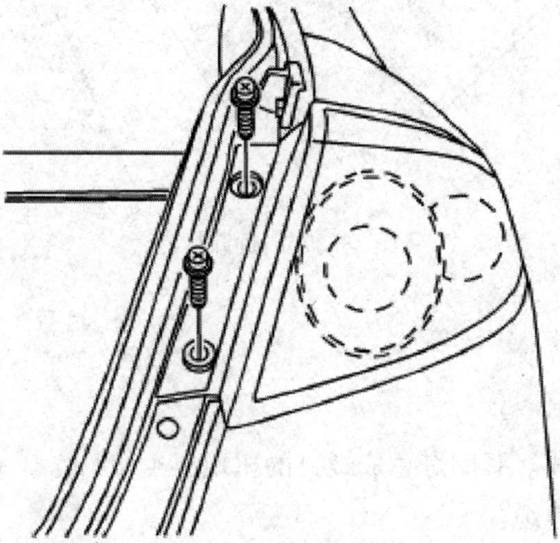

图 1—375　拆卸尾灯

③朝尾门门孔方向滑动尾灯总成并拆卸尾灯总成。

④拆卸灯泡。

2）安装程序

①安装灯泡。

②用螺钉安装灯总成。紧固尾灯总成螺钉的扭矩至 3 N · m。

③连接蓄电池负极电缆。

（9）牌照灯的更换

1）拆卸程序

①断开蓄电池负极电缆。

②拆卸螺钉。

③拆卸灯总成。

④从灯罩上拆卸灯座。

⑤拆卸灯泡，如图 1—376 所示。

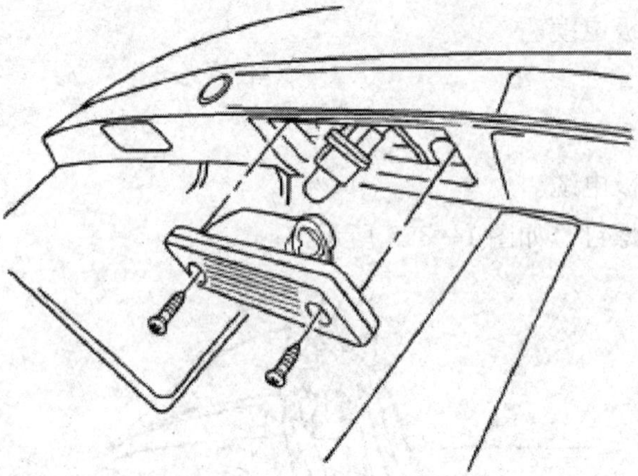

图 1—376　拆卸灯泡

2）安装程序

①安装新的灯泡。

②将灯座装入灯罩。

③用螺钉安装灯总成。紧固灯总成螺钉的扭矩至 4 N · m。

④连接蓄电池负极电缆。

步骤 3　填写照明系统维修质量检验与修复记录单

照明系统维修质量与修复记录单见表 1—7。

表 1—7　**照明系统维修质量检验与修复记录单**

试题	检查项目	检查结果	修复结果
照明系统维修质量检验	灯光	左前大灯不亮	
		左前小灯不亮	
		左前转向灯不亮	
		左前雾灯不亮	
		右前大灯不亮	
		右前小灯不亮	
		右前转向灯不亮	
		右前雾灯不亮	
		正常	
维修意见		（ ）调整　（ ）更换	（ ）修理

第 6 节　车辆四轮定位维修质量检验

学习单元　车辆四轮定位维修质量检验

学习目标

1. 掌握车辆四轮定位的基本知识和原理。
2. 熟悉车辆四轮定位的操作和调整。
3. 能对车辆四轮定位维修质量进行检验。

知识要求

一、车辆四轮定位概述

1. 四轮定位的定义及作用

汽车在使用中由于车架和悬架的弹性变形，同一辆汽车上的各车轮之间的位置关系也在不断地发生变化。恰当的车轮定位对于增强汽车行驶的安全性和操纵稳定性以及减少轮胎磨损起着重要的作用。

传统车轮定位主要是指前轮定位，但越来越多的现代汽车同时对后轮定位即四轮定位。前轮定位参数有：主销后倾、主销内倾、前轮外倾和前轮前束；后轮定位参数有：后轮外倾和后轮前束。

2. 车辆定位角度和相关基本知识

（1）车轮前束——单独前束和总前束

1）定义，如图 1—377 所示。

a. 总前束：一个轴上的总前束由两个车轮的前束角之和计算得出。

b. 后轴的单独前束：指车辆中心线与车轮中心线的夹角。

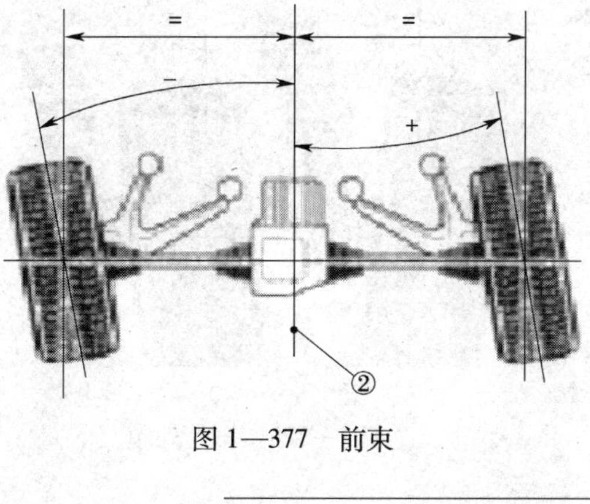

图 1—377　前束

c. 前轴的单独前束：指几何轴线与车轮中心线的夹角。

2）意义。正确的前束角与外倾角配合能够减少车辆行进时对轮胎的磨损。它补偿了由于车轮外倾角使得地面对轮胎产生的侧向力，使驾驶稳定。

3）应用分析。当后轮的前束值不相等时，会引起车辆几何轴线发生偏转。由于车辆在行进中，是后轴推动带有转向的前轴前进。在直线行驶过程中，前轮根据几何轴线打正方向。后轴车轮和后轴本身的变化会引起前轴原来的前束值不相等，使车辆的行驶方向发生偏斜。

如果强制车辆按照几何轴线行驶，会使轮胎受力不均，加速轮胎的磨损。所以，我们在定位过程中必须根据后轴前束形成的几何轴线将前轴的前束调整到合格范围内。

过大的正前束（前轮前束）：轮胎外侧磨损，直线行驶差。

过大的负前束（后轮前束）：轮胎内侧磨损，驾驶性能差。

（2）车轮外倾

1）定义，如图 1—378 所示。

外倾角：是车轮中心平面与垂直面间的夹角。转动方向，外倾角会随之变化。后轮外倾角是在方向直前——根据中心平面测出。

2）意义。外倾角与主销内倾角构成主销偏距。合适的主销偏距使车辆易于驾驶，既可以减小路面的冲击，又可以使方向盘有很好的回正能力。外倾角不同，两边车轮对地转动角度和半径不同，引起行驶跑偏。

3）应用分析。外倾角负方向过大，由于车辆速度快和轴载高使轮胎过热导致受损；外倾角正向过小，降低转向行驶的性能。

（3）车轮内倾角

1）定义，如图 1—379 所示。

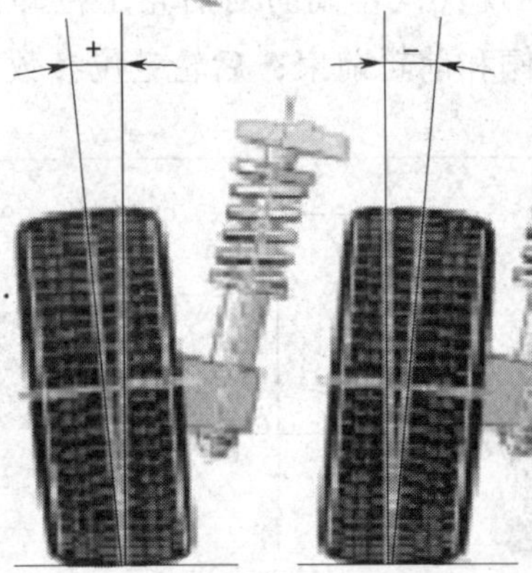

图 1—378　车轮外倾

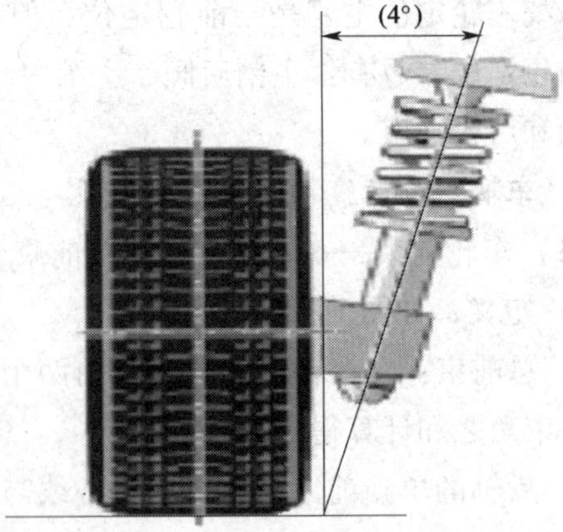

图 1—379　车轮内倾角

a. 主销：车轮旋转围绕的轴线。

b. 主销内倾角：是指主销向内倾斜与铅垂线间的夹角。

2）意义。外倾角与主销内倾角构成主销偏距。使车轮能够围绕锥体而不是圆柱旋转。合适的主销偏距使车辆易于驾驶，既减小路面的冲击，又保持很好的回正能力。

3）应用分析

a. 定位在第一次对中后，向左右打20°转角时测得。

b. 内倾角过大：转向力与制动反力过大内倾角过小；转向装置回复能力差，车轮容易受损，倾斜。

（4）主销后倾角

1）定义，如图1—380所示。

主销后倾角是转向旋转轴与车轮轴中垂线的夹角。

2）意义。正的后倾角保证车轮是被推动的而不是拉动的。保证车轮在行进中能够直线行驶，提高了车轮在行进中的自定心能力。尽量减小地面对驾驶的冲击。主销后倾角为正与车轮前束配合使车轮行进时保持稳定。

3）应用分析

a. 主销后倾角也是在打20°时测得。

b. 主销后倾角为正：方向控制能力与制动力增强。

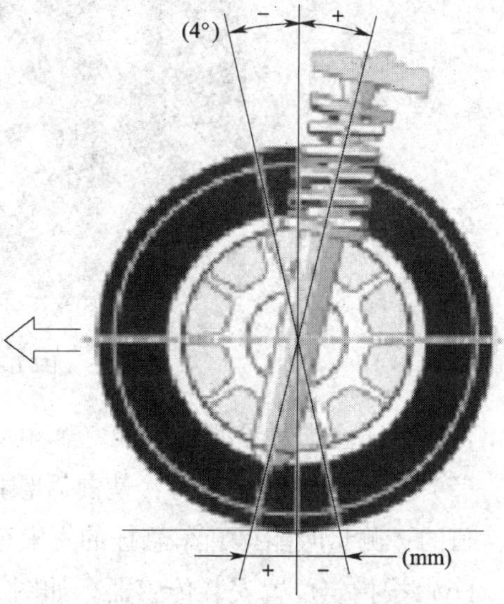

图1—380　主销后倾角

c. 主销后倾角为负：转向复位能力变差，易损坏轮胎，造成轮胎打滑，对方向过于敏感。

d. 主销后倾角不等容易引起车身倾斜。如果两边主销值不同，两个车轮受到来自车身的推力不同，容易引起跑偏。

二、车轮定位检验（以BEISSBARTH四轮定位仪为例）

1. 定位前的准备

（1）车开上举升机之前，先检查电子转角盘的销子是否销好。

目的：防止损坏转角盘内的传感器。防止车身滑动。

（2）应尽量将车停在转角盘和后滑板的中心。

目的：防止前轮20°转向测量时对转向机构有附加阻力。

（3）将车在举升机上停正后，先检查一下胎压是否正常。

目的：胎压不正确会使车身倾斜。

（4）安装卡具，并检查避免卡具安装得松垮，偏斜，确认钩子钩在同一胎痕里。如图1—381所示。

图1—381　安装卡具

目的：防止卡具给测量附加一个角度。卡针磨损或弯曲会影响定位精度。

（5）按压震动前后车身，使前后悬挂系统松弛，复原。

目的：测量时能得到车悬挂的真实值。

（6）按指定位置安装传感器。如图1—382所示。

图1—382　按指定位置安装传感器

（7）如果使用 WIN81 - IR 可以采用无线有线两种工作方式，则只连接转角盘电缆；如果采用有线工作方式，则需要连接全部电缆。有线电缆和无线收发器不能同时连接在充电箱上。

（8）按照位置顺序，按下传感器上 1，2，3，4，启动传感器。

（9）将举升机升到最低锁孔位置（或调车位置），保证工作面的水平。

目的：传感器在不同的平面测出的数值不同。应在水平面上检测车辆。

（10）锁上刹车锁，如图 1—383 所示。

图 1—383 锁刹车锁

目的：防止在转向测量时，车轮发生转动引起传感器随之转动，影响测量结果。

2. 开始新的检测

（1）用户信息选择或输入，如图 1—384 所示。

在表格中输入用户信息和被定位车辆的相关资料，特别是黄色背景项至少输入一个以便下次存档和下一次调出查询。

（2）车辆就位，车型选择。如图 1—385 所示。

（3）车辆就位。如图 1—386 所示。

目视检查选择检查与车辆问题，与定位无直接关系，可跳过。可选复选框和输入文字。

检查传感器准备状况。如果需要 ROMESS 等专用工具测量出底盘的水平或其他角度，将其准备好，测量出相应角度，记录下来，在适当的界面输入并存储。

（4）调整前检测——直前等分前束和零前束测量。如图 1—387、图 1—388 所示。

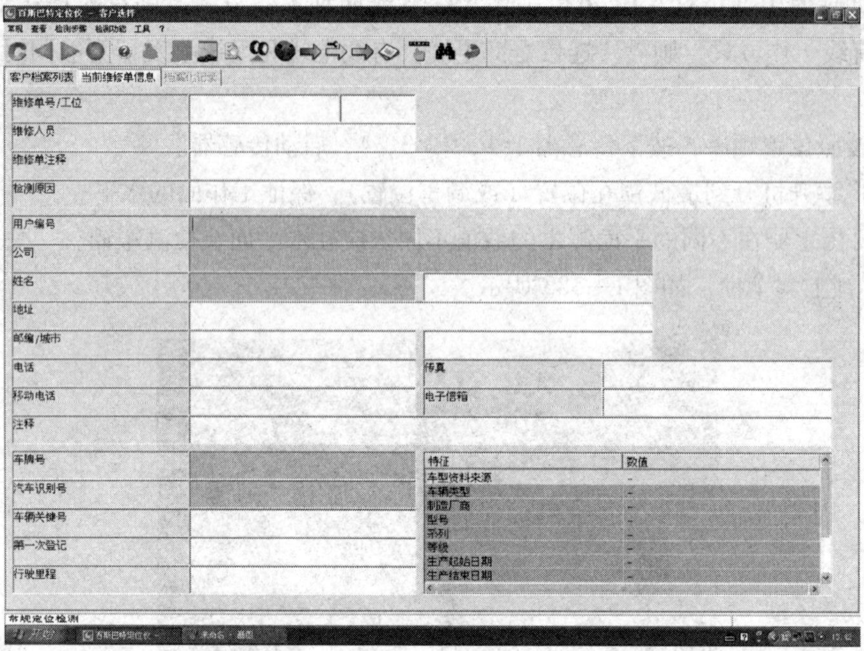

图 1—384　用户信息输入

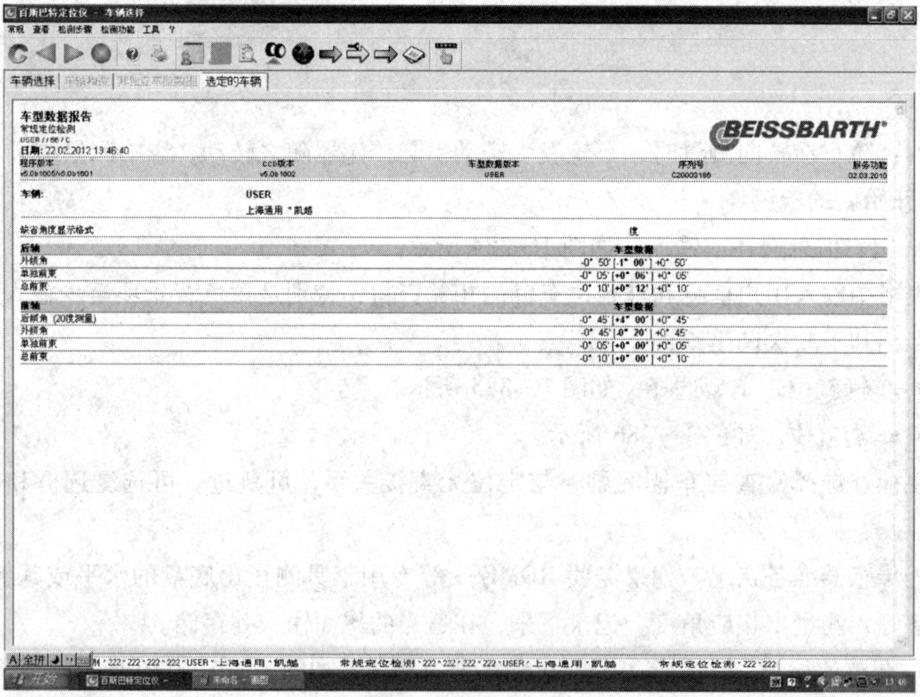

图 1—385　车型选择

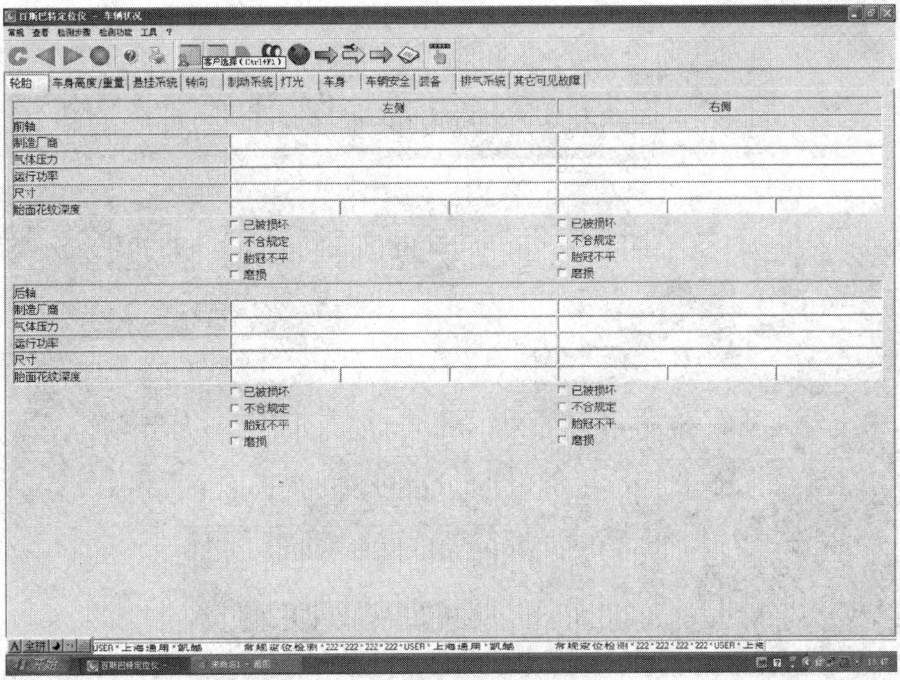

图 1—386 检测车辆与传感器

图 1—387 转向操作

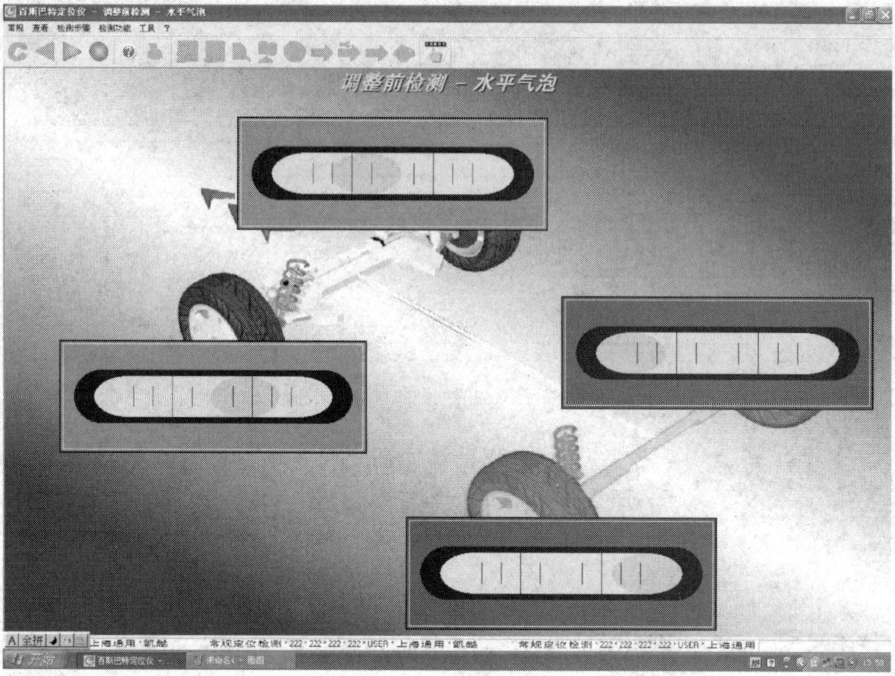

图 1—388　水平气泡调整

1）再次检查刹车是否锁好。

2）按图示将方向对中。根据中心平面测出后轴前束。以后轴前束为基准测量前轴前束。

3）如果出现水平提示，调节各个传感器的水平。

4）还需要多次打方向，在左右零前束时测量出左右外倾角数值。

（5）调整前检测 –20°或 10°转角测量。如图 1—389、图 1—390 所示。

如果使用电子转角盘，分别向右，向左打 20°转角。以屏幕上箭头对中为准。如果不使用电子转角盘，分别向右，向左打 10°转角。以屏幕上箭头对中为准。按图示将方向对中。

目的：测量主销内倾角、主销后倾角、转向前展差。

（6）检测报告

检测完成后显示报表。如图 1—391、图 1—392 所示。

（7）定位调整，如图 1—393、图 1—394 所示。

（8）调整后检测，如图 1—395、图 1—396 所示。

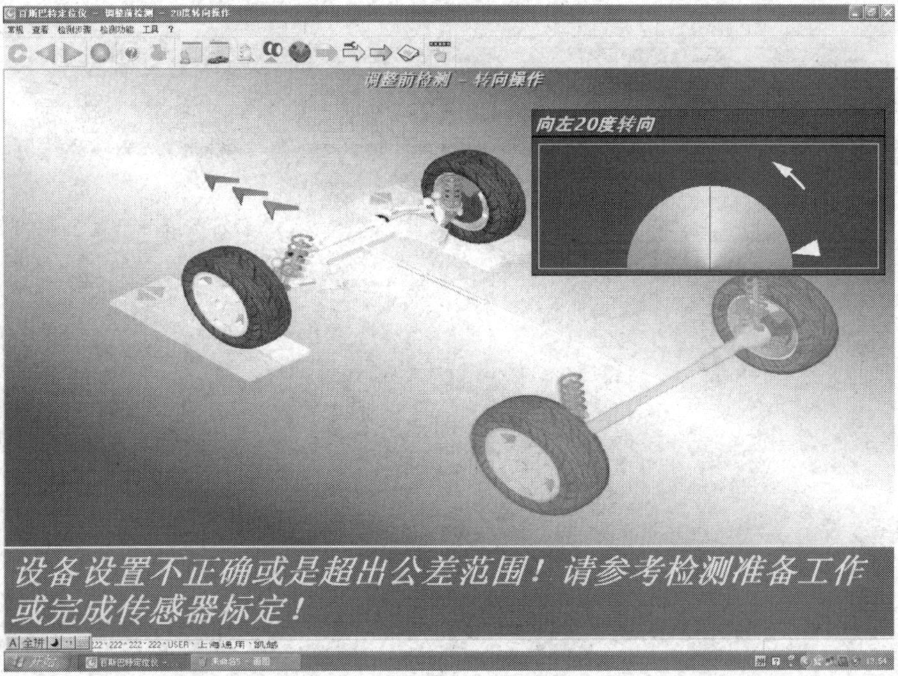

图 1—389　转向操作

图 1—390　前轴单独前束

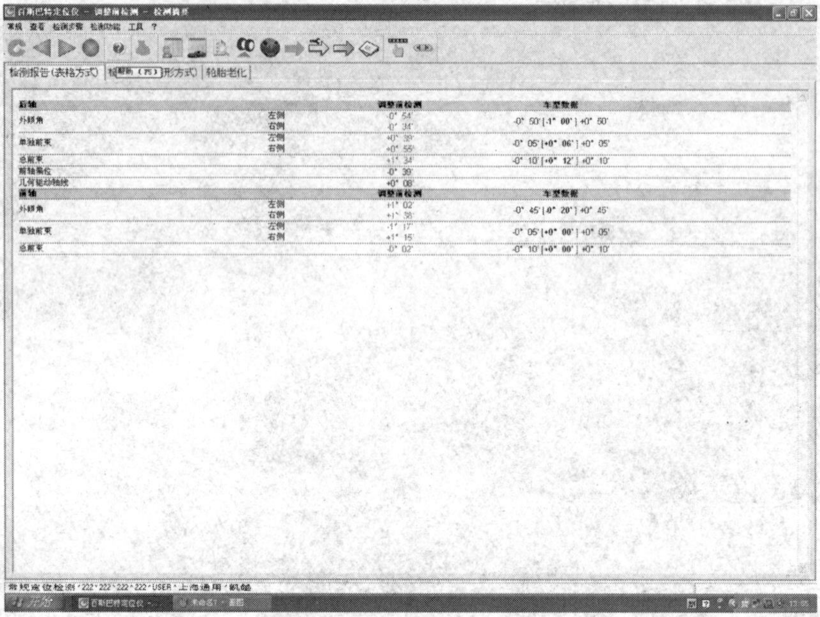

图 1—391　检测报告（表格）

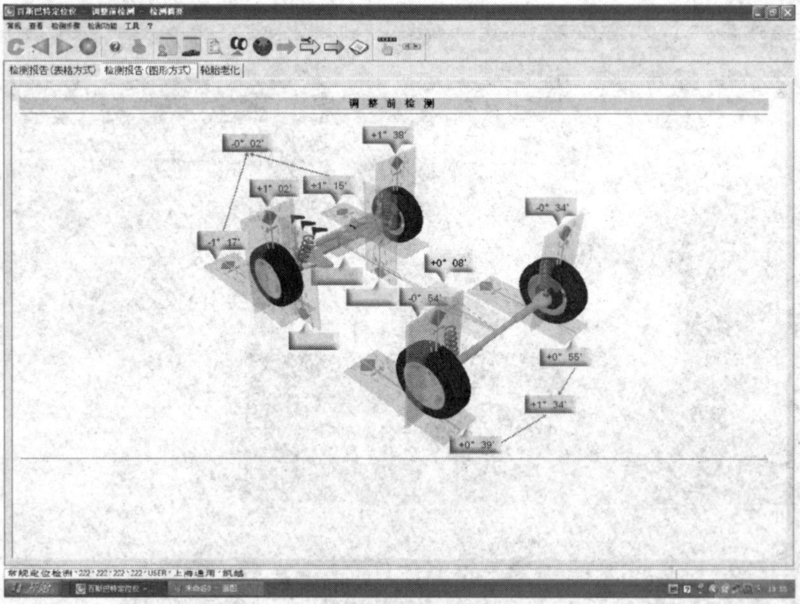

图 1—392　检测报告（图形）

图 1—393　定位调整

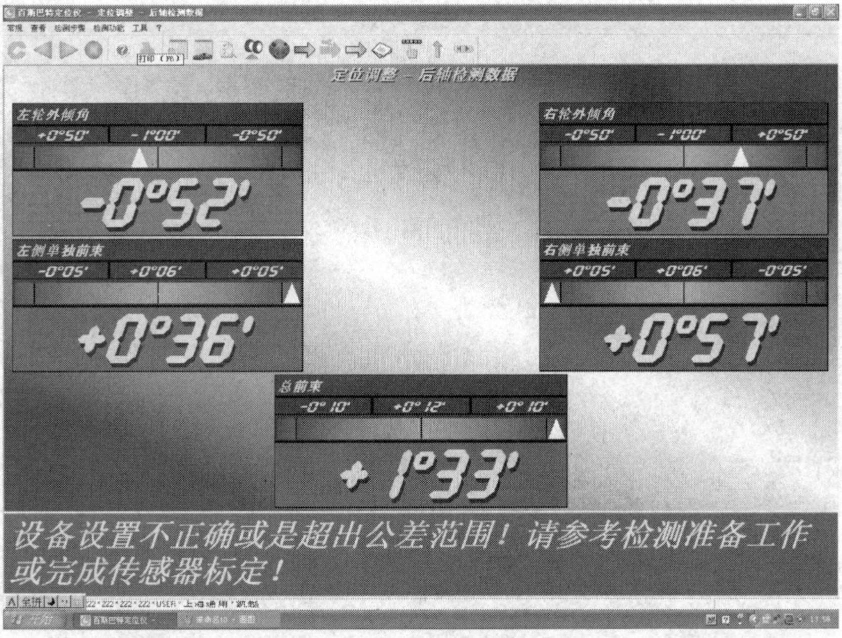

图 1—394　定位调整——后轴检测

图 1—395　调整后检测——前轴单独前束

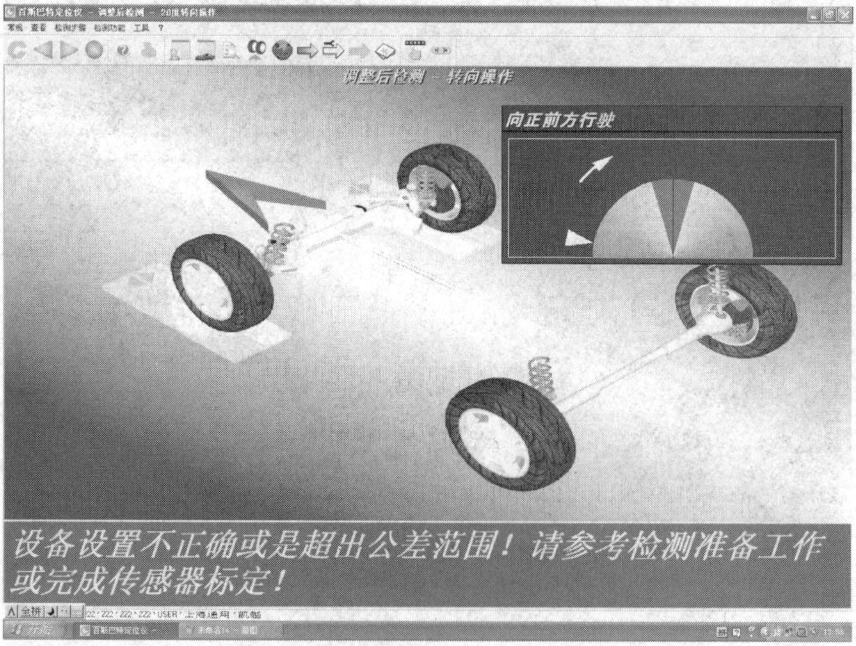

图 1—396　调整后检测——转向操作

(9) 检测报告

检测完成后显示报表。如图 1—397、图 1—398 所示。

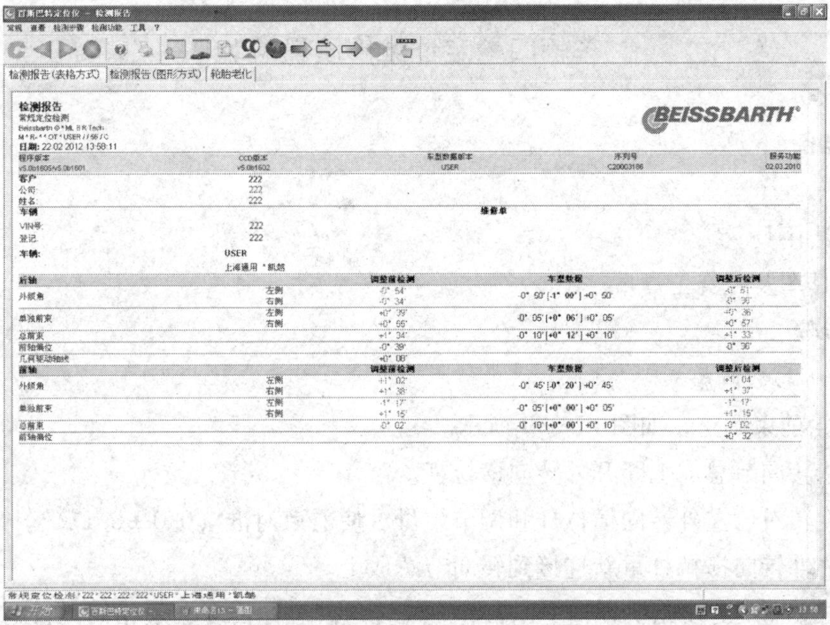

图 1—397 检测报告(表格)

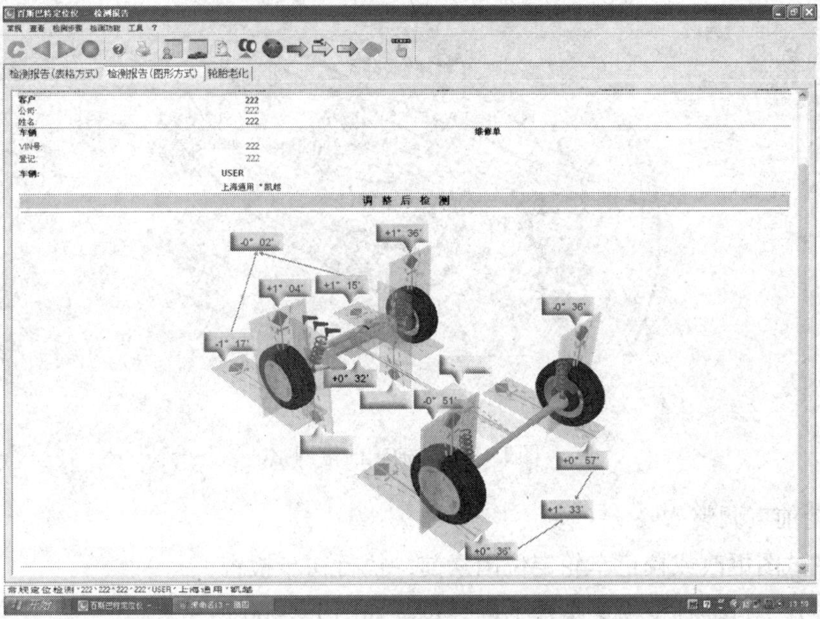

图 1—398 检测报告(图形)

技能要求

车辆四轮定位维修质量检验

操作准备

1. 整车。

2. 清洁用具。

3. 工具车及配套工具。

操作步骤

步骤1 参数调整

1. 前轮前束调整，如图1—399所示。

（1）从转向节总成上断开外转向横拉杆。

（2）旋转右、左外转向横拉杆和调节螺母，使前束对准（0.0±0.17）°。

（3）将外转向横拉杆重新连接到转向节总成上。

特别注意事项：在此项调整中，右、左外转向横拉杆长度必须相同，否则会造成轮胎不均匀磨损。

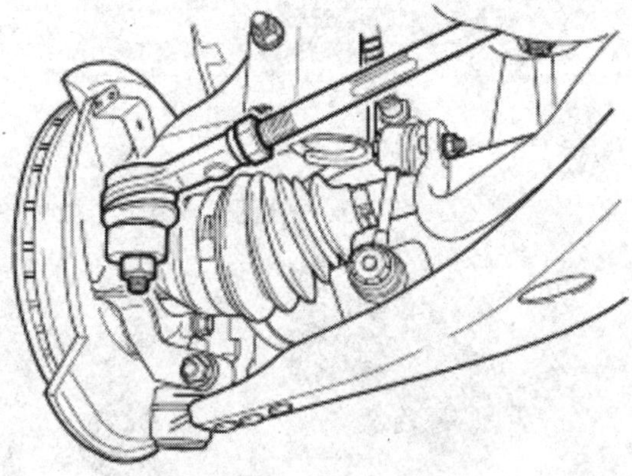

图1—399 前轮前束调整

2. 后轮前束调整

（1）在试图更改或校正车轮定位因素前，执行初步检查。

（2）松开平行连杆至横梁螺栓上的螺母。如图1—400所示。

（3）旋转平行连杆调整螺栓，直到得到理想的后轮前束规格。如图1—401所示。

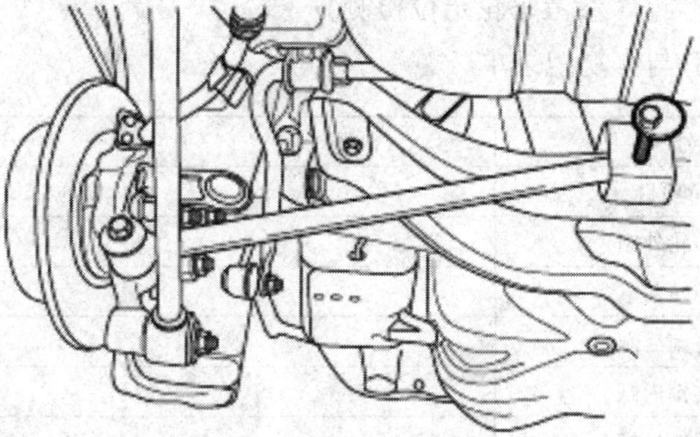

图 1—400　松开螺母

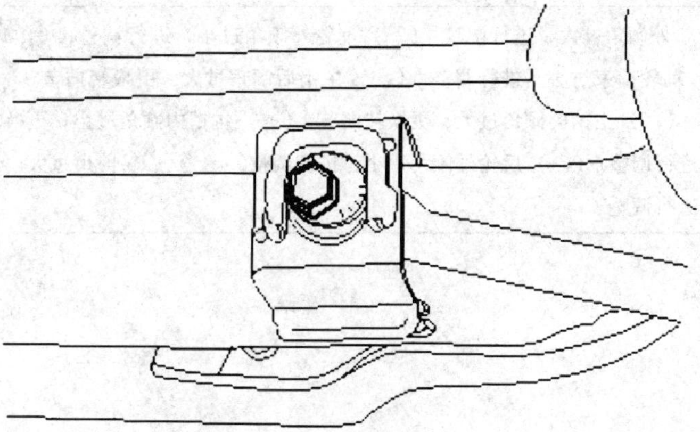

图 1—401　调整后轮前束

（4）握住平行连杆调整螺栓并紧固平行连杆至横梁螺母。紧固平行连杆至横梁螺母至 90 N·m（66 磅－英尺）。如图 1—402 所示。

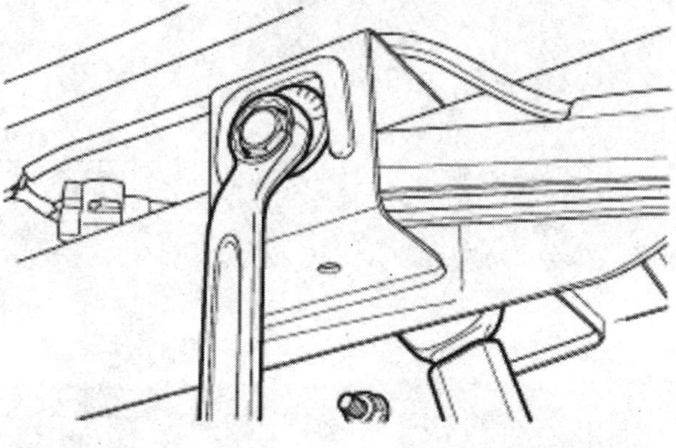

图 1—402　紧固

步骤 2 调整后检测（参考车轮定位检测）

步骤 3 填写检验与修复记录单

整车状态编号		①（ ） ②（ ）
名称	测量项目	测量数据
检测四轮定位	1. 前轮外倾	
	2. 前轮前束	
	3. 主销后倾	
	4. 主销内倾	
	5. 后轮外倾	
	6. 后轮前束	
结论及修理意见	（ ）前轮外倾角过大，进行调整，（ ）前轮外倾角过小，进行调整，（ ）前轮前束过大，进行调整，（ ）前轮前束过小，进行调整，（ ）主销后倾角过大，更换转向节，（ ）主销后倾角过小，更换转向节，（ ）主销内倾角过大，更换转向节，（ ）主销内倾角过小，更换转向节，（ ）后轮外倾角过大，进行调整，（ ）后轮外倾角过小，进行调整，（ ）后轮前束过大，进行调整，（ ）后轮前束过小，进行调整	

第 2 章

电控发动机常见故障检测和诊断

第1节　电控发动机电子控制系统检测

学习单元1　信号输入系统检测

学习目标

1. 熟悉信号输入系统的基本结构与工作原理。
2. 掌握汽车电子控制系统的功用、结构组成及分类。
3. 能够使用多功能万用表进行检测并分析。

知识要求

一、电子控制系统的组成

电子控制系统就是应用控制装置自动地、有目的地控制操作机器设备或过程，使之有一定的状态和性能。电子控制系统一般由检测反馈单元、指令及信号处理单元、转换放大单元、执行器和动力源等几部分组成。

1. 检测反馈单元

该单元是通过各种传感器检测受控参数或其他中间变量，经放大、转换后用以显示或作为反馈信号。

2. 指令及信号处理单元

该单元接受人机对话随机指令或定值、程序指令，并接收反馈信号，一般具有信号比较、变换、运算和逻辑等处理功能。传统的指令及信号处理单元多采用模拟电路，随着微电子技术和计算机技术的发展，为工程控制系统提供了采用数字计算机指令和信号处理单元的可能性。汽车上所用的指令及信号处理单元多为微处理器。

3. 转换放大单元

该单元是将指令信号按不同方式进行相互转换和线性放大，使放大后的功率足以控制执行器并驱动受控对象。

4. 执行器

执行器是直接驱动受控对象的部件，可以是电磁元件，如电磁铁、电动机等；也可以是液压或气动元件，如液压或气压工作缸和马达。为了使驱动特性与受控对象的负荷特性相互匹配，还可附加变速机构，如液压马达和行星齿轮传动的组合。

5. 动力源

动力源为各单元提供能源，通常包括电气动力源和流体动力源两类。

二、汽车电子控制系统的组成

汽车电子控制系统一般有电子控制单元（ECU）、传感器和执行器三大组成部分。

1. 电子控制单元

ECU 是一种综合控制装置，是电子控制系统的核心。

（1）ECU 的组成。ECU 由中央处理器 CPU、只读存储器 ROM、随机存储器 RAM、输入和输出接口电路、驱动电路和固定在 ROM 中的发动机控制程序等组成，如图 2—1 所示。

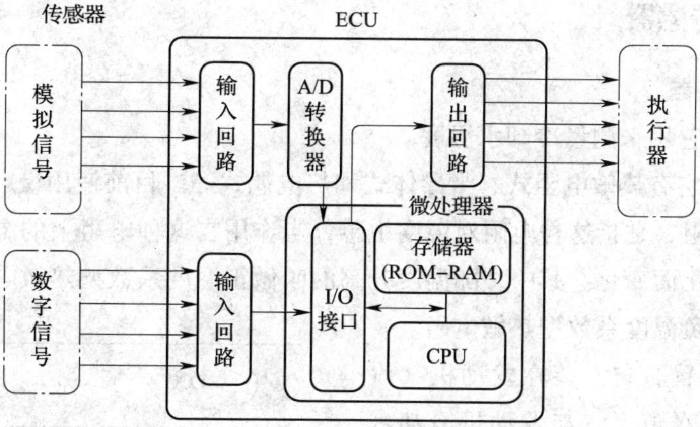

图 2—1　ECU 的组成

（2）ECU 的功用

1）接收传感器或其他装置输入的信号，并给传感器提供参考（基准）电压，将输入的信息转变为微处理器所能接受的信号。

2）存储、计算、分析和处理信息。

3）运算分析功能。

4）输出执行指令。

5）自我诊断及修正功能。

2. 传感器

（1）传感器的组成。传感器通常由敏感元件、转换元件及测量电路组成。

敏感元件是指能直接感受被测量的部分，有些敏感元件可以直接输入电量。转换元件是指能将非电量转换成电量的部分；测量电路是指将转换元件输入的电量经过比较或处理，以便进行显示、记录和控制的部分。测量电路中较多的使用电桥电路。

（2）传感器的功用。传感器是能感受规定的物理量，并按照一定规律转换成可用输出信号的元件或装置，即传感器是把非电量转换成电量的装置。

3. 执行器

执行器是用以执行 ECU 输出的各种控制指令。

发动机微处理器控制系统的各种控制功能的实现，都是借助于各自的执行器来完成的。因此，根据发动机微处理器控制系统的功能强弱不同，各车型上控制发动机的执行器会有多有少。一般来讲，主要的执行器有电动燃油泵、电磁喷油器和点火装置等。

三、常见传感器

1. 水温传感器

（1）作用。它用来测量冷却水温度。

（2）种类。它有热敏电阻式、半导体式和热电偶式等。目前使用最广泛的是热敏电阻式。所谓热敏电阻，是指这种电阻对温度敏感，当作用在这种电阻上的温度变化时，其阻值会随温度的变化而变化。其中，随温度升高的叫做正温度系数型热敏电阻；随温度升高阻值减少的叫做负温度系数型热敏电阻。

（3）安装位置。它安装在发动机（汽缸盖后端）冷却水道上，与发动机冷却水直接接触。

（4）电路图。其电路图如图 2—2 所示。

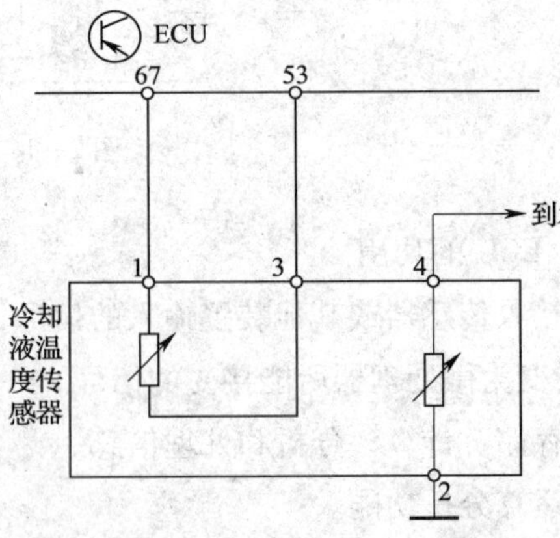

图 2—2　水温传感器电路图

2. 进气温度传感器

（1）作用。它用来测量进气温度。

（2）种类。使用最广泛的是热敏电阻式（其工作原理同热敏电阻式水温传感器）。

（3）安装位置。它安装在进气管上或空气流量传感器内。

（4）电路图。其电路图如图 2—3 所示。

3. 曲轴转速传感器

（1）作用。它用来检测发动机转速信号。曲轴转速传感器是发动机集中控制系统最主要的传感器，是发动机燃油喷射和点火控制的主控信号，有些发动机同时还具有活塞上止点位置信号。

（2）种类。它有磁脉冲式、霍耳式和光电式。

（3）安装位置。它安装在曲轴传动带轮后或飞轮侧。

（4）电路图。其电路图如图 2—4 所示。

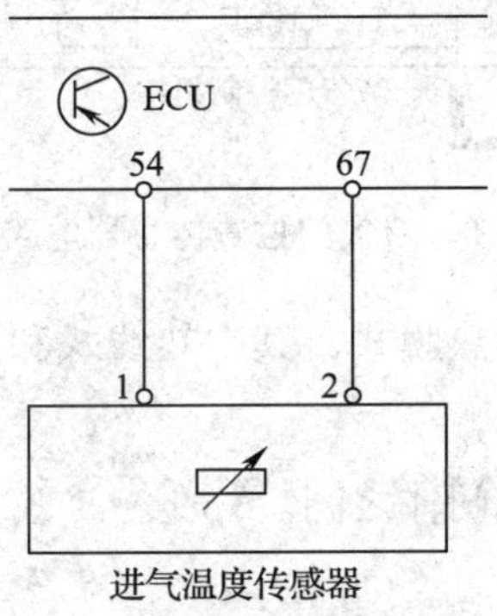

图 2—3　进气温度传感器电路图

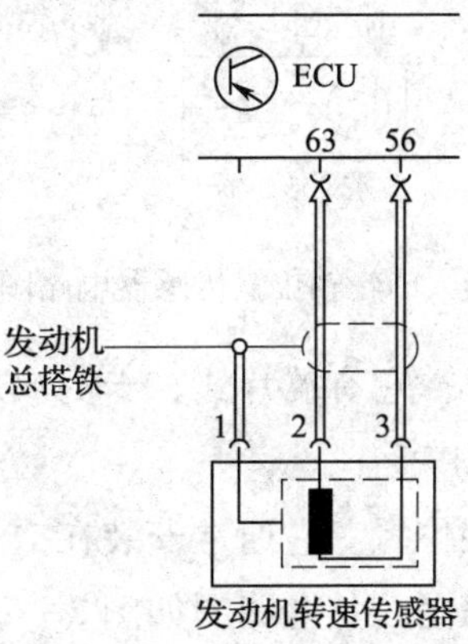

图 2—4　曲轴转速传感器电路图

4. 凸轮轴位置传感器

（1）作用。凸轮轴位置传感器（又称点火信号发生器）是用于电控发动机燃油喷射时刻和点火时刻控制的主要信号源。

（2）种类。它有磁脉冲式和霍耳式。

（3）安装位置。它安装在进、排气凸轮轴的前端或后端。

（4）电路图。其电路图如图 2—5 所示。

5. 节气门位置传感器

（1）作用。节气门位置传感器用来检测节气门开度，将节气门开度转换成电信号输送到 ECU，ECU 根据节气门不同的开度决定对喷油时间和点火提前角进行修正。

（2）种类。它有线性输出型和开关量输出型等。

（3）安装位置。它安装在节气门体上，通过节气门轴与节气门联动。

（4）电路图。其电路图如图 2—6 所示。

6. 空气流量传感器

（1）作用。空气流量传感器是对进入汽缸的空气量进行直接检测，并把空气流量转换成电信息输送到 ECU，是基本喷油量的主控信号之一，用于 L 型或 LH 型汽油喷射系统中。

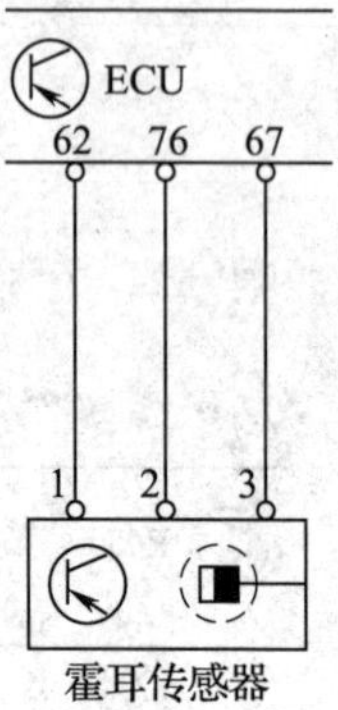

图 2—5　凸轮轴位置传感器电路图

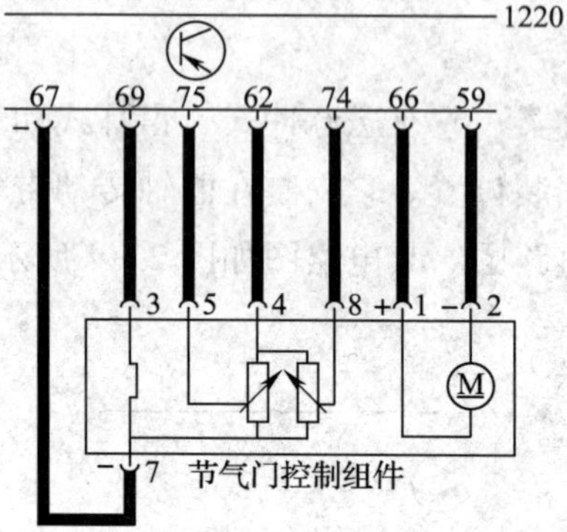

图 2—6　节气门位置传感器电路图

（2）种类。它有翼片式、卡门涡旋式、热线式和热膜式，其中热线式和热膜式空气流量计应用最为广泛。

（3）安装位置。它通常安装在空气滤清器和节气门体之间。

（4）电路图。其电路图如图 2—7 所示。

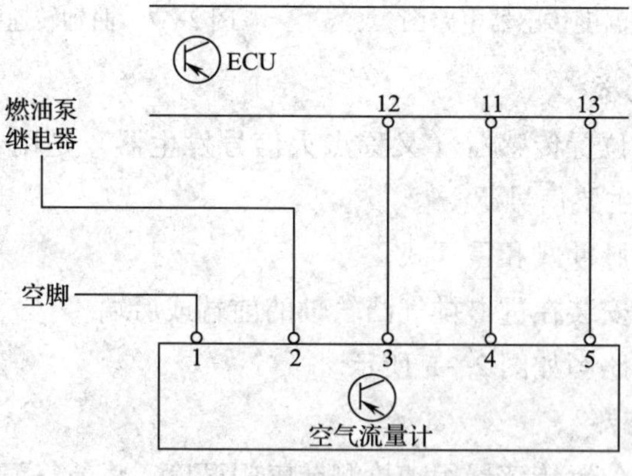

图 2—7　空气流量传感器电路图

7. 进气歧管绝对压力传感器

（1）作用。进气歧管绝对压力传感器是一种间接检测空气流量的传感器，其作用与空气流量计相同，用于 D 型汽油喷射系统中。ECU 根据发动机转速、节气门开度、进气歧管绝对压力与进入发动机汽缸的空气流量对应关系计算进气量，确定基本喷油量。

（2）种类。它有半导体压敏电阻式、电容式、膜盒传动的可变电感式、表面弹性波式等。

（3）安装位置。它通常安装在歧管振动量较小的地方。

（4）电路图。其电路图如图 2—8 所示。

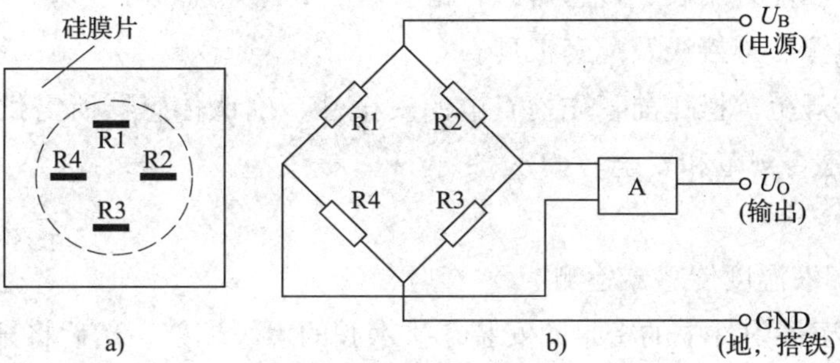

图 2—8　进气歧管压力传感器电路图

8. 爆震传感器

（1）作用。它将发动机的振动转换成电压信号输送到 ECU，ECU 根据输入电压信号对是否爆震进行判断。

（2）种类。它有磁致伸缩式和压电式等。

（3）安装位置。它通常安装在发动机缸体侧面。

（4）电路图。其电路图如图 2—9 所示。

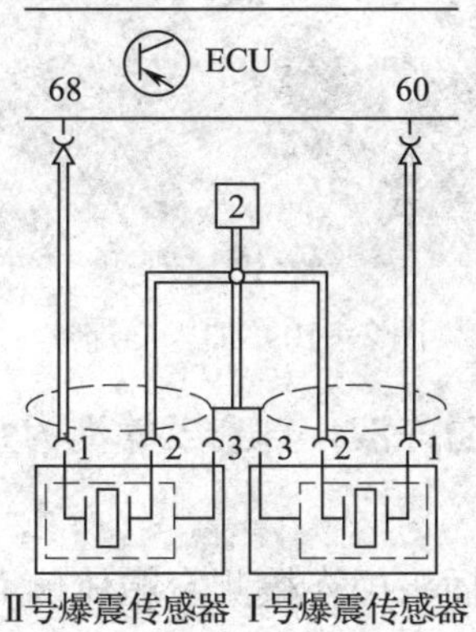

图 2—9　爆震传感器电路图

技能要求

传感器检测

操作准备

1. 仪器。多功能万用表、传感器诊断箱、稳压电源、连接导线。

2. 工具。电源、连接线及配套工具。

3. 安全操作规范。操作前，先检查电源安全性，确认传感器所需供电电压，确认连接及拆卸连接线是否规范和安全。

操作步骤

步骤 1　冷却液温度传感器检测

（1）将该传感器附件中的密封圈安装在排水阀的螺纹端部，然后将排水阀安装在冷却液温度传感器检测箱的相应孔中（不要用力过大），再将排水连接管与排水阀相连接。

（2）将防冻液加入储水箱中，使液位达到水箱深度的 2/3 以上，如图 2—10 所示。

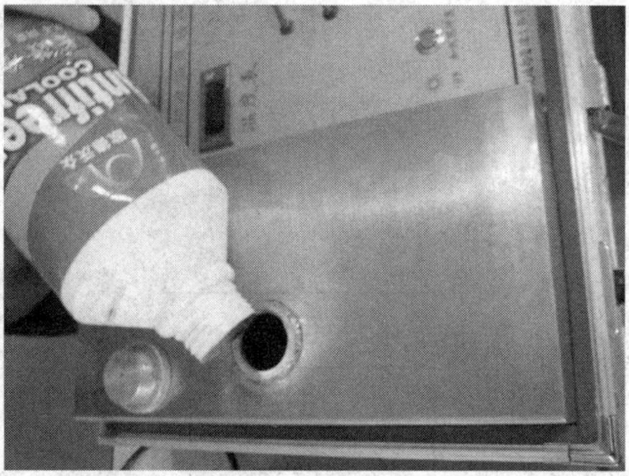

图 2—10　加入冷却液

（3）打开排水阀，放出部分防冻液，直到无气泡为止，然后关闭排水阀，如图 2—11 所示。

（4）检查检测箱。将电源线插头插入检测台箱体侧面的插座，此时检测台面板上的温度表会显示加热器中冷却液的温度。若温度表无显示，应检查电源线的连接状况和检测台电源插座处的熔丝状况，如图 2—12 所示。

图 2—11　放出气泡

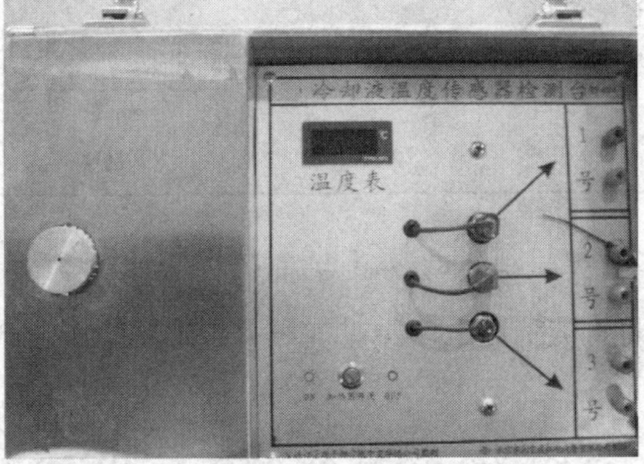

图 2—12　检查检测箱

（5）将万用表的旋钮置于电阻挡，然后将表笔接于待测冷却液温度传感器的两接线端，如图 2—13 所示。

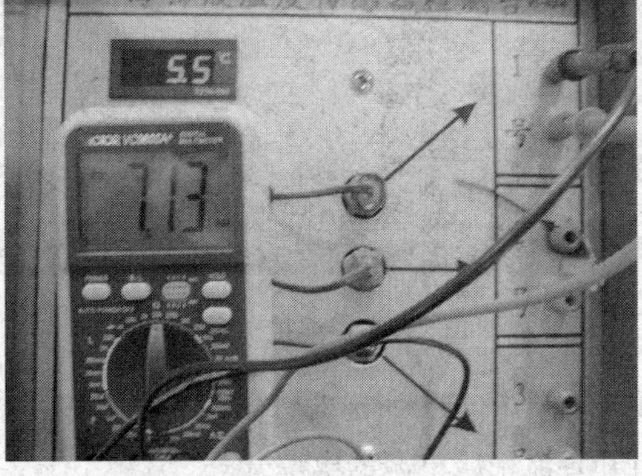

图 2—13　检测冷却液温度传感器电阻

（6）检测传感器电阻。接通加热器开关，检测箱内冷却液被加热。检测并记录加热过程中各规定温度下冷却液温度传感器的电阻值。

（7）若未及时记录传感器的电阻值，需放出部分防冻液，使传感器冷却，待温度表显示值低于待测温度5℃以下时，重新加温测量，此时应注意保持储水箱的水位。

（8）根据检测内容填写记录表，见表2—1。

表2—1　　冷却液温度传感器电阻检测记录单

序号	检验内容		检验结果					
1	传感器编号		①（　）②（　）③（　）④（　）⑤（　）⑥（　）					
2	传感器工作电压（V）							
3	温度（℃）		40	50	60	70	80	90
4	电阻	标称值（Ω）						
		实测值（Ω）						
5	传感器性能		（　）良好 （　）有故障					

步骤2　进气歧管绝对压力传感器检测

（1）用电源连接线将直流稳压电源与进气压力传感器检测台箱体侧面的正负接线端子相连接，如图2—14所示。

图2—14　连接电源线

（2）将直流稳压电源的电压粗调旋钮逆时针转到底，电流调整旋钮逆时针转到底后再顺时针旋转少许，然后打开直流稳压电源的电源开关。

（3）接通待测进气压力传感器的电源开关（其他传感器的电源开关必须关闭），然后旋转直流稳压电源的电压粗调旋钮，使直流稳压电源的输出电压略低于该传感器标准的电源电压，如图 2—15 所示。

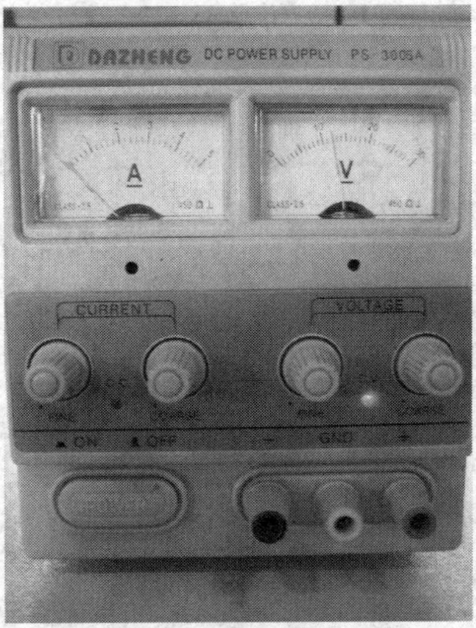

图 2—15　调整稳压电源

（4）旋转直流稳压电源的电压微调旋钮，同时观察万用表的直流电压显示值，使其等于待测进气压力传感器的电源电压。

（5）将手动真空泵的真空管与检测台板面左侧的真空管接头相连接，如图 2—16 所示。

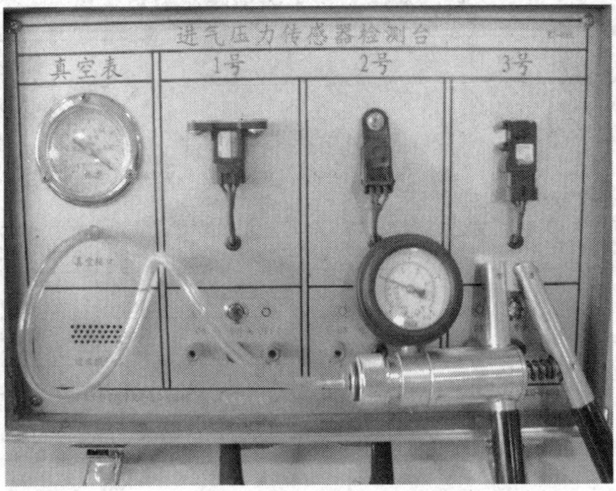

图 2—16　连接真空泵

（6）缓慢按动手动真空泵的手柄，同时观察检测台面板上真空表的读数，使其达到各规定值（0 kPa、20 kPa、40 kPa、60 kPa、80 kPa）。若在测量过程中所加真空度超出要求，应按动手动真空泵侧面的释放阀适当泄压，然后重新加压，直到符合要求。

（7）在（6）项步骤规定真空度下，用万用表的电压挡测量并记录待测传感器的输出端与搭铁端之间的信号电压，如图 2—17 所示。

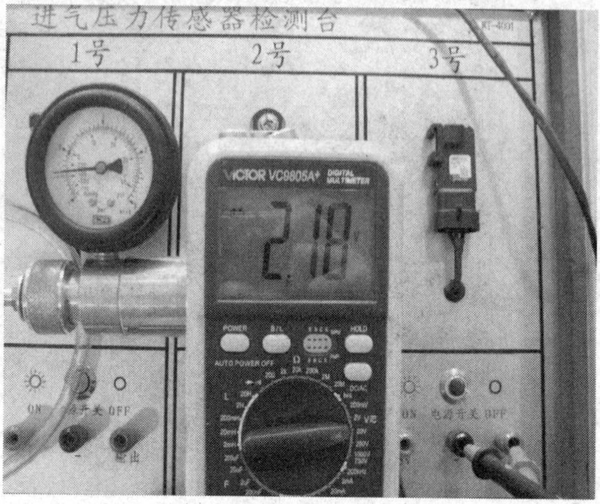

图 2—17　测量信号电压

（8）当需要测量其他进气压力传感器时，重复上述（3）～（7）项步骤。

（9）根据检测内容填写记录单，见表 2—2。

表 2—2　　　　**进气歧管绝对压力传感器检测压力记录单**

序号	检验内容		检验结果					
1	传感器编号		①（　）　②（　）　③（　） ④（　）　⑤（　）　⑥（　）					
2	传感器的工作电压（V）							
3	真空度（kPa）		0	20	40	60	80	
4	输出电压	标称值（V）						
		实测值（V）						
5	传感器性能		（　）良好 （　）有故障					

步骤 3　节气门位置传感器检测

（1）用电源连接线将直流稳压电源与节气门位置传感器检测台箱体侧面的正负接线端子相连接，如图 2—14 所示。

（2）将直流稳压电源的电压粗调旋钮逆时针转到底，电流调整旋钮逆时针转到底后再顺时针旋转少许，然后打开直流稳压电源的电源开关。

（3）接通待测节气门位置传感器传感器的电源开关（其他传感器的电源开关必须关闭），然后旋转直流稳压电源的电压粗调旋钮，使直流稳压电源的输出电压略低于该传感器标准的电源电压，如图 2—15 所示。

（4）旋转直流稳压电源的电压微调旋钮，同时观察万用表的直流电压显示值，使其等于待测进气压力传感器的电源电压。

（5）旋转待测节气门位置传感器的旋钮，使其指针分别对准 0% 和 100% 刻度，用万用表的电压挡测量并记录输出端与搭铁端之间的电压，如图 2—18 所示。

图 2—18　测量信号电压

（6）关闭待测节气门位置传感器的电源开关，用万用表的电阻挡测量并记录电源端与搭铁端之间的电阻。

（7）关闭待测节气门位置传感器的电源开关，旋转待测节气门位置传感器的旋钮，使其指针分别对准 0%、25%、50%、75% 和 100% 刻度，用万用表的电阻挡测量并记录输出端与搭铁端之间的电阻，如图 2—19 所示。

（8）当需要测量其他节气门位置传感器时，重复上述（3）～（7）项步骤。

（9）根据检测内容填写记录单，见表 2—3。

图 2—19　测量信号电阻

表 2—3　　节气门位置传感器检测电压、电阻记录单

序号	检验内容		检验结果				
1	传感器编号		①（　）　②（　）　③（　） ④（　）　⑤（　）　⑥（　）				
2	节气门关闭时的输出电压	标称值（V）					
		实测值（V）					
3	节气门全开时的输出电压	标称值（V）					
		实测值（V）					
4	电源与搭铁端之间的电阻	标称值（Ω）					
		实测值（Ω）					
5	节气门开度（%）		0	25	50	75	100
6	输出与搭铁端之间的电阻	标称值（Ω）					
		实测值（Ω）					
7	传感器性能		（　）良好 （　）有故障				

步骤 4　霍耳传感器检测

（1）将电源连接线两端的正、负接线端子分别与直流稳压电源和进气压力传感器检测台箱体侧面的正负接线端子相连接，如图 2—14 所示。

（2）将直流稳压电源的电压粗调旋钮逆时针转到底，电流调整旋钮逆时针旋到底后再顺时针旋转少许，然后接通直流稳压电源的电源开关，如图 2—15 所示。

（3）打开待测霍耳传感器的电源开关（其他开关必须关闭），然后旋转直流稳压电源的电压粗调旋钮，使输出电压略低于该霍耳传感器的电源电压。

（4）选择万用表的电压直流挡，将其红、黑表笔分别与待测霍耳传感器的电源和负极测试点相连接。旋转直流稳压电源的电压微调旋钮，同时观察万用表的直流电压显示值，使其等于待测霍耳传感器的电源电压。

（5）选择万用表的直流电压挡，将其红、黑表笔分别与待测霍耳传感器的输出和负极测试点相连接。转动待测霍耳传感器的触发轮，观察并记录霍耳传感器输出电压的最大值和最小值，如图 2—20 所示。

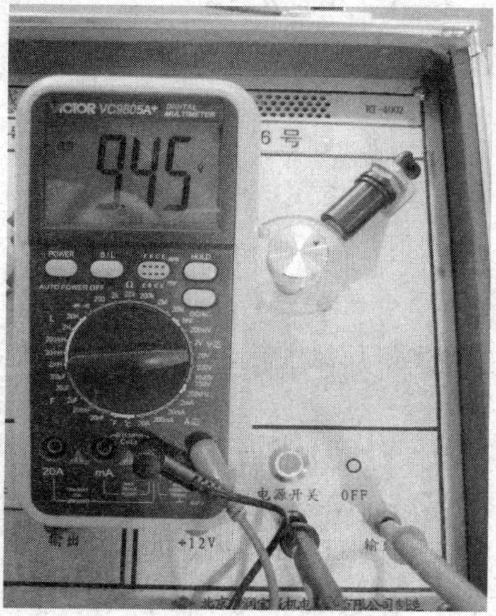

图 2—20　测量信号电压

（6）测量其他传感器时，重复上述（3）~（5）项步骤。

（7）根据检测内容填写记录单，见表 2—4。

表 2—4　　**霍耳传感器检测电阻、电压记录单**

序号	检验内容	检验结果			
1	传感器编号	①（ ）　②（ ）　③（ ）　④（ ）　⑤（ ）　⑥（ ）			
	类型	工作电压（V）	电阻（Ω）	输出电压（高电平，V）	输出电压（低电平，V）
2	（ ）磁场隔断式				
3	（ ）磁化回路式				
4	（ ）磁控回路式				
5	传感器性能	（ ）良好 （ ）有故障			

学习单元2 信号输出系统检测

学习目标

1. 了解信号输出系统的基本结构与工作原理。
2. 能够使用多功能万用表进行检测并分析。

技能要求

一、喷油器

1. 作用

喷油器的作用是根据发动机 ECU 提供的电信号，将一定量的汽油适时、准确地喷入进气管内。

2. 种类

（1）按喷油器针阀结构可分为轴针式和孔式。

（2）按电磁线圈阻值可分为低阻式 0.6 ~ 3 Ω 和高阻式 12 ~ 17 Ω。

（3）按驱动方式可分为电流驱动式，适用于低阻喷油器；电压驱动式，适用于高阻喷油器或低阻喷油器（需在电源电路中串接分压电阻）。

3. 安装位置

一般安装在各缸的进气歧管进气门上方。

4. 电路图

喷油器电路如图 2—21 所示。

二、点火系统

1. 作用

电控无分电器点火系统最主要的特点是完全取消了分电器，由 ECU 中的点火控制电路和分电电路控制点火控制模块实现对点火的控制。

2. 特点

（1）在所有的工况及各种环境条件下，均可自动获得理想的点火提前角。

（2）在整个工作范围内，均可对点火线圈的导通时间进行控制。

（3）采用闭环控制技术后，可使点火提前角控制在将要发生爆燃的临界状态，以此获得较高的燃烧效率。

3. 种类

点火系统可分为单独点火和同时点火。单独点火即将点火线圈直接安装在火花塞上（取消了分电器与高压线）；同时点火即两个火花塞共用一个点火线圈，使同时到达上止点的两个汽缸共同点火。

4. 电路图

点火系统电路如图 2—22 所示。

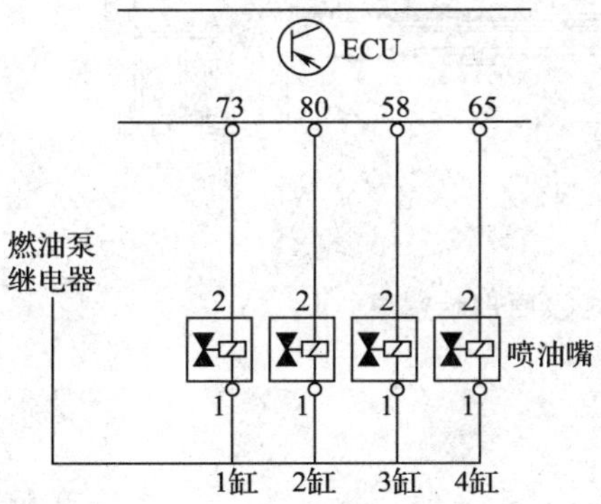

图 2—21 喷油器电路图

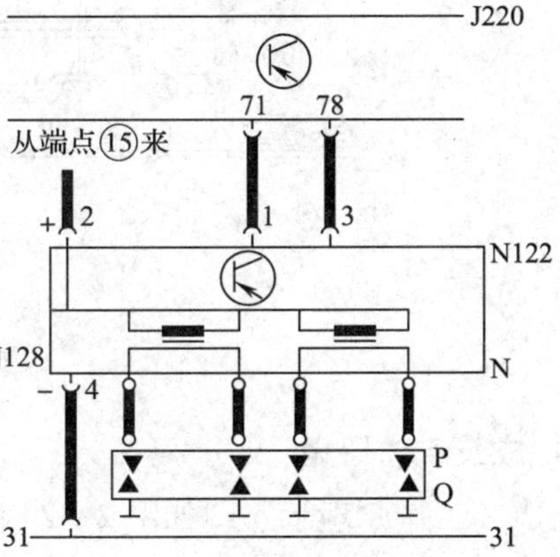

图 2—22 点火系统电路图

三、废气再循环系统

1. 作用

废气再循环系统的作用是：在发动机工作过程中，适时、适量地将部分废气再次引入汽缸内。废气可将燃烧产生的部分热量吸收，降低汽缸燃烧的最高温度，从而可抑制 NO_x 化合物的生成量。根据发动机结构不同，进入进气歧管的废气量一般在 6% ~15%。

2. 组成及工作原理

其组成及工作原理示意图如图 2—23 所示。

四、碳罐电磁阀系统

1. 作用

燃油蒸发控制系统（EVAP）能够存储燃油系统产生的燃油蒸气（HC），阻止燃油蒸气泄漏到大气中，同时将收集的燃油蒸气适时地送入进气歧管，与混合气一起进入汽缸燃烧，使燃油得到充分利用并可减少对空气污染。

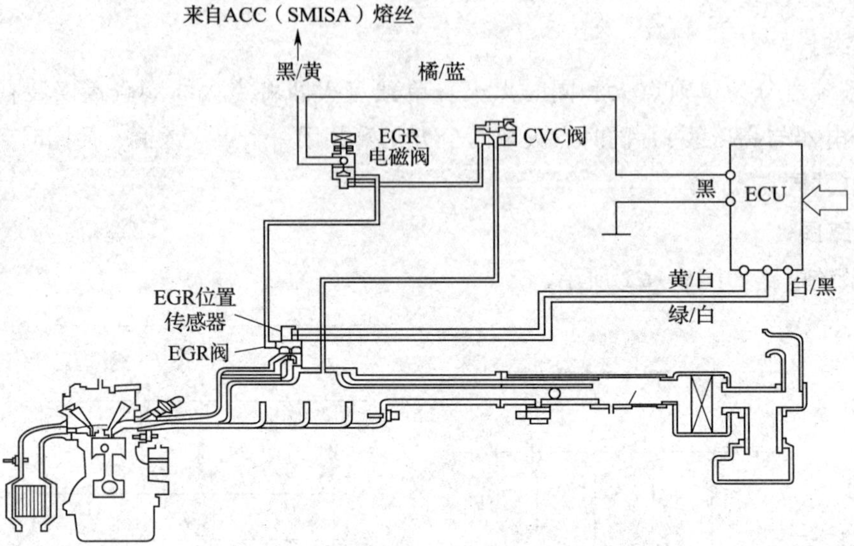

图 2—23　EGR 的组成及原理示意图

2. 组成及工作原理

其组成及工作原理示意图如图 2—24 所示。

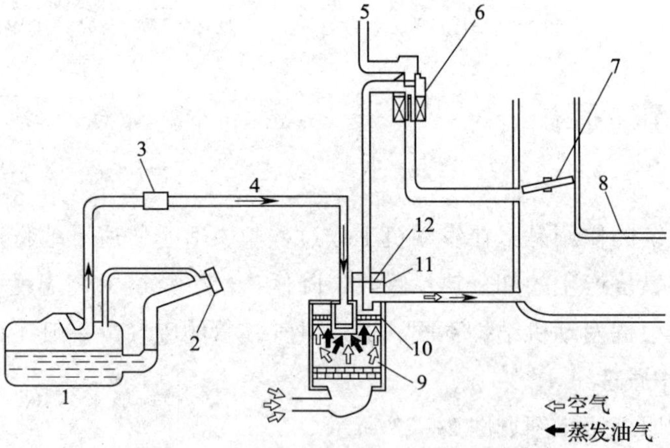

图 2—24　炭罐电磁阀的组成及原理示意图

1—油箱　2—油箱盖附真空泄放阀　3—燃料单向阀　4—蒸气通气管路　5—接缓冲器

6—EGR 炭罐控制电磁阀　7—节气流孔　8—进气歧管　9—活性炭罐

10—定量排放小孔　11—排放控制阀　12—主节门室

五、继电器

1. 作用

继电器是一种电子控制元件，它同时具有控制系统（又称输入回路）和被控制系统（又称输出回路）的特点，通常应用于自动控制电路中。继电器实际上是用较小的电流去控制较大电流的一种“自动开关”，故在电路中起着自动调节、安全保护和转换电路等作用。

2. 结构

继电器的结构如图 2—25 所示。

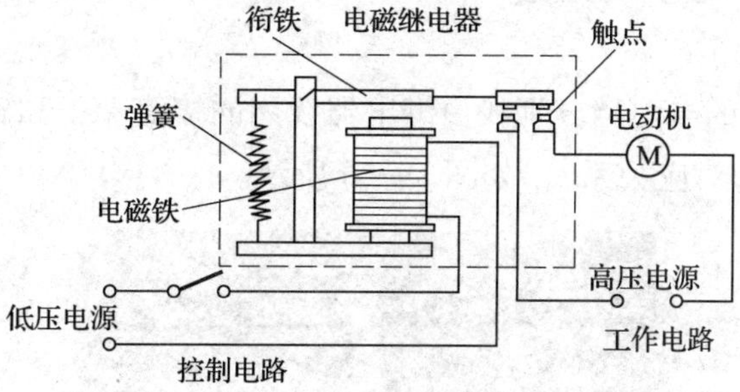

图 2—25　继电器组成

3. 继电器的检测

（1）测触点电阻。用万能表的电阻挡测量常闭触点与动点电阻，其阻值应为 0（用更加精确方式可测得触点阻值在 100 mΩ 以内）；而常开触点与动点的阻值就为无穷大。由此可以区别出哪个是常闭触点，哪个是常开触点。

（2）测线圈电阻。用万能表 R × 10 Ω 挡测量继电器线圈的阻值，从而判断该线圈是否存在着开路或短路。

（3）测量吸合电压和吸合电流。用可调稳压电源给继电器输入一组电压，且在供电回路中串入电流表进行监测。慢慢调高电源电压，听到继电器吸合声时记下该得电吸合电压和吸合电流。为求准确，可以试多几次求出平均值。

（4）测量释放电压和释放电流。当继电器发生吸合后，再逐渐降低供电电压，当听到继电器失电发生释放声音时，记下此时的电压和电流，可以多试几次求得平均值。一般情况下，继电器的释放电压为吸合电压的 10% ~50%，如果释放电压太小（小于 1/10的吸合电压)，则不能正常使用了这样会对电路的稳定性造成威胁，工作不可靠。

技能要求

继电器检测

操作准备

1. 仪器。多功能万用表、传感器诊断箱、稳压电源、连接导线。

2. 工具。电源、连接线及配套工具。

3. 安全操作规范。操作前，应先检查电源安全性，确认传感器所需供电电压；确认连接及拆卸连接线是否规范和安全。

操作步骤

步骤 1 用万用表的电阻挡分别找出继电器线圈的接线端子和触点的常闭端子（可参照检测点与继电器插脚对应关系），如图 2—26 所示。

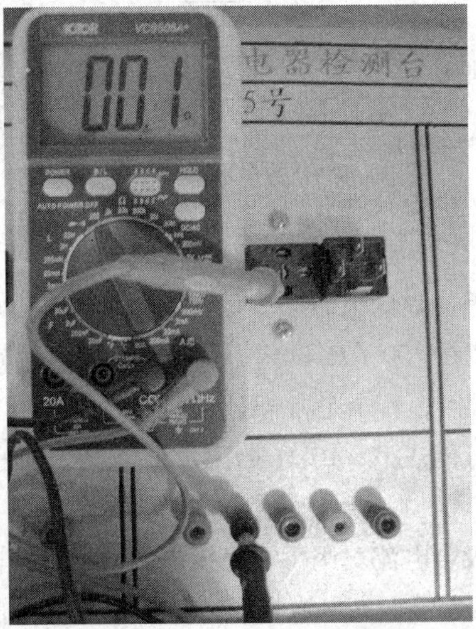

图 2—26 查找对应端子

步骤 2 将电源线一端的正（红）或负（黑）接线端子与直流稳压电源的正（红）或负（黑）接线端子相连接，再将电源线的另一端正确接到线圈的接线端子上（对于二极管保护式继电器，必须保证二极管为反接），如图 2—27 所示。

步骤 3 将直流稳压电源的电压粗调旋钮逆时针转到底，电流调整旋钮逆时针旋到底后再顺时针旋转少许，然后接通直流稳压电源的电源开关。

图 2—27　继电器诊断箱接电源

步骤 4　旋转直流稳压电源的电压粗调旋钮，使其输出电压接近继电器的标称电压，再用万用表的电阻挡找出触头的常开端子（可参照检测点与继电器插脚对应关系），如图 2—15 所示。

步骤 5　分别测出继电器线圈的直流电阻，触头的吸合电压、释放电压和接触电压，如图 2—28 所示。按照汽车通用继电器标准（QC/T695—2002）判断继电器的性能好坏。

步骤 6　根据检测内容填写记录单，见表 2—5。

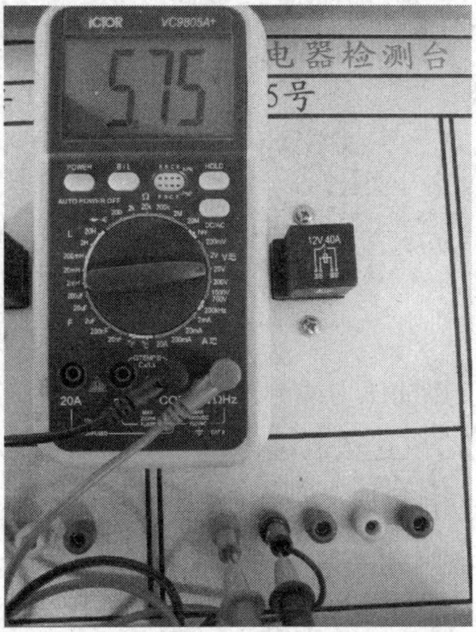

图 2—28　测量电压

表 2—5　　继电器检测电压、电阻记录单

序号							
1	继电器编号		①（　）　②（　）　③（　）　④（　）　⑤（　）　⑥（　）				
	类型	线圈接线端子编号	线圈电阻（Ω）	最低吸合电压（V）	最高释放电压（V）	触点接触电阻（Ω）	工作性能
2	（　）普通式						
3	（　）电阻保护式						
4	（　）二极管保护式						
5		继电器性能			（　）良好 （　）有故障		

第 2 节　电控发动机常见故障诊断

学习目标

1. 掌握汽车电控发动机的基本故障诊断方法。
2. 能够使用相应的工具和仪器判断故障部位并进行检测。

知识要求

一、油路故障诊断

1. 燃油泵故障

（1）燃油供给系统检测。燃油压力检测包括系统油压检测和熄火后系统残余压力检测，系统油压过高或者过低会使混合气过浓或过稀；熄火后系统残余压力过低将造成发动机难起动或不能起动。不同车系、不同排量汽车的系统油压值各有差异，需参阅相关维修手册标准。

1）系统油压检测，如图 2—29 所示。

有些车型的燃油管路中安装有油压检测孔，可将油压表直接接在油压检测孔上（不同油压检测孔应采用不同的油压检测接头）；没有油压检测孔的燃油系统，可断开进油管，将三通油压表串接在燃油管路中。在接油压表前，必须先释放燃油管路中的残余油压。

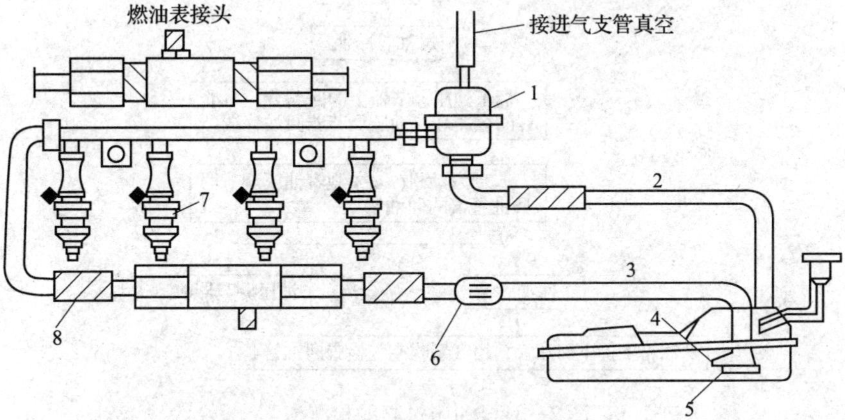

图 2—29　系统油压的检测

1—油压调节器　2—回油管　3—出油管　4—燃油泵　5—油箱
6—汽油滤清器　7—喷油器　8—软管

油泵的组成如图 2—30 所示。控制燃油泵工作的方式有两种：一种是接通点火开关时，燃油泵会工作 1 ~ 2 s 后停止，使系统建立一定的油压，只有当 ECU 收到转速信号才使燃油泵持续工作；另一种是起动发动机时，油泵才开始工作。第一种控制方式，接通点火开关即可观察静态油压；对于第二种控制方式，只能在起动发动机后观察油压。

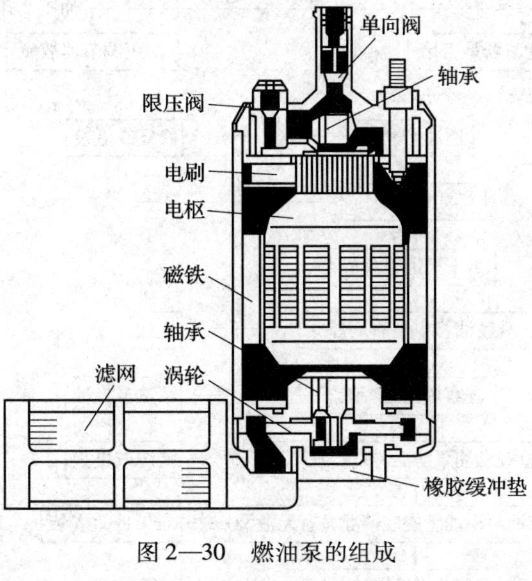

图 2—30　燃油泵的组成

①油压过高故障。油压过高的主要原因是油压调节器故障或回油管堵塞等。其检测步骤流程如图 2—31 所示。

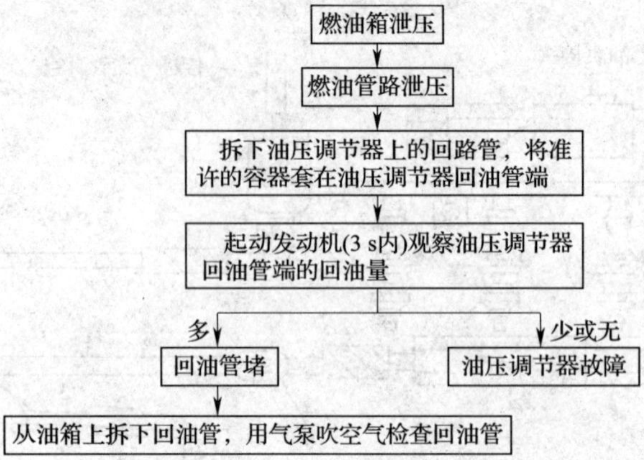

图 2—31　油压过高的检测流程

②油压过低故障。油压过低的主要原因是油箱中燃油过少、油泵滤网堵塞、油泵故障、油泵出油管有泄漏、燃油滤清器堵塞或油压调节器故障等。其检测步骤流程如图 2—32 所示。

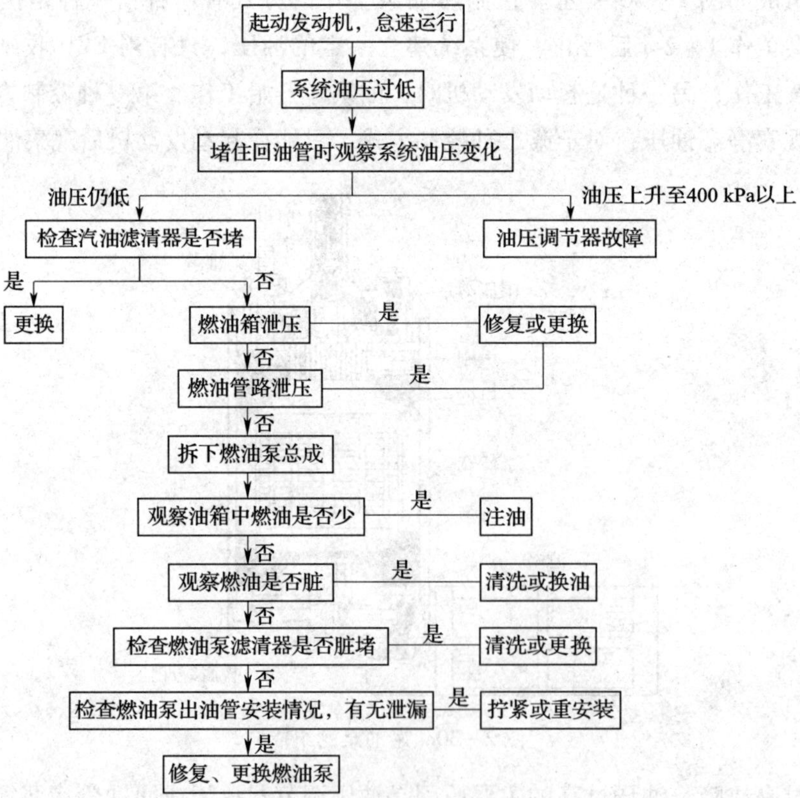

图 2—32　油压过低的检测流程

2）系统残压检测。发动机熄火后，燃油管路中应保持一定的残余压力，便于发动机再次起动。

①系统残余压力低。系统残压保不住的主要原因是燃油泵单向阀关不住、油压调节器故障、喷油器漏油或燃油系统管路泄漏等。检测步骤流程如图 2—33 所示。

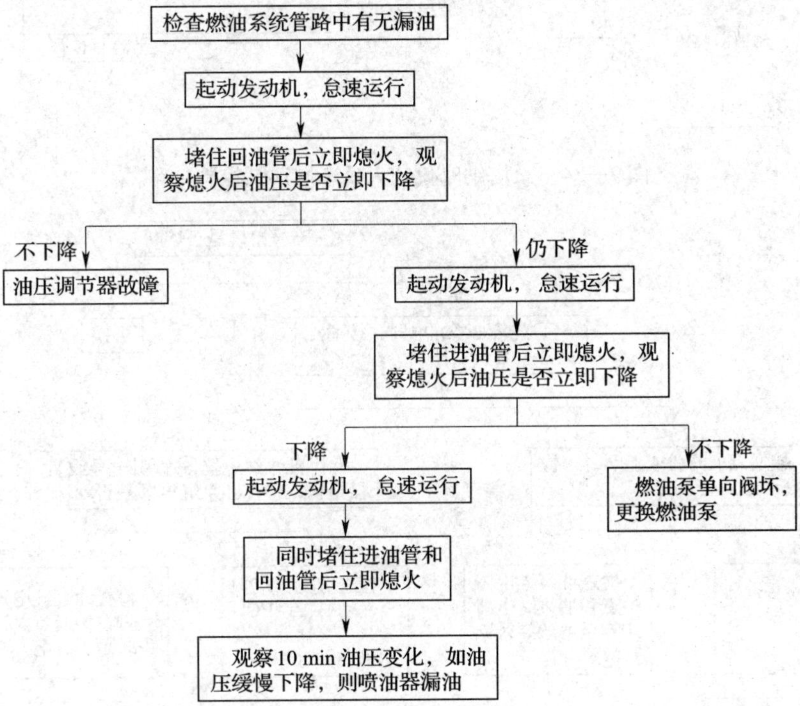

图 2—33　系统残余压力低的检测流程

（2）燃油泵控制电路检测。燃油泵控制方式是发动机 ECU 根据发动机转速信号接通燃油泵继电器线圈电路，通过燃油泵继电器触点开闭控制燃油泵工作。

桑塔纳时代超人轿车燃油泵控制电路如图 2—34 所示。其工作原理是：接通点火开关，防盗系统正常，发动机控制 ECU 收到防盗微处理器输入的允许工作命令，发动机控制 ECU 即将④号搭铁，使油泵继电器㉟端触点搭铁，继电器触点吸合，电源电压输入油泵工作数秒钟。若发动机控制 ECU 未收到发动机转速信号，将自动切断④脚的搭铁，继电器线圈失电，终止对燃油泵的供电，燃油泵停止工作。

燃油泵控制电路的检测步骤流程如图 2—35 所示。

2. 喷油器故障

（1）喷油器线圈电阻检测。如图 2—36 所示，用万用表电阻挡测量喷油器线圈的电阻值，低阻式为 0.6 ~ 3 Ω，高阻式为 13 ~ 18 Ω。

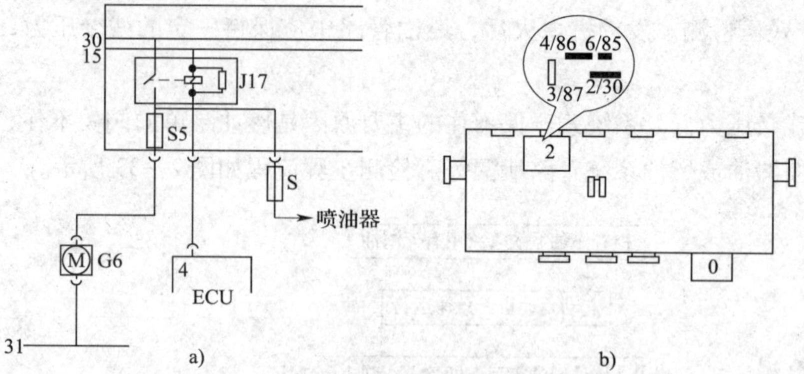

图 2—34　桑塔纳时代超人轿车燃油泵控制电路

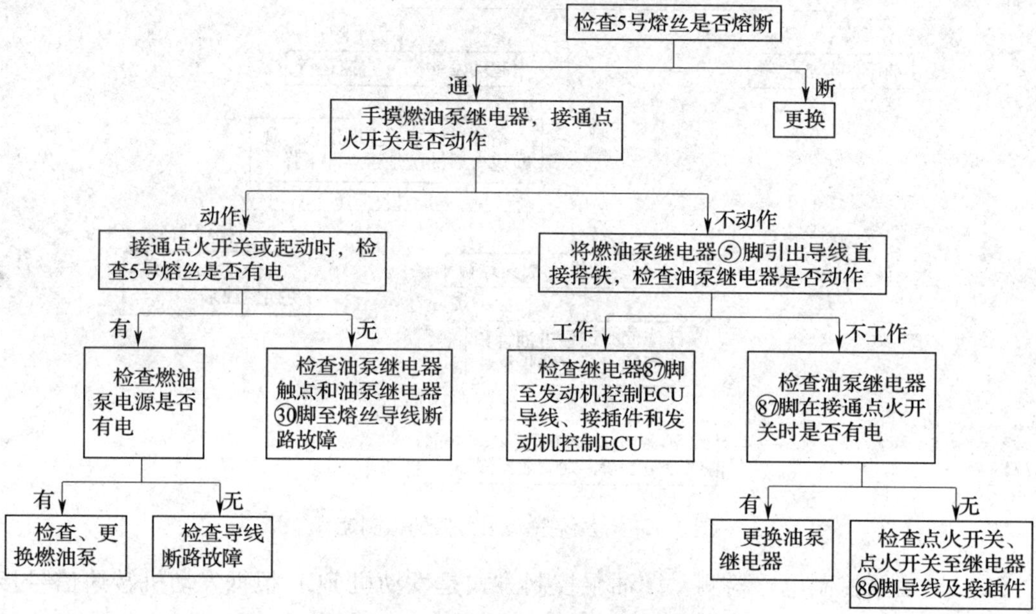

图 2—35　燃油泵控制电路的检测流程

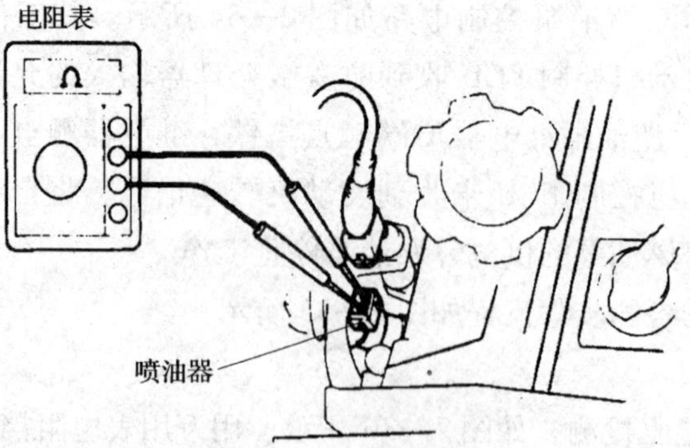

图 2—36　喷油器检测

（2）喷油器电磁阀动作检验。发动机运转时，用手指接触喷油器，应可察觉到喷油脉动；或用听诊器放在喷油器上，应能听见清脆的“嗒嗒”声。

（3）喷油控制信号检测

1）检查喷油器供电电压。打开点火开关时，端子①与机体搭铁端电压等于蓄电池电压，如图 2—37 所示。若不符合，则应检查端子①到附加熔丝之间的线路有无断路或接触不良。

2）使用发光二极管试灯检测信号，信号正常时二极管发光且闪烁，如图 2—38 所示。

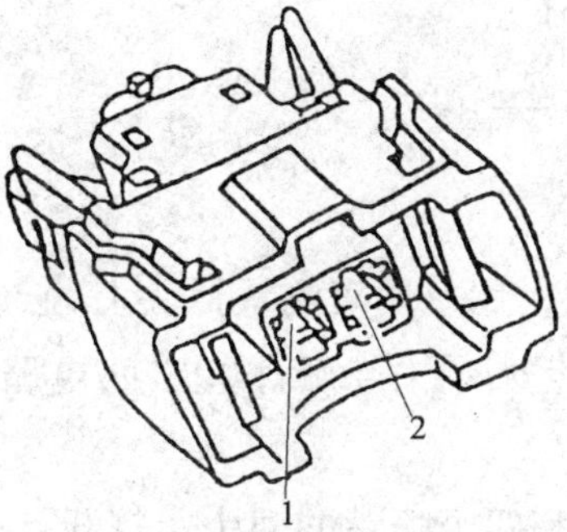

图 2—37　喷油器供电端子

图 2—38　二极管试灯

3. 油压调节器故障

燃油系统油压过高、过低、不稳或残余油压过低都与油压调节器有关，判断油压调节器是否良好的方法如下：

（1）怠速时，拔去真空导管，油压应上升约 50 kPa。

（2）加、减速时，油压应随之立即上升和回落。

（3）系统油压过低时，堵住回油管，油压立即上升至 400 kPa 表示油压调节器不良；如上升不到 400 kPa，一般是油压调节器前面的燃油滤清器或燃油泵等部件有故障。

（4）观察油压调节器上的真空导管，如果有小水珠则说明油压调节器膜片破裂。

二、电路故障诊断

1. 点火系统电路故障检测

时代超人轿车采用的无分电器点火系统有两个点火线圈，1、4 缸共用一个点火线圈，2、3 缸共用一个点火线圈，采用两缸同时点火方式。其电路如图 2—39 所示。

（1）检测输出级搭铁电路。拔下点火线圈插头，用万用表测量蓄电池正极和插头上触点④之间的电压，应为蓄电池电压，否则应检查插头触点④与搭铁电路是否断路。

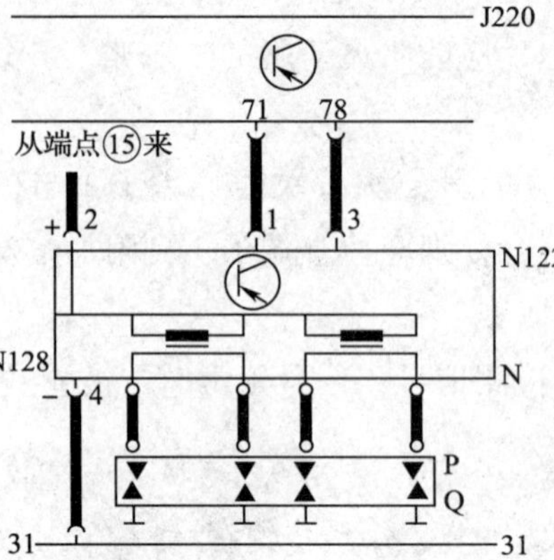

图 2—39　点火系统电路

（2）检测点火线圈供电电压。拔下点火线圈插头，用万用表测量插头上触点②和发动机搭铁间的电压，应为蓄电池电压，否则应检查点火开关与触点②之间电路是否断路。

（3）检测点火线圈工作情况。拔下点火线圈插头和四个喷嘴的插头，打开点火开关，用万用表分别测量点火线圈插头上触点①和③与发动机搭铁之间的电压，使起动机运转数秒，应有 0.4V 左右电压。

2. 火花塞故障

很多时候汽车会出现发动机冷、热机起动都较困难，有时要起动多次，发动机才能起动汽车。起动汽车后，怠速不稳、抖动，加速不良、动力不足，出现怠速自行熄火，燃油消耗量增大等故障现象。其主要原因之一是火花塞损坏。

（1）火花塞间隙检查调整

1）间隙测量。用专用量规或塞尺检查，但塞尺的测值不太精准。

2）间隙调整。应用专用工具扳动侧电极来调整，不能扳动或敲击中心电极。

（2）火花塞积炭。将火花塞用汽油或煤油、丙酮溶剂浸泡，待积炭软化后，用非金属刷清洁电极上和瓷芯与壳体空腔内的积炭，用压缩空气吹干。切不可用刀刮、砂纸打磨或蘸汽油烧积炭，以防损坏电极和瓷质绝缘体。

三、发动机故障诊断

1. 电控发动机无法起动故障诊断

不能起动的故障原因很多，一般检测步骤流程如图 2—40 所示。

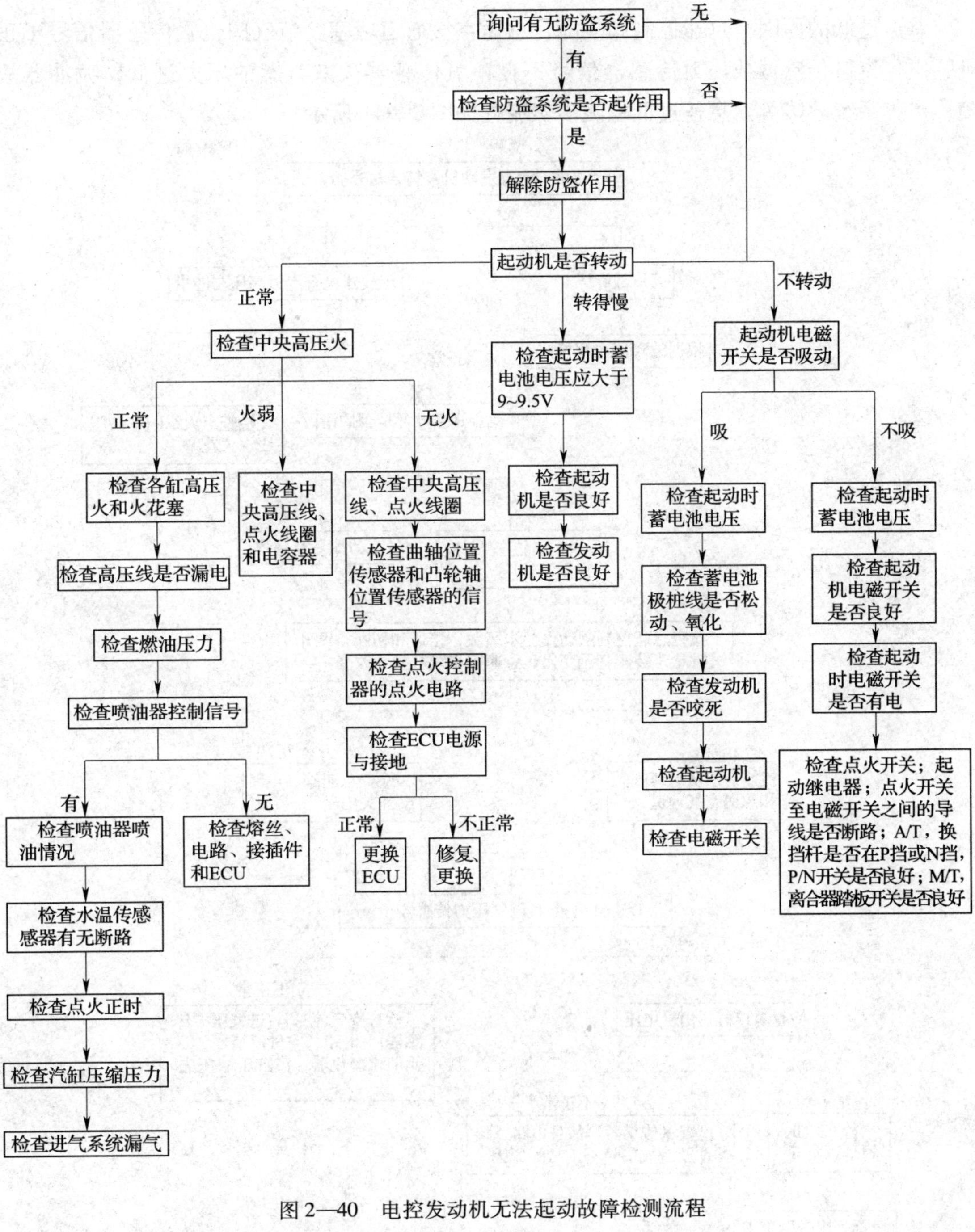

图 2—40　电控发动机无法起动故障检测流程

2. 电控发动机怠速过低故障诊断

怠速过低的原因有怠速控制阀故障，怠速空气通道堵塞，节气门位置传感器信号不正确，空气流量传感器或压力传感器信号不良，氧传感器失效，燃油压力过低，喷油器故障，点火系统故障等。怠速过低检测步骤流程如图 2—41 所示。

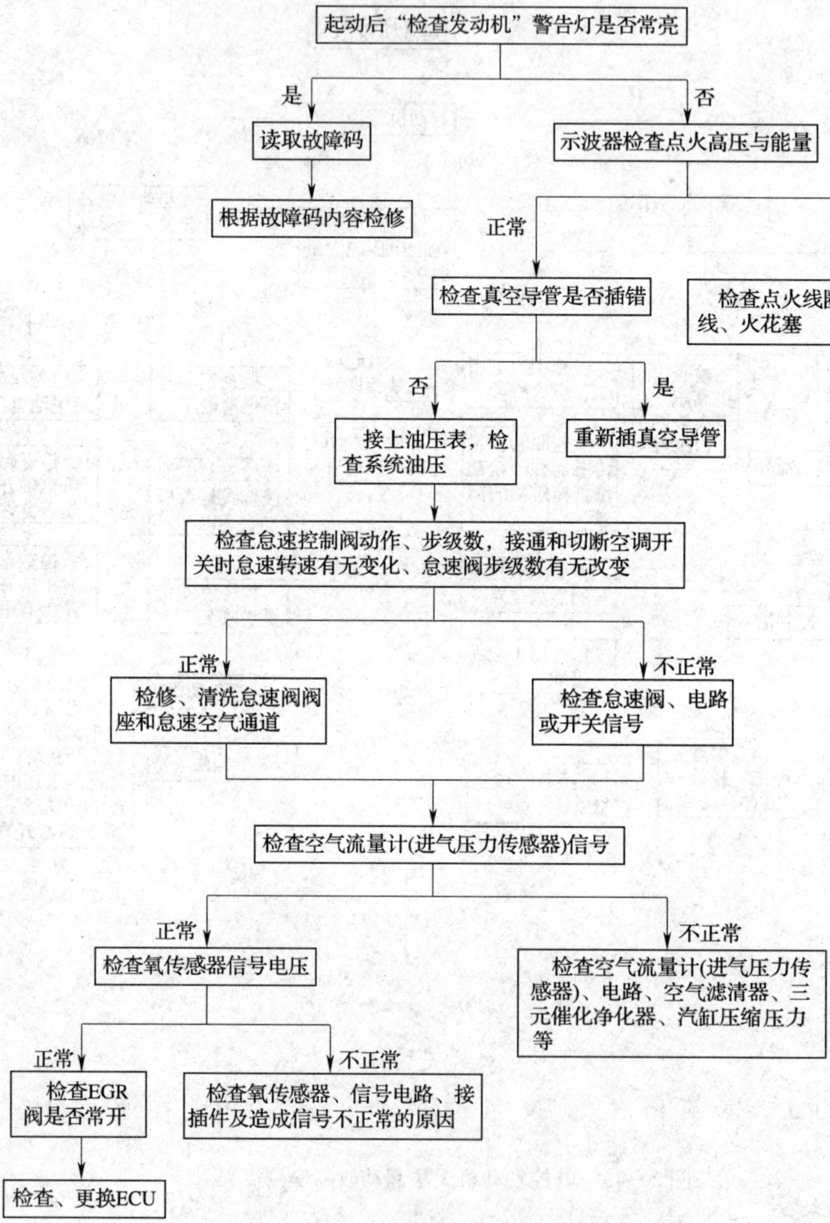

图 2—41　电控发动机怠速过低故障检测流程

3. 电控发动机怠速过高故障诊断

怠速过高的原因有进气温度传感器、水温传感器、节气门位置传感器、空气流量传感器（压力传感器）等故障，开关信号错误，怠速控制阀故障，节气门体损坏漏气，发动机控制单元故障或匹配设定问题等。怠速过高检测步骤流程如图 2—42 所示。

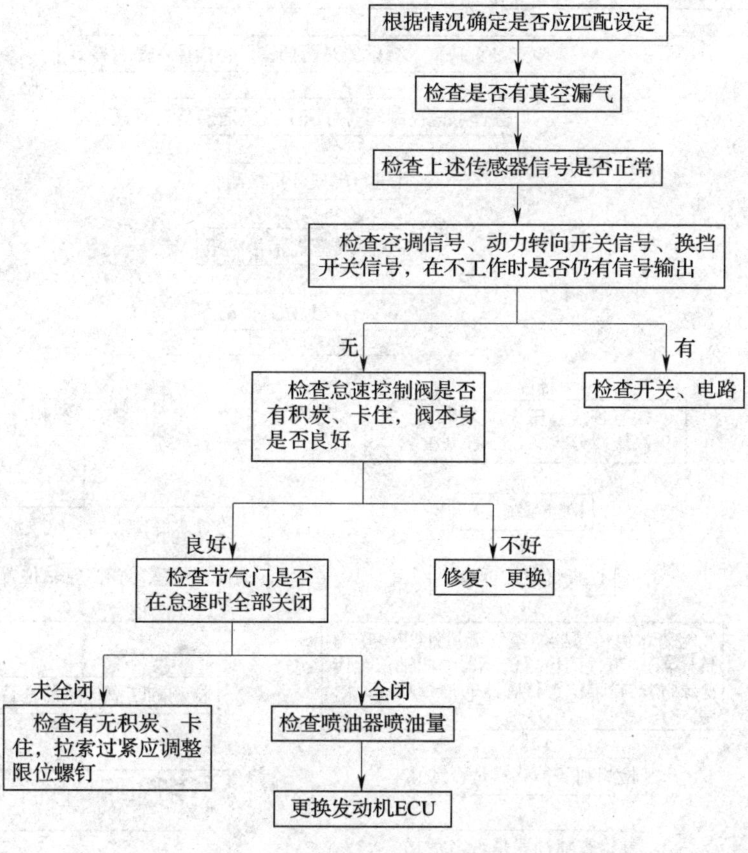

图 2—42　电控发动机怠速过高故障检测流程

4. 电控发动机怠速不稳故障诊断

怠速不稳的主要原因是混合气过浓或过稀，燃烧不完全。怠速不稳检测步骤流程如图 2—43 所示。

5. 电控发动机加速不良故障诊断

发动机动力不足、加速不良的主要原因是混合气过稀、过浓；点火电压低，能量小；点火正时不正确；发动机机械故障等。加速不良检测步骤流程如图 2—44 所示。

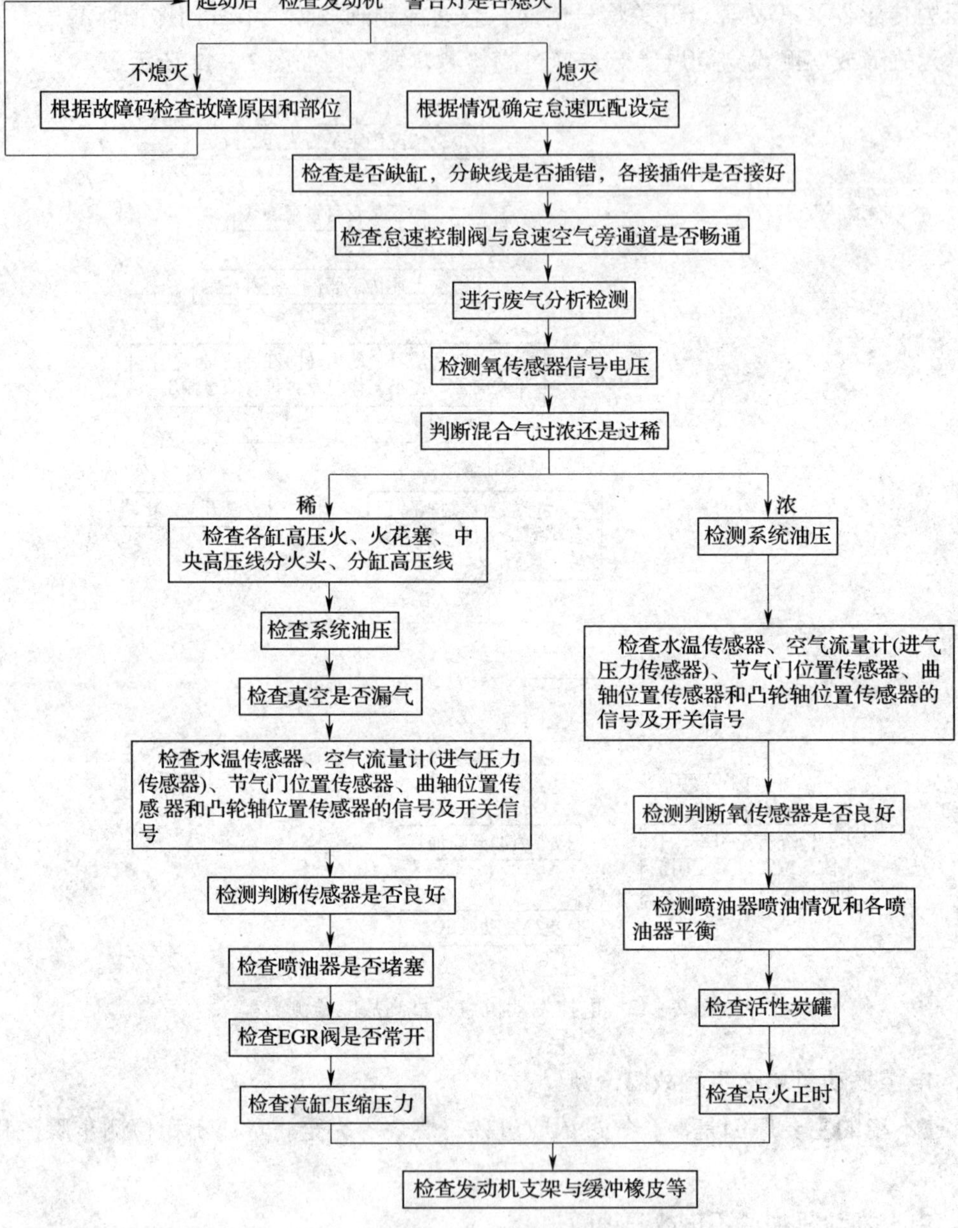

图 2—43　电控发动机怠速不稳故障检测流程

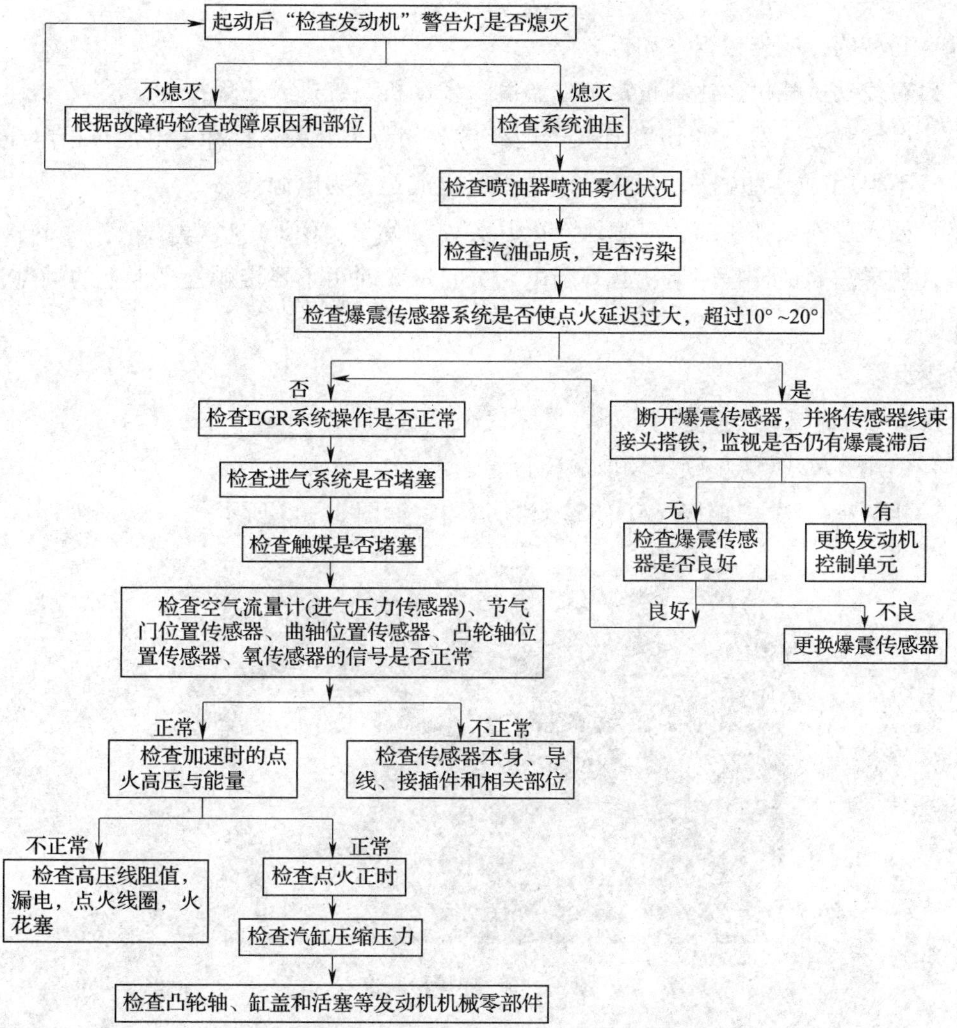

图 2—44　电控发动机加速不良故障检测流程

技能要求

电控发动机故障检测

操作准备

1．仪器。VAG1552 诊断仪、多功能万用表。

2．工具。常用工具、专用工具。

3．安全操作规范

（1）起动前，应先检查发动机。

（2）对发动机暖机，达到正常工作温度，发动机系统进入闭环控制。

（3）拆卸和安装发动机 ECU 连接器时，应关闭点火开关，拆卸蓄电池负极电缆线。

（4）不得用刮火的方法来判断导线是否有电或是否为电源线。

（5）插入诊断仪插头前，应确认点火开关处于关闭（OFF）状态。

（6）如果需要更换程序卡，必须断电，并且取拿时手不要接触程序卡上的触点，还要防止静电。

操作步骤

步骤 1　曲轴位置传感器（G28，故障代码）检测

（1）使用 VAG1552 诊断仪读取故障信息

1）关闭点火开关，连接 VAG1552 诊断仪器，如图 2—45 所示。

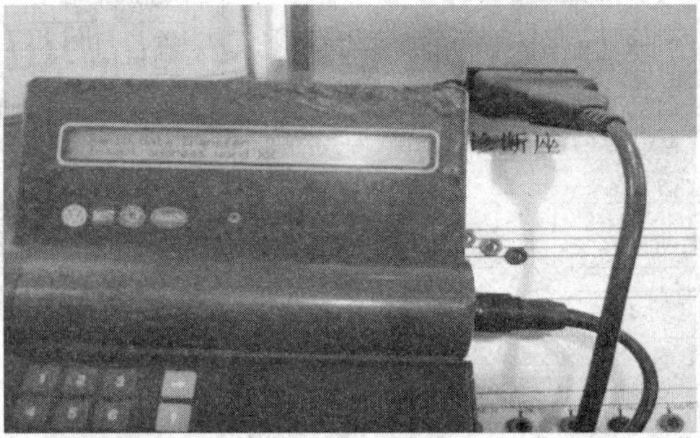

图 2—45　连接诊断仪

2）打开点火开关（或起动发动机），输入 01 – 发动机控制系统，如图 2—46 所示。

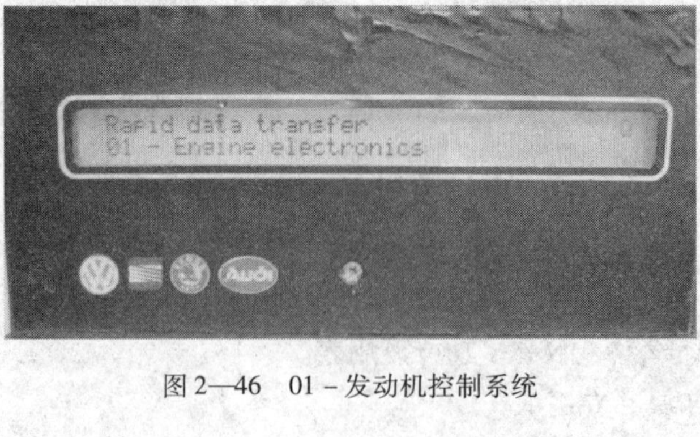

图 2—46　01 – 发动机控制系统

3）输入 02 - 读取故障码，如图 2—47 所示。

图 2—47　02 - 读取故障码

（2）使用万用表的检测电路，参见图 2—4 曲轴转速传感器电路图。

1）检测 ECU 插座端子与传感器插座端子之间的连接线

①ECU 插座㉝端子与传感器插座②端子连线电阻应小于 0.5 Ω。

②ECU 插座㊻端子与传感器插座③端子连线电阻应小于 0.5 Ω。

③发动机搭铁点与传感器插座①端子之间电阻应小于 0.5 Ω。

2）检测传感器电阻。测量传感器插座端子②和③之间的电阻，应为 480 ~ 1 000 Ω。

3）检测传感器电压。转动曲轴，传感器应产生交流电压，电压随转速上升而升高。

（3）排除故障后，使用 VAG1552 型诊断仪清除信息。

1）输入 05 - 清除故障码，如图 2—48 所示。

2）输入 06 - 退出系统，如图 2—49 所示。

图 2—48　05 - 清除故障码

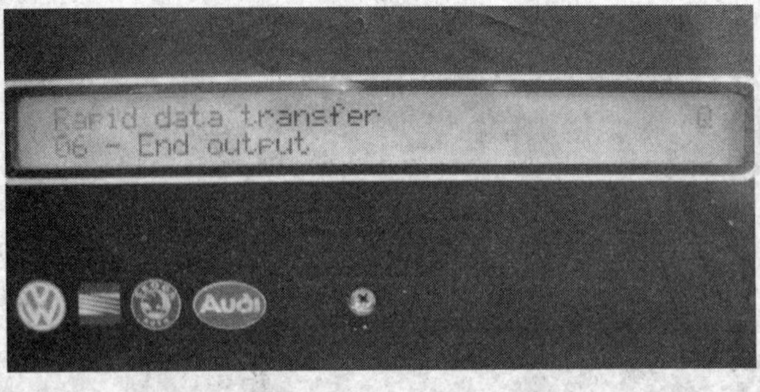

图 2—49　06 - 退出系统

步骤 2　空气流量传感器（G70）检测

（1）使用 VAG1552 型诊断仪读取故障信息。VAG1552 使用参见本技能要求步骤 1“曲轴位置传感器检测部分”。

（2）使用万用表的检测电路，参见图 2—7 空气流量传感器电路图。

1）检测 ECU 插座端子与传感器插座端子之间的连接线

①ECU 插座⑫端子与传感器插座③端子连线电阻应小于 0.5 Ω；

②ECU 插座⑪端子与传感器插座④端子连线电阻应小于 0.5 Ω；

③ECU 插座⑬端子与传感器插座⑤端子连线电阻应小于 0.5 Ω。

2）检测传感器电压

①空气质量计插头端子②与端子③（负极端）电源电压应为 12 V；

②空气流量计插头端子④与端子③（负极端）电源电压应为 5 V（ECU 输出）；

③空气流量计插头端子⑤（信号线）与端子③（负极端）信号电压应在 1.5 ~2.5 V。

（3）排除故障后，使用 VAG1552 诊断仪清除故障信息。VAG1552 的使用参见本技能要求步骤 1“曲轴位置传感器检测”部分。

步骤 3　爆震传感器（G61、G66）检测

（1）使用 VAG1552 型诊断仪读取故障信息。VAG1552 的使用参见本技能要求步骤 1“曲轴位置传感器检测”部分。

（2）使用万用表的检测电路，参见图 2—9 爆震传感器电路图。

1）检测 ECU 插座端子与传感器插座端子连接线

①ECU 插座68端子与传感器插座①端子连线电阻应小于 0.5 Ω。

②ECU 插座67端子与传感器插座②端子连线电阻应小于 0.5 Ω。

③ECU 插座60端子与传感器插座①端子连线电阻应小于 0.5 Ω。

2）检测爆震传感器输出电压。发动机运转中出现爆震现象时，爆震传感器插座端子

①和②之间应有 0.3 ~ 1.4 V 信号电压。

（3）排除故障后，使用 VAG1552 诊断仪清除故障信息。VAG1552 的使用参见本技能要求步骤 1“曲轴位置传感器检测”部分。

步骤 4 节气门体组件（J338）检测

（1）使用 VAG1552 型诊断仪读取故障信息。VAG1552 型的使用参见本技能要求步骤 1“曲轴位置传感器检测”部分。

（2）使用万用表的检测电路，如图 2—50 所示。

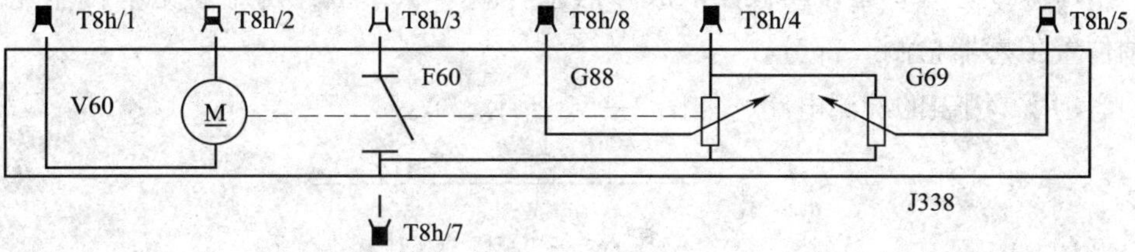

图 2—50 节气门体电路图

1）节气门电位计（G69）的检测

①ECU 插座㉒、㉟、㉗端子分别与传感器插座④、⑤、⑦端子连线电阻应小于 0.5 Ω；

②打开点火开关，④与⑦端子之间电源电压应为 5 V；

③改变节气门开度，⑤与⑦端子之间的信号电压应在 0.5 ~ 4.9 V 之间变化。

2）节气门定位电位计（G88）的检测

①ECU 插座㉒、㉞、㉗端子分别与传感器插座④、⑧、⑦端子连线电阻应小于 0.5 Ω；

②打开点火开关，④和⑦端子之间电源电压应为 5 V；

③改变节气门开度，⑧和⑦端子间的信号电压应在 0.5 ~ 4.9 V 之间变化。

（3）排除故障后，使用 VAG1552 诊断仪清除故障信息。

步骤 5 霍耳传感器（G40）检测

（1）使用 VAG1552 型诊断仪读取故障信息。VAG1552 型的使用参见本技能要求步骤 1“曲轴位置传感器检测”部分。

（2）使用万用表的检测电路，参见图 2—5 凸轮轴位置传感器电路图。

1）检测 ECU 插座端子与传感器插座端子连接线

①ECU 插座㉒端子与传感器插座①端子连线电阻应小于 0.5 Ω。

②ECU 插座㉗端子与传感器插座③端子连线电阻应小于 0.5 Ω。

③ECU 插座⑯端子与传感器插座②端子连线电阻应小于 0.5 Ω。

2）检测传感器电压

①测量传感器插头端子①与③之间的电源电压，约为 5 V；

②测量传感器插头端子②和③之间的信号电压，应接近 12 V 蓄电池电压。

（3）排除故障后，使用 VAG1552 型诊断仪清除故障信息。VAG1552 型的使用参见本技能要求步骤 1“曲轴位置传感器检测”部分。

步骤 6　氧传感器（G39）检测

（1）使用 VAG1552 型诊断仪读取故障信息。VAG1552 型的使用参见本技能要求步骤 1“曲轴位置传感器检测”部分。

（2）使用万用表的检测电路，如图 2—51 所示。

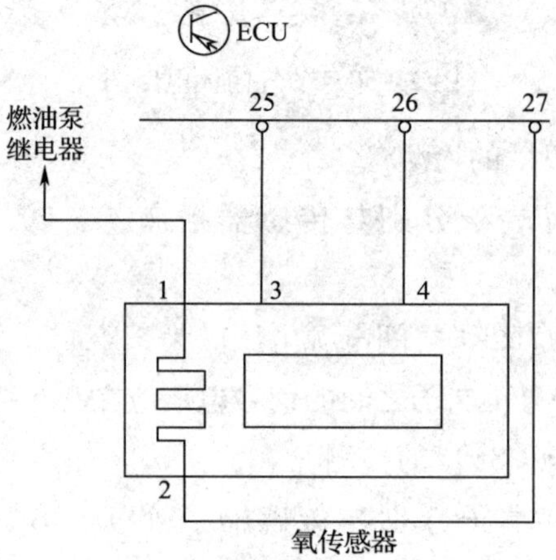

图 2—51　氧传感器电路图

1）检测 ECU 插座端子与传感器插座端子连接线

①ECU 插座㉕端子与传感器插座③端子连线电阻应小于 0.5 Ω。

②ECU 插座㉖端子与传感器插座④端子连线电阻应小于 0.5 Ω。

③ECU 插座㉗端子与传感器插座②端子连线电阻应小于 0.5 Ω。

④传感器端子①和②之间的电阻，在室温时氧传感器加热器电阻为 1 ~ 5 Ω，温度升高，电阻值随之上升。

2）检测传感器电压。氧传感器端子③和④之间的信号电压，工作时在 0.1 ~ 0.9 V 之间变化。

（3）排除故障后，使用 VAG1552 型诊断仪清除故障信息。VAG1552 型的使用参见本技能要求步骤 1“曲轴位置传感器检测”部分。

步骤 7　活性炭罐电磁阀（N80）检测

（1）使用 VAG1552 型诊断仪读取故障信息。VAG1552 型的使用参见本技能要求步骤 1“曲轴位置传感器检测”部分。

（2）使用万用表检测电路，如图 2—52 所示。

检测 ECU 插座端子与传感器插座端子连接线

①ECU 插座⑮端子与传感器插座②端子连线电阻应小于 0.5 Ω。

②传感器插座①端子和②端子（即活性炭罐电磁阀两触点之间）的电阻值应为 22～30 Ω。

（3）排除故障后，使用 VAG1552 诊断仪清除故障信息。VAG1552 型的使用参见本技能要求步骤 1“曲轴位置传感器检测”部分。

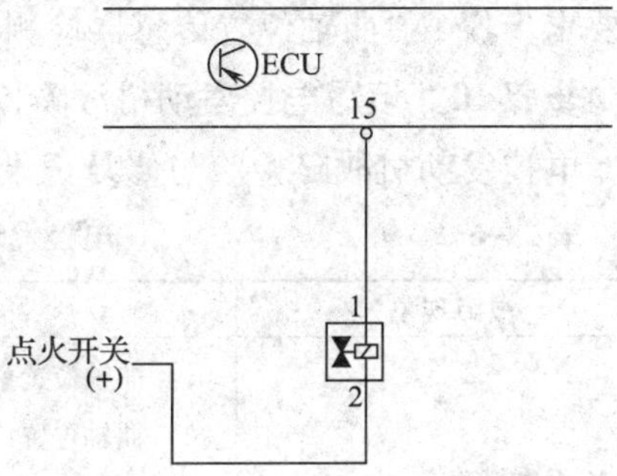

图 2—52　活性炭罐电磁阀电路图

步骤 8　喷油器（N30～N33）检测

（1）使用 VAG1552 诊断仪读取故障信息。VAG1552 型的使用参见本技能要求步骤 1“曲轴位置传感器检测”部分。

（2）使用万用表的检测电路，参见图 2—21 喷油器电路图。

1）检测 ECU 插座端子与传感器插座端子连接线

①ECU 插座⑦③端子与传感器插座②端子连线电阻应小于 0.5 Ω。

②ECU 插座⑧⓪端子与传感器插座②端子连线电阻应小于 0.5 Ω。

③ECU 插座⑤⑧端子与传感器插座②端子连线电阻应小于 0.5 Ω。

④ECU 插座⑥⑤端子与传感器插座②端子连线电阻应小于 0.5 Ω。

⑤1～4 缸喷油器电阻应在 13～18 Ω。

2）检测喷油器供电电压。打开点火开关时，端子①与搭铁端之间电压应等于 12 V 蓄电池电压。

（3）排除故障后，使用 VAG1552 诊断仪清除故障信息。VAG1552 型的使用参见本技能要求步骤 1“曲轴位置传感器检测”部分。

步骤 9　进气温度传感器（G72）检测

（1）使用 VAG1552 诊断仪读取故障信息。VAG1552 型的使用参见本技能要求步骤 1“曲轴位置传感器检测”部分。

（2）使用万用表的检测电路，参见图 2—3 进气温度传感器电路图。

1）检测 ECU 插座端子与传感器插座端子连接线

①ECU 插座⑰端子与传感器插座②端子连线电阻应小于 0.5 Ω；

②ECU 插座㊹端子与传感器插座①端子连线电阻应小于 0.5 Ω。

2）检测传感器电阻和信号电压。进气温度传感器是一个负温度系数的热敏电阻。测量 ECU 插座⑰与㊹端子间的电阻和电压，应随温度升高而减小。

（3）排除故障后，使用 VAG1552 诊断仪清除故障信息。VAG1552 型的使用参见本技能要求步骤 1“曲轴位置传感器检测”部分。

步骤 10 填写电控发动机故障检验与修复记录单

电控发动机故障检验与修复记录单见表 2—6。

表 2—6　　电控发动机故障检验与修复记录单

故障现象	故障分析	维修措施
（1）无法起动 （2）燃油系统压力低 （3）起动困难 （4）发动机怠速不稳 （5）发动机喘气 （6）燃油系统压力高 （7）起动不良 （8）排放超标 （9）发动机游车 （10）加速不良	（1）曲轴位置传感器损坏	（1）更换曲轴位置传感器
	（2）曲轴位置传感器线路损坏	（2）修理或更换曲轴位置传感器线束
	（3）凸轮轴位置传感器损坏	（3）更换凸轮轴位置传感器
	（4）凸轮轴位置传感器线路损坏	（4）修理或更换凸轮轴位置传感器线束
	（5）进气温度传感器损坏	（5）更换进气温度传感器
	（6）进气温度传感器线路损坏	（6）修理或更换进气温度传感器线束
	（7）水温传感器损坏	（7）更换水温传感器
	（8）水温传感器线路损坏	（8）修理或更换水温传感器线束
	（9）空气流量计损坏	（9）更换空气流量计
	（10）空气流量计线路损坏	（10）修理或更换空气流量计
	（11）节气门位置传感器损坏	（11）更换节气门位置传感器
	（12）节气门位置传感器线路损坏	（12）修理或更换节气门位置传感器线束
	（13）氧传感器损坏	（13）更换氧传感器
	（14）氧传感器线路损坏	（14）修理或更换氧传感器
	（15）爆震传感器损坏	（15）更换爆震传感器
	（16）爆震传感器线路损坏	（16）修理或更换爆震传感器
	（17）1 缸喷油器线路损坏	（17）修理或更换 1 缸喷油器线束
	（18）2 缸喷油器线路损坏	（18）修理或更换 2 缸喷油器线束
	（19）3 缸喷油器线路损坏	（19）修理或更换 3 缸喷油器线束
	（20）4 缸喷油器线路损坏	（20）修理或更换 4 缸喷油器线束
	（21）1 缸点火线圈线路损坏	（21）修理或更换 1 缸点火线圈线束
	（22）2 缸点火线圈线路损坏	（22）修理或更换 2 缸点火线圈线束
	（23）3 缸点火线圈线路损坏	（23）修理或更换 3 缸点火线圈线束
	（24）4 缸点火线圈线路损坏	（24）修理或更换 4 缸点火线圈线束

3

第 3 章

汽车底盘常见故障检测和诊断

第 1 节　自动变速器构造和故障诊断

学习单元 1　自动变速器结构与拆装

学习目标

1. 掌握电控自动变速器的结构组成与工作过程。
2. 能够认识自动变速器各元件并能完成组装。
3. 能够阐述自动变速器各挡动力传递过程。

知识要求

一、概述

1. 自动变速器的特点

自动变速器是根据液力动压原理设计的一种液力传动装置。它可以根据发动机的负荷和转速，以及车速等参数进行自动变换挡位，而不需要驾驶员手动换挡和操纵离合器。

自动变速器通常与液力变矩器一起使用，通过利用液力传动的特点，来弥补机械变速器的不足，使其操纵简捷，工作可靠。与机械变速器相比，自动变速器具有以下优点：

（1）操纵简便省力，有利于提高行车安全性。

（2）可以延长发动机和传动系的使用寿命。

（3）提高了汽车的平稳性和乘坐舒适性。

（4）提高了汽车的动力性和平均车速。

（5）可以降低发动机排放的污染。

2. 自动变速器的分类

（1）按汽车的驱动方式分类

1）前置前驱动自动变速器（FF 型或 FWD 型）。这种自动变速器使用在前轮驱动的轿车上，发动机可横向布置，亦可纵向布置。该变速器通常还装备主减速器和差速器，又称变速驱动桥。这种自动变速器是一个输入（发动机动力输入），两个输出（驱动两侧前轮）。

2）前置后驱动自动变速器（FR 型或 RWD 型）。这种自动变速器通常使用在后轮驱动的轿车上，发动机呈纵向布置。该自动变速器是一个输入（发动机动力输入），一个输出（驱动传动轴）。

（2）按控制方式分类。自动变速器的换挡控制是根据两个最主要的换挡信号——发动机负荷（节气门开度）和汽车车速。由于这两个信号的采集方式不同，自动变速器换挡控制有以下两种方式：

1）液压控制。液控式自动变速器的换挡信号采集都采用液压和机械的方式，其换挡控制也是通过液压阀的动作来实现的。

2）电子控制。在电控式自动变速器中，用电子传感器取代液压和机械元件来采集换挡信号，其换挡控制则是通过电磁阀和液压阀的共同作用来完成的。

二、自动变速器的组成和基本原理

现代汽车采用的电控自动变速器一般由液力传动机构、齿轮变速机构、液压控制系统和电子控制系统 4 大部分组成。

1. 液力传动机构

（1）液力耦合器。液力耦合器安装在发动机和自动变速器之间，有传递转矩和离合等作用。其基本工作原理是以液压油为工作介质，把发动机的机械能转换为液压能，并将这种液压能再转换为机械能，通过输出装置传递给变速器。

液力耦合器的结构如图 3—1 所示，由泵轮、涡轮及外壳组成。

耦合器的外壳固定在发动机曲轴后端的凸缘上，泵轮与外壳刚性连接且随曲轴一起旋转，称为耦合器的主动件；与变速器输入轴相连的为涡轮，称为耦合器的从动件。在泵轮和涡轮的环状壳体中，纵向排列着许多叶片，涡轮装在密封的外壳中，其端面与泵轮相对，两者之间留有 3 ~ 4 mm 的间隙。在环状壳体中储有工作液。

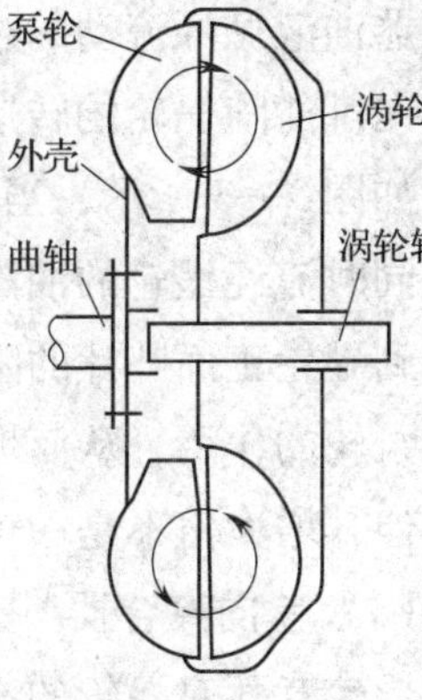

图 3—1　液力耦合器的结构

装合后的耦合器如同两台对置的风扇，当一台风扇通电旋转时，叶片带动空气流动，冲击在对置的静止的风扇叶片上。空气流动的能量使对置的风扇叶片转动，这时能量已从一台风扇传递到另一台风扇上了。

液力耦合器的工作原理与此相似，如图 3—2 所示，当与发动机相连的泵轮旋转时，在离心力的作用下，工作液从泵轮叶片的内缘向外缘流动，并被甩入与变速器输入轴相连的涡轮叶片内。在工作液的冲击下，涡轮随之旋转，达到传递动力的目的，如图所示。由于液力耦合器在工作时是利用泵轮旋转将工作液压入涡轮使涡轮跟着旋转的，所以涡轮的转速总是小于泵轮的转速。

由于液力耦合器在工作时，工作液在循环流动过程中，没有得到任何其他附加外力，故在涡轮上所得到的转矩与发动机作用于泵轮上的转矩相等，即液力耦合器只能传递转矩，而不能改变转矩的大小。

（2）液力变矩器。液力变矩器不仅能传递转矩，而且能在泵轮转矩不变的情况下，随着涡轮的转速不同自动地改变涡轮轴输出转矩的数值，故能起变矩作用。

与液力耦合器相比，液力变矩器在结构上除了旋转的泵轮和涡轮外，还增设了导轮，如图 3—3 所示。

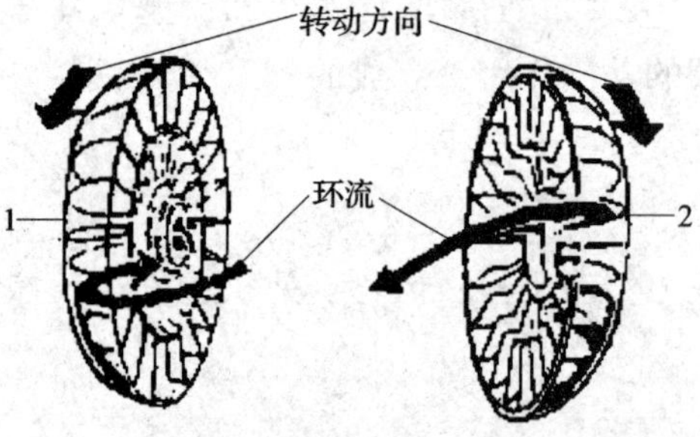

图 3—2　液力耦合器的工作原理示意图

1—涡轮　2—泵轮

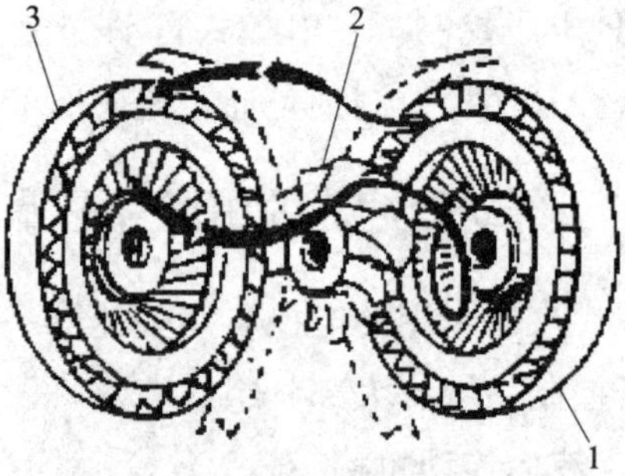

图 3—3　液力变矩器

1—泵轮　2—导轮　3—涡轮

泵轮的作用是把发动机的机械能转换为工作液的液压能，涡轮的作用是把工作液的液压能再转换为涡轮轴上的机械能；导轮的作用是通过改变液体流向而起变矩作用。变矩器之所以能起变矩作用，是由于在结构上比耦合器多了导轮机构，在应用液力变矩器的自动变速器油液循环流动的过程中，固定不动的导轮给涡轮一个反作用力矩，其力矩大小与作用方向都能随涡轮的转速而变化，从而使涡轮输出的转矩不同于泵轮的输入转矩。

如图 3—3 所示，当油液离开泵轮冲击涡轮时，把油液能量传递给涡轮并使其转动，与此同时流经涡轮的油液从中间流出，撞击导轮叶片的正面（此时单向离合器锁止），油液受到导轮正面叶片的阻挡，而产生液流的折射，返回到泵轮叶片上，起到了帮助发动机转动泵轮的作用，从而增大了涡轮的输出转矩，可以使变矩器的输出转矩提高 2 倍甚至更多。但其增大值不是一个恒定值，转矩的增大值与汽车的车速有关。

（3）单向离合器。为使变矩器在低速区自动变矩，在高速区使导轮顺时针自由转动，减小导轮背面对涡轮的有害反作用力，单向离合器被广泛采用。它可使传动效率提高到 95%，其结构参见相关齿轮变速机构。

单向离合器分滚柱式和楔块式两种，它们都是位于固定的内圈与滚动的外圈之间，使导轮顺泵轮的旋转方向转动，逆向锁止。

（4）锁止离合器。锁止离合器的作用是自动地将涡轮与泵轮刚性地锁止在一起，使发动机动力直接传给变矩器输出轴从而避免变矩器的液力损失，提高了变矩器在高速工况下的传动效率。

锁止离合器位于涡轮前端，由锁止活塞、减振盘和涡轮传动板等组成。锁止活塞与减振盘用键连接，可前后移动；减振盘和涡轮传动板通过减振弹簧固定，能衰减离合器啮合时的扭振；涡轮传动板用铆钉铆在涡轮的涡轮壳上．前盖后面与锁止活塞前面均粘有耐摩擦材料。

车辆低速行驶时，变矩器油经输入轴中心油道进入锁止离合器前部，如图3—4所示。由于涡轮传动板前、后两侧压力相等，故锁止离合器分离。车辆高速行驶时，变矩器油经输入轴中心油道和导轮轴从锁止离合器前部排出。在压力差的作用下，锁止活塞向前移动压靠在前盖上，锁止离合器接合，泵轮和涡轮作为一个整体部件旋转，提高了高速时变矩器的传动效率。

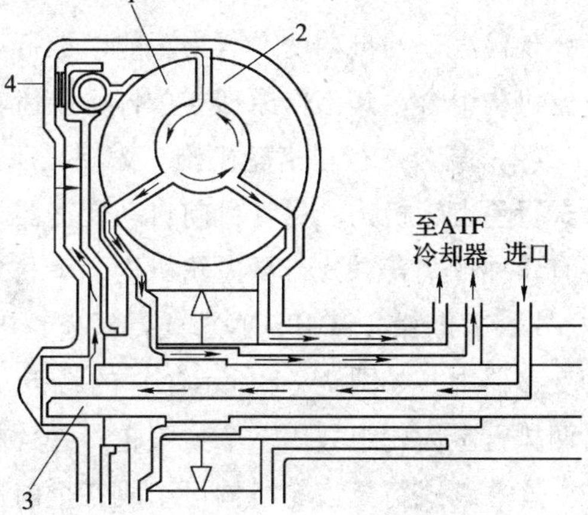

图3—4　锁止离合器

1—涡轮　2—泵轮　3—主轴　4—变矩器盖

2．行星齿轮机构

液力变矩器虽能在一定范围内自动地、无级地改变转矩比，但它的变矩能力和传动效率难以满足现代汽车实际使用需要，所以在现代汽车上广泛采用液力变矩器和行星齿轮变速机构组合而成的液力机械变速器。

（1）单排行星齿轮机构。如图3—5所示，整个行星齿轮机构由太阳轮（中心齿轮）、行星齿轮和齿圈三个基本构件组成。太阳轮位于整个机构的中心，与行星齿轮相啮合，与行星齿轮同时啮合的还有最外圈的齿圈，通常3～4个对称布置的行星齿轮用一个行星齿轮架连接。

行星齿轮机构在工作中，太阳轮、行星齿轮架和齿圈3个构件具有同一旋转轴线。在这3个构件中只要任选两个构件，并分别与主动轴（输入轴）和从动轴（输出轴）相连，将另一构件强制固定（称制动）而使其运动受约束，则整个行星齿轮机构即以一定传动比传递动力。改变行星齿轮机构的连接和制动可获得多种不同的传动方案。

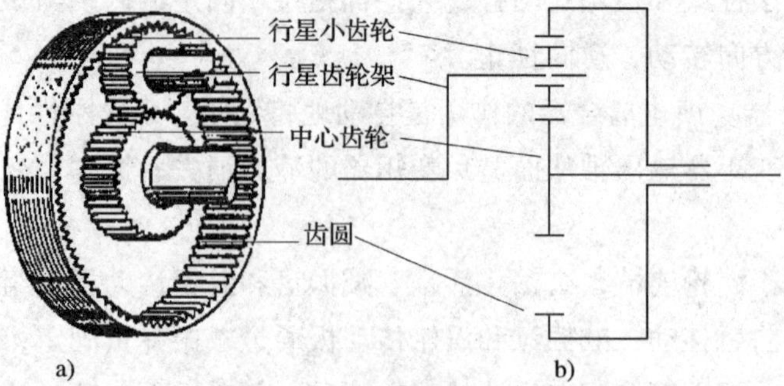

图 3—5　单排行星齿轮

a）实物照片　b）符号图

现代汽车的自动变速器为了能增加行星齿轮机构的转矩变化的范围，常采用几排行星齿轮机构组合，其工作原理与单排行星齿轮机构相同。

（2）复合式行星齿轮机构。为满足所需的挡位和速比，通常用多个行星排来组合成复合式行星齿轮机构。尽管目前自动变速器品种、规格很多，但是典型化的基本结构形式主要有 3 种：辛普森式行星齿轮机构、串联式行星齿轮机构和拉维奈行星齿轮机构。

1）辛普森（SIMPSON）式行星齿轮机构。辛普森式行星齿轮机构广泛应用于电控自动变速器中，如图 3—6 所示。它的特点是由两套参数完全相同的行星齿轮组构成；前、后两排行星齿轮组共用一个太阳轮；并且前排行星架和后排齿圈为同一构件，与输出轴相连。辛普森式行星齿轮机构可组成三个前进挡和一个倒挡。

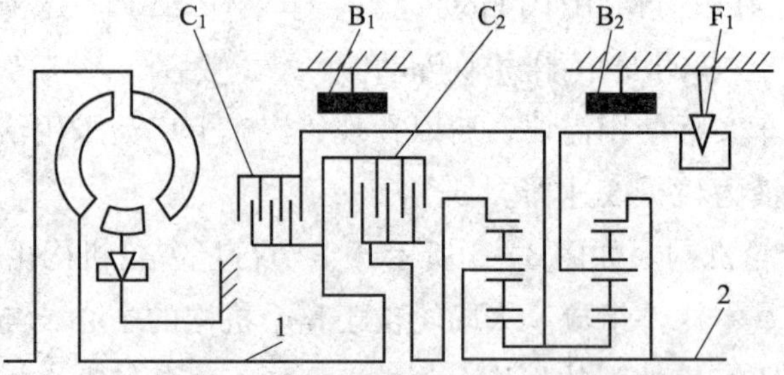

图 3—6　辛普森式行星齿轮机构

1—输入轴　2—输出轴

C_1—前多片离合器　C_2—后多片离合器　B_1—前制动带　B_2—后制动带　F_1—单向离合器

2）串联式行星齿轮机构。串联式行星齿轮机构是将两组行星齿轮机构串联在一起而形成的，如图 3—7 所示。其特征是前排行星齿轮组的行星架与后排行星齿轮组的齿圈连成一体；而前排行星齿轮组的齿圈则与后排行星齿轮组的行星架连成一体。

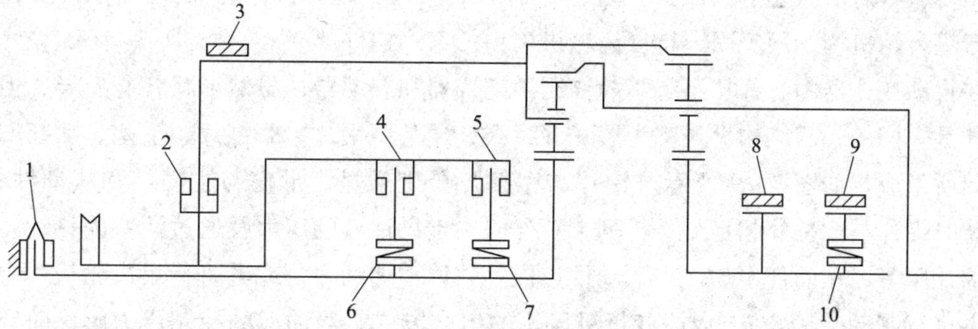

图 3—7　串联式行星齿轮机构

1—4 挡离合器　2—2 挡离合器　3—倒挡制动带　4—3 挡离合器　5—输入离合器　6—3 挡超越离合器　7—输入单向离合器　8—1/2 制动带　9—前进挡制动带　10—1/2 挡单向离合器

3）拉维奈式行星齿轮机构。拉维奈式行星齿轮机构的特点是一个行星架上安装互相啮合的长、短两套行星齿轮，如图 3—8 所示。短行星轮分别与小太阳轮和长行星轮啮合。长行星轮除与短行星轮啮合，并且分别与大太阳轮和齿圈（输出轴）啮合。行星齿轮机构的大、小太阳轮和行星齿轮架都可作为动力的输入元件。一副拉维奈式行星齿轮机构可以构成 4 个前进挡和一个倒挡。

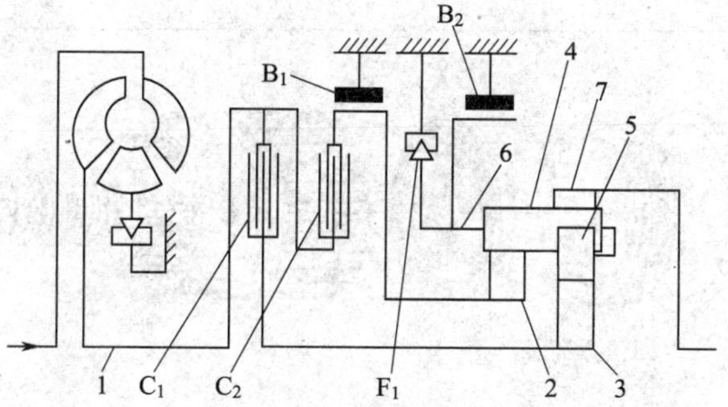

图 3—8　拉维奈式行星齿轮机构

1—输入轴　2—前太阳轮　3—后太阳轴　4—长行星轮　5—短行星轮　6—齿架　7—齿圈
C_1—前多片离合器　C_2—后多片离合器　B_1—前制动带　B_2—后制动带　F_1—单向离合器

（3）行星齿轮机构中的执行元件。行星齿轮机构的执行元件主要有离合器、制动器和单向离合器。行星齿轮机构由液压操纵系统控制，使相应的执行元件工作，使其固定某一构件，改变行星齿轮机构的组合方式，从而获得不同的传动比和传动方向，最终实现自动变速。

1）离合器的作用是使轴与行星齿轮机构相连，用以动力传递。制动器连接变速器壳体和行星齿轮机构，用于固定行星齿轮机构中的某一构件。

在自动变速器中有好几个起不同作用的离合器和制动器，虽然形状各有差异，但基本结构却是一样的，其结构形式都为湿式多片式，通常由钢片、摩擦片、活塞、活塞回位弹簧和毂所组成，如图 3—9 所示。钢片与摩擦片分别通过齿形键与主动件和从动件相连，在安装时钢片与摩擦片相互交替排列。工作时，借助油液的压力及通过活塞的移动将钢片和摩擦片压紧，从而使主动件和从动件连成一体以传递动力；或者将行星齿轮机构中的某一构件进行制动（固定），以改变行星齿轮的组合方式。当油液的控制压力解除时，在活塞回位弹簧的作用下，活塞回位使钢片与摩擦片又处于分离状态，从而使主动件和从动件之间的动力传递被中断，或者解除对某一构件的制动。

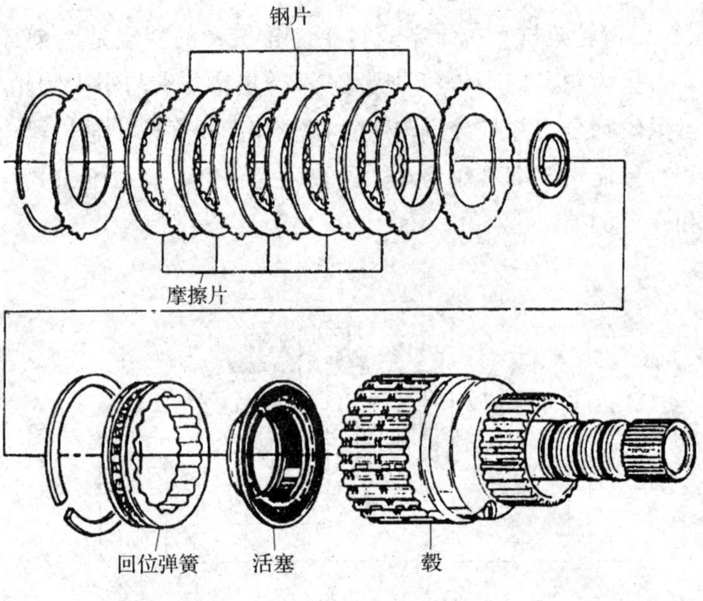

图 3—9　离合器

2）用于固定行星齿轮机构的制动器的另一种形式为带式制动器，如图 3—10 所示。环状制动带套在毂的外圆表面上，制动带一端被固定，另一端通过顶杆与活塞接触。工作时，液压操纵系统的油路接通，具有一定压力的油液进入活塞的背后，推动顶杆，使制动带箍紧在毂上，使行星齿轮机构得以制动（固定）。

3）单向离合器是一种单方向固定装置。在自动变速器中常用的单向离合器有滚柱式和凸块式两种。

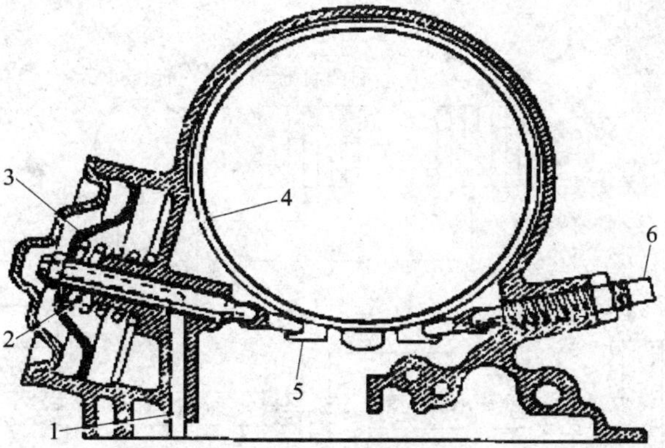

图 3—10　制动器

1—工作油路　2—活塞杆　3—伺服缸活塞　4—制动液　5—制动带　6—调整螺钉

4）超越式离合器的机构形式与单向离合器完全相同，但超越式离合器的内、外圈分别和运动的机件相连，它的所谓“锁止”或“超越”不仅取决于内外圈的旋转方向，而且取决于内外圈的相对速度，如图 3—11 所示。超越式离合器一般安装位置是介于输入动力和行星齿轮机构某构件之间，其功能类似于多片离合器，但区别在于超越式离合器是纯机械控制。

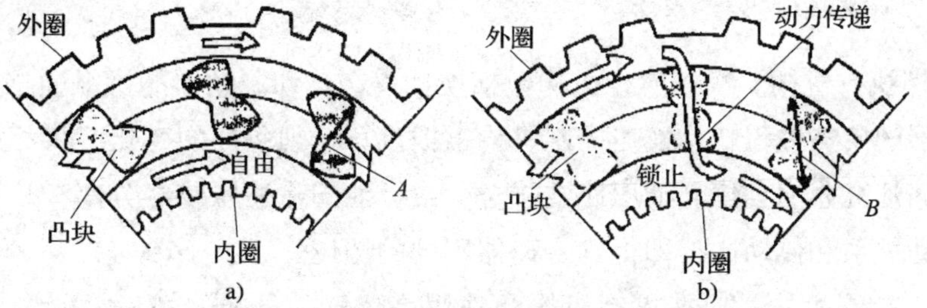

图 3—11　单向离合器

a）内圈转速 > 外圈转速　b）内圈转速 < 外圈转速

3. 液压控制系统的组成

自动变速器的液压操纵系统一般都由供油装置、换挡执行机构和换挡控制机构 3 大部分组成，其工作原理如图 3—12 所示。

（1）供油装置。供油装置的功用一方面是向液压操纵系统的控制机构和执行机构提供压力油；另一方面是向液力变矩器供应工作油液，同时还向变速器的齿轮传动机构提供润滑油。

供油装置主要包括油泵、油液集滤器、油液细滤器和油液散热器等。一般自动变速器中的油泵多采用内啮合式齿轮泵或叶片泵，安装在变矩器与齿轮变速器之间，由变矩器泵轮轴驱动。

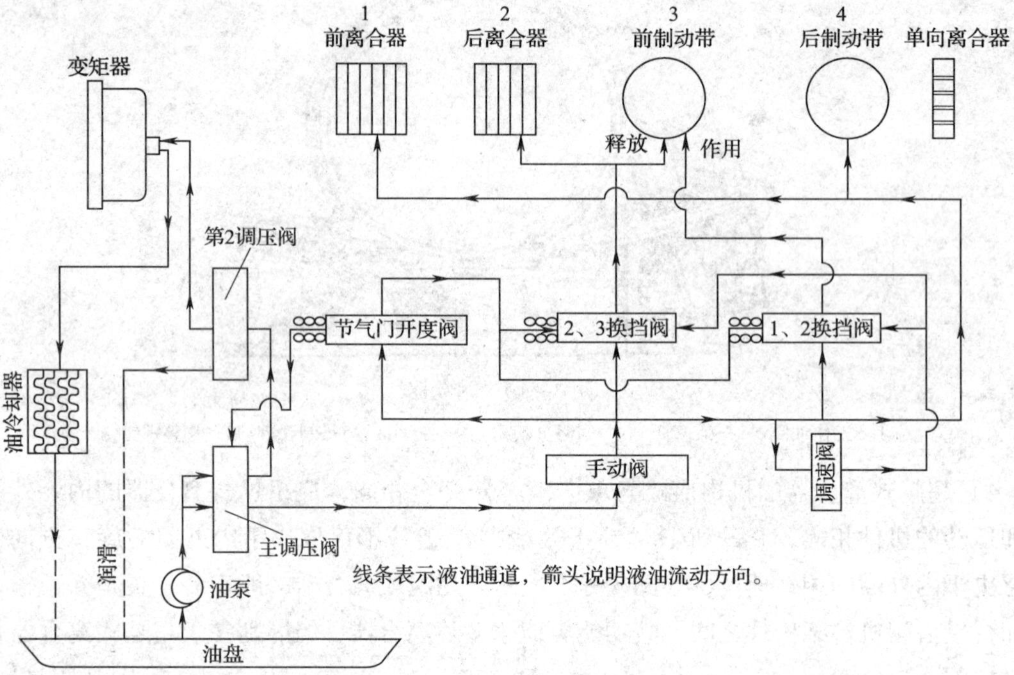

图 3—12　液压操纵系统

（2）换挡执行机构。换挡执行机构包括换挡离合器和制动器的操纵油缸及活塞等，液力机械变速器的换挡过程就是换挡控制机构根据汽车行驶条件的变化，将相应的换挡离合器和制动器的油缸充油且建立油压使之接合；或排油卸除油压使之分离，从而改变行星齿轮机构的运动关系和传动比，即得到变速器不同的挡位。

（3）换挡控制机构。换挡控制机构的功用是将驾驶员的选挡信号、发动机负荷（即节气门开度）信号和汽车行驶速度信号转变成液压控制信号（或电信号），并通过这些信号来控制通往换挡执行机构（即换挡离合器和制动器）的油路，从而实现挡位变换。换挡控制机构由 3 部分组成：

1）换挡信号装置，产生发动机负荷和车速信号。

2）主油路压力调节装置，即主油路压力调节阀。

3）换挡控制装置包括换挡阀、手控制阀、强制低挡阀以及缓冲阀和限流阀等。

（4）操纵系统各零部件结构与工作原理

1）油泵。油泵安装在变矩器后侧的阀体上，它是一种叶片变量泵，结构如图 3—13 所示。当发动机曲轴旋转时，与变矩器壳相连的油泵驱动轴带动油泵转子及其上的叶片旋转，产生真空吸力，将油液吸入。随着叶片的旋转，滑座与转子之间的间隙减小，使油液被挤出出油口，压力升高。该油压进入主油道后，再经油压调节器控制产生主油路油压。经油压调节器调节后多余的油液进入减压油道，作用在滑座的外侧，推动滑座旋转，使滑座和油泵转子趋向同心，即滑座和转子之间的间隙变化减小，油泵输出压力下降，这就是变量泵的工作原理，如图 3—14 所示。

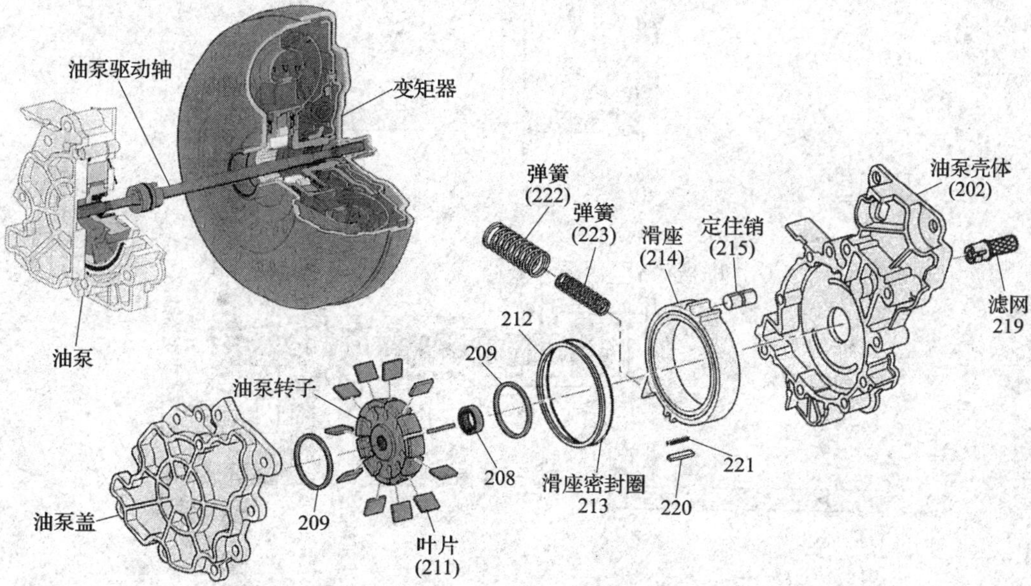

图 3—13　油泵结构

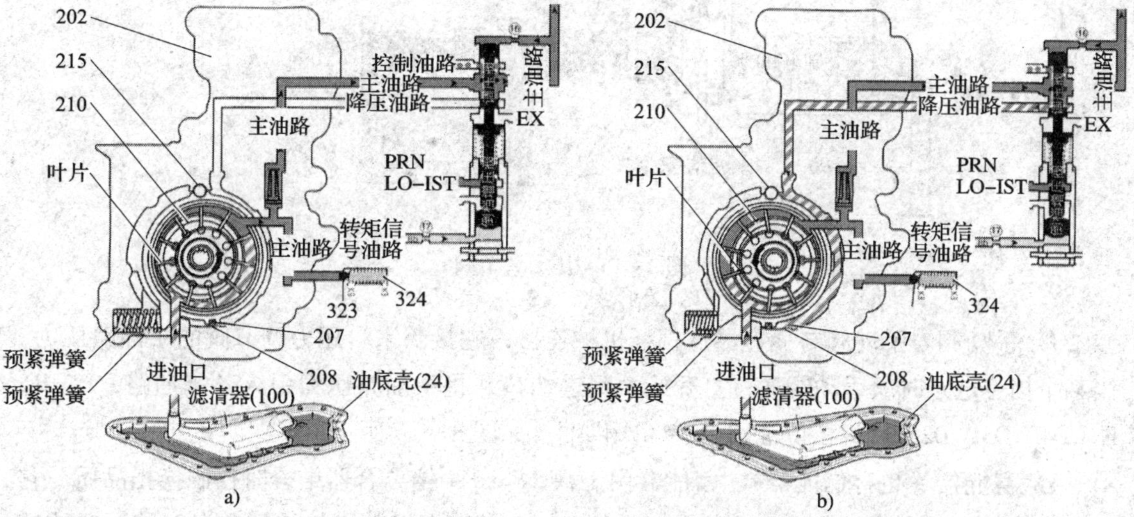

图 3—14　油泵原理

a）最大油泵输出　b）最小油泵输出

2）压力调节阀。压力调节阀是用来控制主油路压力的重要部件。它位于控制阀体上，当油泵输出最大时，来自油泵的油压克服弹簧力移动压力调节阀，使主油路油压迅速充满变矩器进油道及进入减压油道，如图 3—15 所示。PCM 通过压力控制电磁阀和转矩信号调节阀来控制压力调节阀的位置，从而精确调节主油路油压。

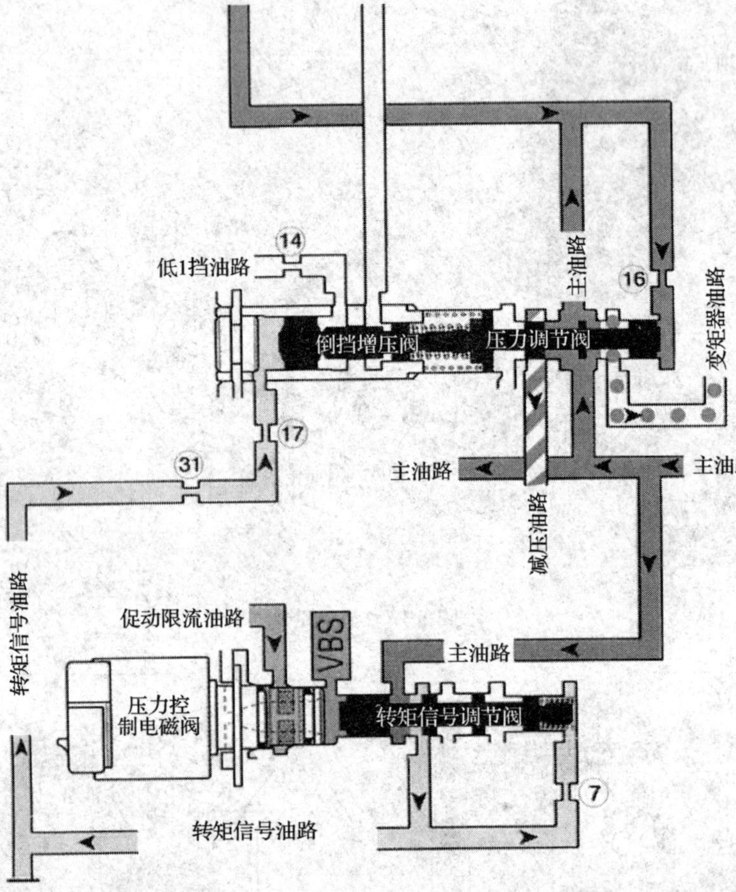

图 3—15　压力调节阀

3）手动阀。手动阀与变速器选挡杆机械连接，它接受来自压力调节阀的主油路压力。当某个挡位选定时，手动阀通过打开或关闭进油口，将主油路压力引入各挡油路，P、R、N、D4、D3、D2 和 D1 挡位油路由手动阀供油，如图 3—16 所示。

4）蓄能器（也称储能器）。蓄能器用于在 2、3、4 挡离合器结合时控制换挡品质。它是一弹簧加一载荷装置，吸收油路中一定的油压，并根据发动机转矩使离合器结合时的油压变化有一定的缓冲余地，减小了换挡冲击，如图 3—17 所示。

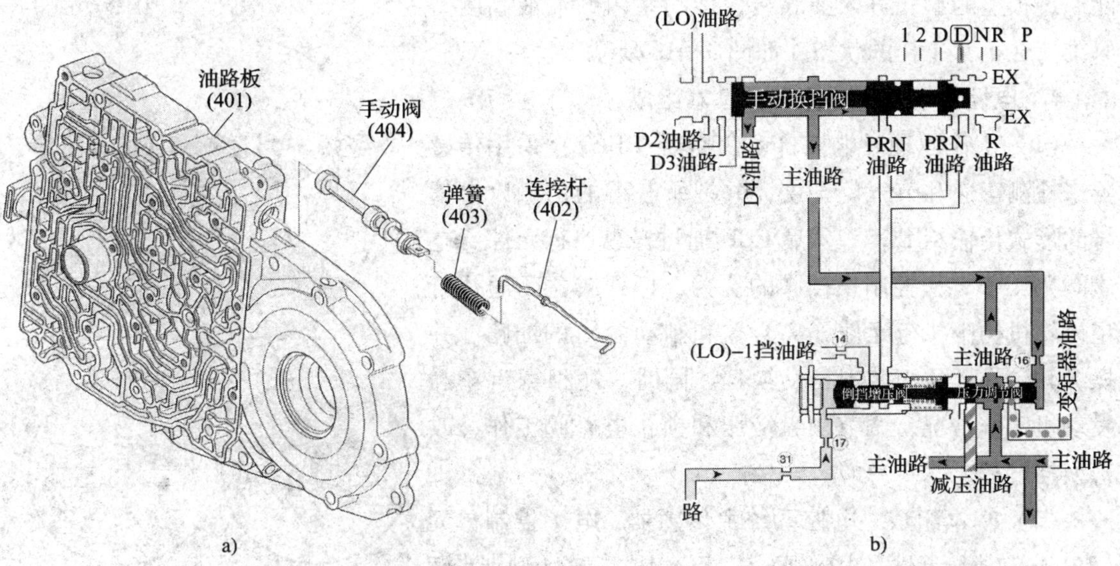

图 3—16　手动阀

a）结构　b）油路

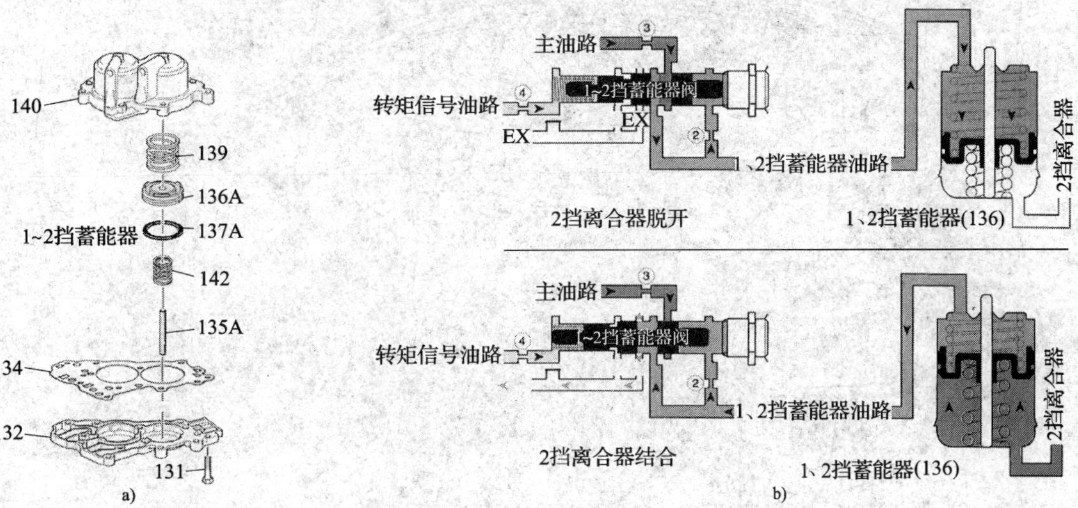

图 3—17　蓄能器

a）结构　b）1、2 挡工作原理示意

5）温控器。温控器安装在变速箱壳体上，用于控制油底壳内的油液高度。它有一个热敏金属板，随温度变化而打开或关闭油路。油温低时，温控器对温控板施加一较小的压力，允许油液进入油槽。随着温度上升，温控器开始对板施加压力增加，使排出的油液仅能通过板上的小孔进入油底壳，传动系内的油液高度得以维持在正常工作的状态，如图3—18所示。

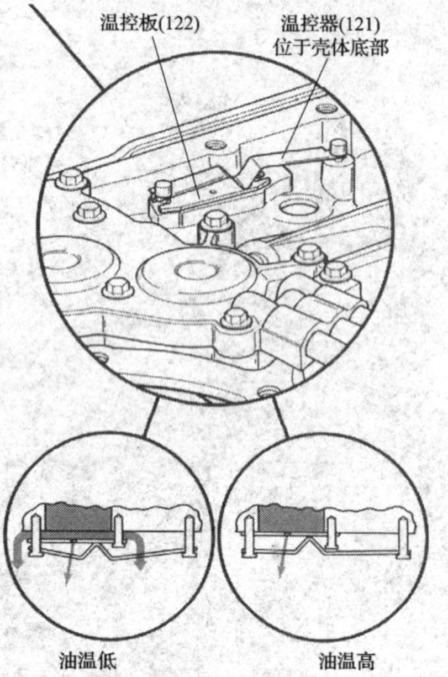

图3—18　温控器

4. 电控系统的工作原理及基本组成

（1）工作原理。电控自动变速器（ECT）采用传感器来检测车速和节气门开度，并把所获得的信息以电信号的形式传输给ECU，然后ECU通过操纵执行元件（电磁阀）工作，去控制换挡阀的位置，打开或关闭通往行星齿轮机构中执行元件（离合器和制动器）的油路，并操纵其动作，从而实现自动换挡。同时，还根据汽车和发动机工作情况，调节操纵液压和锁止电磁阀工作，改善换挡过程。

（2）基本组成。电控系统由传感器、电子控制单元（ECU）和执行元件（电磁阀）三部分组成，SGM型别克轿车4T65E型自动变速器电子控制系统，如图3—19所示。

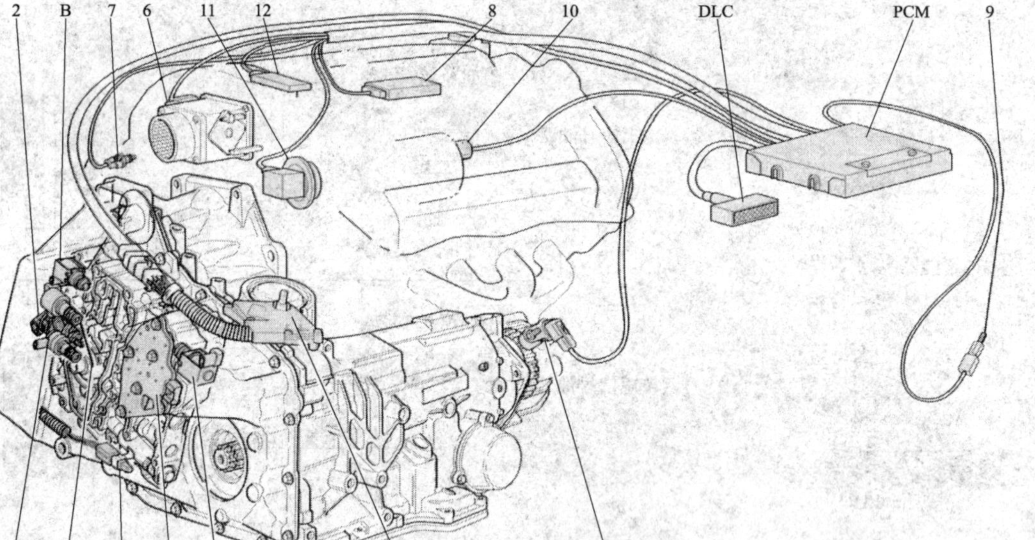

图3—19　自动变速器电子控制系统

1—自动变速器油液压力（TFP）手动阀位置开关　2—主动轴速度传感器　3—车辆速度传感器　4—节气门位置传感器（与发动机合用）　5—冷却液传感器（与发动机合用）　6—制动开关　7—巡航控制开关　8—进气歧管绝对压力传感器（与发动机合用）　A—压力控制（PC）电磁阀　B—换挡电磁阀A（1－2/3－4挡）　C—换挡电磁阀B（2－3挡）　D—变矩器锁定离合器（TCC）脉冲宽度可调（PWM）电磁阀　PCM—动力系控制模块

1）传感器。用于感知车速、节气门开度和其他工作，并把这些信息转变成电信号输入 ECU。

2）电控单元。根据传感器输送的信号确定换挡和锁止时机，并相应地控制液压操纵装置的电磁阀。变速器的电控单元还有诊断各传感器和电磁阀工作的功能以及失效保护功能。

3）执行元件（电磁阀）。控制作用于液压阀上的油压，从而控制换挡和锁止时机。

电控系统的 3 个组成部分之间的工作原理示意如图 3—20 所示。

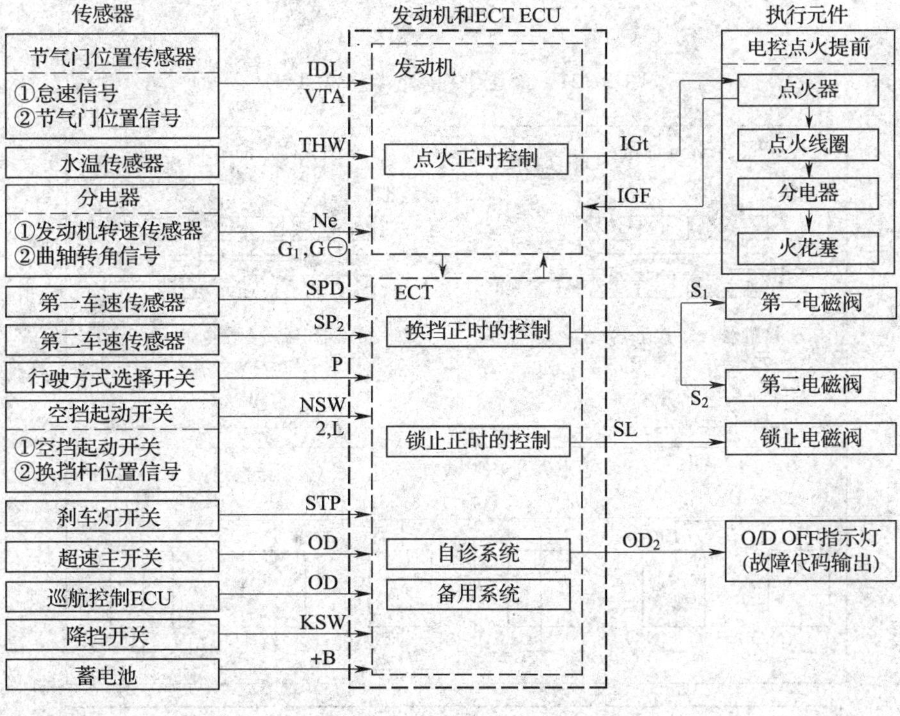

图 3—20　电控系统工作原理示意

（3）各零部件结构与工作原理

1）液压手控阀位置开关 TFP。该开关装在阀体上，共有 6 个油压开关，3 个为常开开关，另 3 个为常闭开关，如图 3—21 所示。

每个油压开关根据作用在其上的油液压力向 PCM 发出打开或接地信号，开关的开闭顺序产生了一组电压读数，PCM 测量 TFP 每个开关和地线之间的信号电压，并将电压信号与储存在 PCM 记忆中的该位置开关综合表格进行比较，如图 3—22 所示。PCM 用这些信息控制主油路压力、TCC 的结合与脱开以及换挡电磁阀的工作。

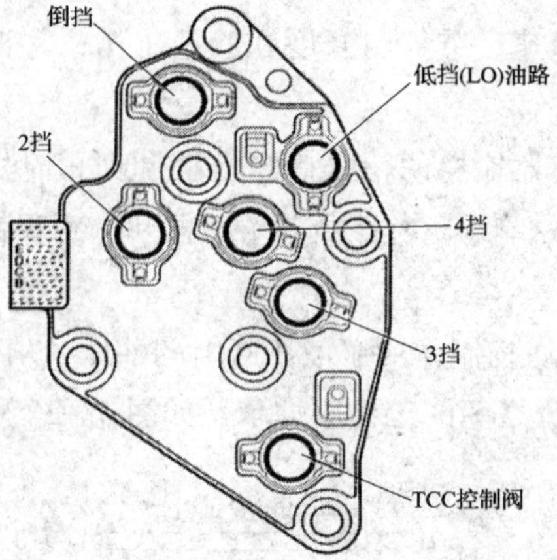

图 3—21　液压手控阀位置开关 TFP

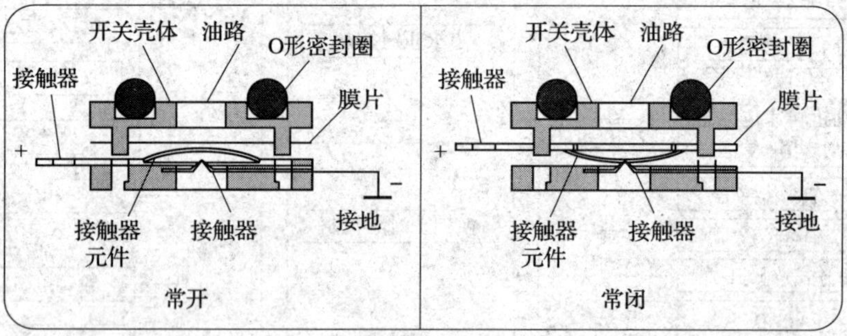

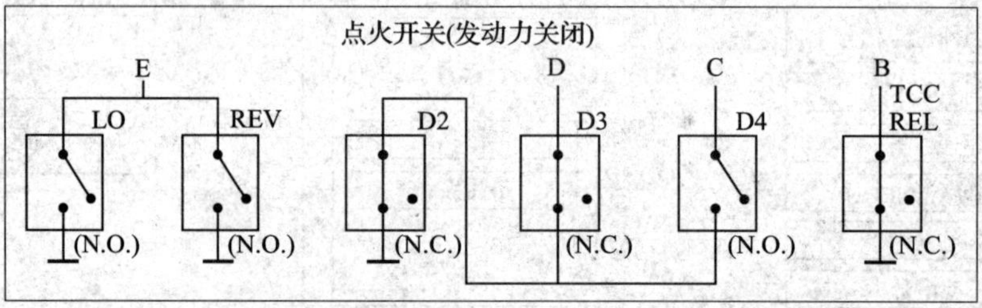

指示挡位	油路					电路		
	REV	D4	D3	D2	LO	E	D	C
停/空	0	0	0	0	0	0	1	0
倒挡	1	0	0	0	0	1	1	0
超速挡	0	1	0	0	0	0	1	1
手动第 3 挡	0	1	1	0	0	0	0	1
手动第 2 挡	0	1	1	1	0	0	0	0
手动第 1 挡	0	1	1	1	1	1	0	0

图 3—22　TFP 开关综合表格

注：（1）油路中 1 = 压力；0 = 泄放。

（2）电路中 1 = 接地（电阻 <50 Ω，0）；0 = 断开（电阻 >50 Ω，0）。

2）换挡电磁阀 SSV。4T65E 型采用两个相同的、常开的电控溢流阀在各前进挡位时控制升挡和降挡，这两个换挡电磁阀共同工作以 ON 和 OFF 顺序的组合形式控制流经 1－2、3－4 换挡阀和 2－3 换挡阀的油液。PCM 检测大量的输入信号，并通过电磁阀的开关组合决定车辆合适的挡位。各挡位时两个电磁阀的组合状态见表 3—1。

表 3—1　　各挡位两个电磁阀组合状态

挡位	1－2、3－4 换挡电磁阀	2－3 换挡电磁阀
P/R/N	ON	ON
1 挡	ON	ON
2 挡	OFF	ON
3 挡	OFF	OFF
4 挡	ON	OFF

换挡电磁阀结构如图 3—23 所示。

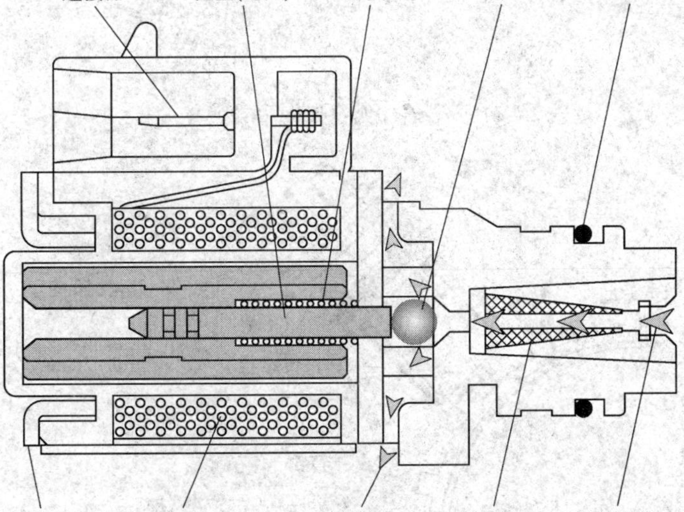

图 3—23　换挡电磁阀

电磁阀未通电（OFF）时，线圈不得电，无法推动球阀封闭信号油路，油液经球阀后从排泄口泄压，电磁阀右侧无法建立起信号油压。

电磁阀通电时，线圈得电，产生电磁力推动柱塞右移，将球阀顶在阀座上，信号油路被封闭，电磁阀右侧油压能够建立。

3）输入速度传感器。输入速度传感器安装在接近主动链轮一侧的阀体上，是一种电磁感应式传感器，如图 3—24 所示。当信号盘随主动链轮旋转时，传感器中产生交流信号电压，转速越高电压越高。

4）车速传感器（VSS）。车速传感器安装在接近差速器一侧的壳体上，也是一种电磁感应式传感器，如图 3—25 所示。其工作原理与输入速度传感器相同，只是输出的交流信号电压和频率不同。

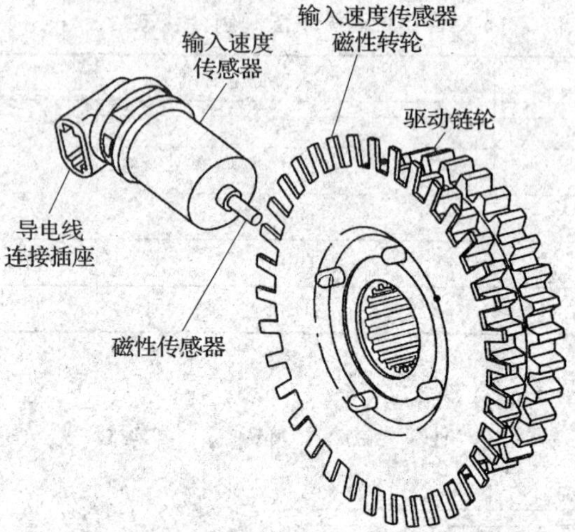

图 3—24　输入速度传感器

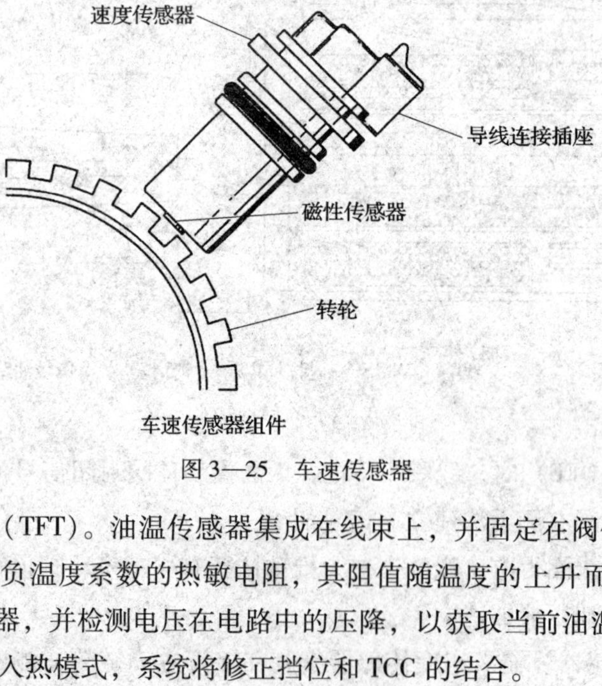

图 3—25　车速传感器

5）油温传感器（TFT）。油温传感器集成在线束上，并固定在阀体一侧，如图 3—26 所示。其内部是一个负温度系数的热敏电阻，其阻值随温度的上升而下降。PCM 输出一 5 V 参考电压给传感器，并检测电压在电路中的压降，以获取当前油温的信号。如温度达到 130℃时，PCM 进入热模式，系统将修正挡位和 TCC 的结合。

6）变矩器锁止离合器 PWM 电磁阀。变矩器锁止离合器（TCC）PWM 电磁阀是一种常闭的线性电磁阀，由 PWM（脉冲宽度调制）信号来精确控制 TCC 的结合与脱开。PCM 用一固定频率为 32 Hz 的负占空比信号来控制 TCC 结合与脱开的速率，当 TCC 需要结合时，PCM 首先给一个占空比为 22% 的信号使 TCC 开始结合，然后逐步增加占空比至 98%，以获取全部结合油压；当 TCC 需要脱开时，PCM 首先将占空比调至 65% 左右，然后逐步下降到 22%，最后回到 0%，使其完全脱开，如图 3—27 所示。

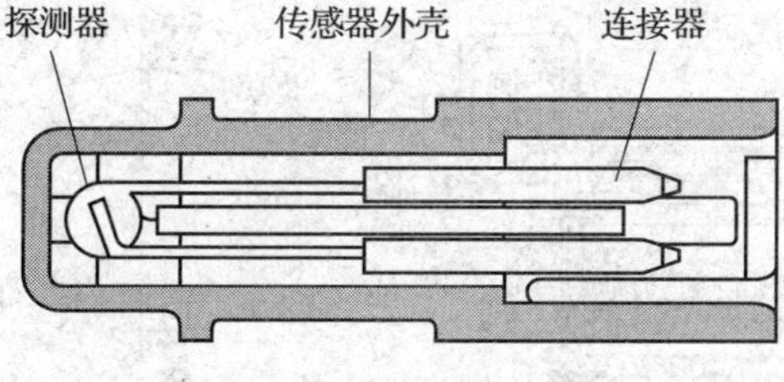

图 3—26　油温传感器

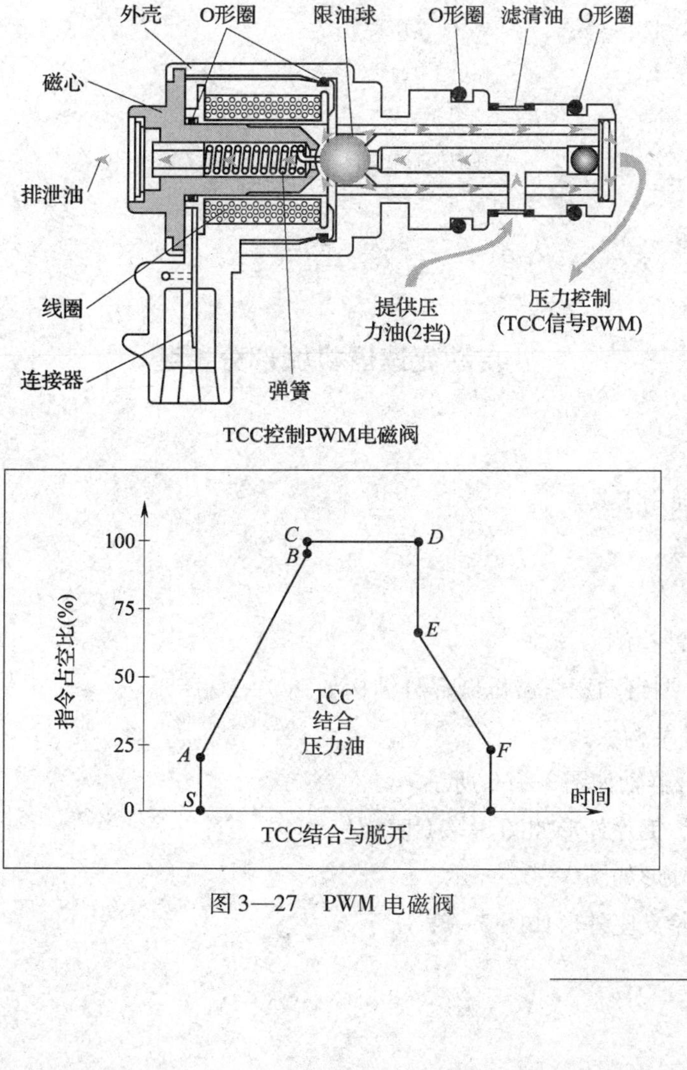

图 3—27　PWM 电磁阀

7）压力控制电磁阀（PC）。压力控制电磁阀也是一种线性电磁阀，如图3—28所示。它根据通过其线圈绕组上的电流来控制主油路压力，当电流增大时，由线圈产生的电磁力使阀芯远离泄油口，泄油通道口增大，调节出的输出压力减小，主油路压力随之减小，PCM根据节气门、油温、MAP和挡位等信号来控制压力电磁阀调节主油路油压。

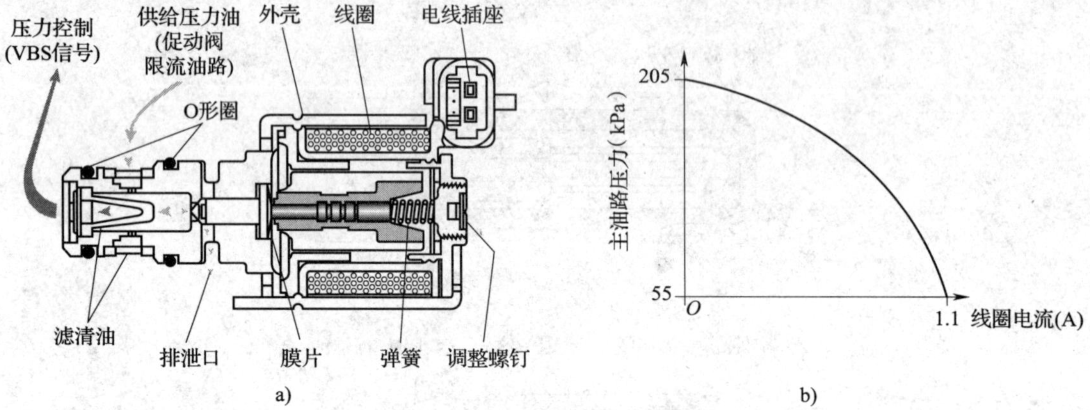

图3—28　压力控制电磁阀

a）压力控制电磁阀　b）油压—电流曲线

技能要求

自动变速器机械部分拆装

操作准备

1. 专用和通用工具。

2. 清洁设备。

操作步骤

步骤1　部件检测

（1）4T65E型自动变速器机械部分结构如图3—29所示。

（2）各部件结构

1）4挡离合器轴如图3—30所示。

2）摩擦片、钢片外形如图3—31所示。

3）传动链外形如图3—32所示。

4）从动链轮支座外形如图3—33所示。

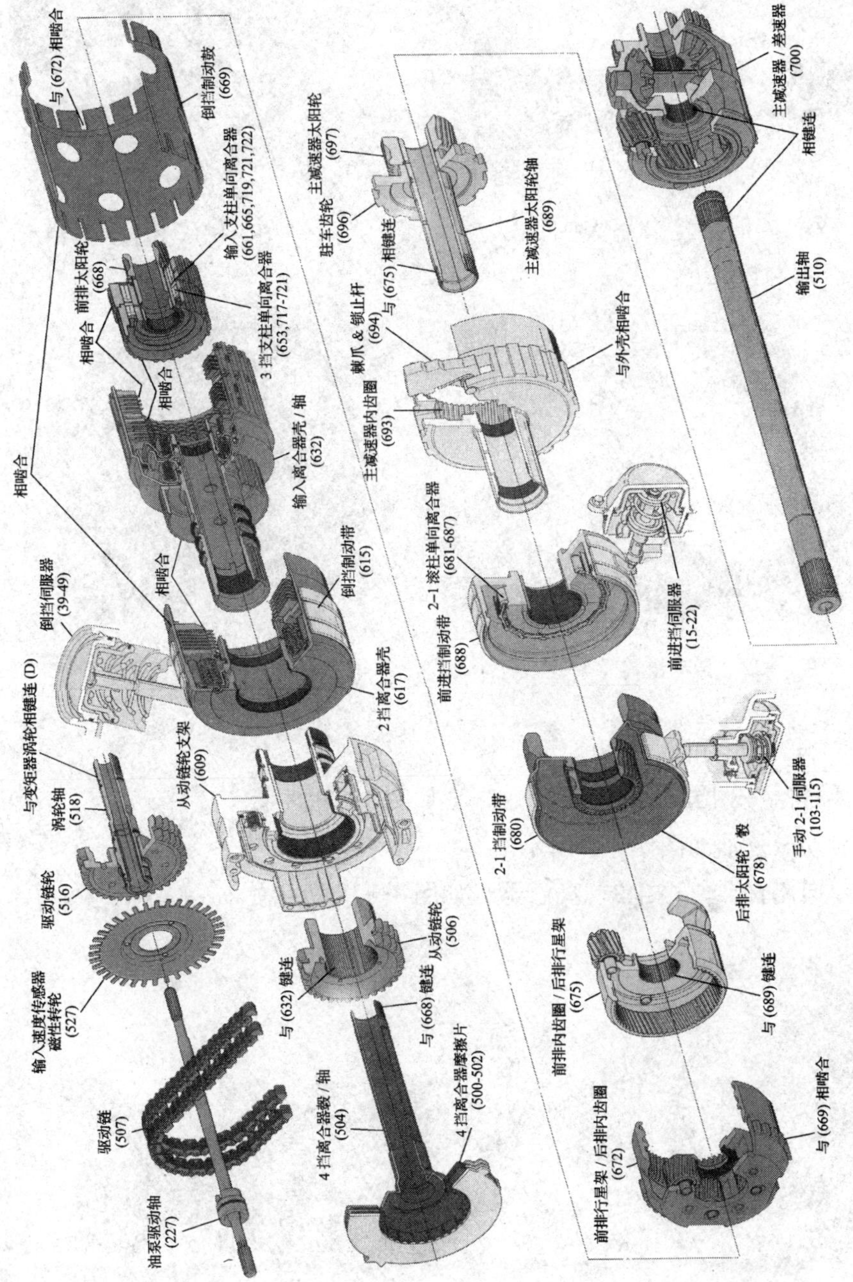

图3—29　4T65E型自动变速器机械部分结构

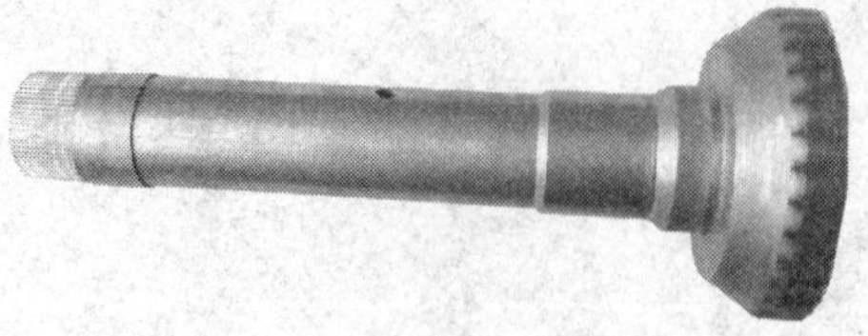

图 3—30　四挡离合器轴

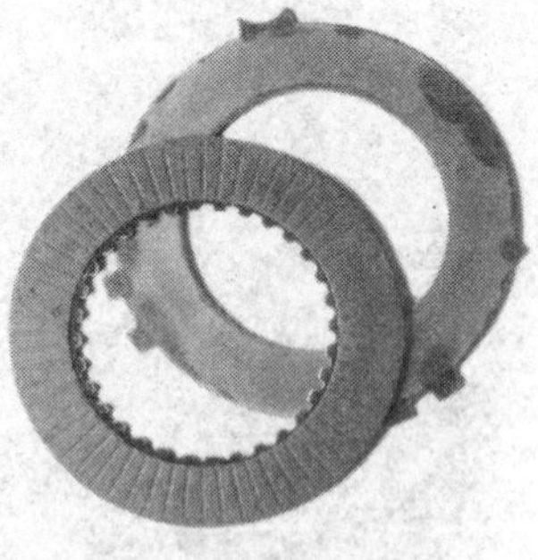

图 3—31　摩擦片、钢片

图 3—32　传动链

图 3—33　从动链轮支座

5）2 挡离合器外形如图 3—34 所示。

6）输入离合器、3 挡离合器、输入轴外形如图 3—35 所示。

7）倒挡制动鼓外形如图 3—36 所示。

8）输入单向离合器、3 挡单向离合器，如图 3—37 所示。

图 3—34　2 挡离合器

图 3—35　输入离合器、3 挡离合器、输入轴

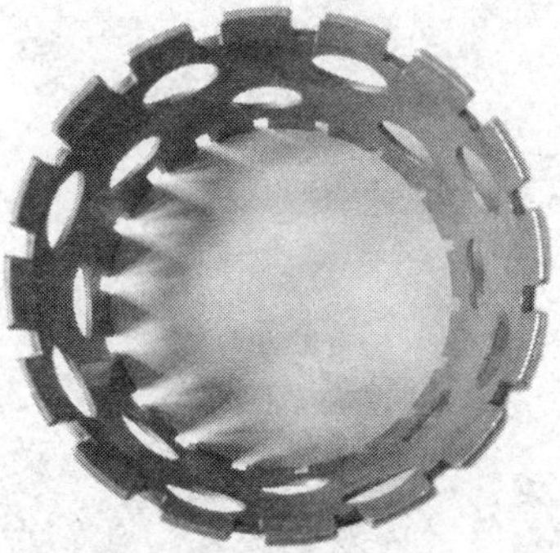

图 3—36　倒挡制动鼓

图 3—37　输入单向离合器、3 挡单向离合器

9）前排太阳轮外形如图 3—38 所示。

10）前排行星架、后排内齿圈外形如图 3—39 所示。

图 3—38　前排太阳轮

图 3—39　前排行星架、后排内齿圈

11）前排内齿圈、后排行星架外形如图 3—40 所示。

12）后排太阳轮外形如图 3—41 所示。

图 3—40　前排内齿圈、后排行星架

图 3—41　后排太阳轮

13）1/2 挡单向离合器外形如图 3—42 所示。

14）主减速器太阳轮轴外形如图 3—43 所示。

图 3—42　1/2 挡单向离合器

图 3—43　主减速器太阳轮轴

15）主减速器内齿圈外形如图 3—44 所示。

16）驻车齿轮外形如图 3—45 所示。

图 3—44　主减速器内齿圈

图 3—45　驻车齿轮

17）主减速器太阳轮外形如图 3—46 所示。

图 3—46　主减速器太阳轮

18）主减速器、差速器总成外形如图 3—47 所示。

19）输出轴外形如图 3—48 所示。

20）前进挡制动带、倒挡制动带、2/1 挡制动带外形如图 3—49 所示。

图 3—47　主减速器、差速器总成

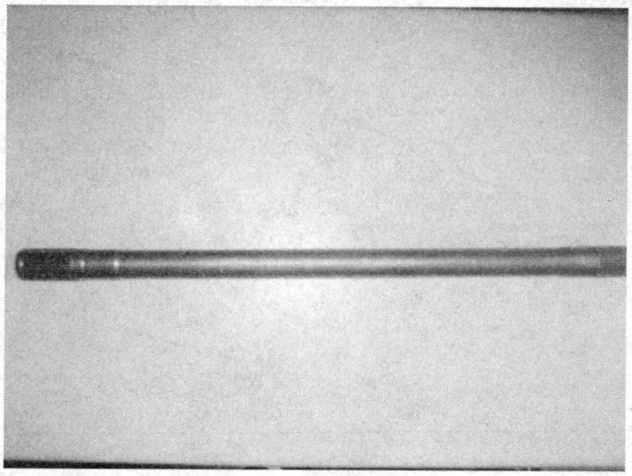

图 3—48　输出轴

图 3—49　前进挡制动带、倒挡制动带、2/1 挡制动带

步骤 2　自动变速器动力传递路线

（1）D1 挡。如图 3—50 所示，输入离合器 C_3结合，输入轴经离合器 C_3、输入单向离合器 F_2与前排太阳轮连接，前进制动器 B_4制动，低挡单向离合器 F_3处于锁止状态，后行星排太阳轮固定。来自发动机的动力通过液力变矩器后，传至输入轴、离合器 C_3、单向离合器 F_2和前太阳轮，使前太阳轮向顺时针方向转动。此时，由于汽车载荷的作用，与输出轴相连的前排齿圈在汽车起步前转速为 0。因此，前排行星齿轮在太阳轮的驱动下按逆时针方向自转，并带动行星架作顺时针方向旋转。另外，在后行星排中，后行星轮在齿圈的驱动下做顺时针方向自转时，对后太阳轮产生逆时针方向的转矩，而单向离合器 F_3对后太阳轮逆时针方向的转动有阻止作用，因此后太阳轮固定不动，迫使后行星架做顺时针旋转，从而与前排齿圈一起驱动输出轴转动，汽车起步。

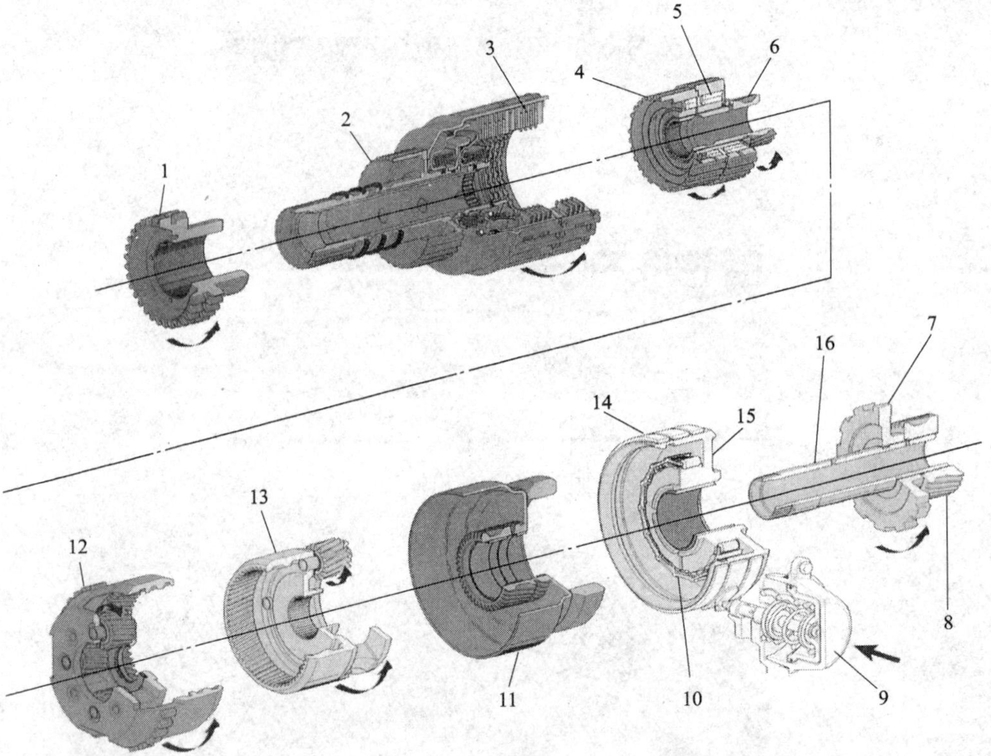

图 3—50　1 挡动力传递路线

1—从动链轮　2—输入轴/毂　3—输入离合器（结合）　4—3 挡支柱单向离合器　5—输入支柱单向离合器（锁止）　6—前排太阳轮（主动）　7—驻车齿轮　8—主减速器太阳轮　9—前进挡伺服器（工作）　10—1/2 滚柱单向离合器（锁止）　11—后排太阳轮/毂（固定）　12—前排行星架/后排内齿圈　13—前排内齿圈/后排行星架　14—前进制动带（箍紧）　15—1－2 挡支座/毂（锁止）　16—主减速器太阳轮轴

动力传递路线：输入轴→输入离合器→输入单向离合器→前排太阳轮→前排行星轮

→———前排齿圈（后排行星架）→———————

→输出轴。

→前行星架（后排齿圈）→后行星轮→后行星架

（2）D2 挡。如图 3—51 所示，2 挡离合器 C_1、输入离合器 C_3结合，前进制动器 B_4和低挡单向离合器 F_3也参加工作。输入轴经离合器 C_1和前行星架及后齿圈组件连接，后排行星齿轮在齿圈的驱动下按顺时针方向做自转，因后排太阳轮被制动器 B_4和单向离合器 F_3固定，故只能驱动行星架及输出轴向顺时针方向转动。由于输入单向离合器 F_2不能阻止前排太阳轮作顺时针转动，前行星排处于自由状态。发动机的动力全部经后行星排传至输出轴。

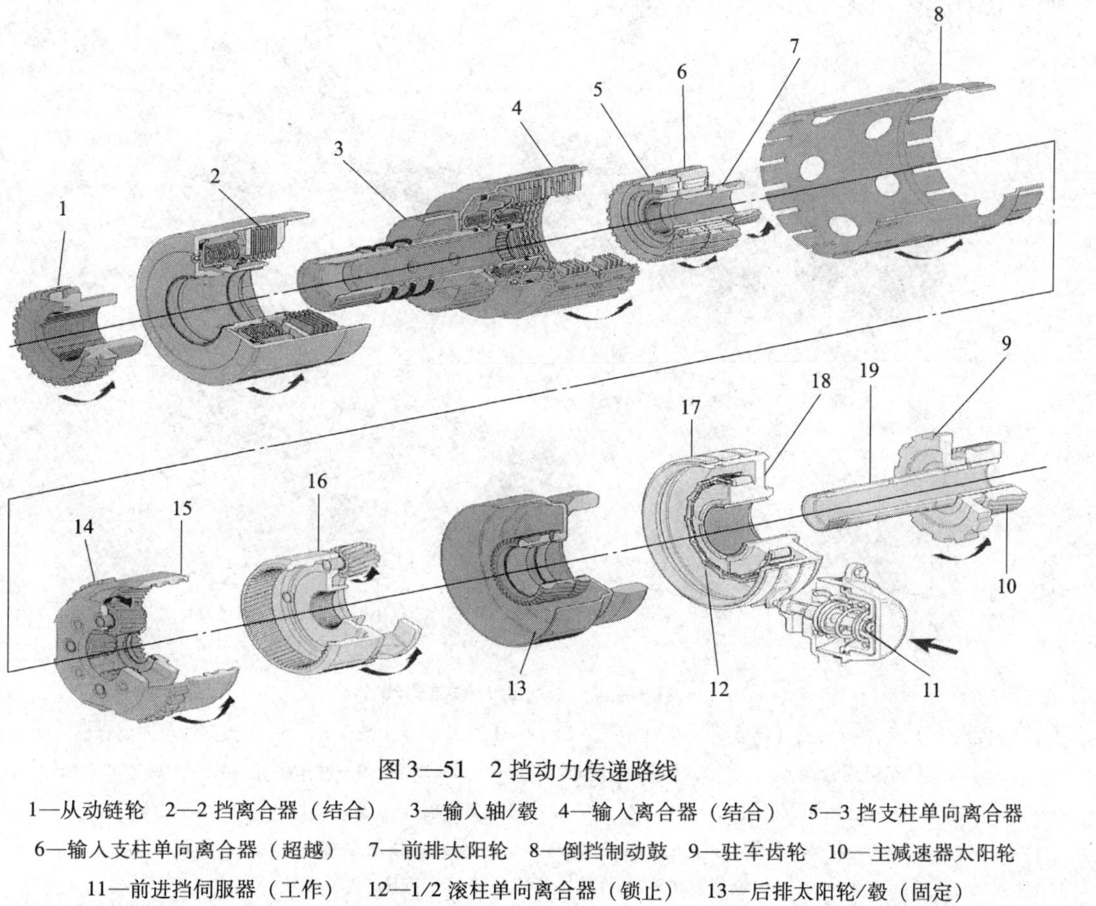

图 3—51　2 挡动力传递路线

1—从动链轮　2—2 挡离合器（结合）　3—输入轴/毂　4—输入离合器（结合）　5—3 挡支柱单向离合器　6—输入支柱单向离合器（超越）　7—前排太阳轮　8—倒挡制动鼓　9—驻车齿轮　10—主减速器太阳轮　11—前进挡伺服器（工作）　12—1/2 滚柱单向离合器（锁止）　13—后排太阳轮/毂（固定）　14—前排行星架/后排内齿圈　15—后排内齿圈（驱动）　16—前排内齿圈/后排行星架（从动）　17—前进制动带（箍紧）　18—1 -2 挡支座/毂（锁止）　19—主减速器太阳轮轴

动力传递路线：输入轴→2 挡离合器→后排齿圈→后排行星轮（因太阳轮锁止）→后排行星架→输出轴。

（3）D3 挡。如图 3—52 所示，2 挡离合器 C_1 和 3 挡离合器 C_2 同时结合，3 挡单向离合器 F_1、前进制动器 B_4 也进入工作。前排太阳轮在行星架及行星轮的驱动下欲做高速顺时针旋转，但被单向离合器 F_1 阻止，只能与行星架同速转动，前行星排被连接成一个整体同速旋转，从齿圈输出动力至输出轴。后行星排也与输出轴同速旋转，此时行星齿轮变速器的传动比 $i=1$，即为直接挡。

动力传递路线：输入轴→2 挡离合器→前排行星架齿圈→前排行星轮（因前排太阳轮同向锁止）→前排齿圈→输出轴。

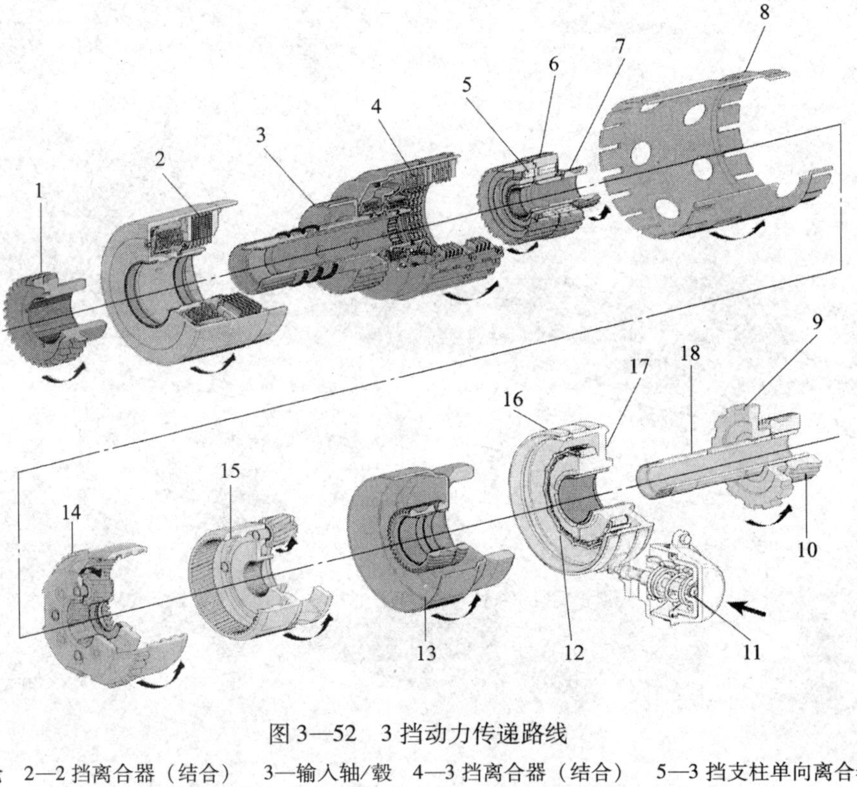

图 3—52　3 挡动力传递路线

1—从动链轮　2—2 挡离合器（结合）　3—输入轴/毂　4—3 挡离合器（结合）　5—3 挡支柱单向离合器（锁止）　6—输入支柱单向离合器　7—前排太阳轮（主动）　8—倒挡制动鼓　9—驻车齿轮　10—主减速器太阳轮　11—前进挡伺服器（工作）　12—1/2 滚柱单向离合器（超越）　13—后排太阳轮/毂　14—前排行星架/后排内齿圈（主动）　15—前排内齿圈/后排行星架（从动）　16—前进制动带（箍紧）　17—1－2 挡支座/毂（锁止）　18—主减速器太阳轮轴

（4）D4 挡。如图 3—53 所示，4 挡行星齿轮变速器在 4 挡，即超速挡工作时，4 挡制动器 B_1、2 挡离合器 C_1、3 挡离合器 C_2、前进制动器 B_4工作。前行星排太阳轮被制动，3 挡单向离合器 F_1脱开，前行星架在输入轴的驱动下，使齿圈作超速同向旋转（传动比小于 1），将动力传至输出轴。低挡单向离合器 F_3松开，后排太阳轮可顺时针自由旋转，后行星排不传递动力。

动力传递路线：输入轴→前排行星架→前排行星轮→前排齿圈（因前排太阳轮制动）→输出轴

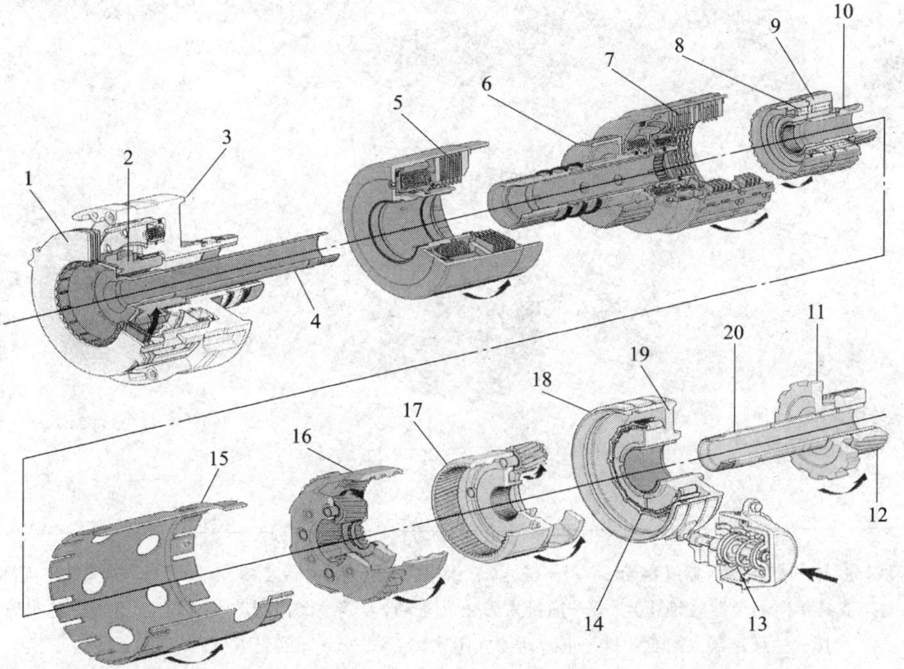

图 3—53　4 挡动力传递路线

1—4 挡离合器（结合）　2—从动链轮　3—从动链轮支架　4—4 挡离合器轴（固定）　5—2 挡离合器（结合）
6—输入轴/毂　7—3 挡离合器（结合）　8—3 挡支柱单向离合器（超越）　9—输入支柱单向离合器
10—前排太阳轮（固定）　11—驻车齿轮　12—主减速器太阳轮　13—前进挡伺服器（工作）
14—1/2 滚柱单向离合器（超越）　15—倒挡制动毂　16—前排行星架/后排内齿圈（主动）
17—前排内齿圈/后排行星架（从动）　18—前进制动带（箍紧）
19—1－2 挡支座/毂（锁止）　20—主减速器太阳轮轴

（5）倒挡。如图 3—54 所示，倒挡制动器 B_2、输入离合器 C_3和输入单向离合器 F_2工作。前排行星架被固定，发动机动力经输入轴、离合器 C_3和单向离合器 F_2传至前太阳轮，经行星齿轮后，带动齿圈做逆时针转动，后排行星架及输出轴也做逆时针方向旋转，从而使得输出轴的转向与输入轴相反，实现了倒挡。

动力传递路线：输入轴→输入离合器→输入单向离合器→前排太阳轮→前排行星轮（因前排行星架固定）→前排齿圈（反向旋转）→输出轴（倒向行驶）。

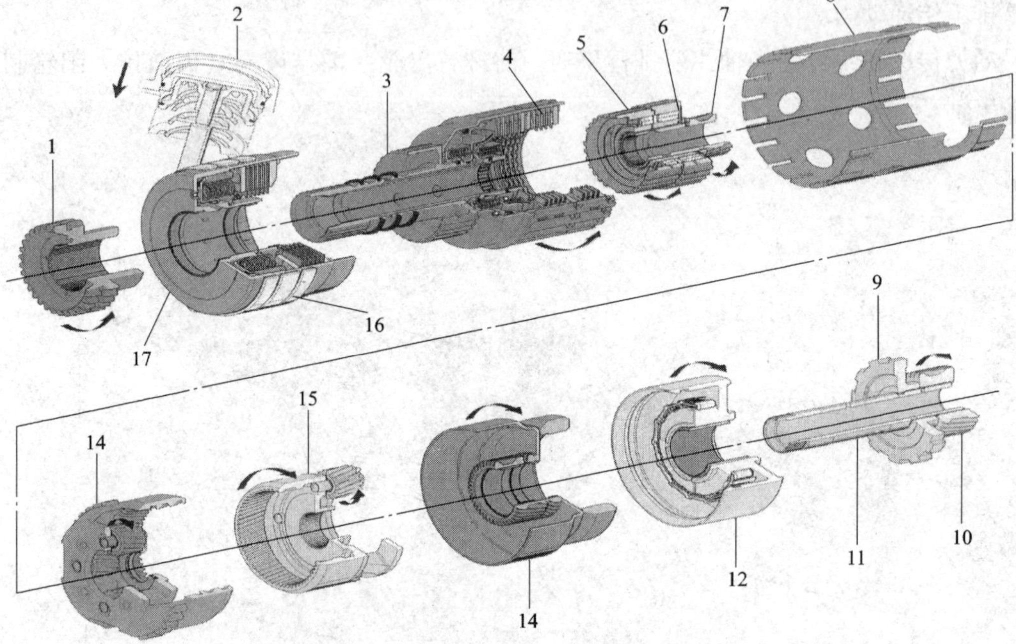

图3—54　倒挡动力传递路线

1—从动链轮　2—倒挡伺服器（结合）　3—输入轴/毂　4—输入离合器（结合）　5—3挡支柱单向离合器　6—输入支柱单向离合器（锁止）　7—前排太阳轮（主动）　8—倒挡制动鼓（固定）　9—驻车齿轮　10—主减速器太阳轮　11—主减速器太阳轮轴　12—1－2挡支座/毂（自由旋转）　13—后排太阳轮/毂（自由旋转）　14—前排行星架/后排内齿圈（固定）　15—前排内齿圈/后排行星架　16—倒挡制动带（箍紧）　17—2挡离合器壳（固定）

学习单元2　自动变速器故障诊断

学习目标

1. 掌握自动变速器试验方法和性能评定。

2. 能够进行自动变速器典型故障诊断。

知识要求

一、自动变速器试验

1. 失速试验

(1) 试验目的。通过检测 D 挡或 R 挡位置时发动机的最高转速，检查发动机输出功率的大小、液力变矩器性能的好坏（主要是导轮单向离合器）、变速器的离合器和制动器是否打滑。

(2) 试验方法。试验方法过程如图 3—55 所示。其要求如下：

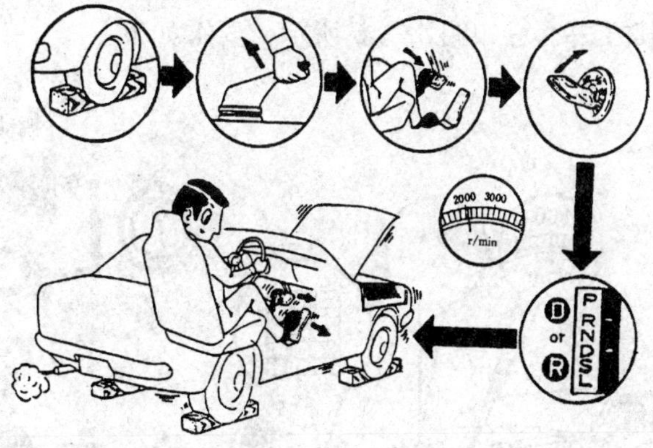

图 3—55　失速试验

1) 在工作油温下（50～80℃）完成本试验。

2) 用三角木块塞住 4 个车轮。

3) 用手制动器锁住汽车。

4) 左脚踩下脚制动器将车轮制动。

5) 起动发动机。

6) 选挡杆置于 D 挡位，猛踩加速踏板一脚，使节气门全开，读出此时发动机的转速值。该转速叫失速转速，一般为 2 000 r/min 左右。

7) 置选挡杆于 R 挡位完成相同的试验。

注意：每次测试持续时间不超过 5 s，连续测试不超过 3 次。

(3) 性能评定

1) 若 D 挡和 R 挡的转速相同，均低于规定值，说明发动机动力性不好；或者液力变矩器导轮的单向离合器失效。

2）若D挡和R挡的转速都超过规定值，油泵油压过低、油量不足或主油路压力低等原因，造成离合器和制动器打滑。

3）在D挡位或R挡位时高于规定值，说明该挡位参与工作的离合器或制动器打滑，可能是离合器或制动器摩擦片磨损或控制油压过低故障。

2. 时滞试验

（1）试验目的

1）换挡时滞试验是在发动机怠速运转时进行换挡，观察从选挡杆拨入挡位至执行元件（离合器和制动器）动作的时间过程。

2）时滞试验是进一步检查离合器和制动器磨损情况和控制油压是否正常。它是利用升挡和降挡时的时间差来分析故障，是对失速试验结果的进一步验证。

（2）试验方法。其方法示意如图3—56所示，要求如下：

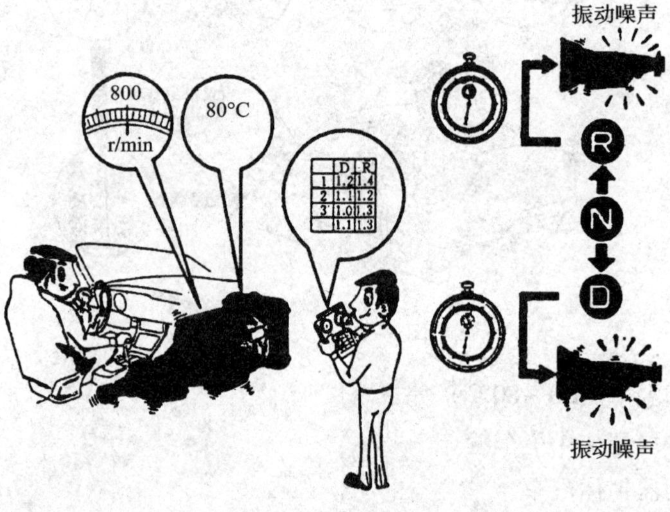

图3—56　时滞试验

1）在工作油温下（50～80℃）完成本试验。

2）将选挡杆置于N挡位，并用手动制动器锁住汽车。

3）起动发动机，以怠速运转。

4）将选挡杆从N挡位换入D挡位，用秒表测定从换挡到执行元件有振动感之间的时间，一般应小于1.2 s。重复试验间隔时间应不少于1 min，以便使离合器和制动器恢复至全开状态，一般测定3次以上，取其平均值。

5）将选挡杆从N挡位换入R挡位，完成同样的试验，时间间隔一般应小于1.5 s。

（3）性能评定

1）若换挡时滞时间过长，则为多片式离合器主、从动片间隙过大，带式制动器带、鼓之间隙过大（磨损严重）或控制油压过低。

2）若换挡时滞时间过短，则为多片式离合器主、从动片间隙调整不当，带式制动器带、鼓之间隙调整不当或控制油压过高。

3. 油压试验

（1）试验目的

1）油压试验用以检测液压操纵系统中各个阀是否受到适当的油压作用。一般自动变速器各挡位都有油压测试孔，所测挡位的油压都有规定数值。

2）油压试验内容有主油路油压、各挡位工作油压，分别在壳体上各测压孔测得。

（2）试验方法。主油路油压的试验方法示意如图3—57所示。其要求如下：

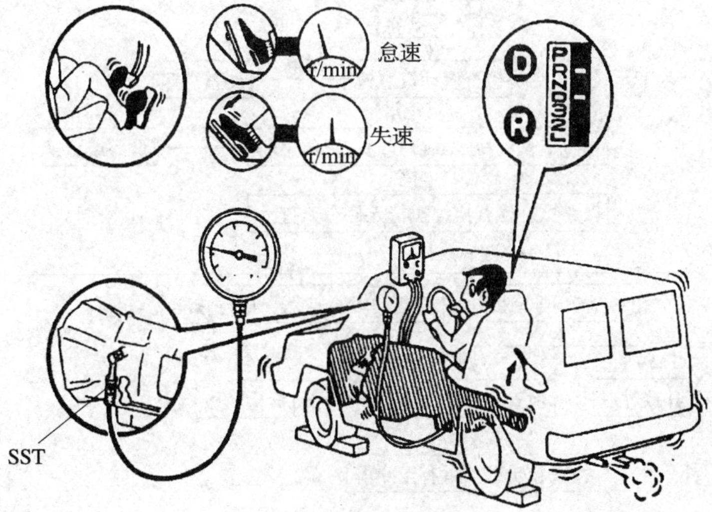

图3—57　油压试验

1）工作油温下（50～80℃）完成本试验。

2）三角木块塞住4个车轮。

3）用手动制动器锁住汽车。

4）左脚踩下脚制动器，将车轮制动。

5）起动发动机。

6）分别测出D挡位和R挡位的怠速时及失速时的油压数值，将测试结果与标称压力对比分析。

（3）性能评定

1）若 D 挡位和 R 挡位的油压都过高或过低，多为主油路调压阀工作不良。

2）若只有 D 挡位或 R 挡位油压过低，则多为参与该挡位工作的执行元件（离合器或制动器）以及油路有泄漏。

二、常见自动变速器故障的诊断与排除

1．换挡粗暴故障的诊断与排除

（1）故障现象

1）在汽车起步时，由停车挡或空挡挂入倒挡或者前进挡时，汽车振动较严重。

2）行驶中，在自动变速器升挡的瞬间汽车有较明显的冲击。

（2）故障诊断与排除。其诊断与排除流程如图 3—58 所示。

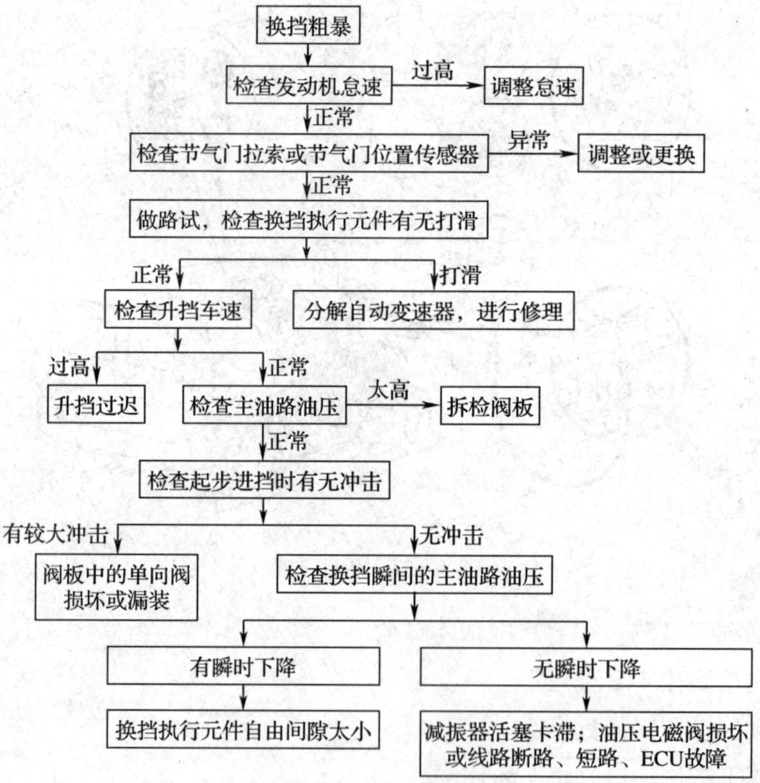

图 3—58　换挡粗暴故障的诊断与排除流程

2. 汽车无法行驶故障的诊断与排除

（1）故障现象

1）无论倒挡、前进挡、前进低挡，汽车都不能行驶；

2）冷车起动后汽车能行驶一小段路程，但稍一热车就不能行驶。

（2）故障诊断与排除。其诊断与排除流程如图 3—59 所示。

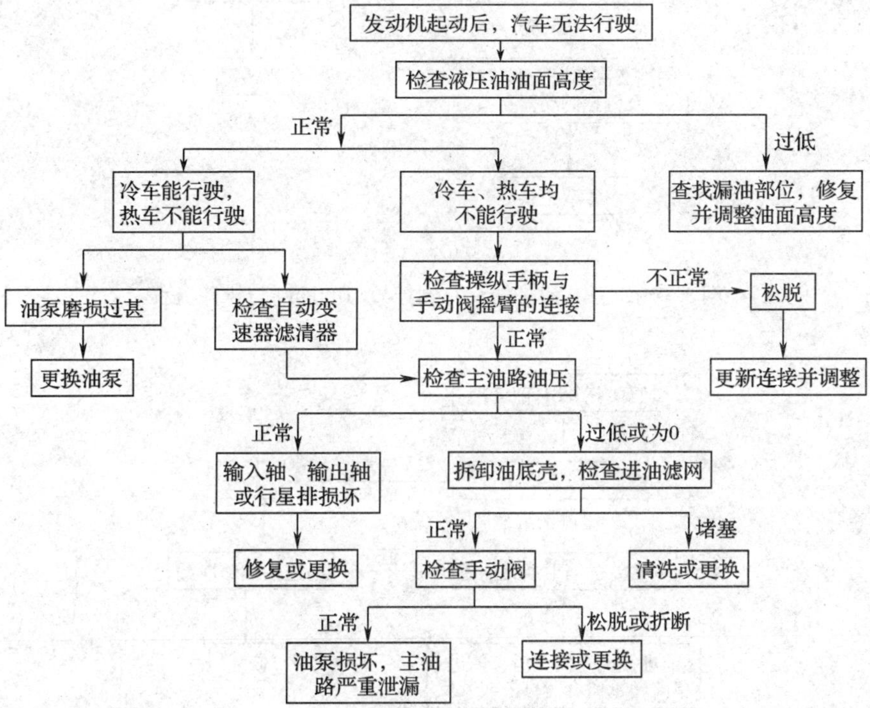

图 3—59　汽车无法行驶故障的诊断与排除流程

3.“只有前进挡没有倒挡”故障的诊断与排除

（1）故障现象。汽车在前进挡能正常行驶，但在倒挡无法行驶。

（2）故障诊断与排除。其故障诊断与排除流程如图 3—60 所示。

4. 只有倒挡没有前进挡故障的诊断与排除

（1）故障现象

1）汽车在倒挡能正常行驶，但在前进挡无法行驶。

2）在 D 挡位时不能起步，在 S、L 挡位（或 2 挡位、1 挡位）时可以起步。

（2）故障诊断与排除。其故障诊断与排除流程如图 3—61 所示。

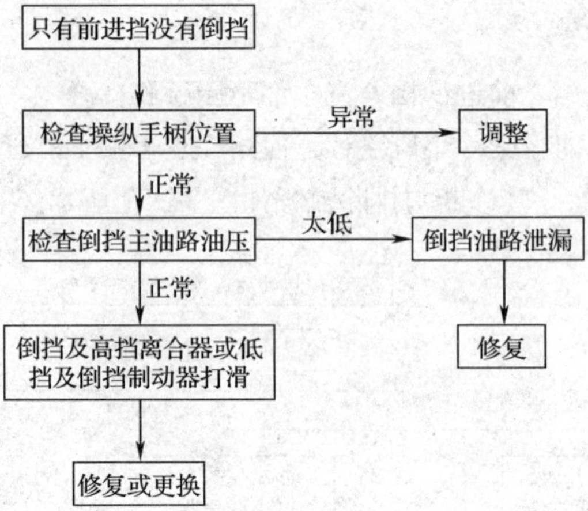

图 3—60　只有前进挡没有倒挡故障的诊断与排除流程

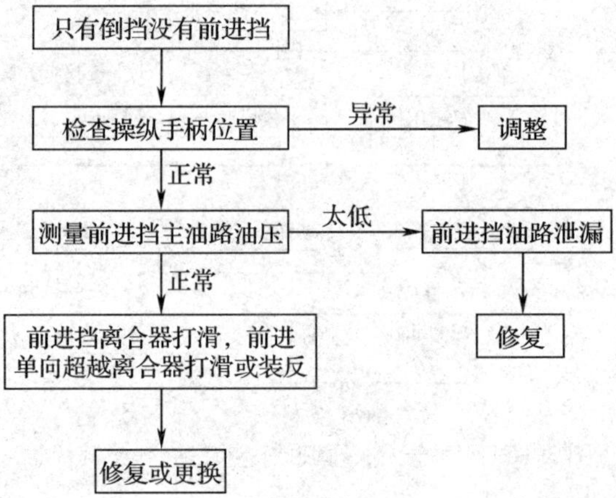

图 3—61　只有倒挡没有前进挡故障的诊断与排除流程

5．只有低速挡没有高速挡故障的诊断与排除

（1）故障现象

1）汽车行驶中自动变速器始终保持在 1 挡，不能升入 2 挡。

2）行驶中自动变速器可以升入 2 挡，但不能升入 3 挡和超速挡。

（2）故障诊断与排除。其故障与排除如图 3—62 所示。

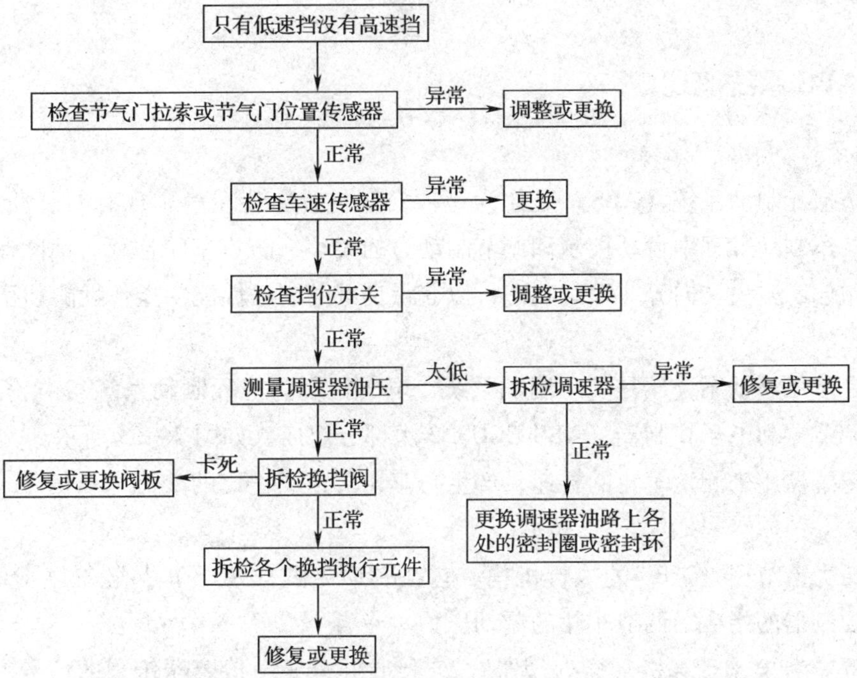

图 3—62 “只有低速挡没有高速挡”的诊断与排除

第 2 节 ABS 系统构造和故障诊断

学习单元 1 ABS 系统结构和工作原理

学习目标

1. 掌握汽车 ABS 系统功用、基本组成及分类。

2. 掌握 ABS 工作的控制过程。

知识要求

一、ABS 系统概述

1. 功用

自动防抱死制动系统（ABS）是作为一种安全装置加装在汽车现有的制动系统上的。它可以在汽车制动过程中自动控制和调节制动力的大小，防止车轮抱死，消除制动过程中的侧滑、跑偏、丧失转向等非稳定状态，以获得良好的制动性能、操作性能和稳定性能。

2. 组成

无论是液压制动系统还是气压制动系统，电子控制防抱死制动系统均由轮速传感器、制动压力调节器和电子控制器（ABS ECU）3 大部分组成，如图 3—63 所示。

轮速传感器用来测定车轮的转速，产生与车轮转速成正比的交流电压信号，并送入电子控制器。

制动压力调节器是 ABS 的执行机构。它在制动主缸（总泵）与轮缸（分泵）之间，接受电子控制器的指令，调节车轮的制动压力。

ECU 是一种电子计算机（微处理器）。它接收并分析由传感器传来的信号，并对制动压力调节器等执行机构发出控制指令。

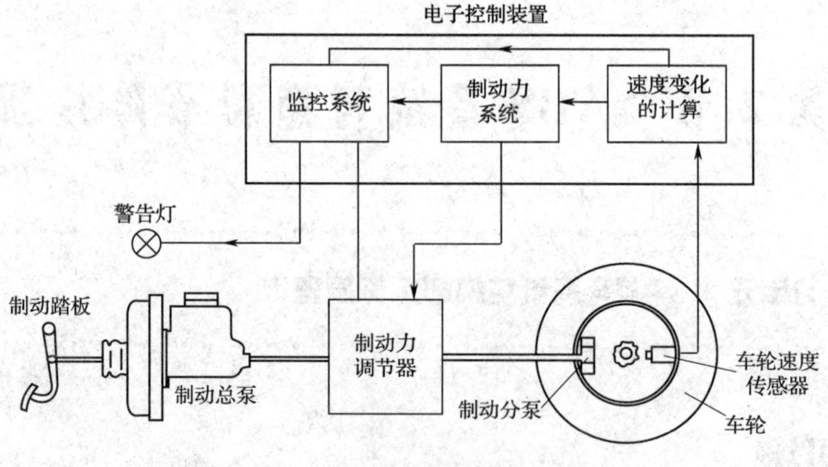

图 3—63　ABS 系统组成

3. 基本原理

汽车在制动过程中，轮速传感器将车轮速度变化的信号输入电子控制器，电控单元计算出车轮加速度变化及滑移率，然后根据单参数加速度变化或者加速度及滑移率双参数控制方式，给制动压力调节器发出指令，改变车轮上的制动力。因此，车轮不会抱死而又能逐步迅速减速，直至停止。

ABS ECU 对车轮的防抱死制动过程的控制如图 3—64 所示。其过程分析如下：

在制动开始时，制动轮缸的压力（P）急剧上升，车轮速度（v_r）急剧下降，车轮滑移率（S）急剧上升。当 S 超过规定值（最佳滑移率 $S=20\%$ 左右）时，ECU 指令制动压力调节器降低制动轮缸压力（注意：此时制动主缸的制动位置始终保持不变），使 S 回到规定值以内，随后让制动压力调节器保持一定的制动压力。当车轮转速又有加快趋势时，ECU 指令制动压力调节器升高轮缸制动压力，而当 S 增大到稍超过规定值时，ECU 又指令制动压力调节器降低轮缸制动压力，使 S 又回到规定值以内。这样的反复循环，将 S 保持在最佳的范围内，使汽车获得最好的制动效果。这种轮缸制动压力升降的频率一般为 15 次/s 左右。

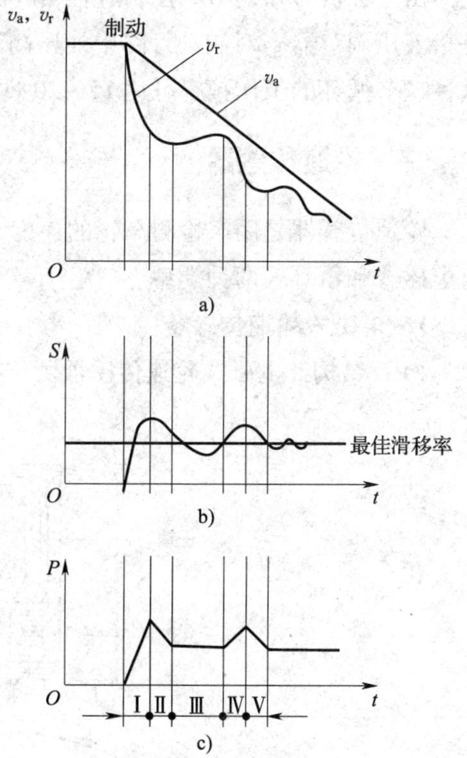

图 3—64　防抱死制动过程

Ⅰ—升压　Ⅱ—降压　Ⅲ—保压　Ⅳ—升压　Ⅴ—降压

a) 车速（v_a）、轮速（v_r）和制动时间（t）的关系

b) 车轮的滑移率（S）与制动时间（t）的关系

c) 制动液压力（P）与制动时间（t）的关系

4. ABS 系统控制过程

ABS 系统的制动过程分为常规制动和 ABS 控制调节制动两部分。在通常情况下，只要在制动过程中车轮没有被抱死的迹象，ABS 控制系统是不工作的，制动主缸中的制动液直接通过液压调节器进入制动轮缸产生制动力，此时，进行的是常规制动过程。当车轮快要抱死时，ABS 的 ECU 会认为车轮有抱死趋势，便会发出控制指令，使液压调节器进行制动力的调节，调节过程由制动保压、制动减压和制动增压组成。

（1）制动保压。当轮速传感器告知 ABS 的 ECU 该轮趋于抱死时，ECU 发出控制指令，让液压调节器将该轮制动轮缸进液，且使回液油路全部关闭，轮缸中的油压不变，实现保压。

（2）制动减压。当轮速传感器告知 ABS 的 ECU 该轮抱死趋势没有改善，ECU 发出控制指令，让液压调节器将该轮进液油路继续关闭，且回液油路打开，轮缸中的油压下降，实现减压。

（3）制动增压。当轮速传感器告知 ABS 的 ECU 该轮抱死趋势消失，ECU 发出控制指令，让液压调节器将该轮进液油路打开，且回液油路关闭，ABS 油泵工作与制动主缸一起向该轮分泵送液，制动轮缸油压上升，实现增压。

由上分析可知，ABS 控制过程实际上就是利用制动压力调节系统（对液压制动系统即是指液压调节器）对制动管路中油压高速地进行“增压—保压—减压”的循环调节过程，这种调节循环的工作频率可达 15 ~20 次/s。

二、轮速传感器

轮速传感器是用来检测车轮的速度，并将速度信号输入电子控制器。轮速传感器主要有电磁式和霍耳式两种类型。

1. 电磁式轮速传感器

（1）结构。电磁式轮速传感器由传感器和齿圈两部分组成，如图 3—65 所示。

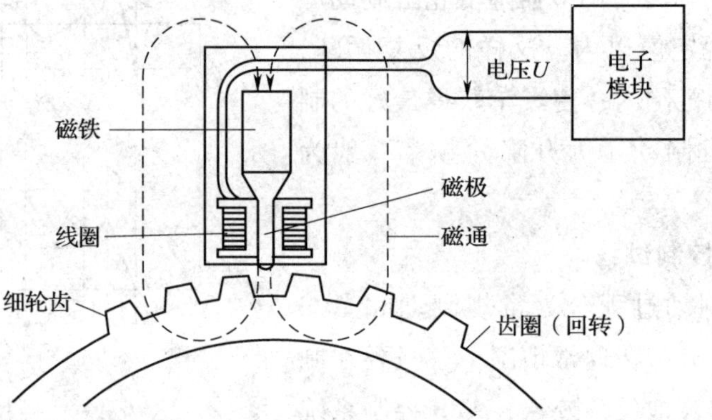

图 3—65　电磁式轮速传感器

（2）工作原理。车轮传感器的齿圈与车轮轮毂固装在一起，随车轮一起旋转。传感器固定在转向节或支架上，由永久磁铁、感应线圈和磁极等组成。

车轮旋转时，齿圈与传感器磁极间的空气间隙发生变化，感应线圈中产生交流电压，其频率与车轮转速成正比。电子控制器根据交流电动势的频率可测出车轮旋转速度。

目前，国内外防抱死制动系统的控制速度范围一般为 15 ~160 km/h，今后要求控制速度范围扩大到 8 ~260 km/h，以至更大，电磁感应式轮速传感器很难适应。

2. 霍耳式轮速传感器

（1）结构。霍耳式轮速传感器由传感头和齿圈组成。传感头由永磁体、霍耳元件和电子电路等组成。

（2）工作原理。永磁体的磁力线穿过霍耳元件通向齿圈，此齿圈相当于一个集磁器。如图3—66所示，当齿圈位于图3—66a所示位置时，穿过霍耳元件的磁力线分散，磁场相对较弱；当齿圈位于图3—66b所示位置时，穿过霍耳元件的磁力线集中，磁场相对较强。齿圈转动时，使得穿过霍耳元件的磁力线密度发生变化，因而引起霍耳电压的变化，霍耳元件将输出一个毫伏级的准正弦波电压，此信号还需由电子电路转换成标准的脉冲电压。其工作电压为8～15 V，负载电流为100 mA，工作频率约为20 kHz，输出电压幅值达7～14 V。

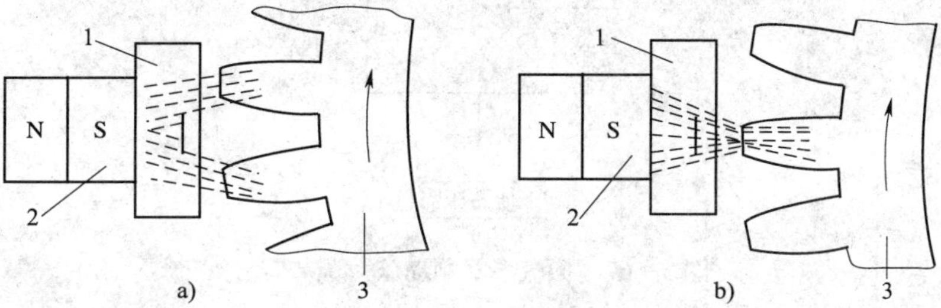

图3—66　霍耳原理

a）霍耳元件磁场较弱　b）霍耳元件磁场较强

1—霍耳元件　2—磁体　3—齿圈

三、液压控制单元

1. 回流泵式制动压力调节器

回流泵式（直接控制式）制动压力调节器串接在制动主缸与轮缸之间，通过电磁阀直接控制轮缸的制动压力。

（1）结构。回流泵式制动压力调节装置是在每个制动通道管路中采用两个二位二通电磁阀来进行循环调压方式，实现ABS的“保压”“减压”和“增压”，工作可靠性更高。

该制动压力调节器主要由进油电磁阀（常开）、回油电磁阀（常闭）、储油罐、回油泵、回油泵电动机、单向阀和蓄压器等组成，如图3—67所示。

（2）工作原理。在ABS的ECU的控制下，制动压力调节器通过指令进、回油电磁阀的开闭，直接控制各轮缸的制动压力，如图3—68所示。

1）增压（常规制动）模式。制动时，进油电磁阀开启而回油电磁阀关闭（两电磁阀均无电流通过），制动主缸内的高压制动液直接进入制动轮缸，使制动轮缸内的制动液压力迅速升高，车轮速度迅速下降。

2）保压模式。当车轮速度急剧降低，ABS的ECU给进油电磁阀通以电流，进油电磁阀关闭，回油电磁阀仍保持关闭，制动主缸与制动轮缸的液压相互隔绝，制动轮缸中保持一定的制动压力，系统处于“保压”状态。

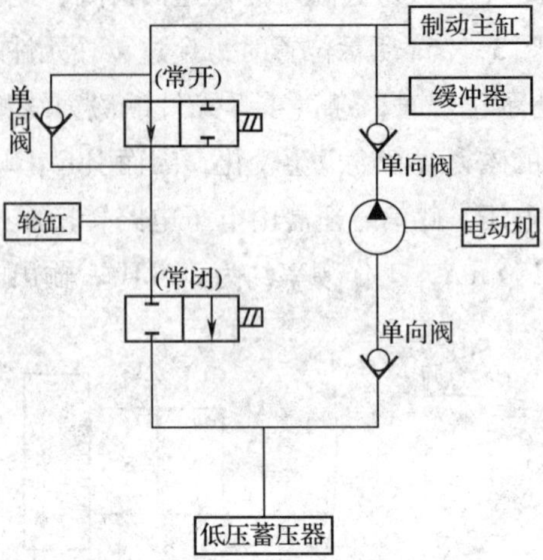

图 3—67　回流泵式制动压力调节装置

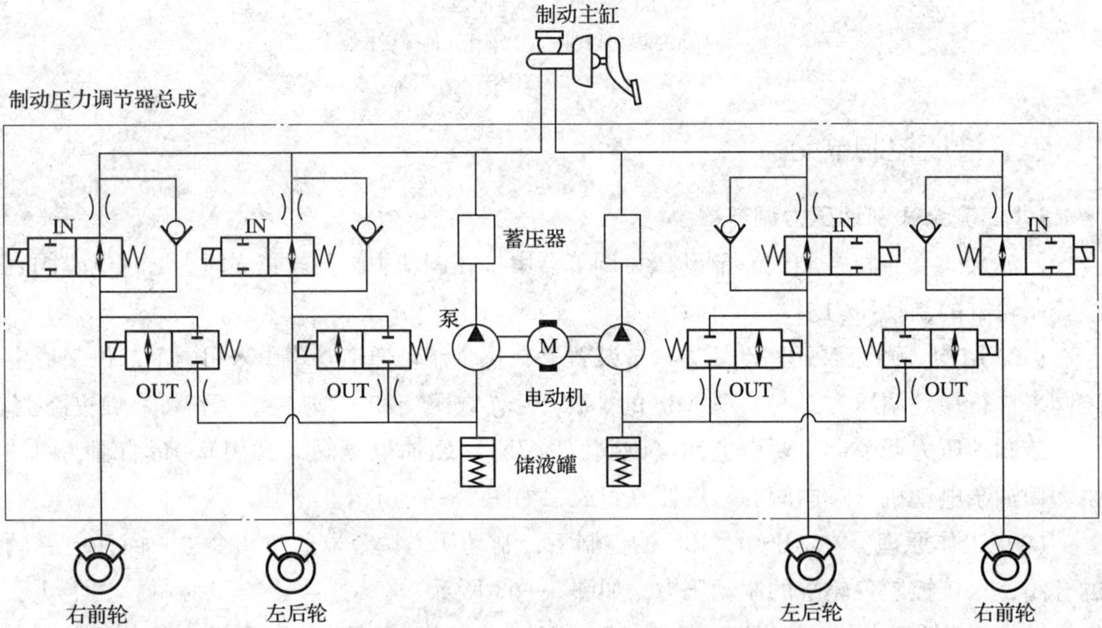

图 3—68　制动压力调节器的工作原理示意

3）减压模式。当车轮趋于抱死时，ABS 的 ECU 给进、回油电磁阀均通以电流，进油电磁阀关闭而回油电磁阀开启。制动轮缸内的制动液经回油电磁阀流至储油罐，制动轮缸中的制动压力下降，系统处于“减压”状态。

回油泵电动机在减压模式时工作，回油泵将储油罐内的制动液经蓄压器泵回制动主缸，使制动液循环工作。在 ABS 不工作时，回油泵电动机也不工作。

2. 可变容积式制动压力调节器

（1）结构。可变容积式制动压力调节器的特点是：当 ABS 作用时，制动主缸与轮缸隔离，制动液在轮缸与压力调节器之间交换，通过压力调节器容积的变化，实现加压、减压调节。

美国通用汽车公司 DELCO MORAINE ABS Ⅵ型制动压力调节器是通过电动机带动小活塞的上、下运动控制制动主缸与轮缸之间的球阀的开闭，并改变轮缸一侧容积的大小，从而实现对制动压力的调节。前轮调节器由小活塞、驱动电动机、驱动心轴、电磁截止阀、球阀等组成，如图 3—69 所示。

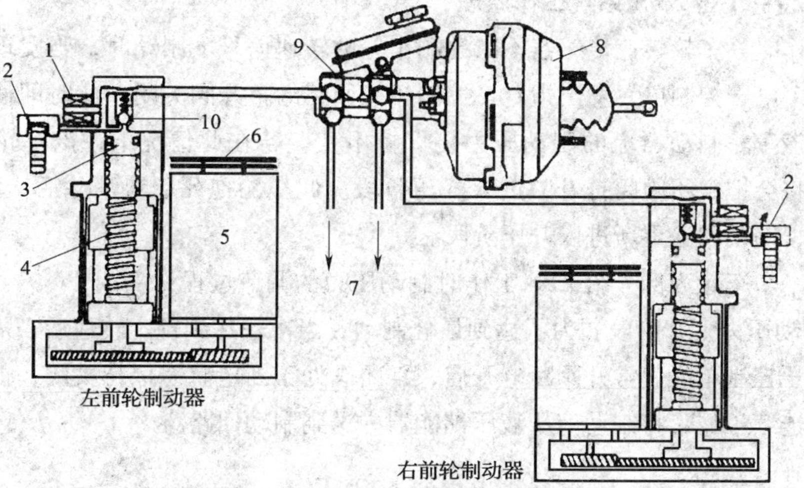

图 3—69　制动压力调节器结构

1—电磁截止阀　2—盘式制动器　3—小活塞　4—心轴　5—电动机　6—电磁制动器
7—通向后轮制动器　8—真空助力装置　9—制动主缸　10—球阀

（2）工作原理。驱动电动机受 ECU 控制可正转、反转和停转，通过传动机构带动小活塞上、下移动或保持在某一位置来改变控制侧的容积。电磁截止阀与球阀并联，用于控制制动主缸与轮缸的通路，电磁截止阀受 ECU 控制，球阀的开闭则由小活塞控制。该调节器的工作过程如下：

1）常规制动。ABS 不起作用时，小活塞处于最高位置，其顶端的小顶杆将球阀顶开，制动主缸与轮缸之间的管路连通。同时，电磁截止阀无电流流过而处于打开状态，由制动主缸来的制动液同时经球阀和电磁截止阀进入轮缸，轮缸制动压力将随主缸压力变化而变化。

2）减压模式。需要减压时，ECU 向电磁截止阀供电，将其关闭截断制动液流，同时 ECU 控制电动机转动，带动小活塞下移使球阀关闭，将主缸与轮缸之间的通道关闭。由于活塞的下移，使轮缸一侧的容积增大而使制动压力下降。

3）保压模式。当活塞下降至某一位置时，ECU 控制电动机停止转动，使活塞迅速停留在某一位置，而电磁截止阀和球阀也仍处于关闭状态，此时轮缸中将保持制动压力不变。

4）增压模式。当车轮转速上升需要增压时，ECU 控制电动机以相反方向旋转，带动活塞上移，球阀和电磁截止阀仍处于关闭状态，由于活塞上方的容积减小而使制动压力上升。当活塞上升至最高点时又处于常规制动状态。

3. MK20－I 型 ABS 系统工作原理

ABS 工作时，车轮转速传感器不断检测车轮的转速信号。制动时，当发现某一车轮有抱死趋势时，电子控制单元发出指令，控制相应回路的常开阀关闭，此时即使制动踏板力继续增大，该车轮制动器上的制动压力仍保持不变。若在此情况下，该车轮仍有抱死趋势，控制器将会把常闭阀门打开，进入降压阶段。此车轮抱死趋势消除后，常开阀打开，常闭阀关闭，制动回路重新进入升压阶段。

下面以一个车轮为例介绍 ABS 工作时制动压力的调节过程：

（1）制动压力上升阶段。为了达到最佳制动，当车轮达到预定转速后，需再次增加制动压力，电子控制单元使常开阀断电开启，常闭阀处于断电状态保持关闭，如图 3—70 所示。制动泵连续工作，将制动液从液压储能器中送到制动回路。

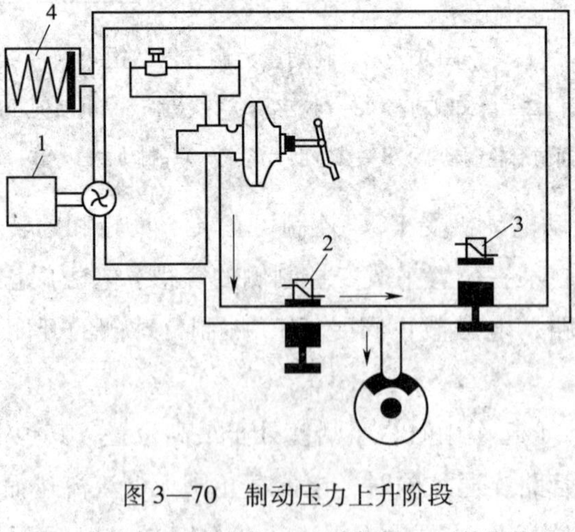

图 3—70　制动压力上升阶段

1—电动泵　2—常开阀　3—常闭阀　4—储能器

（2）制动压力保持阶段。随着制动压力的增加，车轮被制动和减速。当制动的车轮趋于抱死时，车轮转速传感器发出车轮有抱死危险的信号，电子控制单元向液压控制单元发出“保持压力”的指令，给常开阀通电使其断开，常闭阀处于无电状态仍保持关闭。制动液通往轮缸的通道被切断，在常开阀和常闭阀之间，制动压力保持不变，如图3—71所示。

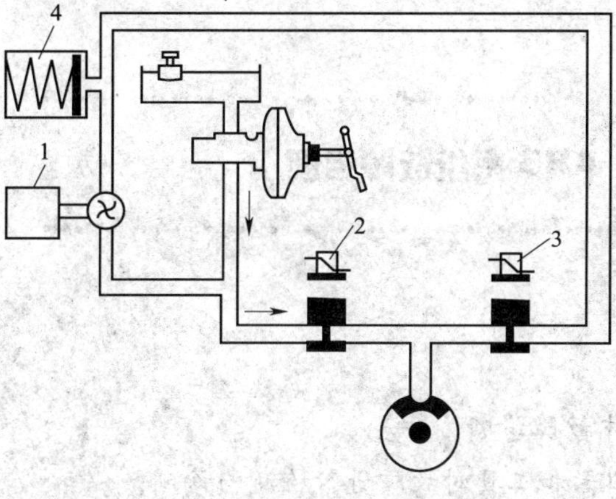

图3—71　制动压力保持阶段

1—电动泵　2—常开阀　3—常闭阀　4—储能器

（3）制动压力下降阶段。即使制动压力保持不变，如果车轮进一步减速，仍出现车轮抱死趋势，则必须降压，如图3—72所示。电子控制单元发出“减少压力”的指令，给常开阀通电使其断开，常闭阀通电开启，制动液通过回液通道进入储能器，同时电动泵工作将多余的制动液送回制动主缸。这时制动踏板轻微的向上抖动。轮缸制动液减少，制动压力下降，车轮转速上升。

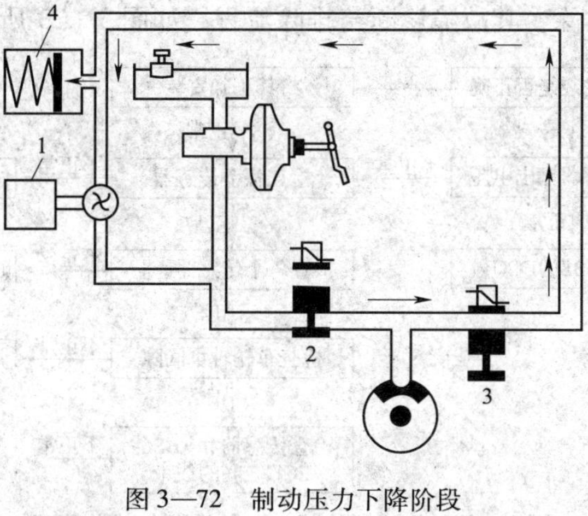

图3—72　制动压力下降阶段

1—电动泵　2—常开阀　3—常闭阀　4—储能器

轮缸制动压力下降后，车轮转速上升太快，电子控制单元指令液压控制单元“增加制动压力”，使常开阀断电打开，常闭阀断电关闭，制动液在泵电动机和制动踏板力的作用下又进入轮缸，轮缸制动压力上升，车轮转速又下降，进入下一个循环，重复上述过程。

控制过程的压力调节速度一般每秒 2 ~ 6 个循环。电磁阀控制的脉冲宽度及脉冲间隔取决于轮胎与地面的附着系数。

学习单元 2　ABS 系统故障诊断

学习目标

1. 掌握 ABS 的基本故障诊断方法。
2. 能够熟练使用仪器和工具对故障进行检测与诊断。

知识要求

一、轮速传感器故障诊断

1. 传感器故障之一

（1）故障现象。当车速达到 20 km/h，传感器没有信号输出，或传感器输出信号超出范围；ABS 故障灯点亮，ABS 不工作。

（2）故障诊断与排除。其故障诊断与排除流程，如图 3—73 所示。

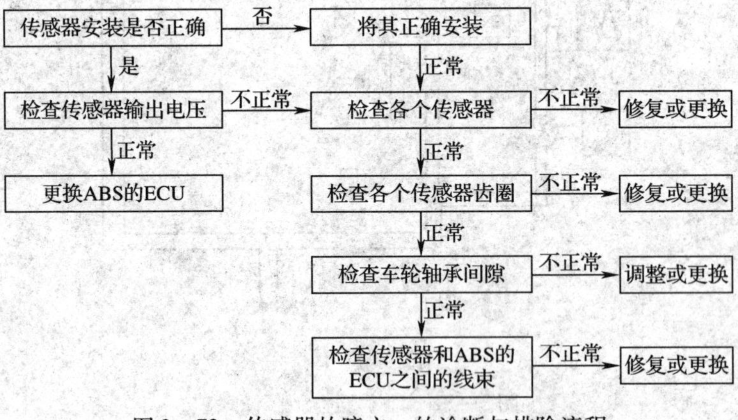

图 3—73　传感器故障之一的诊断与排除流程

2. 传感器故障之二

(1) 故障现象。当传感器存在可识别开路、短路故障时，ABS 故障灯点亮，ABS 不工作。

(2) 故障诊断与排除。其故障诊断与排除流程如图 3—74 所示。

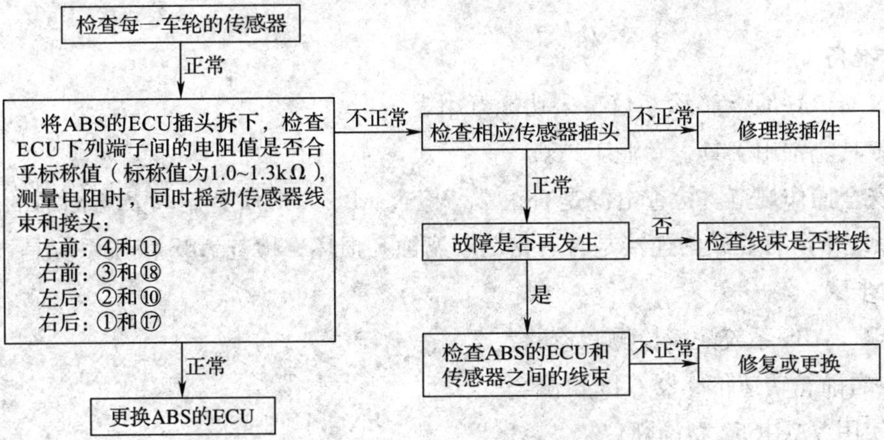

图 3—74 传感器故障之二的诊断与排除流程

二、液压控制单元故障诊断

(1) 故障现象。当车速超过 20 km/h，液压泵不能正常工作，ABS 故障灯点亮，ABS 不工作。

(2) 故障诊断与排除。其故障诊断与排除流程如图 3—75 所示。

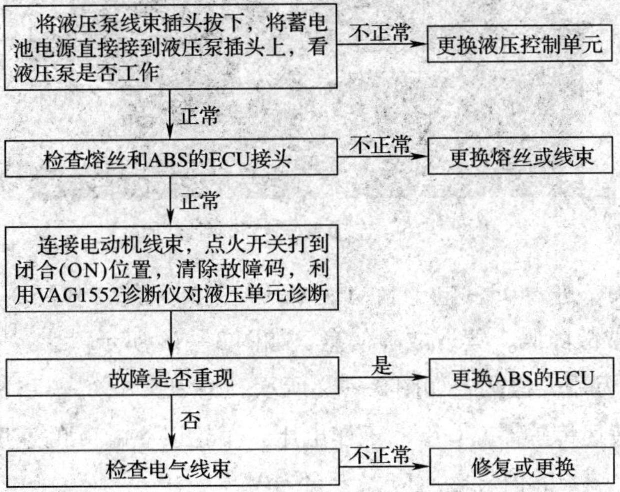

图 3—75 液压控制单元故障的诊断与排除流程

技能要求

ABS 系统故障检测和诊断

操作准备

1. 仪器。VAG1552 诊断仪，多功能万用表。

2. 工具。常用工具，专业工具。

3. 安全操作规范。检查电源是否正常，检查 ABS 系统所有熔丝及熔断器的连接，检查 ABS 系统中所有导线的连接是否有松动、腐蚀和损坏，检查 ABS 液压系统是否有泄漏。

操作步骤

步骤 1 ABS 系统故障检测和诊断

（1）右前轮转速传感器 G45 检测

1）使用 VAG1552 型诊断仪

①关闭点火开关，连接 VAG1552 型诊断仪，如图 3—76 所示。

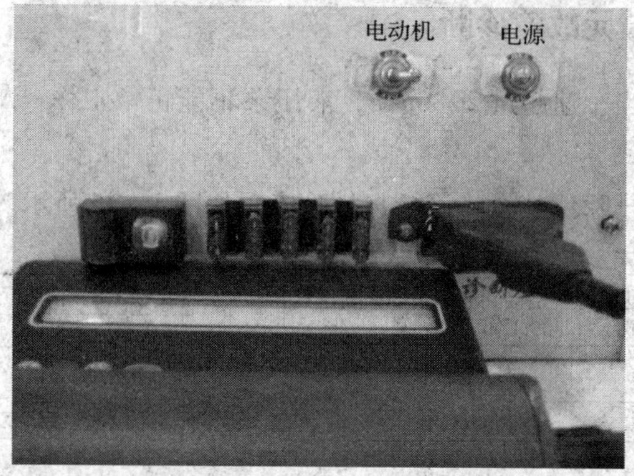

图 3—76 连接 VAG1552 型诊断仪

②打开点火开关，进入 03－电子制动（ABS 控制）系统，如图 3—77 所示。

③输入 02－读取故障码，读取故障信息，如图 3—78 所示。

2）使用多功能万用表检测，如图 3—79 所示。

①检测右前轮转速传感器（G45）工作电压。车轮以 60 r/s 的速度转动，ABS 控制器端子③和⑱（G45）端子的信号电压应大于 65 mV。

图 3—77　03 - 电子制动系统

图 3—78　02 - 读取故障码

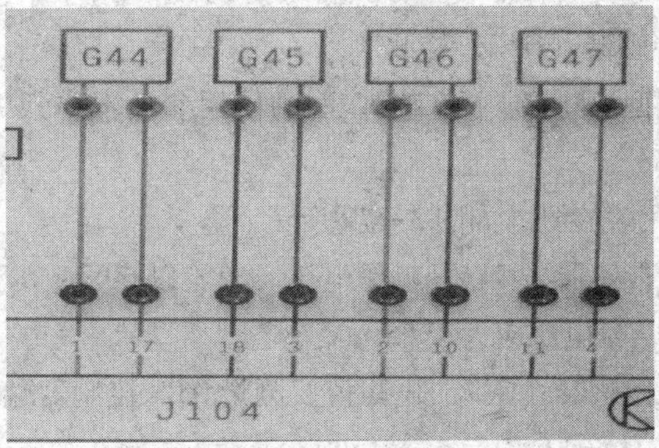

图 3—79　轮速传感器电路图

②检测右前轮转速传感器（G45）电阻值。测量 ABS 控制器端子③和⑱（G45）两端子之间电阻值应为 1.0 ~ 1.3 kΩ。

3）排除故障后，使用 VAG1552 型诊断仪清除故障信息。

①输入 05 - 清除故障码，如图 3—80 所示。

图 3—80　05－清除故障码

②输入 06－退出系统，如图 3—81 所示。

图 3—81　06－退出系统

（2）左前轮转速传感器（G47）检测

1）使用 VAG1552 型诊断仪。VAG1552 型的使用参见本单元中知识要求内的“右前轮转速传感器检测”部分。

2）使用多功能万用表检测，如图 3—79 所示。

①检测左前轮转速传感器（G47）工作电压。车轮以 60 r/s 的速度转动，ABS 控制器端子④和⑪（G47）的信号电压应大于 65 mV。

②检测左前轮转速传感器（G47）电阻值。测量 ABS 控制器端子④和⑪（G47）两端子之间电阻值应为 1.0～1.3 kΩ。

3）排除故障后，使用 VAG1552 型诊断仪清除故障信息。

（3）左后轮转速传感器（G46）检测

1）使用 VAG1552 型诊断仪读取故障信息。

2）使用多功能万用表检测，如图 3—79 所示。

①检测左后轮转速传感器（G46）工作电压。车轮以 60 r/s 的速度转动，ABS 控制器端子②和⑩（G46）信号电压应在 190～1 140 mV。

②检测左后轮转速传感器（G46）电阻值。测量 ABS 控制器端子②和⑩（G46）两端子之间电阻值应为 1.0～1.3 kΩ。

3）排除故障后，使用 VAG1552 型诊断仪清除故障信息。

（4）右后轮转速传感器（G44）检测

1）使用 VAG1552 型诊断仪读取故障信息。

2）使用多功能万用表检测，如图 3—79 所示。

①检测左后轮转速传感器（G44）工作电压。车轮以 60 r/s 的速度转动，ABS 控制器端子①和⑰（G44）的信号电压应在 190～1 140 mV。

②检测左后轮转速传感器（G44）电阻值。测量 ABS 控制器端子①和⑰（G44）两端子之间电阻值应为 1.0～1.3 kΩ。

3）排除故障后，使用 VAG1552 型诊断仪清除故障信息。

（5）ABS 控制单元（J104）对液压泵供电电压的检测

1）使用 VAG1552 型诊断仪读取故障信息。

2）使用多功能万用表检测，如图 3—82 所示。点火开关打开，检测⑧和㉕端子之间应有 10～14.5 V 电源电压。

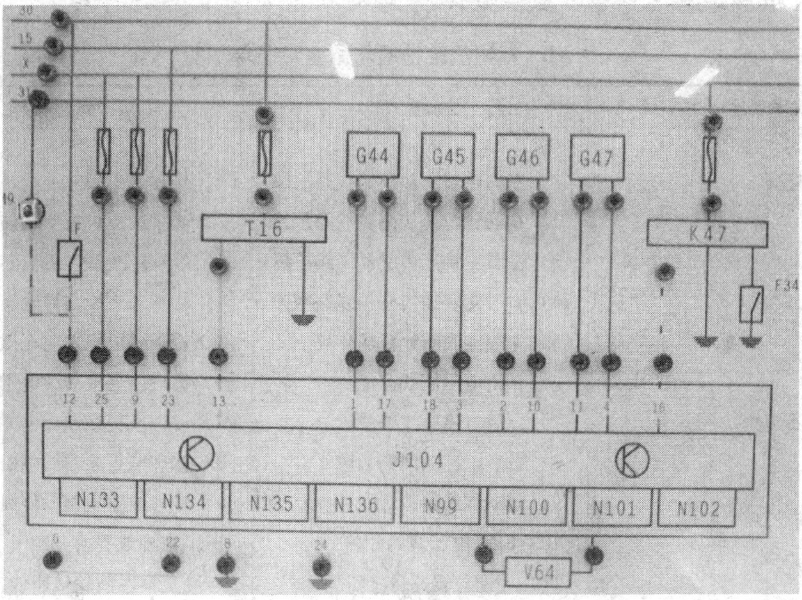

图 3—82　ABS 系统电路图

3）排除故障后，使用 VAG1552 型诊断仪清除故障信息。

（6）ABS 控制单元（J104）对电磁阀供电电压的检测

1）使用 VAG1552 型诊断仪读取故障信息。

2）使用多功能万用表检测，如图 3—82 所示。点火开关打开，检测⑨和㉔端子，应有 10～14.5 V 电源电压。

3）排除故障后，使用 VAG1552 型诊断仪清除故障信息。

（7）ABS 控制单元（J104）供电电压检测

1）使用 VAG1552 型诊断仪读取故障信息。

2）使用多功能万用表检测，如图 3—82 所示。点火开关打开，检测⑧和㉓端子，应有 10～14.5 V 电压。

3）排除故障后，使用 VAG1552 型诊断仪清除故障信息。

（8）编码桥接检测

1）使用 VAG1552 型诊断仪读取故障信息。

2）使用多功能万用表检测，如图 3—82 所示。点火开关关闭，检测 ABS 的 ECU ⑥和㉒端子连线电阻，应小于 1.0Ω。

3）排除故障后，使用 VAG1552 型诊断仪清除故障信息。

步骤 2 填写 ABS 系统故障检验与修复记录单

ABS 系统故障检验与修复记录单见表 3—2。

表 3—2　　ABS 系统故障检验与修复记录单

故障现象	故障分析	维修措施
（1）ABS 警告灯亮	（1）左前轮转速传感器线路故障	（1）修理或更换左前轮转速传感器线路
	（2）右前轮转速传感器线路故障	（2）修理或更换右前轮转速传感器线路
	（3）左后轮转速传感器线路故障	（3）修理或更换左后轮转速传感器线路
	（4）右后轮转速传感器线路故障	（4）修理或更换右后轮转速传感器线路
	（5）左前电磁阀线路故障	（5）修理或更换左前电磁阀线路
	（6）右前电磁阀线路故障	（6）修理或更换右前电磁阀线路
（2）ABS 系统不工作	（7）左后电磁阀线路故障	（7）修理或更换左后电磁阀线路
	（8）右后电磁阀线路故障	（8）修理或更换右后电磁阀线路
	（9）制动灯线路故障	（9）修理或更换制动灯线路
	（10）ECU 电源线路故障	（10）修理或更换 ECU 电源线路
	（11）左前轮转速传感器故障	（11）更换左前轮转速传感器
	（12）右前轮转速传感器故障	（12）更换右前轮转速传感器
	（13）左后轮转速传感器故障	（13）更换左后轮转速传感器
（3）制动警告灯亮	（14）右后轮转速传感器故障	（14）更换右后轮转速传感器

续表

故障现象	故障分析	维修措施
（4）检测仪器无法进入系统	（15）左前电磁阀故障	（15）更换左前电磁阀
	（16）右前电磁阀故障	（16）更换右前电磁阀
	（17）左后电磁阀故障	（17）更换左后电磁阀
（5）ABS 制动压力不正常	（18）右后电磁阀故障	（18）更换右后电磁阀
	（19）制动灯故障	（19）更换制动灯
	（20）油泵线路故障	（20）修理或更换油泵线路
（6）ABS 系统有故障，但警告灯不亮		（21）更换 ABS 警告灯线路

第 3 节　手动空调系统构造和故障诊断

学习单元 1　手动空调系统结构、工作原理与维护

学习目标

1. 掌握汽车手动空调系统功用、基本组成及分类。
2. 掌握汽车手动空调系统的控制原理。
3. 能对汽车手动空调制冷系统进行维护。

知识要求

一、空调系统的基本结构

1. 空调系统的功用

（1）调节车内温度。汽车空调在冬季利用其采暖装置升高车内温度，夏季利用制冷装置对车内降温。

（2）调节车内湿度。利用制冷装置冷却降温可降低空气中的相对湿度，或由采暖装置升温也可以降低空气的相对湿度。

（3）调节车内的空气流速。夏季空气流速稍大有利于人体散热降温，冬季气流速度过大影响人体保温。因此，夏季舒适风速一般为 0.25 m/s，冬季的舒适风速一般为 0.20 m/s。

（4）过滤净化车内空气。由于车内空间小，乘员密度大，车内极易出现缺氧，而车外道路上的粉尘等又容易进入车内造成空气污浊，影响乘员的身体健康，因此要求空调必须具有补充车外新鲜空气、过滤和净化车内空气的功能。

2. 汽车空调系统的组成和分类

（1）汽车空调系统的组成

1）通风装置。把车外新鲜空气吸进车内进行换气。

2）暖气装置。把车内空气或吸进来的新鲜空气加热。

3）冷气装置。把车内空气或吸进来的新鲜空气冷却或除湿。

4）空气净化装置。净化空气，除去车内存在的灰尘和气味。

5）控制装置。对制冷和暖风装置进行控制，使空调正常工作。

（2）汽车空调制冷系统的组成和分类

1）基本组成。汽车空调制冷系统由压缩机、冷凝器、储液干燥器、膨胀阀、蒸发器、鼓风机及制冷管道等组成，如图 3—83 所示。

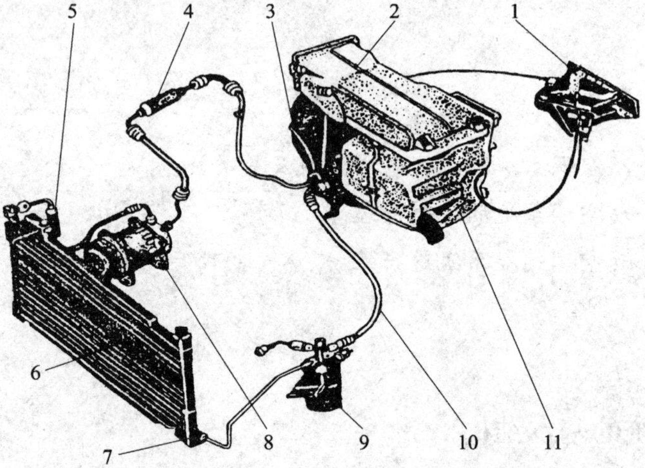

图 3—83　空调制冷系统

1—控制装置　2—进气罩　3—蒸发箱　4—S 管　5—D 管　6—冷凝器　7—C 管　8—空调压缩机　9—储液干燥器　10—L 管　11 —加热器

2）分类。汽车空调制冷系统一般分为两类，一类为膨胀阀系统；另一类是孔管系统，如图 3—84 所示。

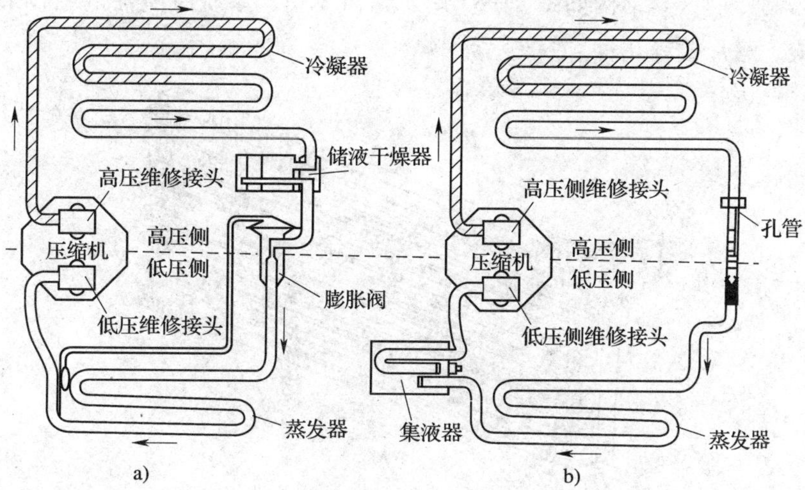

图3—84　空调系统分类

a）膨胀阀系统　b）孔管系统

3. 空调系统各部件结构

（1）制冷压缩机。制冷压缩机是汽车空调制冷系统的心脏，其作用是维持制冷剂在制冷系统中的循环。压缩机吸入来自蒸发器的低温、低压制冷剂蒸气，压缩制冷剂蒸气使其压力和温度升高，并将制冷剂蒸气送往冷凝器。其工作原理与普通空气压缩机相似，只是密封程度要求更高。

目前应用于汽车制冷系统的压缩机主要采用容积型制冷压缩机。制冷压缩机按其运动形式和主要零部件形状分类见表3—3。

表3—3　　制冷压缩机的分类

运动形式	零部件形状	分类类型
往复活塞式	曲轴连杆式	直列式、V型、W型、S型
	径向活塞式	
	轴向活塞式	翘板式、斜板式
旋转式	旋叶式	圆形汽缸、椭圆形汽缸
	转子式	滚动活塞式、三角转子式
	螺杆式	单转子螺杆、双转子螺杆
	涡旋式	

（2）冷凝器。汽车空调制冷系统中的冷凝器是热交换设备，作用是使从压缩机排出的高温、高压制冷剂蒸气在冷凝器中得到冷凝和液化，并把热量散发到车外空气中，使其凝

结为高压液态制冷剂，其结构如图 3—85 所示。汽车空调系统冷凝器的结构形式主要有管片式、管带式、鳍片式等几种。

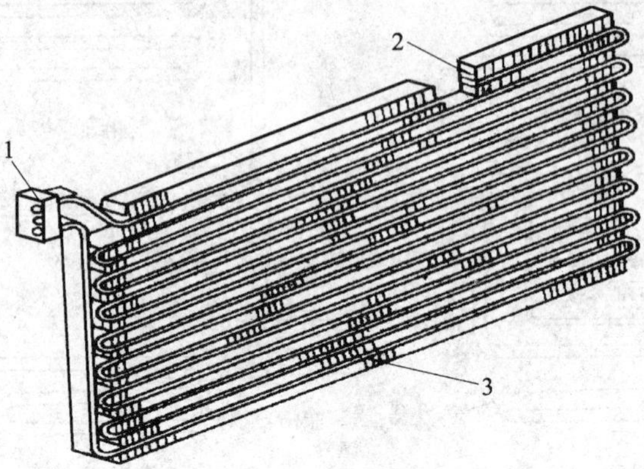

图 3—85　冷凝器

（3）蒸发器。蒸发器和冷凝器一样，也是一种热交换器，也称冷却器，是制冷循环中获得冷气的直接部件，外形近似冷凝器，但比冷凝器窄、小、厚。它的作用是让低温、低压液态制冷剂在其管道中吸热并蒸发，使蒸发器周围空气的温度降低，从而在鼓风机的风力通过它时，能输出更多的冷气。

蒸发器有管片式、管带式和层叠式 3 种结构，结构如图 3—86 所示。

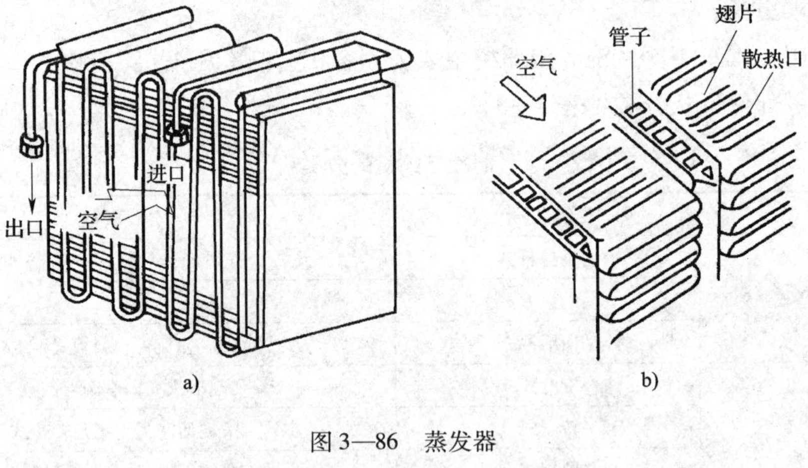

图 3—86　蒸发器

（4）储液干燥器。储液干燥器简称储液器。它的作用是为了防止过多的液态制冷剂储存在冷凝器里，使冷凝器的传热面积减少而使散热效率降低，还可滤除制冷剂中的杂质，吸收制冷剂中的水分，防止制冷系统管路脏堵和冰堵，保护设备部件不受侵蚀，从而保证制冷系统的正常工作。

它用于以膨胀阀为节流装置的系统中，安装在冷凝器和膨胀阀之间，当含有蒸气的液态制冷剂进入储液器后，使液态和气态的制冷剂分离。液态制冷剂通过膨胀阀进入蒸发器，多余制冷剂可暂时储存在储液罐中。在制冷负荷变动时，及时补充和调整供给热力膨胀阀的液态制冷剂量，以保证制冷剂流动的连续性和稳定性。

储液干燥器的结构如图 3—87 所示。它主要由外壳、视液镜、安全熔塞和管接头等组成。制冷剂在储液器中的流动情况如图中箭头所示。在储液器上部出口端装有一个玻璃视液镜，用于观察制冷剂在工作时的流动状态，由此可判断制冷剂量是否合适。对直立式储液器而言，安装时一定要垂直，倾斜度不得超过 15°。在安装新的储液干燥器之前，不得过早将其进、出管口的包装打开，以免湿空气侵入储液器和系统内部，使之失去除湿的作用。安装前，一定要先搞清楚储液器的进、出口端，在储液器的进、出口端一般都打有记号，如进口端用 IN、出口端用 OUT 表示，或直接打上箭头以表示进、出口端。

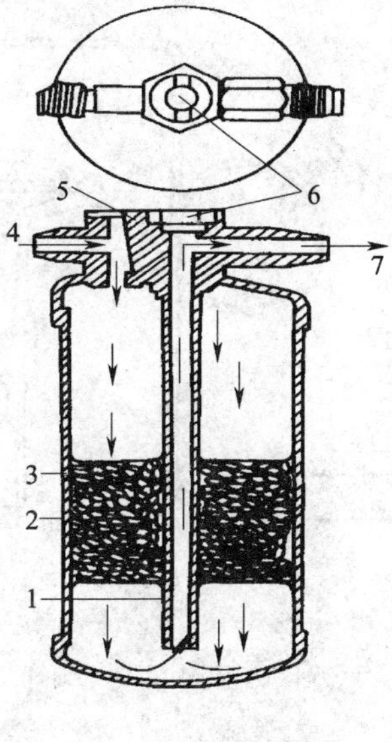

图 3—87　储液干燥器

1—引出管　2—干燥剂　3—过滤器　4—进口端　5—易熔塞　6—视液镜　7—出口端

储液器出口端旁边装有一只安全熔塞，也称易熔螺塞，它是制冷系统的一种安全保护装置。其中心有一个轴向通孔，孔内装填有焊锡之类的易熔材料，这些易熔材料的熔点一般为 85 ~ 95℃。当冷凝器因通风不良或冷气负荷过大而冷却不够时，冷凝器和储液器内的制冷剂温度和压力将会异常升高。当压力达到 3 MPa 左右时，温度超过易熔材料的熔点，此时安全熔塞中心孔内的易熔材料便会熔化，使制冷剂通过安全熔塞的中心孔逸出散发到大气中去，从而可避免系统的其他部件因压力过高而被胀坏。

（5）膨胀阀。膨胀阀也称节流阀。它是一种感压和感温阀，是汽车空调制冷系统中的一个主要部件。目前，膨胀阀主要有内平衡热力膨胀阀、外平衡热力膨胀阀、H 形膨胀阀和膨胀节流管（孔管）4 种结构形式。

1）内平衡热力膨胀阀，结构如图 3—88 所示。

2）外平衡热力膨胀阀，结构如图 3—89 所示。

3）H 形膨胀阀，结构如图 3—90 所示。H 形膨胀阀因其内部通道形同 H 形而得名。它取消了外平衡膨胀阀的外平衡管和感温包，直接与蒸发器进出口相连接。它有 4 个接口通往空调系统，其中两个接口和普通膨胀阀一样，一个接干燥过滤器出口，另一个接蒸发器入口。另外两个接口，一个接蒸发器出口，另一个接压缩机进口。感温元件处在进入压缩机的制冷剂气流中。

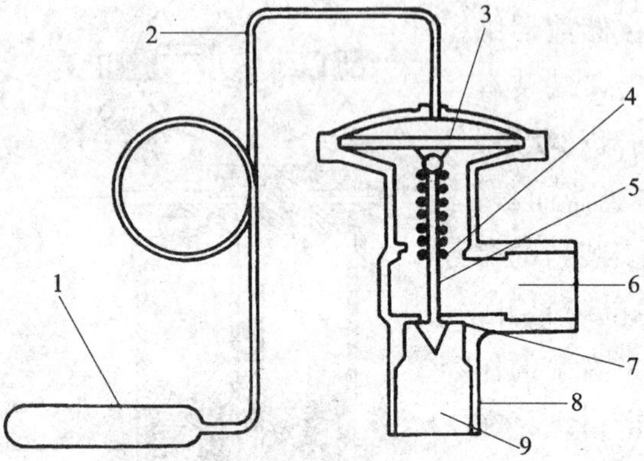

图 3—88　内平衡热力膨胀阀

1—感温包　2—毛细管　3—膜片

4—弹簧　5—针阀　6—蒸发器出口

7—阀座　8—阀体　9—通储液罐进口

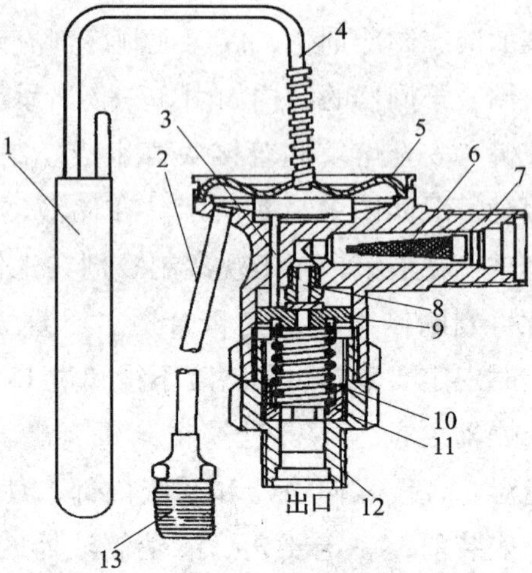

图 3—89　外平衡热力膨胀阀

1—感温包　2—平衡管　3—顶杆　4—毛细管

5—膜片　6—滤网　7—阀体　8—节流口

9—阀芯　10—过热弹簧　11—弹簧座

12—调节螺母　13—外平衡管接口

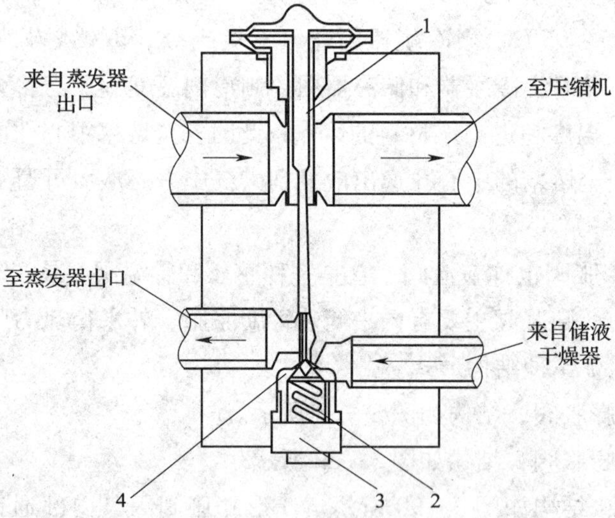

图 3—90　H 形膨胀阀

1—感温器　2—弹簧　3—调整螺柱　4—球阀

从图 3—90 中可以看出，在高压液体进口和出口之间，有一个球阀控制的节流孔，节流孔的大小由弹簧和感温器控制。温包内部的制冷剂直接感受从蒸发器出来的蒸气温度，以控制杆下部球阀的上、下运动，并与弹簧一起控制流量的大小。当蒸发器的温度高，则感温包内的制冷剂压力增大，克服弹簧压力，球阀开度增大，制冷剂流量增加，制冷量增大，反之亦然。

这种膨胀阀安装在蒸发器的进出管之间，感应温度不受环境影响，也无须通过毛细管而造成时间滞后，调节灵敏度较高。由于无感温包、毛细管和外平衡管不会因汽车颠簸使充注系统断裂外漏，以及感温包包扎松动，而影响膨胀阀的正常工作。

4）膨胀节流管（孔管）。膨胀节流管是用于许多轿车制冷系统的一种固定孔口的节流装置。有人称为孔管或固定孔管。膨胀节流管直接安装在冷凝器出口和蒸发器进口之间，用于将液态制冷剂节流降压。由于不能调节流量，过多液态制冷剂很可能流出蒸发器时还未完全汽化而进入压缩机，使压缩机遭液击损坏。所以装有膨胀节流管的系统，必须同时在蒸发器出口和压缩机进口之间安装一个集液器，实行气、液分离，避免压缩机发生液击。

膨胀节流管的结构如图 3—91 所示。它是一根细铜管，装在一根塑料套管内，在塑料套管外环形槽内装有密封圈。有的还有两个外环形槽，每槽各装一个密封圈。把塑料套管连同膨胀节流管都插入蒸发器进口管中，密封圈就是密封塑料套管外径和蒸发器进口管内径之间的配合间隙用的。膨胀节流管两端都装有滤网，以防止系统堵塞。安装使用后，系统内的污染物集聚在密封圈后面，使堵塞情况更加恶化，就是这种系统内的污染物，堵塞了孔管及其滤网。膨胀节流管不能维修，坏了只能更换。

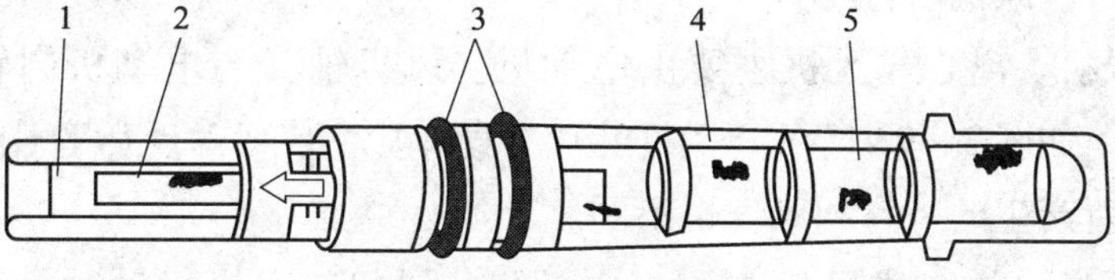

图 3—91　膨胀节流管

1—出口　2—孔口　3—密封圈　4—滤网　5—进口

由于膨胀节流管没有运动部件，结构简单、可靠性高，同时节省能耗，很多高级轿车都采用这种方式。缺点是制冷剂流量不能根据工况变化进行调节，需定时更换。

（6）集液器。集液器是膨胀节流管空调系统的重要部件，结构如图 3—92 所示。用膨胀节流管代替膨胀阀时，汽车空调制冷系统要在低压侧安装集液器。集液器是一种特殊形式的储液干燥器。

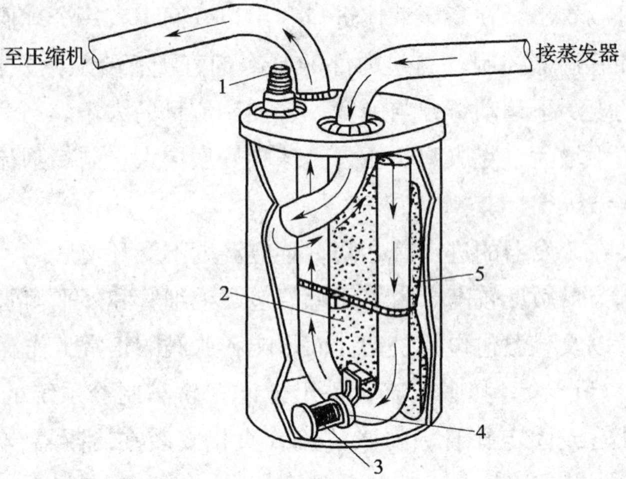

图 3—92　集液器

1—测试孔口　2—干燥剂　3—滤网　4—泄油孔　5—出气管

在一定条件下，膨胀节流管会将较多的液态制冷剂节流入蒸发器用以蒸发，而留在蒸发器中的多余制冷剂则会进入压缩机造成损害。为防止这一问题，应使所有留在蒸发器中的液态、蒸气制冷剂和冷冻油进入集液器，集液器允许制冷剂蒸气进入压缩机，而留下液态制冷剂和冷冻油。在集液器出口处有一毛细孔，通常称其为过油孔，目的是仅允许少量液态制冷剂和冷冻油在给定时间随制冷剂蒸气返回压缩机，即也允许少量制冷剂进入。

集液器内装有化学干燥剂，可吸附、吸收并滞留因不当操作而进入系统的湿气。干燥剂不能维修，若有迹象表明需更换干燥剂时，集液器必须整体更换。

（7）风机。汽车空调制冷系统采用的风机按气体流向与风机主轴的相互关系，可分为离心式风机和轴流式风机两种。

1）离心式风机。离心式风机主要由电动机、风机轴（与电动机同轴）、风机叶片、风机壳体等组成，如图 3—93 所示。风机叶片有直叶片、前弯片、后弯片等形状，随叶轮叶片形状不同，所产生的风量和风压也不同。

2）轴流式风机。轴流式风机主要由电动机、风机轴、风机叶片、键等组成，如图 3—94 所示。叶片固定在骨架上，叶片常做成 3、4、5 片不等，叶片骨架穿在电动机轴上，由键带动旋转。

（8）电磁离合器。电磁离合器由带轮组件、衔铁组件和线圈组件 3 大部件组成，如图 3—95 所示。

电磁离合器工作原理是：当线圈绕组中有电流通过时，产生较强的电磁场，吸合衔铁与带轮组件紧密结合，这样带轮的转动带动压缩机工作；当电流断开后，衔铁靠复位弹簧迅速与带轮分离，带轮仍在转动，但压缩机停止工作。

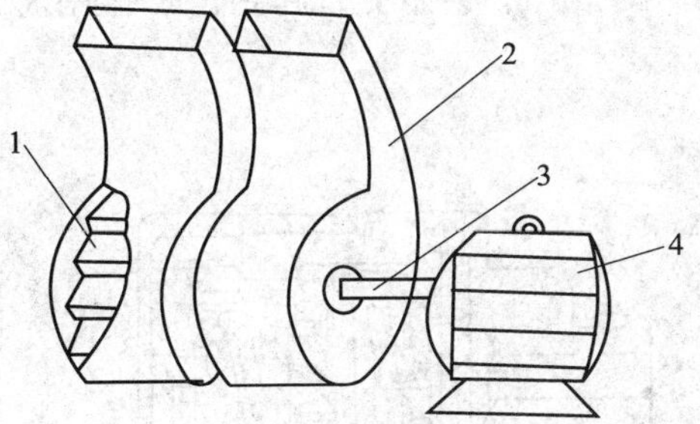

图 3—93　离心式风机

1—风机叶片　2—风机壳体　3—风机轴　4—电动机

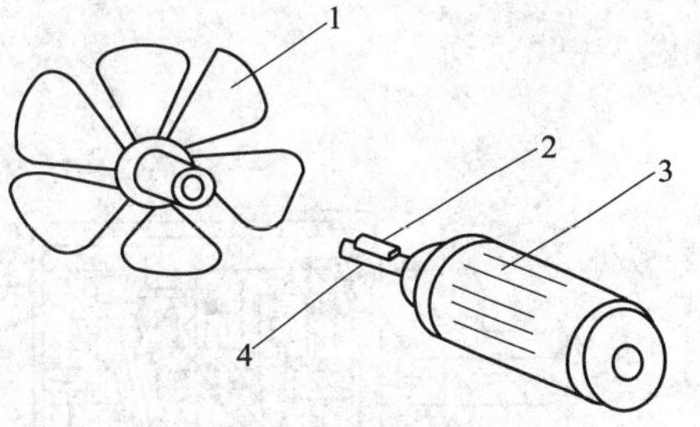

图 3—94　轴流式风机

1—风扇叶　2—键　3—电动机　4—风机轴

(9) 压力控制组件。压力开关属于保护元件，是一种随压力变化而断开或闭合触点的元件，又称压力继电器。它由压力引入装置、动力元件和触点等组成，在系统中感受着制冷剂压力的变化，当系统中压力过高或过低时压力开关起作用，防止系统在异常压力情况下工作，起到了保护作用。

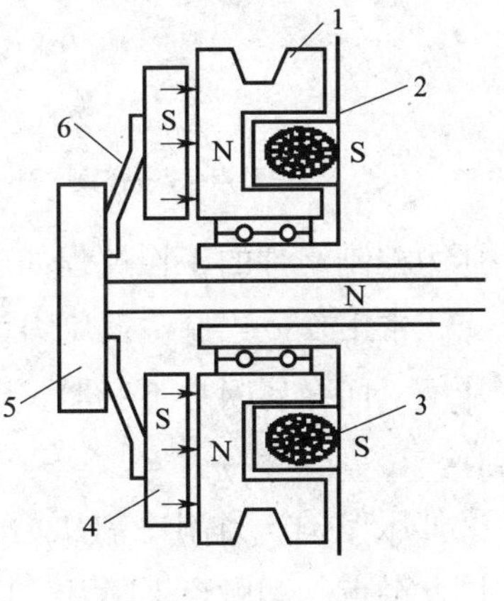

图 3—95　电磁离合器

1—带轮　2—压缩机壳体　3—线圈　4—摩擦板　5—驱动盘　6—弹簧爪

1）高压压力开关。高压压力开关装在压缩机至冷凝器之间的高压管路上，作用是防止系统在异常的高压压力下工作。当因冷凝器散热不良、散热片堵塞或风扇损坏等，导致冷凝器管内压力出现异常上升时，开关自动切断电磁离合器的电路，使压缩机停止运行，或接通冷却风扇高速挡电路，自动提高风扇转速，以降低冷凝温度和压力。在汽车空调系统中，高压开关的压力控制范围为 2. 82 ~ 3. 10 MPa 时断开；1. 03 ~ 1. 73 MPa 时接通。

2）低压压力开关。低压开关有两种，一种是安装在系统的高压回路中，防止压缩机在压力过低的情况下工作，因为高压回路中压力过低，说明缺少制冷剂，缺少制冷剂将影响润滑效果而损坏压缩机；另一种低压开关是设置在低压回路中，直接由吸气压力控制，当低压低于某一规定值时，接通高压旁通阀（电磁阀），让部分高压蒸气直接进入蒸发器，以达到除霜的目的。这种装置一般用于大、中型客车的空调制冷系统中。低压开关的工作范围一般为 80 ~ 110 kPa 时断开，230 ~ 290 kPa 时接通。

3）高、低压复合开关（三位压力开关）。高、低压力开关用于保护作用时，通常都安装在系统的高压侧。因此，为了结构紧凑，减少接口，把高、低压力开关做成一体，形成了高、低压复合开关。这样就可以作为一体安装在储液干燥器上，起到保护作用。其结构如图 3—96 所示。

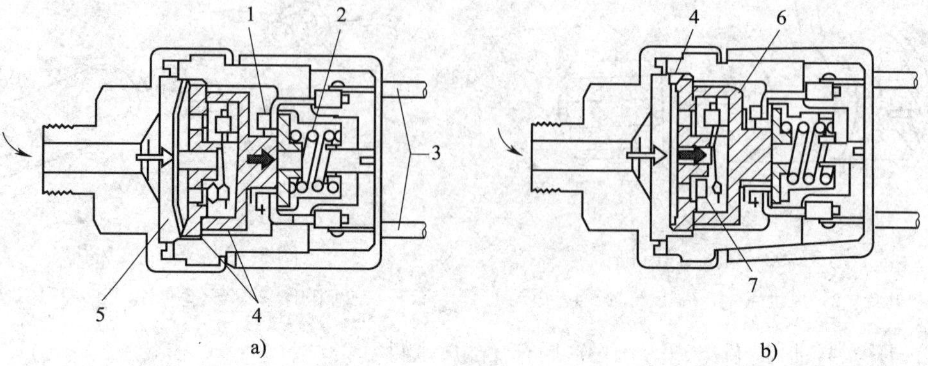

图 3—96　高、低压复合开关

a）正常状态　b）断路状态

1—触点　2—弹簧　3—接线柱　4—动触点　5—金属膜片　6—销子　7—触点

压力控制组件的工作过程如下：

①正常工作。当制冷剂压力为正常值时（0.2 ~ 3 MPa），制冷剂压力超过弹簧力，弹簧受压缩，而金属膜片不变形，动触点向箭头方向移动，触点 1 和触点 7 接通，压缩机正常工作。

②低压保护。当制冷剂压力低于低限值（196 kPa），由于弹簧的压力大于制冷剂压力，因此触点 7 和触点 1 断开，电流中断，压缩机停止工作。

③高压保护。当制冷剂压力高于高限值时（3.14 MPa），此时制冷剂压力不仅高于弹簧压力，而且高于金属膜片的弹力。这时，金属膜片由拱形变平，推动销子 6 向箭头方向移动，并使得高于触点 7，电路断开，压缩机停止工作。

（10）泄压阀。过去，在汽车空调系统中，为了防止高压侧温度和压力异常升高造成系统损坏，常常用易熔合金做成易熔塞，当温度和压力异常升高时，易熔塞熔化，释放出制冷剂。但这种方法付出的代价是经济上的损失和对环境的污染，同时空气将进入空调系统。因此，目前大多采用泄压阀替代易熔塞，其结构如图 3—97 所示。

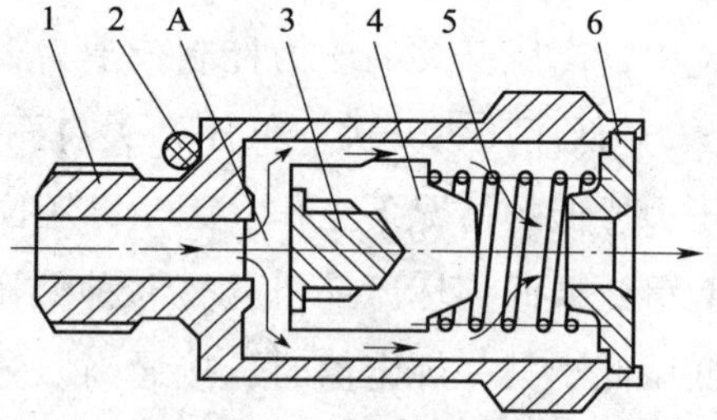

图 3—97　泄压阀

1—阀体　2—O 形密封圈　3—密封塞

4—下弹簧座　5—弹簧　6—上弹簧座

泄压阀一般安装在压缩机高压侧或储液干燥器上。正常情况下，弹簧力大于制冷剂压力，密封塞被压紧密封。当高压侧压力异常升高时（高于设定值，不同系统和厂家的设定值也不同），弹簧被压缩，密封塞被打开，制冷剂释放出来，压缩机压力立即下降。当压力低于设定值后，弹簧又立即将密封圈压紧。

二、空调制冷系统的工作原理

蒸气压缩制冷系统主要由压缩机、冷凝器、液体膨胀装置和蒸发器等总成构成。

制冷系统工作时，制冷剂以不同的状态在这个密闭系统内循环流动，汽车空调制冷循环过程如图 3—98 所示。

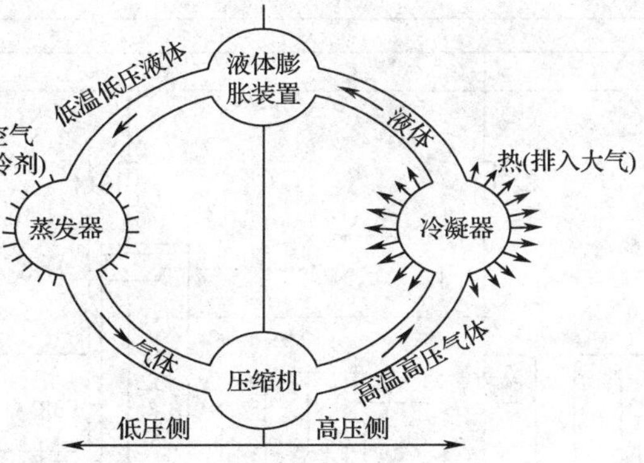

图 3—98　制冷循环过程

1. 压缩过程

压缩机吸入蒸发器出口处的低温低压的制冷剂气体，把它压缩成高温高压的气体，然后送入冷凝器。此过程的主要作用是压缩增压，以便气体易于液化。压缩过程中，制冷剂状态不发生变化，而温度、压力不断升高，形成过热气体。

2. 放热过程

高温、高压的过热制冷剂气体进入冷凝器（散热器）与大气进行热交换。由于压力及温度的降低，制冷剂气体冷凝成液体，并放出大量的热，此过程作用是放热、冷凝。冷凝过程的特点是制冷剂的状态发生变化，即在压力不变的情况下，由气态逐渐向液态转变，冷凝后的制冷剂液体是高压中温液体。制冷剂液体过冷，过冷度越大，在蒸发过程中其蒸发吸热的能力也就越大，制冷效果越好，即制冷量相应增加。

3. 节流过程

高压、中温的制冷剂液体经膨胀阀节流降温、降压，以雾状（细小液滴）排出膨胀装置。该过程的作用是使制冷剂降温降压，由高温、高压液体迅速地变成低温、低压液体，以利于吸热、控制制冷能力以及维持制冷系统正常运行。

4. 吸热过程

经膨胀阀降温降压后的雾状制冷剂液体进入蒸发器，因此时制冷剂沸点远低于蒸发器内温度，故制冷剂液体在蒸发器内蒸发成气体。在蒸发过程中大量吸收周围的热量，降低车内温度。而后低温、低压的制冷剂气体流出蒸发器再次被压缩机吸入。吸热过程的特点是制冷剂状态由液态变化到气态，此时压力不变，即在定压过程中进行这一状态的变化。

上述过程周而复始地进行，便可使车内达到并维持在设定的温度。

5. 空调控制电路分析

桑塔纳轿车空调控制电路如图 3—99 所示。

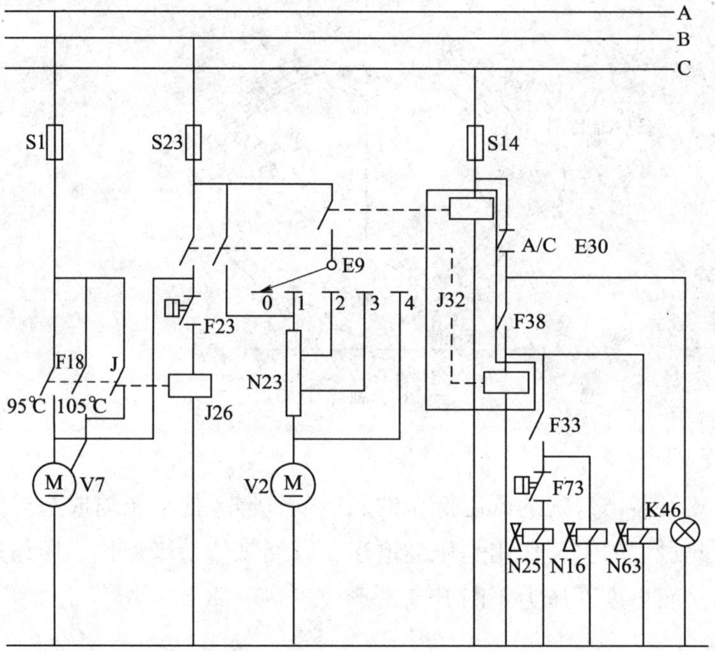

图 3—99　桑塔纳轿车空调控制电路图

S1、S23、S14—熔丝　A/C—空调开关　E9—风量控制开关　N23—调速电阻　F38—环境温度控制开关　F33—温控开关　F23—高压开关　F73—低压开关　V7—冷却风扇　V2—鼓风机　N25—压缩机电磁离合器　N16—怠速电磁阀　N63—内外循环电磁阀　J32—空调继电器　J26—风扇继电器　K46—指示灯　F18—冷却风扇温控开关

（1）鼓风机电路

1）减荷继电器 J59 闭合。C 路电流→S14 熔丝→J32 空调继电器→E9 风量控制开关的 1 ~4 位→V2 鼓风机电动机。

2）车内空气进入循环电路。当车外环境温度高于 10℃时，C 路电流→S14 熔丝→E30

A/C 空调开关→F38 环境开关（同时 K46 指示灯亮）→N63 新空气电磁阀关闭空气进口，进入内循环。

3）怠速提升电路。C 路电流→S14 熔丝→E30 A/C 空调开关→F33 温控开关闭合→N16 怠速提升电磁阀，提高怠速转速。

（2）压缩机控制电路

C 路电流→S14 熔丝→E30 A/C 空调开关→F38 环境开关闭合→F33 温控开关闭合→F73 低压保护开关（常闭）→N25 电磁离合器，压缩机运转。

温控开关 F33 位于蒸发器出口处，当出口温度低于 0℃，F33 开启，制冷系统不工作。当出口温度高于 2℃，F33 闭合，制冷系统工作。

打开空调开关时，空调继电器 J32 的另一对触点接上，接通 V2 鼓风机 1 挡低速端，同时也使冷凝器风扇运转，以确保热交换顺利进行。

（3）冷凝器风扇电动机电路

A/C 空调开关闭合，空调继电器 J32 闭合。

S23 熔丝→ V7 冷凝器风扇的低速端，V7 以低速 1 600 r/min 运转。

当压力高于 1 500 kPa 时，F23 高压保护开关闭合；S23 熔丝→F23 高压保护开关→J26 冷凝器风扇继电器→ V7 冷凝器风扇的高速端，V7 以高速 2 400 r/min 运转。

当发动机温度高于 95℃ 时，F18 温控开关低温闭合，V7 冷凝器风扇以低速 1 600 r/min运转；当发动机温度高于 105℃时，F18 温控开关高温闭合，V7 冷凝器风扇以高速 2 400 r/min 运转。

三、汽车空调制冷系统维护

1. 设备和工具

（1）歧管压力表组。歧管压力表组结构如图 3—100 所示。它是汽车空调制冷系统维修中必不可少的设备，与制冷系统相接，可以进行制冷剂排空、抽真空、加注制冷剂、添加冷冻机油及诊断制冷系统故障等。

歧管压力表组是由高压表、低压表、高压手动阀（HI）、低压手动阀（LO）、阀体及 3 个软管接头组成。歧管压力表组配有不同颜色的 3 根连接软管，一般规定蓝色软管用于低压侧（接低压工作阀），红色软管用在高压侧（接高压工作阀），黄色（也有绿色）软管用在中间，接真空泵或制冷剂罐。

（2）制冷剂注入阀。目前，为便于充注制冷剂，市场上出现有罐装制冷剂，但它必须有一只注入阀配套才能开罐使用。它主要由手柄、接头、板状螺母和阀针组成，结构如图 3—101 所示。

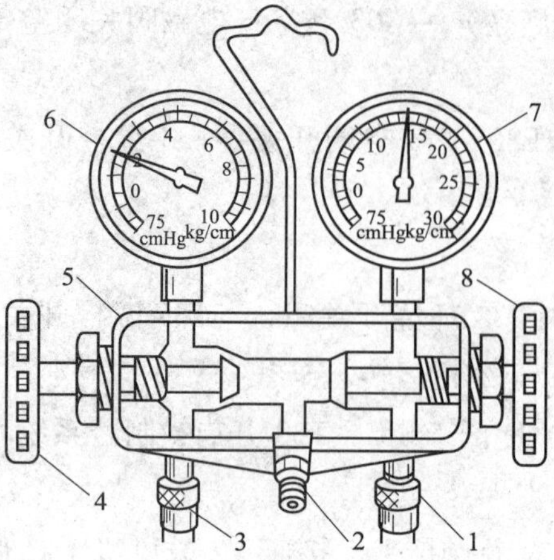

图 3—100　压力表

1—高压工作阀接口　2—加注、抽真空接口
3—低压工作阀接口　4—低压手动阀　5—阀体
6—低压表　7—高压表　8—高压手动阀

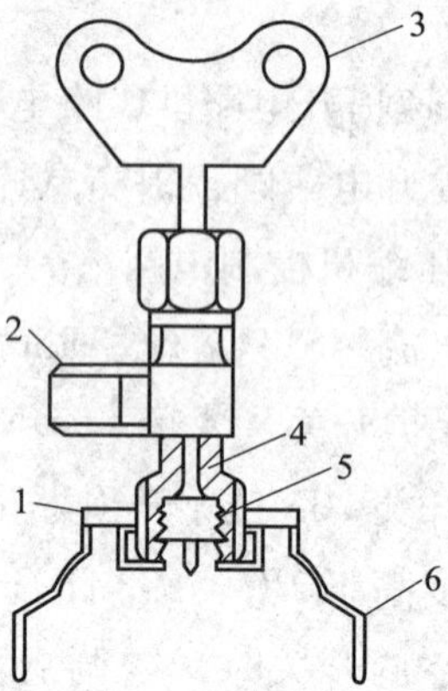

图 3—101　制冷剂注入阀

1—板状螺母　2—软管接头　3—手柄
4—阀针　5—衬垫　6—制冷剂罐

（3）检漏设备。汽车空调制冷系统常用检漏设备有电子检漏仪、卤素检漏灯等。

电子检漏仪结构如图 3—102 所示。它的优点是使用方便、不需点火、不产生毒性物质、预热时间短、灵敏度高、质量轻、体积小和检测范围广等特点，可以探测到微量泄漏，但价格较贵。

（4）真空泵。空调系统初次加注制冷剂前，或拆卸更换系统零部件后，必须对系统进行抽真空操作，然后才能充注制冷剂。抽真空的目的是把系统中的空气和水分排出，因此真空泵是空调系统抽真空的必备设备。

（5）制冷剂加注、回收多功能机。在汽车空调系统的维修中，常常要对系统抽真空或加注、回收制冷剂。为了提高维修质量，规范、简化操作程序，使用制冷剂加注、回收多功能机既可防止制冷剂的排空对环境造成污染，又可减少经济损失。

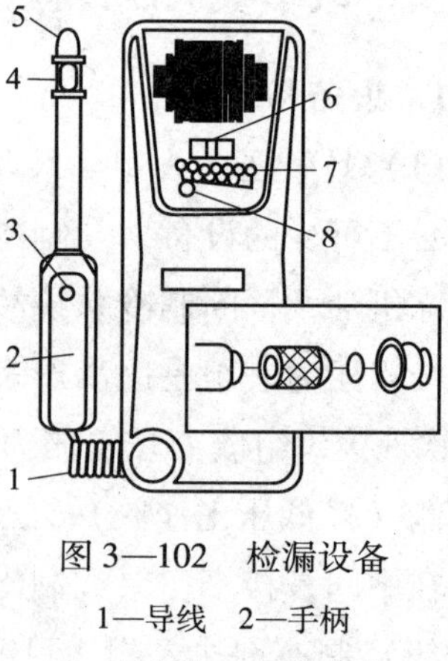

图 3—102　检漏设备

1—导线　2—手柄
3—复位键　4—传感器
5—保护套　6—选择开关
7—泄漏强度指示　8—电源指示

2. 维护内容

（1）制冷剂排空。制冷剂排空有两种方法，一种是传统排空法；另一种是回收排空法。

1）传统排空法

①如图 3—103 所示，把歧管压力表组连接到系统的高、低压检修阀上。

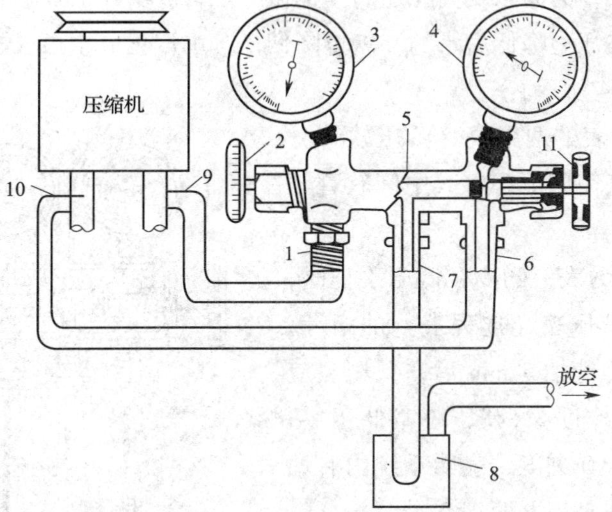

图 3—103　传统制冷剂排空法

1—低压管　2—低压手动阀　3—低压表　4—高压表　5—表阀
6—高压管　7—维修软管　8—集油罐　9—吸气阀　10—排气阀　11—高压手动阀

②起动发动机并使转速维持在 1 000 ~ 1 200 r/min，并运行 10 ~ 15 min。

③风扇开至高速运转，将系统中所有的控制开关都放到最冷位置，使系统达到稳定状态。

④把发动机转速调到正常怠速状态。

⑤关闭空调的控制开关，关闭发动机。

⑥打开歧管压力表组上的高、低压阀，让制冷剂从中间软管流入回收装置中。

⑦歧管压力表组的高、低压力表指示为零，说明系统内制冷剂已排空。

2）回收排空法。用表阀系统将汽车空调制冷系统中的制冷剂引入回收到储液瓶。其中，高压阀连接压缩机排气管，低压阀连接压缩机吸气管。表阀的中间接口连接 ϕ60 mm × 100 mm 的钢瓶。钢瓶的底部有一个截止阀，用来放卸制冷剂带出的润滑油（冷冻机油）。降压时，先慢慢拧开低压手动阀，让制冷剂徐徐流出而尽量不带出润滑油。当压力下降到 345 kPa 时，再慢慢拧开高压手动阀，让制冷剂经降压、除酸、干燥、过滤等工序处理后，重新压缩、冷凝、液化，装入储液瓶中。在此过程中，对生成的酸性物质的清除，常采用中和法或膜处理方法，使酸性物质自动分离；对混入制冷剂中的水分清除，采用分子筛吸附，使制冷剂的含水量降低到可重新使用的标准（含水量 0.001%）；对不溶杂质（如铁屑、油污、灰尘等），可采用空调用的过滤装置加以清除。

（2）系统抽真空。抽真空的目的是排除制冷系统内残留的空气和水分，同时也可进一步检查系统的密闭性，为向系统内充注制冷剂做好准备。实际上抽真空并不能直接把水分抽出制冷系统，而是压力降低后水的沸点也降低了，水汽化成水蒸气抽出系统外。其操作过程示意如图 3—104 所示。

1）将歧管压力表的两根高、低压软管分别接在高、低压侧气门阀上，将其中间软管与真空泵相连接。

2）打开歧管压力表上的高、低压手动阀，启动真空泵，观察低压表（连程表）的指针，应该有真空显示。连续抽 5 min 后，低压表应达到 0.03 MPa（真空度），高压表略低于零，如果高压表不能低于 0 刻度，表明系统内有堵塞，应停止操作，修复后再抽真空。

3）真空泵工作 15 min 后，低压表指针应在 0.01 ~ 0.02 MPa。如果达不到此数值，这时应关闭高、低压手动阀，观察低压表的指针，如果指针上升，说明真空有损失，系统有漏点，应停止操作，修复后才能继续抽真空。

4）系统压力接近于真空时，关闭高、低压手动阀，保压 5 ~ 10 min。如低压表指针不动，则打开高、低压手动阀开启真空泵，继续抽真空，抽真空的时间不得少于 30 min，如时间允许，可适当延长。

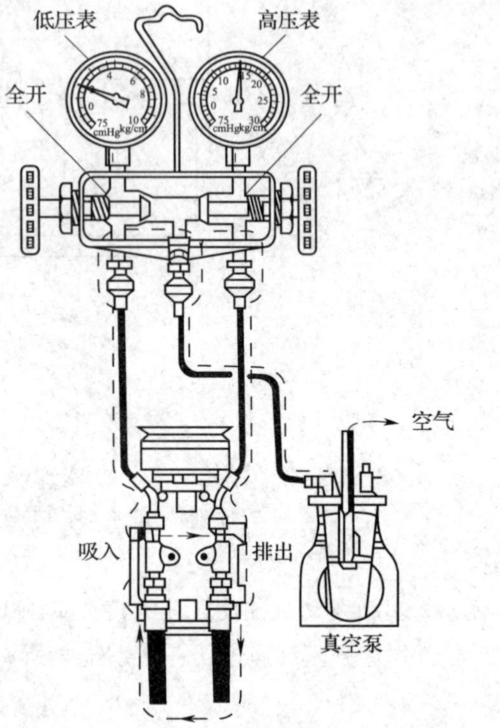

图 3—104　系统抽真空示意

5）抽真空结束时，先关闭高、低压手动阀，再关闭真空阀，其目的防止空气进入制冷系统。这样，就可以向系统中加注冷冻机油或充注制冷剂。

（3）制冷剂充注。在制冷系统经过抽真空并确认没有泄漏后，可开始对系统充注制冷剂。充注方法主要有两种，一种是从高压端充注；另一种是从低压端充注。

1）高压端充注法

①如图 3—105 所示，将歧管压力表组与系统检修阀、制冷剂罐连接好。

②发动机停止。

③用制冷剂排除连接软管内的空气，具体操作是：先关闭高、低压手动阀，松开高压端检修阀和软管的连接，然后打开高压手动阀，最后打开制冷剂瓶罐上的阀门。当软管排出制冷剂气体后，迅速将软管与检修阀锁紧，并关闭高压手动阀。用同样的方法清除低压端连接软管内的空气，然后关闭好高、低压手动阀及制冷剂瓶罐上的阀门。

④将制冷剂罐倾斜倒置于磅秤上，并记录起始质量。

⑤打开制冷剂瓶罐上阀门，然后缓慢打开高压手动阀，将液态制冷剂注入系统内，当磅秤指示到达规定质量时，迅速关闭制冷剂阀门。为使液态制冷剂进入高压系统，制冷剂罐应如图所示倒置。

⑥关闭高压手动阀，充注结束。

2）低压端充注法

①如图 3—106 所示，将歧管压力表组与系统检修阀、制冷剂罐连接好。

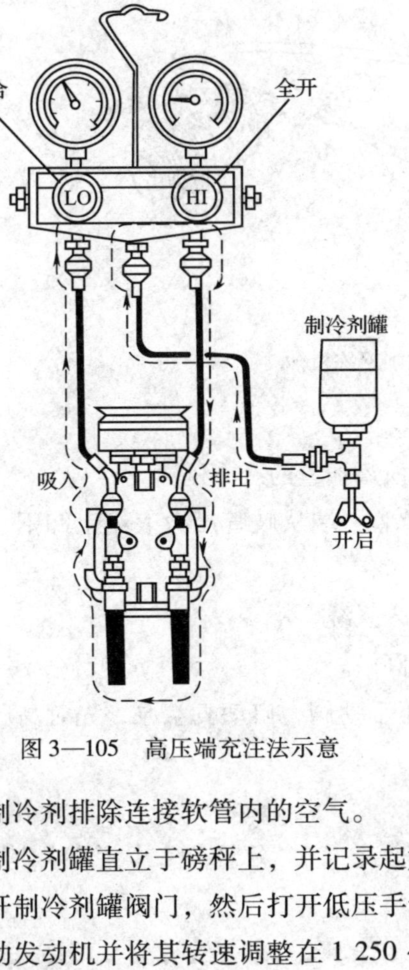

图 3—105　高压端充注法示意

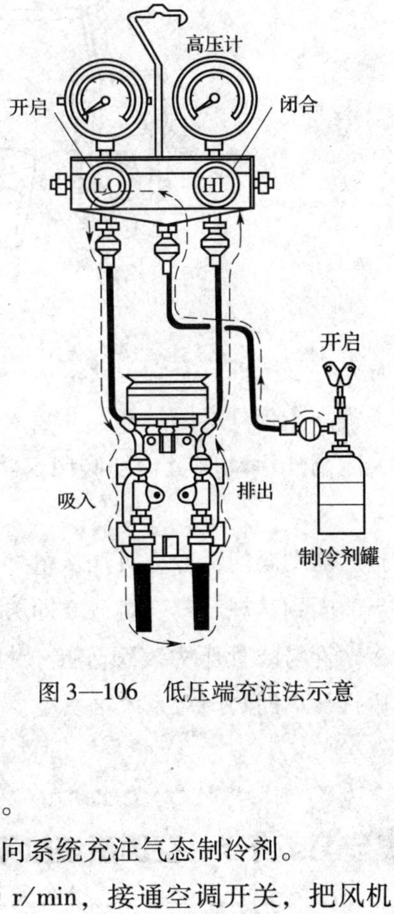

图 3—106　低压端充注法示意

②用制冷剂排除连接软管内的空气。

③将制冷剂罐直立于磅秤上，并记录起始质量。

④打开制冷剂罐阀门，然后打开低压手动阀，向系统充注气态制冷剂。

⑤启动发动机并将其转速调整在 1 250 ~ 1 500 r/min，接通空调开关，把风机开关开至最大，温度控制开关处于最冷位置。

⑥当制冷剂充至规定质量时，先关闭低压手动阀，然后关闭制冷剂阀门。

⑦观察高、低压表的压力值，应符合规定。

⑧关闭空调开关，停止发动机运转，迅速将高、低压软管从检修阀上拆下。

（4）添加冷冻机油

1）直接加入法。将冷冻机油装入干净的量杯里，从压缩机的旋塞口直接倒入即可，这种方法适合于更换蒸发器、冷凝器和储液干燥器时采用。

2）真空吸入法，如图 3—107 所示。

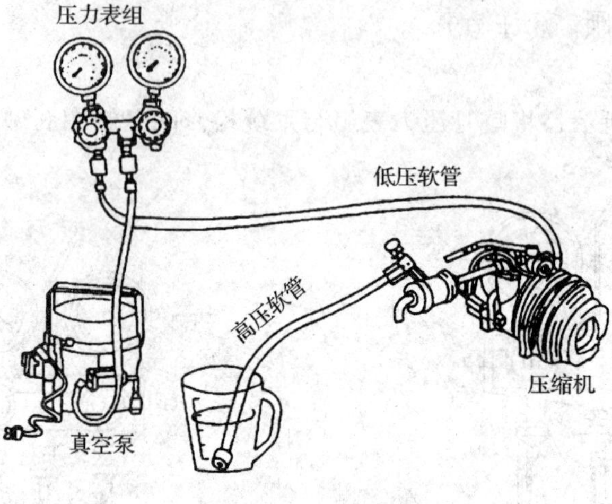

图 3—107　添加冷冻机油

①首先将系统抽真空到 100 kPa。

②准备一个带刻度的量杯，并装入稍多于所添加量的冷冻机油。

③关闭高压手动阀及辅助阀门，将高压软管一端从歧管压力表组上卸下，并插入量杯中。

④打开辅助阀门，冷冻机油从量杯内被吸入系统。

⑤当油面到达规定刻度时，立即关闭辅助阀门。

⑥将软管与歧管压力表组连接，打开高压手动阀，启动真空泵，先对高压软管抽真空，然后打开辅助阀门对系统抽真空。

学习单元 2　空调系统故障诊断

学习目标

1. 掌握空调系统的基本故障诊断方法。

2. 能够熟练使用相应的工具和仪器检测和诊断空调故障。

知识要求

一、空调系统检测和诊断方法

1. 常规检查

(1) 用手摸检查温度。在正常情况下,低压管路呈低温状态,高压管路呈高温状态。

1) 高压区。从压缩机出口→冷凝器→储液干燥器→膨胀阀进口处是制冷系统的高压区,这些部件应该先烫后热(注意手摸时要小心被烫伤),如有特别热的部位(如冷凝器表面),则说明此部位散热不好;如有特别凉的部位(如膨胀阀入口处),也说明此部位可能有堵塞。储液器进出口之间若有明显温差,则说明此处有堵塞或者制冷剂量不正常。

2) 低压区。从膨胀阀出口→蒸发器→压缩机进口处是低压区,这些部位表面应该是凉的,但膨胀阀处不能发生霜冻现象。

3) 压缩机高、低压侧。高、低压侧之间应有明显的温差;如没有,则说明几乎没有制冷剂,系统有明显泄漏。

(2) 用眼看检查泄漏情况。制冷剂的泄漏有可能出现在所有连接部位、冷凝器表面及蒸发器表面破损处、膨胀阀进出口连接处、压缩机轴封、前后盖密封垫等处。上述部位一旦出现油渍,一般说明此处有制冷剂泄漏。

(3) 直观检查干燥器的窥视玻璃,判断工况。从窥视玻璃判断工况要在发动机运转、空调工作时进行。从窥视玻璃中看到的制冷剂情况如图 3—108 所示。

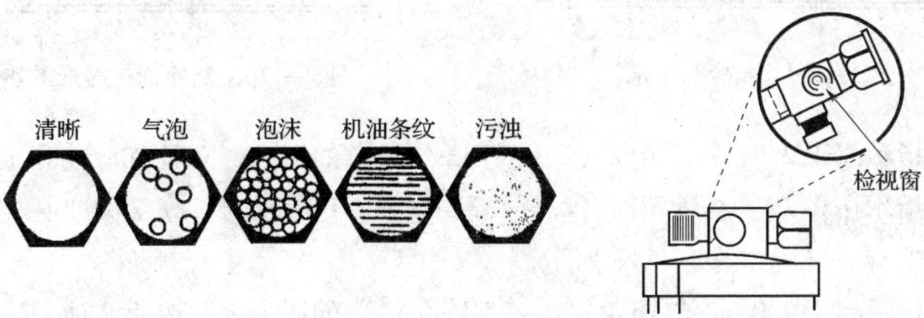

a)　　b)

图 3—108　窥视玻璃

a) 制冷剂情况　b) 干燥器

1) 清晰、无气泡,但出风口是冷的,说明制冷量适当,制冷系统正常;出风口不冷,说明制冷剂漏光了;出风口不够冷,而且关掉压缩机 1 min 后仍有气泡慢慢流动,或在关压缩机的一瞬间就清晰无气泡、无流动，说明制冷剂太多。

2）偶尔出现气泡，若有膨胀阀结霜现象，说明系统中有水分；若无膨胀阀结霜现象，可能是制冷剂缺少，或有空气。

3）有气泡、泡沫不断流过，说明制冷剂不足。如果气泡很多，可能有空气。

4）有长串油纹，偶尔带有成块机油条纹，出风口不冷，说明几乎没有制冷剂。有泡沫较混浊，说明冷冻油太多，或干燥剂散了。

（4）使用歧管压力表检测系统

1）将压力表组的高、低压手动阀关闭，然后将压力表组的高、低压软管分别连接到系统的高、低压检修阀上，并利用系统内制冷剂压力排除管内空气。

2）启动空调系统，待压力表指示稳定后，即可读取压力值，判断分析如下：

①制冷剂不足，如图 3—109 所示。

高压表指示低于标准值 0.7 ~ 1.0 MPa（7 ~ 10 kg/cm^2），稳定指示。

低压表指示低于标准值 0.05 ~ 0.1 MPa（0.5 ~ 1 kg/cm^2），稳定指示。

②制冷剂过多或散热不良，如图 3—110 所示。

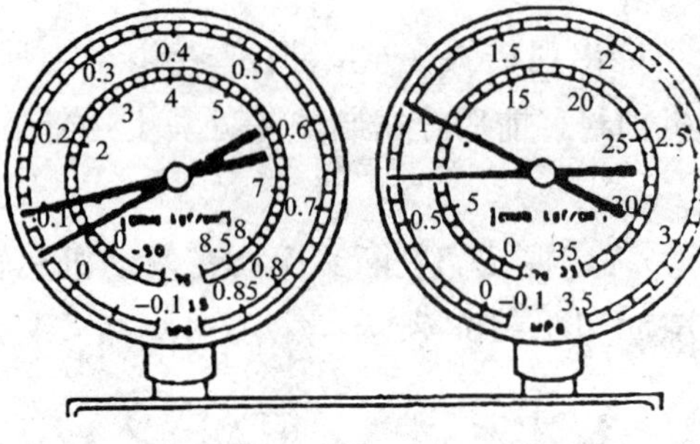

图 3—109　制冷剂不足

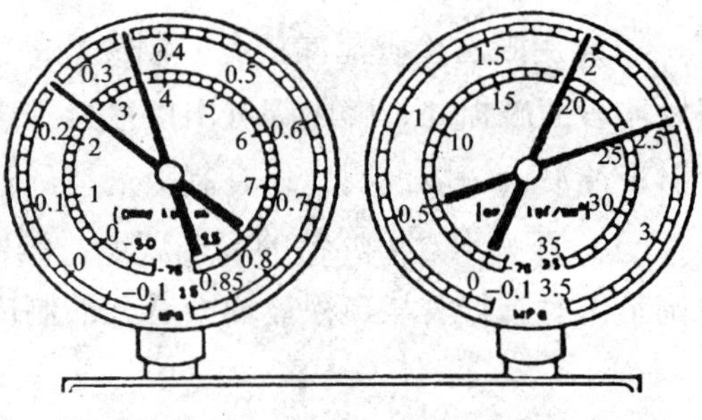

图 3—110　制冷剂过多或散热不良

高压表指示高于 2.0 ~ 2.5 MPa（20 ~ 25 kg/cm^2）的压力，并且有持续升压现象。

低压表指示在 0.25 ~ 0.35 MPa（2.5 ~ 3.5 kg/cm^2）的压力，高于标准值。

③系统中有空气，如图 3—111 所示。

高压表指示高于 2.0 ~ 2.5 MPa（20 ~ 25 kg/cm^2）的压力，并快速波动。

低压表指示在 0.25 ~ 0.35 MPa（2.5 ~ 3.5 kg/cm^2）的压力，并快速波动。

④压缩机工作不良，如图 3—112 所示。

高压表指示在 0.7 ~ 1.0 MPa（7 ~ 10 kg/cm^2）的压力，快速波动。

低压表指示在 0.4 ~ 0.6 MPa（4 ~ 6 kg/cm^2）的压力，并快速波动。

⑤系统中有水分，如图 3—113 所示。

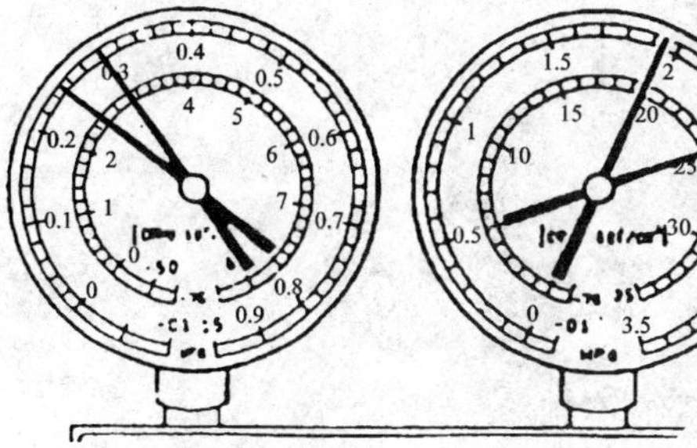

图 3—111　系统中有空气

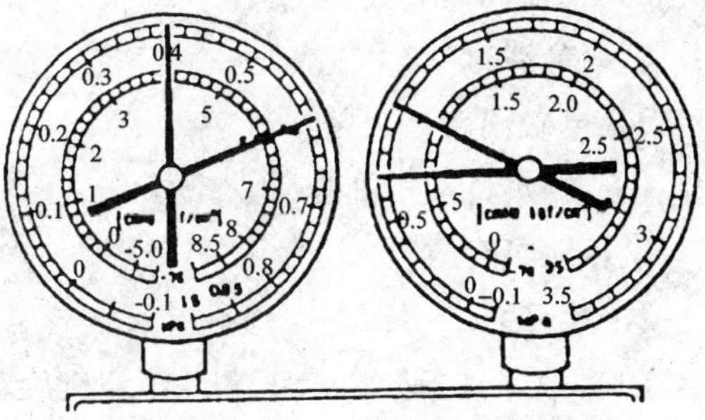

图 3—112　压缩机工作不良

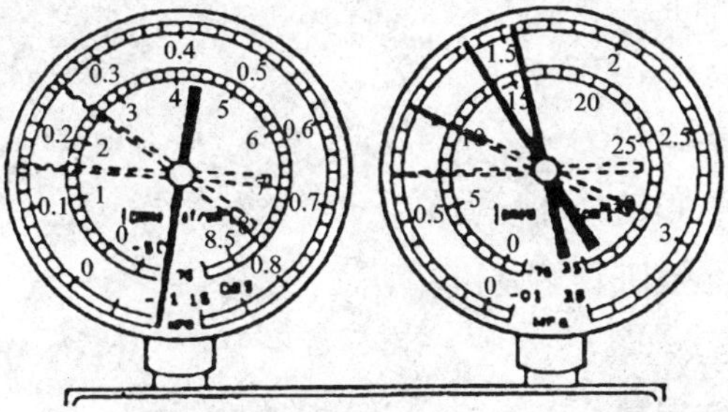

图 3—113　系统中有水分

高压表指示平时正常，但偶尔会在 0.7～1.6 MPa（7～16 kg/cm^2）之间波动，波动幅度很大。

低压表指示平时正常，但偶尔降到真空区。

二、空调系统不制冷故障诊断

1. 故障之一

（1）故障现象。风量正常，压缩机不旋转，空调系统不制冷。

（2）故障原因诊断

1）电磁离合器故障

①熔丝烧断。

②接头断开、电路断开。

③线圈短路、断路。

④连接线错乱。

⑤电源电压太低。

⑥开关损坏。

⑦继电器损坏。

⑧离合器打滑。

2）电磁离合器正常

①压缩机传动带断裂或太松。

②压缩机有故障。

2. 故障之二

（1）故障现象。风量正常，压缩机旋转，空调系统不制冷。

（2）故障原因诊断

1）膨胀阀卡住不能开（冰堵或脏堵）。

2）蒸发器故障（泄漏）。

3）冷气系统漏气。

4）储液器上的可熔塞熔化。

5）压缩机的进、排气阀门损坏。

6）储液器内的过滤器被脏物堵塞。

7）制冷剂软管损坏。

8）压缩机轴的密封件损坏。

3. 故障之三

（1）故障现象。冷风机无风量，空调系统不制冷。

（2）故障原因诊断

1）熔丝烧断。

2）冷风机电动机电刷损坏。

3）冷风机开关损坏。

4）冷风机控制电阻器损坏。

5）配线接头脱开或线路断开。

6）连接线错乱。

三、空调系统制冷不足故障诊断

1. 故障之一

（1）故障现象。风量正常，空调系统制冷不足。

（2）故障原因诊断

1）压缩机运转正常

①高、低压侧压力均低

a. 膨胀阀处有障碍。

b. 膨胀阀的开度过小。

②高、低压侧压力均高

a. 高压管路有障碍，流动不畅。

b. 热敏电阻器失效。

c. 感温包安装不当。

d. 膨胀阀的开度过大。

e. 冷冻油油量过多。

f. 制冷剂量过多。

g. 冷凝器散热不好。

③高压侧压力过低

a. 低压管路损坏。

b. 低压管路堵塞。

④低压侧压力过低

a. 蒸发器结霜。

b. 膨胀阀堵塞（脏堵或冰堵）。

c. 低压管路不畅通。

d. 热敏电阻器失效。

e. 感温包安装不当。

⑤低压侧压力有时正常，有时是负压，冷气系统内有水分和冰堵现象。

⑥低压侧负压，高压侧压力过低，冷气系统内被脏物所堵。

⑦低压侧压力过低，高压侧压力过高

a. 储液器或干燥器内部堵塞；

b. 高压管路堵塞。

⑧低压侧压力过高，高压侧压力过低

a. 压缩机衬垫泄漏。

b. 压缩机阀门损坏。

2）压缩机运转不正常

①压缩机内部有故障。

②压缩机传动带过松，打滑。

③电磁离合器工作有故障

a. 电源电压太低。

b. 定子与转子间相互干涉。

c. 怠速稳定器放大器有故障。

d. 线路断开，连接部分脱离。

e. 开关，继电器工作不良。

f. 线圈短路，断路。

g. 接地不良。

3）其他原因。如车厢密封不好，外部热空气经车窗、车门等处流入车内。

2. 故障之二

（1）故障现象。风量不正常，空调系统制冷不足。

（2）故障原因诊断

1）冷风电动机正常

①吸气口有障碍物。

②蒸发器结霜。

③储液器中的过滤器堵塞。

④送风管堵塞。

⑤送风管损坏。

2）冷风电动机不正常

①冷风机开关不正常。

②电阻器不良。

③熔丝烧断。

④电源电压太低。

⑤线路断开，连接部脱落。

⑥冷风机电动机接触不良。

⑦冷风机固定不良。

⑧冷风机外部损坏或变形。

技能要求

空调制冷系统故障检测与诊断

操作准备

1. 仪器。多功能万用表。

2. 工具。常用工具、歧管压力表组。

3. 安全操作规范

1）将压力表组表阀和空调制冷系统压缩机吸、排气检修阀连接。连接时，先关死高、低压手动阀，并在接好后排除胶管内的空气，否则管内空气会跑到制冷系统内。

2）空调系统至少要正常工作 15 min 后，才能进行测试工作，记录数据。空调的正常值要达到标准要求。操作场地应通风良好；不要使排出的制冷剂靠近明火，以免产生有毒气体。

操作步骤

步骤 1 空调系统故障检测与诊断

桑塔纳轿车空调系统故障检测与诊断的电路如图 3—114 所示。

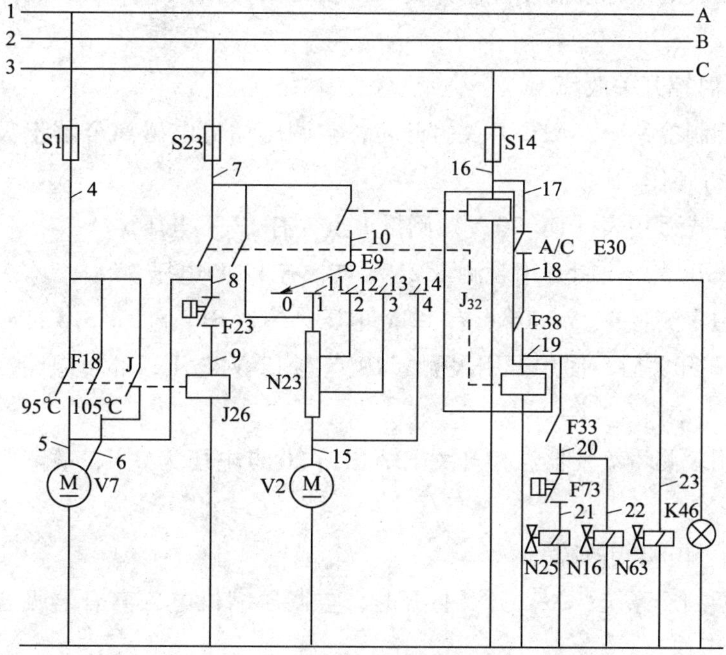

图 3—114 桑塔纳轿车空调控制电路图

（1）A/C 开关故障

1）运行空调制冷系统，A/C 开关打开时，空调压缩机电磁离合器不吸合，电子冷却风扇不工作，开风机时，鼓风机工作。

2）使用数字式万用表（DC 20 V）测量 1 点，有 12 V 电压。

3）打开点火开关，使用万用表测量 2、3 点，有 12 V 电压。

4）使用万用表测量 4、7、16 点有 12 V 电压，熔丝 S1、S23、S14 良好。

5）打开 A/C 开关后，使用万用表测量 17 点有 12 V 电压。

6）使用万用表测量 A/C 开关出口 18 点电压为 0 V，故障判断为 A/C 开关损坏。

（2）环境温度控制开关故障

1）运行空调制冷系统，A/C 开关打开时，空调压缩机电磁离合器不吸合，电子冷却风扇不工作，开风机时，鼓风机工作。

2）使用数字式万用表（DC 20 V）测量 1 点，有 12 V 电压。

3）接通点火开关，使用万用表测量 2、3 点，有 12 V 电压。

4）使用万用表测量 4、7、16 点有 12 V 电压，熔丝 S1、S23、S14 良好。

5）打开 A/C 开关后，使用万用表测量 18 点有 12 V 电压，A/C 开关正常。

6）使用万用表测量环境温度控制开关 F38 出口 19 点电压为 0 V，故障判断为环境温度控制开关损坏。

（3）蒸发器温控开关故障

1）运行空调制冷系统，A/C 开关打开时，空调压缩机电磁离合器不吸合，电子冷却风扇工作，鼓风机工作。

2）使用数字式万用表（DC 20 V）测量 1 点，有 12 V 电压。

3）接通点火开关，使用万用表测量 2、3 点，有 12 V 电压。

4）使用万用表测量 4、7、16 点有 12 V 电压，熔丝 S1、S23、S14 良好。

5）打开 A/C 开关后，使用万用表测量 19 点有 12 V 电压，环境温度控制开关 F38 正常。

6）使用万用表测量蒸发器温控开关 F33 出口 20 点电压为 0 V，故障判断为蒸发器温控开关损坏。

（4）内外循环电磁阀故障

1）运行空调制冷系统，A/C 开关打开时，空调压缩机电磁离合器吸合，电子冷却风扇工作，鼓风机工作。

2）使用数字式万用表（DC 20 V）测量 1 点，有 12 V 电压。

3）接通点火开关，使用万用表测量 2、3 点，有 12 V 电压。

4）使用万用表测量 4、7、16 点有 12 V 电压，熔丝 S1、S23、S14 良好。

5）打开 A/C 开关后，使用万用表测量 19 点有 12 V 电压，环境温度控制开关 F38 正常。

6）使用万用表测量内外循环电磁阀 N63 进线 23 点电压为 0 V，故障判断为内外循环电磁阀损坏或其线路故障。

（5）风机开关故障

1）运行空调制冷系统，A/C 开关打开时，空调压缩机电磁离合器吸合，电子冷却风扇工作，空调继电器吸合，开风机时，鼓风机各挡均不工作。

2）使用数字式万用表（DC 20 V）测量 1 点，有 12 V 电压。

3）接通点火开关，使用万用表测量 2、3 点，有 12 V 电压。

4）使用万用表测量 4、7、16 点有 12 V 电压，熔丝 S1、S23、S14 良好。

5）使用万用表测量 10 点有 12 V 电压，打开风机开关 E9 在各挡位时 11、12、13、14 点，电压均为 0 V，故障判断为风机开关 E9 损坏。

步骤 2　填写空调系统故障检验与修复记录单

桑塔纳轿车空调系统故障检验与修复记录单见表 3—4。

表 3—4　**空调系统故障检验与修复记录单**

故障现象	故障分析	排除方法
（1）空调系统不制冷	（1）鼓风机调速电阻线路故障	（1）修理或更换鼓风机调速电阻线路
	（2）低压开关线路故障	（2）修理或更换低压开关线路
	（3）高压开关线路故障	（3）修理或更换高压开关线路
	（4）空调继电器线路故障	（4）修理或更换空调继电器线路
（2）鼓风机不转	（5）A/C 开关线路故障	（5）修理或更换 A/C 开关线路
	（6）蒸发箱温控开关线路故障	（6）修理或更换蒸发箱温控开关线路
	（7）环境温度开关线路故障	（7）修理或更换环境温度开关线路
（3）出风口出热风	（8）压缩机吸铁开关线路故障	（8）修理或更换压缩机吸铁开关线路
（4）开空调，散热风扇高速转	（9）鼓风机调速电阻故障	（9）更换鼓风机调速电阻
	（10）低压开关故障	（10）更换低压开关
	（11）高压开关故障	（11）更换高压开关
（5）开空调，散热风扇不运转	（12）空调继电器故障	（12）更换空调继电器
	（13）A/C 开关故障	（13）更换 A/C 开关
	（14）蒸发箱温控开关故障	（14）更换蒸发箱温控开关
	（15）环境温度开关故障	（15）更换环境温度开关
（6）空调压缩机不工作	（16）压缩机电磁离合器故障	（16）更换压缩机电磁离合器

附录1 《汽车修理质量检查评定标准　车身大修》（GB/T 15746.3—1995）

1. 主题内容与适用范围

本标准规定了汽车车身大修质量检查评定的主要内容、评定规则及办法。

本标准适用于汽车车身大修质量的检查评定，其中汽车列车及特种车辆参照执行。

2. 引用标准

GB 1495　机动车辆允许噪声

GB 1496　机动车辆噪声测量方法

GB 1743　漆膜光泽测定法

GB/T 12478　客车防尘密封性试验方法

GB 12479　客车防尘密封性限值

GB/T 12480　客车防雨密封性试验方法

GB 12481　客车防雨密封性限值

GB/T 12673　汽车主要尺寸测量方法

JB/Z 111　汽车油漆涂层

3. 术语

3.1　汽车车身大修　Major repair of the Automobile bodies

汽车车身大修指车身修理作业面积超过50%以上并进行全车身喷漆的修理作业。

3.2　汽车车身大修质量检查评定　Qualitative assessment for the Major repair of Automobile bodies

对汽车车身大修竣工的质量和汽车车身大修基本检验技术文件的完善程度的综合评价。

3.3　汽车车身大修竣工质量　Qualitation for the Major repair of Automobile bodies being received

汽车车身大修竣工后恢复其完好技术状况和寿命的程度。

3.4　汽车车身大修竣工检验单　Check lists for the Major repair of Automobile bodies being received

在汽车车身大修竣工后，由汽车维修检验技术人员对车身技术状况进行技术鉴定的记录。

3.5　汽车车身大修合格证　Certificate of conformity for the Major repair of Automobile bodies

大修竣工的汽车车身，经过技术鉴定并符合相应标准后的质量凭证。

4. 评定内容

4.1　汽车车身大修基本检验技术文件评定

a. 汽车车身大修进厂检验单；

b. 汽车车身大修工艺过程检验单；

c. 汽车车身大修竣工检验单；

d. 汽车车身大修合格证。

4.2　汽车大修竣工质量评定

汽车车身大修竣工质量评定内容是对蒙皮、护板、门窗、行李舱盖、发动机罩、坐椅、装饰件附件等形状、涂层和主要技术性能的检查评定。

5. 评定规则

5.1　4.1 条是参与评定的基本条件，缺一不可。

5.2　4.2 条是评定汽车车身大修质量的基本内容，评定项目按其重要程度分为“关键项”和“一般项”。附录 B 中带＊及△符号的为关键项，其余为一般项。

5.3　汽车车身大修质量的评定采用综合项次合格率来衡量，分为优等、一等、合格、不合格四级。

5.4　综合项次合格率计算方法为：

$$\beta_0 = \sum_{i=1}^{3} K_i \beta_i \quad \cdots\cdots (1)$$

$$\beta_i = n_i \times 100\% / m_i \quad \cdots\cdots (2)$$

式中　β_0——综合项次合格率；

β_i——项次合格率；

n_i——检查合格的项次数之和；

m_i——检查的项次数之和；

i——角标，取 1、2、3，分别表示汽车大修基本检验技术文件，即“三单一证”，修竣车及关键项；

K_i——修正系数，分别取 0.2、0.6、0.2。

5.5　汽车大修质量分级应符合下表规定。

等级	要求	
	关键项次合格率	综合项次合格率
优等	$\beta_3=100\%$	$\beta_0\geqslant95\%$
一等	$\beta_3=100\%$	$85\%\leqslant\beta_0<95\%$
合格	$\beta_3=100\%$	$70\%\leqslant\beta_0<85\%$
不合格	$\beta_3<100\%$	或 $\beta_0<70\%$

6. 评定办法

6.1 汽车车身大修基本检验技术文件的评定按附录 A（补充件）规定执行。

6.2 汽车车身大修竣工质量评定按附录 B（补充件）规定执行。

附录 A
汽车车身大修基本检验技术文件评定（补充件）

A1 汽车车身大修基本检验技术文件评定按表 A1 进行。

表 A1

序号	评定项目	评定技术要求	检查方法与手段	评定方法
A1.1	汽车车身大修进厂检验单	（1）汽车车身大修进厂检验单应包括下列内容： 进厂编号、牌照号、厂牌、车型、托修单位、车辆状态、托修方报修情况、车身附件清点记录、车身检查记录、检验日期、承修方处理意见、检验员签字 （2）单中字迹应清晰，项目应齐全、完整，填写真实、正确	查阅	单据中各项有一处不符合要求，则计一项次不合格
A1.2	汽车车身大修工艺过程检验单	（1）汽车车身大修工艺过程检验单应包括下列内容： 进厂编号、厂牌、车型、检验项目、检验结果记录、检验结论、处理意见、主修人签字、检验员签章及日期等 （2）检验单中字迹应清晰，项目齐全、完整，填写真实、正确 检验项目、名词术语应符合国家及行业有关标准及相关车辆修理技术文件的有关规定	查阅	单据中各项有一处不符合要求，则计一项次不合格

续表

序号	评定项目	评定技术要求	检查方法与手段	评定方法
A1.3	汽车大修竣工检验单	（1）检验单中内容应包括：进厂编号、托修单位、承修单位、牌照号、厂牌、车型、底盘号、车辆装备状况、车辆改装改造状况、检验记录、检验结论、检验员签章及日期等 （2）检验单中字迹应清晰，项目齐全、完整，填写真实、正确 检验项目、要求、方法、名词术语和计算单位应符合国家、行业有关标准及相关车辆修理技术文件的有关规定	查阅	单据中各项有一处不符合要求，则计一项次不合格
A1.4	汽车大修合格证	（1）汽车大修合格证内容应包括：进厂编号、牌照号、厂牌、车型、底盘号、维修合同号、出厂日期、总检验员签章及日期、承修单位质量检验部门盖章、保证期规定 （2）合同中字迹应清晰，项目齐全、完整，填写真实、正确 合同中名词术语应符合国家及行业有关标准中的规定	查阅	单据中各项有一处不符合要求，则计一项次不合格

附录 B
汽车车身大修竣工质量的评定（补充件）

B1 汽车车身大修竣工质量的评定按表 B1 进行。

表 B1

序号	评定项目	评定技术要求	检查方法与手段	评定方法
B1.1	整备质量	车身修竣后汽车整备质量及轴荷分配不得超过原设计的 3%	用汽车衡或汽车轮轴质量仪测量	不符合规定为不合格
B1.2 *	外形尺寸	应符合原设计规定	用钢卷尺按 GB/T 12673 规定测量	不符合规定为不合格

续表

序号	评定项目	评定技术要求	检查方法与手段	评定方法
B1.3 *	内、外部凸起物	车身内外部不应有任何使人致伤的尖锐凸起物	检视	有一处以上缺陷为不合格
B1.4	车身蒙皮及护板			
B1.4.1 *	蒙皮	车身蒙皮应形状正确、平整、曲面圆顺、无松弛和裂损	检视	有一处以上缺陷为不合格
B1.4.2 *	铆、螺钉	车辆周身铆、螺钉应平贴、紧固	检视	有5处以上缺陷为不合格
B1.4.3 *	护板	车辆护板应平整、曲面圆顺、无凸凹变形和裂损	检视	有两处以上缺陷为不合格
B1.4.4	护板及压条	车辆蒙皮及护板压条应密合牢固，且应平直，不应有扭曲变形	检视	有两处以上缺陷为不合格
B1.5	面漆			
B1.5.1	面漆表面	漆表面应无流痕、起泡、裂纹、皱皮、脱层、缺漆（货车货箱面漆允许有不明显的皱纹、刷痕、流痕）	检视	有两处以上缺陷为不合格
B1.5.2	面漆边界	面漆异色边界应分明、整齐	检视	有两处以上缺陷为不合格
B1.5.3	漆膜光泽	车身蒙皮漆膜光泽度：客车应不低于90%；货车驾驶室不低于85%	用漆膜光泽测量仪按GB1743中的规定测量	不符合规定为不合格
B1.5.4	漆硬度	漆表面硬度应符合JB/Z111标准	按JB/Z111规定检验	不符合规定为不合格
B1.6	装饰件			
B1.6.1	内外装饰件外观	内外装饰件外观应平顺贴合、无凹陷、凸起或弯曲，拐角圆顺，表面无划痕、锤击印。紧固件排列整齐、安装牢固	检视	有两处以上缺陷为不合格
B1.6.2	外装饰带	外装饰带分段接口处应平齐，接口间隙不大于0.50 mm，并与窗下沿平行，其平行度误差在全长内不应大于5 mm	用厚薄规测量接口间隙，钢直尺测量平行度	有一处以上缺陷为不合格

续表

序号	评定项目	评定技术要求	检查方法与手段	评定方法
B1. 6. 3	电镀装饰件	电镀装饰件应光亮、无锈斑、脱层、划痕、铝质装饰件表面应抛光，并经氧化或电化学处理	检视	有两处以上缺陷为不合格
B1. 7	货箱			
B1. 7. 1	金属货箱	金属货箱应无腐蚀、裂损、边板和地板应形状正确、表面平整	检视	有两处以上缺陷为不合格
B1. 7. 2	木质货箱	木质货箱地板缝隙全长内不超过 2 mm，边板和底板应平整，左右边板应平行，其高度差应不超过 10 mm，边板关闭后，各边缝隙不应超过 5 mm	用钢直尺测量检视	有两处以上缺陷为不合格
B1. 7. 3	货箱附件	货箱边板各部角铁、铰链支架、篷钩、篷杆插座锁钩及货箱衬垫应按原厂设计修配齐全，有效	检视	有三处以上缺陷为不合格
B1. 8	车门	气动车门在原车规定的气压下应起动灵活、锁止可靠，手动车门应启闭轻便、锁止可靠。门缝均匀，密封条有效	检视	不符合规定为不合格
B1. 9	车窗（风窗、后窗）			
B1. 9. 1	外形	侧窗、角窗及顶风窗无翘曲变形	检视	有两处以上缺陷为不合格
B1. 9. 2	开启	可开窗应启闭轻便、关闭严密、锁止可靠；摇窗机灵活有效	检视	有两处以上缺陷为不合格
B1. 9. 3	密封条	密封条应齐全，无老化、破损，粘接牢固、有效	检视	有两处以上缺陷为不合格
B1. 10 *	玻璃	门窗玻璃应采用安全玻璃，前挡风玻璃应采用夹层玻璃或部分区域钢化玻璃；其他门窗可采用钢化玻璃，并应齐全、完好、透明。前挡风玻璃应补炫目	检视	有两处以上缺陷为不合格
B1. 11	地板	客车地板应无裂损，表面平整、密合，木质地板排列均匀	检视	有两处以上缺陷为不合格
B1. 12	发动机罩	应无裂损、凹凸变形、盖合严密、边缝均匀、边盖板凭证，附件齐全有效、开启灵活、锁止可靠	检视	有两处以上缺陷为不合格
B1. 13	行李箱盖	无裂损、变形，开启灵活、盖合严密、边缝均匀、锁止可靠、支起牢固	检视	有两处以上缺陷为不合格

续表

序号	评定项目	评定技术要求	检查方法与手段	评定方法
B1. 14	坐椅			
B1. 14. 1	间距	坐椅间距应符合原厂设计规定或符合改装改造技术要求的规定	用钢直尺测量	有两处以上缺陷为不合格
B1. 14. 2	椅架	坐椅架应无裂损、变形、锈蚀，安装牢固	检视	有两处以上缺陷为不合格
B1. 14. 3	调节机构	坐椅调节机构灵活、有效、锁止可靠	检视	有两处以上缺陷为不合格
B1. 15	行李架	无裂损、明显变形，安装牢固	检视	有一处以上缺陷为不合格
B1. 16	尾梯	无裂损、明显变形，安装牢固	检视	有一处以上缺陷为不合格
B1. 17	仪表盘	无裂损、凹凸变形，安装可靠，仪表齐全、完好、准确	检视	有一处以上缺陷为不合格
B1. 18	遮阳板	无翘曲、裂损，支架松紧适宜、作用良好	检视	有一处以上缺陷为不合格
B1. 19	后视镜	成像清晰，调节灵活，支架无裂损及锈蚀，装置牢固	检视	有一处以上缺陷为不合格
B1. 20	刮水器	工作可靠，有效刮面达到原设计要求	检视	不符合要求为不合格
B1. 21△	防雨密封性	客车防雨密封性限值应符合 GB 12481 中的规定，货车的防雨密封装置应完好有效	按 GB/T 12480 中的规定测量	不符合要求为不合格
B1. 22△	防尘密封性	客车防尘密封性限值应符合 GB 12479 中的规定，货车的防尘密封装置应完好有效，不应有明显进尘现象	按 GB/T 12478 中的规定测量	不符合要求为不合格
B1. 23 *	车内噪声	汽车最大允许噪声应符合 GB 1495 的有关规定	用声级计按 GB 1496 中的规定测量	不符合要求为不合格

注：* 为关键项；△为客车关键项。

附加说明：

本标准由中华人民共和国交通部提出并归口。

本标准由交通部标准计量研究所，成都、南京、上海、杭州、扬州、南通、重庆、天津、西安市汽车维修行业管理处，沈阳交通局起草。

本标准主要起草人：白洪岭、周德恩、袁生林、孟秋、祝文中、傅金壁、吴晓鹏。

附录 2 《汽车修理质量检查评定标准 发动机大修》（GB/T 15746. 2—1995）

1. 主题内容与适用范围

本标准规定了汽车发动机大修质量检查评定的主要内容、评定规则及办法。

本标准适用于汽车用汽、柴油发动机大修质量的检查评定。

2. 引用标准

GB 3799 汽车发动机大修竣工出厂技术条件

GB/T 3845 汽油车怠速污染物测量方法

GB/T 3846 柴油车自由加速烟度测量方法

GB 14761. 5 汽油车怠速污染物排放标准

GB 14761. 6 柴油车自由加速烟度排放标准

3. 术语

3. 1 汽车发动机大修质量检查评定 Qualitative assessment for the Major repair of Automobile engines

对汽车发动机大修竣工质量和发动机大修过程中基本检验技术文件完善程度的综合评价。

3. 2 汽车发动机大修竣工质量 Qualitation for the Major repair of Automobile engines being received

汽车发动机大修竣工后恢复其完好技术状况和寿命的程度。

3. 3 发动机大修竣工检验单 Check lists for the Major repair of Automobile engines being received

汽车发动机大修竣工后，由汽车维修检验技术人员对发动机的技术状况进行技术鉴定的记录。

3. 4 发动机大修合格证 Certificate of conformity for the Major repair of Automobile engines

大修竣工的发动机，经过技术鉴定符合相应的标准后所开具的质量凭证。

4. 评定内容

4. 1 汽车发动机大修基本检验技术评定文件

a. 汽车发动机大修进厂检验单；

b. 汽车发动机大修工艺过程检验单；

c. 汽车发动机大修竣工检验单；

d. 汽车发动机大修合格证。

4.2 汽车发动机大修竣工质量评定

汽车发动机大修竣工后质量评定应包括起动运转检查，动力性、经济性测定，发动机“四漏”及涂漆等。

5. 评定规则

5.1 4.1 条是参与评定的基本条件，缺一不可。

5.2 4.2 条是评定发动机大修质量的基本内容，评定项目按其重要程度分为“关键项”和“一般项”。附录 B 中带 * 符号的为关键项，其余为一般项。

5.3 发动机大修质量评定，采用综合项次合格率来衡量，分为优等、一等、合格、不合格四级。

5.4 综合项次合格率计算方法

$$\beta_0 = \sum_{i=1}^{3} K_i\beta_i \quad \cdots\cdots (1)$$

$$\beta_i = n_i \times 100\% / m_i \quad \cdots\cdots (2)$$

式中 β_0——综合项次合格率；

β_i——项次合格率；

n_i——检查合格的项次数之和；

m_i——检查的项次数之和；

i——角标，取 1、2、3，分别表示汽车大修基本检验技术文件，即“三单一证”，修竣车及关键项；

K_i——修正系数，分别取 0.2、0.6、0.2。

5.5 汽车发动机大修质量分级应符合下表规定。

等级	要求	
	关键项次合格率	综合项次合格率
优等	$\beta_3 = 100\%$	$\beta_0 \geqslant 95\%$
一等	$\beta_3 = 100\%$	$85\% \leqslant \beta_0 < 95\%$
合格	$\beta_3 = 100\%$	$70\% \leqslant \beta_0 < 85\%$
不合格	$B_3 < 100\%$	或 $\beta_0 < 70\%$

6. 评定方法

6.1 发动机大修基本检验技术文件评定按附录 A（补充件）规定执行

6.2　发动机大修竣工质量评定按附录B（补充件）规定执行。

附录A
汽车发动机大修基本检验技术文件评定（补充件）

A1　发动机大修基本检验技术文件评定按表A1进行。

表A1

序号	评定项目	评定技术要求	检查方法与手段	评定方法	备注
A1.1	发动机大修进厂检验单	（1）发动机大修进厂检验单应包括下列内容：进厂编号、发动机型号及号码、进厂日期、托修单位、托修方报修情况、发动机附件状况、发动机运转情况、检验日期、承修方处理意见、检验员签字 （2）单中字迹应清晰，项目应齐全、完整，填写真实、正确	查阅	单据中各项有一处不符合要求，则计一项次不合格	
A1.2	发动机大修工艺过程检验单	（1）发动机大修工艺过程检验单应包括下列内容：进厂编号、发动机型号及号码、基础件和主要零部件的检验数据、检验结果记录、检验结论、处理意见、主修人签字及日期、检验员签章及日期等 （2）检验单中字迹应清晰，项目齐全、完整，填写真实、正确 检验项目、名词术语和计量单位、基础件和主要零部件的检验项目、技术要求应符合国家及行业有关标准及原厂规定	查阅	单据中各项有一处不符合要求，则计一项次不合格	
A1.3	发动机大修竣工检验单	（1）发动机大修竣工检验单中内容应包括：进厂编号、托修单位、承修单位、发动机型号及号码、装备及装配检验、性能检验、检验结论、总检验员签章及日期等 （2）检验单中字迹应清晰，项目齐全、完整，填写真实、正确 检验项目、要求、方法、名词术语和计算单位应符合国家、行业有关标准及相关车辆修理技术文件的有关规定	查阅、核对	单据中各项有一处不符合要求，则计一项次不合格	

续表

序号	评定项目	评定技术要求	检查方法与手段	评定方法	备注
A1. 4	发动机大修合格证	（1）发动机大修合格证内容应包括：进厂编号、发动机型号及号码、出厂日期、总检验员签章及日期、走合期规定、保证期规定、维修合同号、承修单位技术质量检验部门盖章 （2）合同中字迹应清晰，项目齐全、完整，填写真实、正确 合同中名词术语应符合国家及行业有关标准中的规定	查阅、核对	合格证中各项有一处不符合要求，则计一项次不合格	

附录 B
汽车发动机大修竣工质量评定（补充件）

B1 发动机大修质量评定按表 B1 进行。

表 B1

序号	评定项目	评定技术要求	检查方法与手段	评定方法	备注
B1. 1	装备与装配	发动机装备齐全、有效，装配符合 GB3799 中的有关规定	检视	有一处以上缺陷则为不合格	
B1. 2	起动性能				
B1. 2. 1 *	冷车起动	在环境温度不低于 -5°C 时，应起动顺利，允许连续起动不多于 3 次，每次起动不多于 5 s	检视	起动超过三次或多于 5 s 均为不合格	
B1. 2. 2	热车起动	在发动机正常工作温度下 5 s 内能起动	检视	不符合要求为不合格	
B1. 3	真空度				
B1. 3. 1	真空度数值	汽油发动机怠速时，进气歧管真空度应在 57 ~ 70 kPa	用转速表、真空表检查（大气压强以海平面为准）	不符合规定为不合格	

续表

序号	评定项目	评定技术要求	检查方法与手段	评定方法	备注
B1. 3. 2	真空度波动范围	发动机怠速时，进气歧管真空度波动：六缸汽油机不超过 3 kPa，四缸汽油机不超过 5 kPa	用转速表、真空表检查（大气压强以海平面为准）	不符合规定为不合格	
B1. 4	汽缸压力				
B1. 4. 1 *	压力数值	汽缸压缩压力应符合原设计规定	用转速表、汽缸压力表检查	不符合规定为不合格	
B1. 4. 2	各缸压力差	每缸压力与各缸平均压力的差：汽油机不超过 8%，柴油机不超过 10%	用转速表、汽缸压力表检查或用发动机分析仪测量	不符合规定为不合格	
B1. 5	发动机运转情况				
B1. 5. 1	怠速	发动机怠速运转稳定，其转速符合原设计规定，转速波动不大于 50 r/min	用转速表进行运转试验或用发动机综合分析仪测量	不符合规定为不合格	
B1. 5. 2	改变转速	发动机改变转速时应过渡圆滑	用发动机转速表测量	不符合要求为不合格	
B1. 5. 3	加速或减速	发动机突然加速或减速时不得有突爆声，不得有断火、挥火、放炮现象	检视	不符合要求为不合格	
B1. 6	异响	发动机在正常工况下运转时，不得有异常响声	检视或用发动机异响分析仪检查	不符合要求为不合格	
B1. 7 *	功率	发动机最大功率不得低于原设计规定值的 90%	用测功机（仪）按有关规定测量	不符合要求为不合格	B1. 7、B1. 8 项只检查其中之一
B1. 8 *	转矩	发动机最大转矩不得低于原设计标定值的 90%	用测功机（仪）按有关规定测量	不符合要求为不合格	
B1. 9 *	燃料消耗率	发动机最低燃料消耗率不得高于原设计要求	用油耗计、测功机（仪）按有关规定测量	不符合要求为不合格	
B1. 10 *	排放	汽油机排放应符合 GB 18285—2005 的规定；柴油机排放应符合 GB 3847—2005标准	按 GB/T 23845—2009、GB/T 23846—2009 规定测量	不符合规定为不合格	

续表

序号	评定项目	评定技术要求	检查方法与手段	评定方法	备注
B1. 11	机油压力	发动机机油压力应符合原设计规定	用机油表进行运转试验	不符合规定为不合格	
B1. 12	水温、油温	发动机水温、油温应符合原设计规定	用水温表、油温表进行试验	不符合规定为不合格	
B1. 13	润滑油	发动机润滑油规格、数量、质量应符合原设计规定	检视或用润滑油质分析仪检查	不符合要求为不合格	
B1. 14 *	“四漏”情况	发动机应无漏水、漏油、漏气、漏电现象	检视	不符合要求为不合格	
B1. 15	停机装置	柴油发动机停机装置应灵活有效	检视	不符合要求为不合格	
B1. 16	限速装置	发动机应按规定加装限速片或对限速装置作相应的调整并加铅封	检视	不符合要求为不合格	
B1. 17	涂漆	发动机应按规定涂漆，涂层均匀，不得有漏涂现象	检视	有两处以上缺陷为不合格	

注：* 为关键项。

附加说明：

本标准由中华人民共和国交通部提出并归口。

本标准由交通部标准计量研究所，成都、南京、上海、杭州、扬州、南通、重庆、天津、西安市汽车维修行业管理处，沈阳交通局起草。

本标准主要起草人：白洪岭、周德恩、袁生林、孟秋、祝文中、傅金壁、吴晓鹏。